ERINNERN STATT VERDRÄNGEN

Gerald Wiemers (Hg.)

ERINNERN STATT VERDRÄNGEN

Horst Hennig – Erlebtes in den Diktaturen
des 20. Jahrhunderts

LEIPZIGER UNIVERSITÄTSVERLAG GMBH
2016

Bibliografische Information der Deutschen Nationalbibliothek

Die Deutsche Nationalbibliothek verzeichnet diese Publikation in der
Deutschen Nationalbibliografie; detaillierte bibliografische Daten sind im Internet über
http://dnb.d-nb.de abrufbar.

© Leipziger Universitätsverlag GmbH 2016
Druck: UFER VERLAGSHERSTELLUNG, Leipzig
Gesamtgestaltung: Annett Jana Berndt | Grafikdesign
ISBN 978-3-96023-027-4

INHALT

VORWORT

Fachgerechte Erinnerungen können durchaus die Wissenschaft bereichern und künftige Generationen belehren. Voraussetzung dafür ist ein hohes Abstraktionsvermögen, der Wille zu einer wahrhaftigen Schilderung und der Bezug auf die wesentlichen Begebenheiten. Letztlich geht es um ein Stück Wirklichkeit, das in den Geschichtsbüchern so nicht stehen kann, weil dies das Individuum reflektiert und in aller Regel nicht der Historiker. Die Maßstäbe sind andere. Die Sicht ist personenbezogen, einfach, klar und nicht auf große politische oder historische Zusammenhänge ausgerichtet. Dennoch können Memoiren große weltgeschichtliche Ereignisse einbeziehen oder bedeutende Persönlichkeiten aus einer besonderen Sicht beleuchten.

Die vorliegenden Erinnerungen des ehemaligen Generalarztes der Bundeswehr und Absolventen der Heeresunteroffiziervorschule im erzgebirgischen Marienberg spiegeln einzigartig die Zeitabläufe zwischen Frieden in der Weimarer Republik, der NS-Diktatur mit der Entfesselung des Zweiten Weltkrieges, den kargen Nachkriegsjahren, dem Hunger nach Bildung und beruflichen Abschluss wider. Hennig war nicht volljährig, als er in den Krieg geschickt wird. Die gediegene Ausbildung in Marienberg seit seinem 14. Lebensjahr an einer Schule, die seit Jahrhunderten bestand, auf demokratische Traditionen verweisen konnte, bedeutete zugleich eine militärische Grundausbildung und damit Schutz für die eigene Person.

Die Ardennenoffensive hat er glücklich überstanden, oft genug nahe dem Tod. Aus dieser Zeit sind Erinnerungen im heutigen Luxemburg noch präsent: Stellungen in Häusern, in Schloß Roth oder auf Anhöhen. Hennig geriet in amerikanische Gefangenschaft. Die 3. US-Armee unter General George S. Patton (1885–1945) stieß weiter vor. Am Ende des Krieges wird er nach England gebracht und von dort gelangte er 1946 mit einem Lazarettschiff schließlich in seinen Heimatort Klostermansfeld am Rande des Harzes.

Hier wurde er 1926 geboren. Sein Vater führte eine Drogerie. In jungen Jahren ist seine Mutter nach einer Operation gestorben. Dieser traurige Umstand hat dazu geführt, dass Horst Hennig bald selbst- und eigenständig lebenswichtige Entscheidungen fällte. Früh entschied er sich für das Medizinstudium. 1948 erfolgte die Immatrikulation an der Martin-Luther-Universität

Halle/Wittenberg. Hier lehrten damals großartige Naturwissenschaftler und Mediziner, darunter Paula Hertwig (1889–1983).

Im Gegensatz zu den Westzonen im geteilten Deutschland blieb die sowjetische Besatzungszone unter dem unmittelbaren Druck des Besatzungsregimes. Hennigs demokratisches Grundverständnis widersprach der Etablierung einer erneuten Diktatur in der SBZ/DDR. Dagegen lehnte er sich mit anderen Studenten auf. Es folgten Verhaftungen und unmenschliche Urteile. Horst Hennig erhielt 25 Jahre Zwangsarbeit durch ein sowjetisches Militärtribunal „zugebilligt". Anschließend folgte die Deportation in die UdSSR, in die Lubjanka in Moskau, aus der viele nicht lebend herauskamen, und weiter in das Zwangsarbeitslager Workuta, 120 km nördlich des Polarkreises, unter besonders hartem Regime.

Horst Hennig war im Archipel GULag angekommen. Unter schwierigsten Bedingungen arbeiteten dort politisch verfolgte Menschen unterschiedlicher Nationalität, darunter auch solche jüdischen Glaubens. Ihre ständigen Begleiter waren Kälte und Hunger. Nach dem Tode Stalins und der Verhaftung des sowjetischen Sicherheits- und Innenministers Lawrentij Berija im Jahr 1953 glaubten die Gefangenen an eine Wende. Ein Aufstand von 15.000 Häftlingen, zu dessen Akteuren Horst Hennig zählte, wurde mit Waffengewalt im Lager Nr. 10 niedergeschlagen. Über 60 Tote und über 120 Verletzte waren zu beklagen. Dieser Vorgang ist bis heute ungesühnt.

Im September 1955 erreichte Bundeskanzler Dr. Konrad Adenauer in Moskau die Freilassung der restlichen Kriegsgefangenen und der politischen Häftlinge. Am 15. Dezember 1955 traf Horst Hennig im Auffanglager Berlin-Marienfelde ein.

Nach Jahren der Entbehrung ist sein Wille, das Medizinstudium wieder aufzunehmen und abzuschließen, ungebrochen. Mit 30 Jahren war das kein leichtes Unterfangen. Nach dem Staatsexamen und der Promotion zum Dr. med. an der Universität Köln trat er 1962 in die Bundeswehr ein und wird 1983 als Generalarzt aus dem Dienst verabschiedet.

Nach der Friedlichen Revolution 1989 begann für Horst Hennig ein zweiter Abschnitt in seinem Leben, der noch anhält. Mit der Gründung der Russischen Föderation 1991/92 erhielt der geschichtlich interessierte Arzt von einer historisch tätigen russischen Militärdelegation am 8. Oktober 1991 eine Einladung, die Archive in Moskau zu besuchen. Dort wurde er mit anderen Generälen a.D. in der Lubjanka empfangen und erhielt durch die Militärhauptstaatsanwaltschaft Einsicht in die Akten, die zu seiner und anderer Verhaftungen und Verurteilungen geführt haben. Es folgen mehrere Besuche in Moskau und Workuta.

Die Ergebnisse seiner Recherchen, verbunden mit den eigenen Erfahrungen, legte er in mehreren Veröffentlichungen im Leipziger Universitätsverlag nieder. Dort ist zu seinem 85. Geburtstag auch die Festschrift „Erinnern als Verpflichtung" erschienen. Darin ist vermerkt, dass er als ehemaliger Kriegsgefangener der US-Armee Jahrzehnte später, 1982, als Generalarzt der Bundesrepublik Deutschland im Pentagon empfangen wird. Ähnliches ist ihm in der Lubjanka in Moskau widerfahren, wo er als Häftling auf dem Weg in den GULag eingeliefert worden war und 1992/93 durch den stellvertretenden Innenminister Generalleutnant Wladimir Bondarenko nunmehr zum Empfang seiner Rehabilitation eingeladen ist.

Die Aufarbeitung der eigenen Vergangenheit und die seiner Kameraden stehen im Mittelpunkt der Untersuchungen von Horst Hennig. Darüber hinaus ist und bleibt ihm die Erforschung des von Anfang an unfreien Systems des GULag ein wichtiges Anliegen. Er hofft, dass die Aufarbeitung des sowjetischen Lagersystems zumindest auf dem Gebiet der ehemaligen DDR voranschreitet, dass die zahlreichen relegierten, verurteilten und ermordeten Studenten an DDR-Universitäten und Hochschulen namentlich erfasst werden. Es gilt noch sehr viel zu bearbeiten. Dazu liefern die vorliegenden Erinnerungen einen wichtigen Baustein.

Ein Jahrhundertzeuge berichtet über seine Kindheit, Krieg, Gefangenschaft, kurzes Studium, Verurteilung durch ein sowjetisches Militärtribunal, Workuta, Fortsetzung des Studiums, den ärztlichen Beruf und anderes mehr. Dieses außergewöhnliche Leben ist geprägt durch humanistische Grundwerte und Verantwortung. Er verachtet seine ehemaligen Peiniger und ihre kommunistischen Hintermänner, die ihm sechs Jahre seines Lebens gestohlen haben. Andererseits schätzt er die einfachen russischen Menschen, mit denen er Kontakte pflegt.

Die Wünsche und Pläne des nunmehr Neunzigjährigen mögen sich erfüllen.

Gerald Wiemers

Im Mansfelder Land

Das Mansfelder Land – Familie und Sozialisation

Das Mansfelder Land ist eine markante Region Mitteldeutschlands, die dabei wenig von sich reden macht, ja, nahezu unscheinbar auftritt. Sie reicht etwa westlich von Halle/Saale bis an die östlichen Ausläufer des natürlich weitaus attraktiveren Harzes heran. Die Städte Eisleben, Hettstedt, Gerbstedt, Mansfeld und, wenn man großzügig ist, auch Querfurt und Sangerhausen, dazu noch einige Dutzend Gemeinden – das war im Mittelalter die reichsunmittelbare Grafschaft Mansfeld.

Dabei ist die Landschaft interessant, aber eben nicht berühmt oder gar in Versen und Liedern besungen. Als östliches Harzvorland steht sie bildlich wie tatsächlich im Schatten dieses Mittelgebirges mit dem alles überragenden Brocken. Weite Teile des Mansfelder Landes sind mit fruchtbarer Schwarzerde bedeckt. Über Jahrhunderte bestimmten deshalb mittlere bis große Güter und Bauernwirtschaften die Geschicke der Bevölkerung.

Aber der größte Reichtum dieser Gegend, das Kupfererz, lagerte unter dieser Erde. Cyriacus Spangenberg berichtet, dass die Bergknappen Nappian und Neuke von Goslar aus unweit von Hettstedt das erste Erz gruben. Bis in die zweite Hälfte des 20. Jahrhunderts bestimmte fortan neben der Landwirtschaft der Bergbau die Entwicklung des Mansfelder Landes. 800 Jahre Bergbau haben sich tief in das Antlitz dieser Region eingemeißelt. Wer heute auf der Autobahn 38 die Landschaft passiert, begegnet mehrfach den bis 100 Meter hohen Halden, die imposanten Kegeln gleich das Panorama bestimmen. Sie sind die Relikte des einstigen Kupfer- und Silberbergbaus. Es gibt etwa 2000 dieser Halden in den unterschiedlichsten Formen und Größen. Kleinere, aus dem Mittelalter stammend, sind längst bewachsen und von ihrer natürlichen Umgebung kaum noch zu unterscheiden. Die riesigen Halden des 20. Jahrhunderts dagegen verbirgt noch keine Vegetation, und als Bergbaudenkmale sollen sie auch in Zukunft erhalten bleiben.

Die Landesherren des Mittelalters, die Mansfelder Grafen, verstanden nicht, den Reichtum der Region für dessen Wohl und den Landesausbau zu nutzen. Wie andere Fürsten teilten sie statt dessen ihr Land, das schließlich 1815 in der Preußischen Provinz Sachsen aufging. Der territorialgeschicht-

Die Kirche St. Marien, erbaut im 12. Jahrhundert, in Klostermansfeld

Die St. Marienkirche Klostermansfeld sowie eine – heute nicht mehr vorhandene – Zeichnung des Klosters Mansfeld aus dem 14. Jahrhundert

liche Überblick über das Mansfelder Land sei mit Hinweisen auf die Entwicklung der Verwaltungsgliederung abgeschlossen.

Als 1780 der letzte Mansfelder Graf Joseph Wenzel Nepomuk zu Prag starb, fiel der Magdeburgische Lehnsanteil an der Grafschaft endgültig an Preußen, der kursächsische – Eisleben, Amt Arnstein mit Hettstedt und den Burgbezirk Wippra umfassend – zunächst an Kursachsen und durch den Wiener Frieden 1815 ebenfalls an Preußen. Aus beiden Hoheitsgebieten wurden der Mansfelder See- und der Mansfelder Gebirgskreis gebildet.

Eingebettet in diese Historie ist die Geschichte meiner Familie. Sie zählte am Ende des 19. Jahrhunderts zum aufstrebenden Bürgertum, dessen Selbstbewußtsein insbesondere durch die Erinnerung an den großen Reformator Martin Luther (1483–1546), der in dieser Region gewirkt hatte, geprägt wurde.

Mein Großvater väterlicherseits Friedrich Hennig (1868–1947), dessen Vater in Hergisdorf als Schachtarbeiter tätig war, genoß in Großbritannien eine Ausbildung zum Kaufmann. Er hatte zwei Brüder, von denen einer an der Schule in Dommitzsch, das früher zu Sachsen und heute zu Sachsen-Anhalt gehört, tätig war, der zweite der Brüder bildete als Steiger an der Bergbauschule in der Lutherstadt Eisleben Bergleute für die umliegenden Kupferschiefer-Schächte aus.

13

Familie Kögel 1912, Ahlsdorf.
Im hellen Kleid die 10 Jahre später ver-
heiratete Martha Hennig, geb. Kögel

Die Großeltern Horst Hennigs mit
ihren beiden Söhnen Fritz (Mitte)
und Paul, 1901

Friedrich Hennig verlegte den Wohnsitz seiner Familie zunächst nach Großörner bei Hettstedt, das durch sein Walzwerk und hier besonders durch den Einsatz der ersten Dampfmaschine 1785 in Preußen bekannt wurde. Von dort zog die Familie bald weiter in ein eigenes Geschäftshaus in Klostermansfeld, wo sie unter Leitung des Großvaters die Kloster-Drogerie betrieb. Den Landbesitz der Familie brachte die Großmutter Minna (1869–1938), geborene Koch, in die Familie ein. Aus der Ehe sind zwei Söhne hervorgegangen: Fritz (1895–1971) und mein Vater Paul (1897–1986).

Meine Mutter, 1897 in Allstedt, dem Ort der Königspfalz und der historischen Fürstenpredigt von 1524, als Martha Kögel ge-

Martha Hennig, geborene Kögel. Aufnahme aus dem Jahr 1918

boren, zog zu Beginn des 20. Jahrhunderts nach Ahlsdorf in eines der Grunddörfer zwischen Mansfeld und Eisleben. Im Kirchenbuch von Allstedt sind der Vater meiner Mutter als Schachtarbeiter und ihr Großvater als Fabrikarbeiter eingetragen.

Unmittelbar nach seiner Schulzeit meldete sich mein Vater, gerade 17 Jahre alt, 1914 als Kriegsfreiwilliger zum 10. Jäger-Bataillon (ab 1866 als 10. Jäger-Btl. bezeichnet) nach Goslar. Er kam auf den Kriegsschauplätzen in Frankreich und auf dem Balkan zum Einsatz. Nach einer Verwundung ist er 1917/18 in das Heimatlazarett Klostermansfeld verlegt worden, jenem Ort, wo sein Vater seit 1903 die Kloster-Drogerie führte.

Meinem Vater war die Schreckensbilanz des Ersten Weltkrieges mit seinen nahezu zwei Millionen toten Soldaten in den deutschen Ländern, der doppelten Anzahl von Verwundeten und der unübersehbaren Menge zu versorgender Invaliden bewußt. Infolge des Krieges, seiner Hungerzeiten und der „Spanischen Grippe" starb eine dreiviertel Million Zivilisten. Meine Großmutter Minna erzählte uns Enkeln oft vom „Kohlrübenwinter 1917", in dem sich die Menschen von Wassersuppe mit Kohlrüben ernährten und in den Städten viele Bewohner verhungerten.

Martha Hennig mit ihrem Sohn Horst, 1926

Im Nachbarort Helbra lernte mein Vater meine Mutter Martha kennen, die in dem dortigen Geschäftshaus Römmert eine Ausbildung erhielt. Nachdem mein Vater die Drogisten-Fachschule in Braunschweig absolviert hatte, ließen sich meine Eltern mit einer Geschäftsgründung in Siersleben, im Mansfelder Gebirgskreis, nieder. Dort wurde ich 1926 geboren. Nach dem Umzug und der Gründung einer weiteren Drogerie in Schwanebeck bei Halberstadt wurde 1928 meine Schwester Inge geboren. Sie starb, als pensionierte Lehrerin, 2005 in Überlingen. Zu den einprägsamen Erinnerungen an meine Schwester gehört eine Episode aus dem Jahr 1931. Ich wurde als Fünfjähriger für Scherben verantwortlich gemacht, die meine zwei Jahre jüngere Schwester verursacht hatte. Inge wünschte ein besonderes Trinkgefäß, ich rückte ihr daraufhin einen Stuhl an den Geschirrschrank. Dann ließ sie Geschirr einzeln auf den Küchenboden fallen, um sich an den Geräuschen zu erfreuen. Ich als „älterer Bruder" und untätiger Zuschauer erhielt dafür ein paar Ohrfeigen, weil ich die schwesterlichen Aktivitäten nicht verhindert hatte.

Schwester Inge (1928–2005),
1931 in Schwanebeck

Ahlsdorf 1929: rechts: Martha Hennig mit Sohn Horst; Mitte: Großmutter Bertha Kögel, geb. Römer; links: ältere Schwester Bertha Reg, geb. Kögel, mit Sohn

Wirtschaftlicher Erfolg in seinen Unternehmungen erlaubte meinem Vater weitere Geschäftsgründungen in Köthen, in Kemberg bei Wittenberg und in Großörner/Mansfeld. All das führte zu seiner beruflichen Unabhängigkeit.

Eines Tages gingen meine Mutter und ich an der Mauer eines Friedhofs in Schwanebeck spazieren. Neugierig fragte ich: „Mama, warum stehen dort die Menschen?" Antwort: „Sie begraben einen Toten." „Mama, was ist tot?" Antwort: „Der arme Mensch war krank und nicht gesund!" „Mama, was ist gesund?" Meine Mutter: „Das ist das größte Geschenk und der wirkliche Reichtum im Leben!"

Zu meinen frühen Erinnerungen gehören auch die folgenden Episoden: Herbert Büchner, ein Angestellter meines Vaters, nahm mich im Sommer 1930 an einem wolkenlosen Sonntag zu einer Sportveranstaltung mit. Dort schlief ich ein und wachte mit einem heftigen Sonnenbrand auf, der mir noch tagelang Schmerzen bereitete. Zwei Jahre später brach ich mir beim Spielen mit gleichaltrigen Kindern einen Arm, der in der Universitätsklinik zu Halle stationär behandelt wurde. Dort stellte mich der Lehrstuhlinhaber für Chirurgie Prof. Dr. Friedrich Völcker (1872–1955) seinen Studenten im Hörsaal schließlich als erfolgreich geheilt vor. Daran mußte ich denken, als ich denselben Hörsaal 1948 nunmehr als Student besuchte.

Lange vor meiner Einschulung konnte ich von der gut sichtbaren Kirchturmuhr in Kemberg bereits die Zeit erkennen, bis 100 zählen, Zeitungsbuchstaben und einfache Worte lesen. Das führte zu anerkennenden Worten, während meine ersten Radfahrversuche zum Schrecken meiner Mutter großflächige Hautverletzungen an beiden Knien und Ellenbogen hinterließen.

Die Wochenenden im Sommer verbrachte die Familie in der Ausflugsregion Dübener Heide. Nur mit Mühe konnte ich mich hier vor dem Ertrinken retten, als ich unbeaufsichtigt in einem kleinen See badete und dabei den „Grund unter den Füßen" verlor. Mit heftigen schwimmähnlichen Bewegungen gelang mir schließlich, das Ufer zu erreichen.

Das Geschäftshaus meines Vaters am Kemberger Markt grenzte unmittelbar an den Gasthof Günter, der auch Schlafgäste beherbergte. Unsere Wohnung war durch die Brandmauer mit dem Gasthaus direkt verbunden, so dass mitunter Stimmen von dort zu hören waren. Eines Tages beunruhigte mich eine laute weibliche Stimme, der man nicht entnehmen konnte, ob sie um Hilfe rief. Ich fragte meinen Vater: „Papa, der Onkel macht die Tante tot?" Nachdem mein Vater sich von den Geräuschen überzeugt hatte, antwortete er mir: „Nein, die ist glücklich, die freut sich."

Zu dem Gasthof gehörte ein größerer Tanzsaal. Noch vor meiner Einschulung durfte ich an den Vorführungen von Ufa-Stummfilmen mit Klavierbegleitung teilnehmen. Diese Filme eröffneten mir als Sechsjährigem eine neue, unbekannte Welt.

Auch die erste Begegnung mit dem Hausarzt ist mir in Erinnerung: Ich lag schreiend auf dem Bauch, er stand mit einer 20 Kubikzentimeter Blut enthaltenden Glasspritze hinter mir, um mir die „Antikörper" meiner erkrankten Schwester Inge in die Muskulatur einer „Pobacke" zu jagen. Eine Methode, die Jahre später nicht mehr angewandt wurde.

Meine Einschulung erfolgte im April 1932 in Kemberg. Der Klassenlehrer Siegmann brachte uns vor allem das richtige Schreiben bei. Ebenso erinnerlich

Horst Hennig am 1. Schultag;
5. April 1932 in Kemberg

Weihnachten 1932 in Kemberg

Schwester Inge und Vetter Achim 1935

Horst Hennig und Fritz Hennig (re.) (1925–1944)

sind mir aus jener Zeit die langen Reihen der Arbeitslosen am Markt, die, wie es damals hieß, „stempeln gingen", also ihr Arbeitslosengeld vom Arbeitsamt abholten – ein äußeres Kennzeichen der wirtschaftlichen Schwierigkeiten in der Weimarer Republik.

Als mein Großvater 1934 in den Ruhestand eintrat, übernahm mein Vater die Kloster-Drogerie in Klostermansfeld. Unsere Familie wurde nun dort sesshaft, und ich kam in die örtliche Volksschule. Mein Großvater hatte jetzt mehr Zeit für mich. Er wich meinen kindlichen Fragen niemals aus: „Opa, wie kommt es zu den unterschiedlichen Preisen?" Antwort: „Zu dem Einkaufspreis der von mir bestellten Waren des Großhändlers oder Herstellers werden meine jährlichen Betriebskosten und Unkosten addiert. Für den Umsatz habe ich Steuern zu entrichten. Und für den Lebensunterhalt der Familie habe ich zu sorgen, deshalb erhöhe ich den Einkaufspreis um 3 Prozent, das ist dann der Verkaufspreis." Frage: „Opa, warum nur 3 Prozent?" Antwort: „Das zeichnet einen ehrlichen Kaufmann aus."

Der von mir respektierte und verehrte Klassenlehrer Eger kam nach 1945 in einem Speziallager der sowjetischen Besatzungsmacht um. Außerdem lehrten an meiner Schule: Rektor Friedrich, die Herren Zeydler, Siegert, Priebe, Bartetzko und mein letzter Klassenlehrer Helbig sowie die Lehrerinnen Joedicke, Hefter, Kleinau und Karsdorf.

In unserem Nachbarhaus wohnte der Bruder meines Vaters Fritz mit Ehefrau Anna, geborene Schäfer (1897–1986), mit ihren zwei Söhnen Fritz (1925–1944) und Achim (1926–2008). An fast sämtlichen „Schandtaten" in und um Klostermansfeld, die fast nie aufgeklärt wurden, waren meine Vettern und ich beteiligt; später gesellte sich noch Rolf Zerlach (1927–2015) hinzu, dessen Vater in den Dessauer Junkers-Werken die ersten Jet-Triebwerke prüfte.

Wir vier Enkel, die Katzen Karl und Lotte eingeschlossen, waren neben den normalen familiären Mahlzeiten die gern gesehenen Kostgänger unserer Großmutter Minna. Ihre Geburtstage waren stets festliche Großereignisse für alle Verwandten. Minnas Bruder, der Gastwirt und Bürgermeister von Großörner Paul Koch, stand mir als Kind sehr nahe. Eine seiner Fragen war: „Gehst Du gern zur Schule?" Mit Blick auf meinen etwas weiter entfernten

Volksschule Klostermansfeld

Vater bekannte ich: „Nein, Onkel!". Mit der Antwort: „Du bist ein richtiger Junge" drückte er mir ein Fünfmarkstück in die Hand.

Die Kloster-Drogerie Hennig besuchte einmal im Monat der mit uns befreundete jüdische Bauchladen-Händler Kaufmann. Dessen persönliche Eigenart bestand darin, die stets vorhandene Zigarre nur halb zu rauchen, das im Mund befindliche Stück im Laufe des Gesprächs zu zerkauen. Mein Vater finanzierte den Inhalt seines Bauchladens über das Kaufhaus Goldstein in Eisleben vor. Nach erfolgreichem Weiterverkauf der Waren erstattete Herr Kaufmann meinem Vater die Vorfinanzierung zurück.

Auch an zwei Verletzungen erinnere ich mich gut. Sie waren unserem jugendlichen Bewegungstrieb geschuldet. Von einem Baum fallend, zog ich mir im Alter von neun Jahren einen komplizierten Armbruch am linken Ellenbogen mit Lähmung des Nervus ulnaris zu. Das fünfzehn Kilometer entfernte Knappschaftskrankenhaus in Eisleben, ein „chirurgischer Hauptverbandsplatz" der umliegenden Schächte, stand unter Leitung des namhaften

Chirurgen Dr. Hartung. Nach einer gut verlaufenen Operation blieb eine etwa zwölf Zentimeter lange Narbe zurück. Das operierte Ellenbogengelenk bedurfte einer längeren orthopädischen und physiotherapeutischen Nachbehandlung. Mit dieser Therapie war ein erheblicher Schulausfall im Mansfelder Pädagogium verbunden. Der behandelnde Arzt sagte eine langjährige Bewegungseinschränkung des linken Armes voraus. Nebenbei bemerkte er noch, ich sei als Soldat wehrunfähig. Das traf bei der späteren Einstellungsuntersuchung 1940 in Dresden nicht zu, denn die Verletzung war inzwischen vollkommen ausgeheilt.

Monate später geriet bei einer Rangelei mit Klassenkameraden ein Stück Holz in die Hornhaut meines linken Auges. Der ambulant operierende Facharzt für Augenheilkunde Dr. Mügge in Eisleben nähte unter örtlicher Betäubung diese Verletzung, ohne dass später das Sehvermögen eingeschränkt gewesen wäre. Diese Ereignisse haben wesentlich dazu beigetragen, dass das Versetzungsziel im Mansfelder Pädagogium nicht erreicht werden konnte.

Mit meiner Klassenlehrerin Frau Dotzeck verbindet sich meine erste Niederlage als Schüler. Sie „verdonnerte" mich an einem Sonnabendvormittag zum Nachsitzen, dem ich nicht folgte. Ich versuchte, dies meinem Vater zu verheimlichen. Bei dem darauf folgenden sonntäglichen Mittagessen in einem Gasthaus in Wippra war Frau Dotzeck zufällig gleichfalls anwesend. Ich wünsche ihr an ihrem Tisch höflich einen guten Tag, worauf sie zischte: „Wir werden uns morgen sprechen." Das war der Tag einer unerfreulichen Begegnung.

Meine Mutter ließ sich im Frühjahr 1936 von Dr. Hartung medizinisch beraten. Sie entschied aus mir unbekannten Gründen, sich im Katholischen Elisabeth Krankenhaus in Halle operieren zu lassen. In ihrer Unsicherheit über den Ausgang der anstehenden Operation empfahlen ihr die ehemaligen abergläubigen Schulfreundinnen, einen Astrologen in Halle aufzusuchen, der sich auch mit Astronomie beschäftigte.

Bei diesem Gespräch verfolgte ich aufmerksam die Fragen und Antworten. Meine Mutter wünschte dann von dem gut gebildeten Herrn, auch über meine Zukunft unterrichtet zu werden. Er nahm mein Geburtsdatum, den Geburtsort und die Geburtsstunde auf und orakelte über eine große Reise nach Westen mit Überquerung des Atlantiks, die ich im Erwachsenenalter mit Erfolg unternehmen würde. Aber da wäre auch eine weite Reise mit Unannehmlichkeiten nach Osten, die er sich nicht erklären könne. Nach einer längeren Pause ließ er offen, ob ich von dort gesund zurückkehren würde. Diese durchaus stimmige Prognose ist mir bis heute unerklärlich.

Nach der Operation starb meine Mutter Ende August 1936 im Elisabeth Krankenhaus zu Halle. Bis an ihr Lebensende schenkte unsere Mutter meiner Schwester Inge und mir ihre ganze Liebe, ihr großes Verständnis, ihre mütterliche Fürsorge und suchte die richtigen Erklärungen auf unsere kindlichen Fragen. Für diese mütterliche Zuwendung empfinde ich noch heute große Dankbarkeit.

Durch den Tod meiner Mutter wurde ich frühzeitig selbständig. Mit meinem Vater verband mich eine ausgewogene Sachlichkeit, die in seiner ausgeprägten Lebenserfahrung begründet war. Sein Rat war von mir geschätzt, genauso wie von den Verwandten und ortsansässigen Bewohnern.

Klostermansfeld 1936: Gasthofbesitzer Adolf Schnitzer (Bildmitte) und Felix Graf von Luckner (links hinter ihm stehend) mit den Gästen nach dessen Vortrag

Dörfliche Kultur – Neuere Geschichte

Das wirtschaftliche Leben des zu jener Zeit etwa dreitausend Einwohner zählenden Ortes Klostermansfeld und seiner Umgebung bestimmte vor allem der Kupferschieferbergbau. Der Abbau dieses Rohstoffs und dessen Verarbeitung zu Kupfer im Mansfelder Raum ist bereits seit vielen Jahrhunderten belegt, der Bergbau mit seinen Schächten und die Spitzkegelhalden prägen seither das Bild der Mansfelder Landschaft. Zusätzliche Arbeitsmöglichkeiten ergaben sich bei den Pächtern oder Landbesitzern Fuhrmeister, Wüstenhagen und Ömler. Anspruchsvollere berufliche Tätigkeiten blieben dabei auf die größeren Städte, entfernt von den Schächten der industriellen Monokultur, beschränkt.

Die allgemeine Versorgung der Bevölkerung Klostermansfelds stellten die Arztpraxis von Dr. Wohlrabe, eine Apotheke und mehrere Geschäfte des täglichen Bedarfs sicher. Etwa 30 Unternehmen und Geschäftsleute besaßen einen PKW oder LKW. Ungefähr gleich viele unterhielten einen Telefonanschluss, der Gespräche auch außerhalb des Ortes mithilfe einer Zentralvermittlung ermöglichte. In Klostermansfeld las man die Lokalzeitung „Das Mansfelder Tageblatt" oder erwarb eine Zeitung aus Eisleben.

Das Gemeindeleben fand seine Höhepunkte in den katholischen und evangelischen kirchlichen Feier- und Festtagen und in Turn- und Gesangvereinen. Die Musikschule Münch stellte für besondere Veranstaltungen die Musiker. Im Ort kannten sich bis 1945 die meisten Bewohner untereinander, nicht selten waren auch die einzelnen Familiengeschichten vertraut.

Seit unendlich frühen Zeiten fand zu Pfingsten ein Frühlingsfest im Wald nahe Ahlsdorf statt, im Volksmund das „Dreckschweinfest" genannt. Der Winter wurde mit Peitschenknallen vertrieben, die jüngeren Bergleute suhlten sich wie Wildschweine in Schlammlöchern und schliefen dort ihren Alkoholrausch aus. Das erfolgreichste Dreckschwein wurde anschließend prämiert. Nach der körperlichen Reinigung folgte das Tanzvergnügen.

Parteipolitik spielte in dem Schachtarbeiterdorf keine wirkliche Rolle. Das Lokalkolorit Klostermansfelds prägten vielmehr zivile Persönlichkeiten des Ortes wie die Lehrer, der Pfarrer, der Arzt und, als ein weiteres Beispiel, der Gasthofbesitzer Adolf Schnitzer. Dieser lud im Februar 1936 den im Ausland verehrten Kapitän des deutschen Hilfskreuzers SMS „Seeadler", Felix Graf von Luckner (1881–1966), aus Halle zum Vortrag ein. Dessen gesundheitlich gute Tagesform bewies er auch dort mit dem spektakulären Zerreißen Hunderter von Seiten dicken Adressbüchern. Felix Graf von Luckner und Major a. D. Karl Huhold verhinderten später, am Ende des Zweiten Weltkrieges, durch ihren Einsatz in Verhandlungen mit den Amerikanern die Zerstörung der Stadt Halle.

Ein politisches Ereignis blieb der Bevölkerung nach dem Ende des Ersten Weltkrieges 1918 in dauerhafter Erinnerung: Lenin erreichte 1917 aus der Schweiz kommend mit Hilfe des Deutschen Reiches Russland, schloss mit Deutschland den Friedensvertrag von Brest-Litowsk, riss mit der Parteigründung der „Bolschewiki" im Oktober 1917 die Macht in Russland an sich, wurde 1920 mit Polen in einen Krieg verwickelt, schlug den russischen Matrosenaufstand in Kronstadt nieder und gründete am 30. Dezember 1922 die UdSSR. Im März 1921 fielen die von Lenin inspirierten Revolutionäre unter Führung von Max Hoelz (1889–1933) in das Mansfelder Land ein, um die Weltrevolution mit Hilfe des Proletariats, den Schachtarbeitern, durchzusetzen. Tote nahm man billigend in Kauf.

AUFRUF[1]
Diktatur des Proletariats

Wir haben mit unseren roten Truppen den Ort besetzt und verhängen hiermit das proletarische Standrecht, das heißt, dass jeder Bürger erschossen wird, der sich nicht den Anordnungen der militärischen Oberleitung fügt.

Im selben Augenblick, wo uns gemeldet wird, dass Sipo oder Reichswehr im Anmarsch ist, werden wir sofort die ganze Stadt anzünden und die Bourgeoisie abschlachten, ohne Unterschied des Geschlechtes und Alters. Solange keine Sipo[2] oder Reichswehr anrücken, werden wir das Leben der Bürger und ihre Häuser schonen.

---

1   Vgl. dazu: Zeitschrift für Heimatforschung, Halle/S., Heft 13, S. 95.
2   Sipo = Sicherheitspolizei

Alle Waffen, Hieb- und Stichwaffen, Schießwaffen aller Art, müssen sofort an die militärische Oberleitung abgegeben werden.

Bei wem nach Haussuchung noch Waffen gefunden werden, wird auf der Stelle erschossen.

Alle Autos, Personen- und Lastwagen müssen sofort zur militärischen Oberleitung gebracht werden.

Geschieht dies nicht, so werden die Betroffenen erschossen.

März 1921   Militärische Oberleitung   Max Hoelz

Max Hoelz starb unter ungeklärten Umständen im Jahr 1933 in der Sowjetunion. Dem am 11. Februar 1919 zum ersten Reichspräsidenten gewählten Friedrich Ebert gelang es, in Absprache mit der Obersten Heeresleitung, sich gegen die Revolutionäre durchzusetzen. So stürmte die Reichswehr im März 1921 die von Aufständischen besetzten Leuna-Werke bei Halle, dabei wurden auf beiden Seiten Tote und Verletzte beklagt.

Die Gründung der Sowjetunion durch Lenin (1870–1924) veranlasste die deutschen Regierungen im 20. Jahrhundert, freundschaftliche Beziehungen aufzunehmen oder, wie im Zweiten Weltkrieg, es auf eine kriegerische Auseinandersetzung ankommen zu lassen. Wladimir Iljitsch Lenin initiierte mit Grigori J. Sinowjew (1883–1936) 1919 die Gründung der Kommunistischen Internationale mit dem Ziel, mit Hilfe der gut organisierten deutschen Arbeiterschaft die Weltrevolution auszurufen.

Mit der Unterzeichnung des Friedensvertrages am 28. Juni 1919 im Spiegelsaal des Schlosses von Versailles wurde dem Deutschen Reich die alleinige Schuld am Ersten Weltkrieg zugewiesen. Es wurde mit Gebietsabtrennungen und harten materiellen Reparationen, so der Zahlung von Milliardenbeträgen, bestraft. Die USA ratifizierten diesen Vertrag nicht. Die Sowjetunion und der Kriegsverlierer, das Deutsche Reich, wurden von den Staaten des Völkerbundes vorerst geächtet. Alarmierend für die demokratischen westlichen Länder schlossen in Rapallo am 16. April 1922 die beiden Außenseiter einen „Wirtschaftsvertrag". Dem folgten kurze Zeit später geheime Absprachen zwischen der sowjetischen Roten Armee und der deutschen Reichswehr über

27

gemeinsame Ausbildungseinrichtungen für die Luft- und Panzerwaffe in der Sowjetunion. Dieser geheime Zusatzvertrag wurde Ende der zwanziger Jahre in der Weimarer Republik durch den Chefredakteur der „Weltbühne" Carl von Ossietzky veröffentlicht. Ein Gericht verurteilte ihn daraufhin wegen Geheimnisverrats zu einer Gefängnisstrafe. Ossietzky erhielt 1936 rückwirkend den Friedensnobelpreis für das Jahr 1935, dessen persönliche Entgegennahme ihm jedoch von der nationalsozialistischen Regierung verboten wurde.

Das tödliche Attentat auf den Legationssekretär Ernst vom Rath am 7. November 1938 in Paris nahm die nationalsozialistische Führung zum Anlass, zwei Tage später in der sogenannten „Reichskristallnacht" jüdische Geschäfte und Synagogen zu plündern und anzuzünden, so auch in Klostermansfeld. In dieser Reichspogromnacht zerstörten ortsfremde SA-Leute, die auf LKW herantransportiert worden waren, das Tuchgeschäft des deutschen Staatsbürgers jüdischen Glaubens Max Bluhm (1886–1942), der im Ersten Weltkrieg mit dem Eisernen Kreuz erster Klasse eine besondere Tapferkeitsauszeichnung erhalten hatte. Er starb im KZ Sobibor im heutigen Polen.

Der Eingang der ersten Gefallenenmeldungen nach Kriegsbeginn am 1. September 1939 schockierte die Einwohner von Klostermansfeld. Der Tradition folgend kleideten sich die trauernden Familienangehörigen ein ganzes Jahr in Schwarz. Der angesehene evangelische Pfarrer Jurkscheit konfirmierte unseren Schuljahrgang 1926 im Kriegsjahr 1940. Wie aus dem Konfirmandenregister hervorgeht, erhielt ich den Konfirmationsspruch aus Jakobus 1.22 „Seid aber Täter des Wortes und nicht Hörer allein." Pfarrer Jurkscheit fiel in der Sowjetunion als Angehöriger der Wehrmacht. 50 Jahre nach der Konfirmation meines Jahrganges, im Jahr 1990, konnte ich der Witwe zum Gedenken an ihren Mann in Niedersachsen einen Blumenstrauß überreichen.

Am Ende des Zweiten Weltkrieges, am 9. Mai 1945, beklagte Klostermansfeld über 200 Gefallene, denen während der sowjetischen Besatzung und in der DDR bis zur Friedlichen Revolution 1989 offiziell nicht gedacht werden durfte. Zusammen mit meinem Landsmann Adi Schnitzer (1920–2007) weihten wir 1992 eine Gedenktafel mit den Namen der Gefallenen ein. In einer kurzen Gedenkrede teilte ich meine Trauer mit den Angehörigen:

Liebe Klostermansfelder,
sehr geehrter Herr Bürgermeister,
verehrte Gäste!

Wenn die Bürger von Klostermansfeld heute eine Gedenktafel mit der Inschrift: „Im ehrenden Gedenken an die Opfer des II. Weltkrieges" enthüllten, so sind wir, insbesondere die Älteren, mit schwerem Herzen in Gedanken bei den Schulfreunden, Kameraden und Soldaten, die im Verlaufe des
Krieges eingezogen wurden und nach 1945 nicht zurückkehrten, weil sie tot
oder vermisst im Felde blieben – oder in Kriegsgefangenschaft an Hunger
und Krankheit verstarben.

   Unser Mitgefühl gilt in dieser Stunde auch den Angehörigen dieser
Toten, die, ohne ihre Männer, Väter oder Kinder, die schwere Nachkriegszeit allein und ohne Hilfe überstehen mussten. Obwohl der Krieg mit dem
9. Mai 1945 zu Ende war, wurde die sowjetische Besatzungszone besonders
heimgesucht, was nach dem Kriege in grausamer Weise weitere Todesopfer
in den Konzentrationslagern forderte. Diesen Toten gilt heute gleichermaßen in großer Trauer unser Angedenken!

Mit nationalen Gedenktagen tun
wir uns in Deutschland besonders
schwer. Andere Staaten haben da
keine Schwierigkeiten, weil sie
sich im Guten und im weniger
Guten zu ihrer Geschichte bekennen. Bekennen auch wir uns, wie
es der Herr Bundespräsident der
Bundesrepublik Deutschland im
Mai 1990 nahegelegt hat, zu unserer Geschichte.

Generalarzt Dr. Hennig

Geschichtsauffassung und Zeitgeist werden unter den Menschen weiterhin an persönliche Erfahrungen gebunden bleiben. Lassen Sie uns deshalb, wie in anderen Ländern auch, mit dem Gedenken an den namenlosen „Unbekannten Soldaten" die Gefallenen der anderen Nationen einbeziehen. Sie starben, wie unsere Soldaten, in Pflicht und Treue zum Vaterland.

Es ist ein Zeichen von Besinnung und Freiheit, wenn die Einwohner des über 1000 Jahre alten Klostermansfelds mit der Einweihung dieser Gedenktafel sich ihrer Gefallenen erinnern. Nur mit Blick auf die Geschichte kann die Gegenwart verstanden und die Zukunft erfolgreich gestaltet werden. Mögen dem deutschen Vaterland und der Welt weitere Kriege erspart bleiben, möge die Menschheit künftig in Frieden leben!

In diesem Sinne wollen wir die Toten ehren und die Kränze an der Gedenktafel niederlegen – auch im Namen der ehemaligen Klostermansfelder, die dieser feierlichen Stunde heute nicht beiwohnen konnten.

Von den zum Krieg eingezogenen 17 Millionen deutschen Soldaten aller Teilstreitkräfte kamen einschließlich der Zivilbevölkerung 7.375.800 ums Leben[3]. Fast die Hälfte der Toten starb in den letzten neun Kriegsmonaten bis Mai 1945.

Am 13. April 1945 marschierten amerikanische Streitkräfte durch Klostermansfeld in Richtung Halle. Mein Großvater Friedrich Hennig stellte sich gelegentlich als Dolmetscher zur Verfügung. Am 1. Juli 1945 zogen sich die Amerikaner zurück, die Rote Armee besetzte, wie in den Verhandlungen der Alliierten vorgesehen, die sowjetische Besatzungszone.

Willkürliche Enteignungen und Vertreibungen fanden aus politischen Gründen statt. Die Ortsbevölkerung mit bescheidenem politischen Wissen befand sich nunmehr einer fremden Willkür und ihrer Gewalt ausgesetzt, die von Spitzeln mit fragwürdigem Charakter unterstützt wurden. Im Gegensatz zu den westlichen Alliierten arbeiteten die Sowjets mit Terror, Erpressung und

---

3   WAST, Berlin 2014

Vertreibung, wie es bereits nach 1917 unter Lenin und Stalin (1878–1953) in Russland und der Sowjetunion üblich wurde.

Einfache Mitläufer der NS-Parteigliederungen und Angehörige des bürgerlichen Mittelstandes wurden, oftmals ohne Vernehmung und ohne Gerichtsurteil, in die sowjetischen Lager abtransportiert. In den Speziallagern des NKWD in der SBZ/DDR, die zuvor Konzentrationslager des NS-Regimes gewesen waren, starben rund 30 Prozent der etwa 130.000 Inhaftierten an Hunger, Seuchen und unzureichender medizinischer Betreuung.

Arbeitsfähige wurden aus diesen Lagern gegen ihren Willen zur Schwerstarbeit in die Sowjetunion deportiert. In der Regel wussten die Familienangehörigen nichts über den Verbleib der Verhafteten, blieb deren Schicksal im Dunklen, denn alle Zwangsmaßnahmen der sowjetischen Administration waren „streng geheim".

Zumeist nach politisch motivierten Denunziationen verschwanden etwa zwanzig Einwohner aus Klostermansfeld. Von den willkürlich Inhaftierten kamen lediglich drei mit erheblichen gesundheitlichen Schäden zurück, auch sie starben bald an den Haftfolgeschäden. Daneben flüchtete eine unbekannte Anzahl von Klostermansfeldern aus Angst vor dem neuen Terror unter Hinterlassung ihres Eigentums.

Schule und weitere Bildungswege

Vom neunten bis zum vierzehnten Lebensjahr las ich fast täglich ein Buch. Die Schul- und Ortsbibliotheken konnten meinen Lesehunger bald nicht mehr stillen. Von einem älteren Mitschüler, Werner Stille, lieh ich mir gegen zehn Pfennig Gebühr beispielsweise „Onkel Tom's Hütte" und andere Publikationen aus. Das erste Buch, das ich zu Weihnachten 1935 auf meinen Wunsch hin geschenkt bekam, handelte von Manfred Freiherr von Richthofen, dem „Roten Baron".

Meine Eltern stellten mich zwischen Weihnachten und Neujahr 1935 zu einem Eignungsgespräch für das Mansfelder Luther-Pädagogium dem Direktor Prof. Dr. Kleuper (später Dr. Meißner) vor. Dieser führte mich in sein Dienstzimmer. Vor einem massiven Schreibtisch nahm ich Platz. Seine erste Frage lautete: „Horst, was hast Du denn zuletzt für ein Buch gelesen?" Ich erklärte, mein erstes Buch sei das über den Jagdflieger von Richthofen gewesen. Nach meiner Inhaltsangabe teilte er meinen wartenden Eltern mit: „Ich nehme Ihren Sohn in die Sexta auf."

Eher zufällig geriet ich als Dreizehnjähriger an das Buch der russischen Schriftstellerin Alja Rachmanowa[4] „Studenten, Liebe, Tscheka und Tod". Es handelt von Menschenrechtsverletzungen, den tödlichen Auswirkungen der russischen Revolution 1917 unter Lenin und den Verbrechen gegen die unschuldige russische Bevölkerung. Als Schuljunge hielt ich dieses Buch für einen Roman.

Nach meiner Verhaftung als Student in Halle durch den KGB im März 1950 wurde ich mit diesen Verbrechen tatsächlich persönlich konfrontiert, die nächtliche geheime Verhaftung, mit Todesdrohungen und Erpressungsversuchen geführte Verhöre und dem Entzug jeglicher Rechte.

---

4   Alja Rachmanowa wurde als Galina Djuragin in Kassli in der Nähe von Perm im Ural als erste von drei Töchtern einer adeligen Arztfamilie geboren. Das Pseudonym Alja Rachmanowa, unter dem sie später berühmt wird, wählte sie erst im österreichischen Exil, um ihre in Russland verbliebenen Verwandten nicht zu gefährden.

Nach dem Tod meiner Mutter 1936 fand ich an der Erledigung der Schulaufgaben, die bis dahin von ihr beaufsichtigt wurden, kein besonderes Interesse mehr.

Gemeinsam mit meinen Vettern Fritz und Achim fand ich sportlichen Ausgleich im Jungvolk, dem wir als Neun- bis Vierzehnjährige beitraten. Geländespiele kamen unserem jugendlichen Bewegungsdrang entgegen.

Mein vorläufiges Weltbild in Klostermansfeld ergab sich rückschauend aus den unterschiedlichsten Büchern, auch aus der großväterlichen Bibliothek und aus den Wochenschauen der Ufa des Kinobesitzers Hermann Fischer, der einige Jahre in den USA lebte und mit der Hollywood-Kinowelt vertraut war. Fischer unterhielt daneben ein Taxiunternehmen. Mit einem Mercedes-Bus fuhr er fast täglich nach Halle und zurück.

Eines Sonntags früh, kurz nach acht Uhr, spielte eine Musikkapelle vor dem Haus. Mein Vater sah verwundert aus dem Schlafzimmer der oberen Etage, darauf erfolgte ein Zuruf: „Paul, komm herunter! Du sollst in die Partei eintreten!". Mein Vater antwortete knapp und deutlich: „Haut ab! Ich habe vor Verdun und verwundet vor dem Fort Thiaumont gelegen. Das war mir ‚Partei' genug!". Mein Vater, der keiner parteilichen Gliederung angehörte, war für seine unvorsichtigen Äußerungen bekannt.

Die Familienausflüge mit dem PKW führten oftmals in den Oberharz bis nach Goslar, der Garnisonsstadt des 10. Jägerbataillons meines Vaters. In der Ziegenstraße wohnte meines Vaters Kriegskamerad Fritz Bosse, mit dem ihn eine lebenslange Freundschaft verband. Mit meiner zwei Jahre jüngeren Schwester Inge verbrachten wir gelegentlich dort die Ferien. Dabei sahen wir dem Hirten zu, der die unzähligen Ziegen der Schachtarbeiter auf die Weide trieb, auf dem Rückweg fanden diese Tiere selbständig zu ihren Ställen zurück.

In der mittelalterlichen Stadt Goslar besuchten wir das Hotel Achtermann, das alte Rathaus, die Kaiserpfalz und zum Tag der Wehrmacht die Standort-Kaserne.

Erinnerlich ist mir auch, dass ich am 19. Juni 1936 morgens um vier Uhr den Boxkampf Max Schmelings gegen Joe Louis in den USA über „Lange Welle", Radio Königs Wusterhausen, verfolgte.

Trotz der örtlich bedingten Informationsarmut entnahmen mein Schulkamerad Karl-Heinz Probst und ich aus der Zeitung die Mitteilung, dass die Inspektion des Erziehungs- und Bildungswesens des Heeres in Berlin Jugendliche mit entsprechenden Leistungsvoraussetzungen der Jahrgänge 1925/26 zur Aufnahme in eine Heeres-Unteroffizier-Vorschule suchte.[5]

So erfolgte im März 1940 ein weiterer Aufruf, dass Anfang Mai 1940 Heeresunteroffizier-Vorschulen als Berufsvorschulen eröffnet würden. Bewerber wurden gebeten, sich an das nächste Wehrbezirkskommando zu wenden.

Ich erhielt von dem Kommando in Eisleben den Fragebogen für die Einstellung übersandt. Aus der Kopfzeile des Merkblattes entnahm ich die federführende Dienststelle in Berlin: der Chef der Heeresrüstung und Befehlshaber des Ersatzheeres (In E B / III e, gezeichnet I. A. Frießner). Außerdem war ein erklärendes Formblatt für die Eltern beigefügt, dass diese mit dem Antrag des minderjährigen Sohnes und mit der Übernahme der Aufsichtspflicht durch die Erzieher und Pädagogen der Schule nach erfolgter Eignungsprüfung einverstanden sein müssen.

In dem Gespräch mit meinem Vater riet er mir, mit seinem im Urlaub befindlichen Onkel Oberst-Ingenieur Dipl. Ing. Walter Hertel (1898–1983), späterer Generalingenieur der Luftwaffe, in Großörner zu sprechen. Die Wand des Innenhofes zierte ein beschädigter Propeller. Mein Großonkel empfahl mir, bei meinem Entschluss zu bleiben. Mein Vater riet mir nicht ab. Mit seiner Unterschrift gab er sein Einverständnis und verwies auf meine nunmehr beginnende eigene Verantwortung für den weiteren Lebensweg.

Nach einer Vorprüfung am Wehrbezirkskommando Eisleben erreichte mich die Aufforderung, zur Hauptprüfung Anfang Mai 1940 in Dresden, Wehrkreis IV, Königsbrücker Straße 125-127, zu erscheinen. Die Prüfung erstreckte sich über zwei Tage in den Schulfächern, einer Sportprüfung, einer heerespsychologischen Eignungsprüfung sowie einer truppenärztlichen Untersuchung.

Auf diesem Wege begegneten wir uns, Günter Kießling (1925–2009) und ich; eine lebenslange Freundschaft war begründet.

Vor einer Kommission von etwa fünfzehn Offizieren erfolgte das Abschlussgespräch. All das fand in den Gebäuden der ehemaligen Sächsischen Kadettenanstalt, der jetzigen Offizierschule des Heeres in Dresden, statt. Der Kommis-

---

5   Vgl.: Vor 50 Jahren Gründung der Heeresunteroffiziervorschule 1. November 1940–1. November 1990, Marienberg/Sachsen 1. November 2010, 49 S.

sion gehörte auch Hauptmann Friedrich Doepner (1912–1996) an, mit dem ich 1955 in einem sowjetischen Arbeitslager erneut zusammentraf. Bis zu seinem Tode in Celle war ich mit dem Oberst der Bundeswehr kameradschaftlich verbunden.

Fähnrich Günter Kießling

Die letzte Frage vor der Kommission lautete: „Falls Sie eine Ablehnung erhalten, was werden Sie dann beruflich tun?" Meine spontane Antwort: „Darüber habe ich mir keine Gedanken gemacht, weil ich sicher bin, angenommen zu werden!" Bald hielt ich die schriftliche Einberufung zu der wieder eröffneten Schule zum 1. November 1940 nach Marienberg im Erzgebirge in den Händen. Diese Einrichtung beruft sich auf eine Tradition, die bis 1738 auf das Militärwaisenhaus Dresden im Kurfürstentum Sachsen zurückreicht. Die Bedeutung dieser Einrichtungen nahm über zwei Jahrhunderte stetig zu. Die wachsenden Schülerzahlen zwangen zu einer Verlegung nach Annaburg im damaligen Königreich Sachsen. Nachdem dieses sächsische Gebiet 1815 an Preußen fiel, führte das Sächsische Kriegsministerium die Einrichtung 1822 im Rittergut Klein-Struppen, zwischen Pirna und der Festung Königstein gelegen, weiter. Nach einer weiteren Vergrößerung erfolgte eine erneute Verlegung der Unteroffizierschule 1873 und der Vorschule 1893 nach Marienberg/Sa.

Die gemeinsame Ausbildung mit dem Jungschützen Günter Kießling auf parallelen Schulen ließ 1990 eine Schrift[6] entstehen, aus der auf den folgenden zwei Seiten zitiert wird:

---

6   General a. D. Günter Kießling, Vor fünfzig Jahren: Wiedergründung der Unteroffiziervorschule Marienberg, in: Heeresunteroffiziervorschule Marienberg/Sachsen 1. November 1940–1. November 1990, Quickborn 1990, S. 12-18.

35

Wehrmacht, die Heeresunteroffiziervorschule (HUV)

In der deutschen Militärgeschichtsschreibung sind die Vor- und Unteroffizierschulen weitgehend unbekannt. Nur ein geringer Teil der Unteroffiziere durchlief diese Schulen, aber diese wenigen bildeten die Elite des Unteroffizierkorps. Sind Unteroffizierschulen als Stätten qualifizierter Ausbildung einigermaßen bekannt, über die Unteroffiziervorschulen wissen nur wenige Bescheid.

Die erste Unteroffizierschule wurde bereits 1824 in Potsdam aufgestellt. Erst 1877 folgte die Gründung einer Vorschule, und zwar in Weilburg. Waren die Unteroffizierschüler aktive Soldaten, nicht so die 14 bis 17 Jahre alten Vorschüler. Erst mit ihrem Übertritt in eine Unteroffizierschule erlangten sie diesen Status. Den ersten Unteroffiziervorschulen in Weilburg folgten bis 1917 dreizehn weitere.

Der überragende Ausbildungsstand dieser Schulen erlangte rasch hohe Anerkennung, weit über die Grenzen des Deutschen Reiches hinaus. So nahm es nicht Wunder, dass 1919 im Friedensvertrag von Versailles die Auflösung der Unteroffizierschulen und -vorschulen verfügt wurde: am 31. März 1920 schloss die letzte ihre Pforten.

Im März 1935 wird die Allgemeine Wehrpflicht eingeführt. Aus der Gliederung des 100.000 Mann-Heeres entstehen zwölf Korps-Kommandos mit 36 Divisionen.

Schon 1936 wurde in Potsdam die erste Unteroffizierschule aufgestellt. Rasch gewann sie großes Ansehen in der Öffentlichkeit, stellte sie doch – erkenntlich an dem „USP" auf den Schulterklappen – die Kerntruppe bei den großen Paraden. Aber das waren weiß Gott nicht nur Paradesoldaten!

Im Frühjahr 1940 erfolgte dann die Restauration der Unteroffiziervorschulen. Dies war vornehmlich dem Inspekteur des Erziehungs- und Bildungswesens im Heer, dem damaligen Oberst (zuletzt Generaloberst) Frießner zu verdanken. Ihn kann man zurecht als den „Vater der Heeresunteroffiziervorschulen" bezeichnen. Begonnen wurde am 1. April 1940 mit Aufstellungen in Dresden, Hannover, München, Wiener-Neustadt und Frankenstein/Schlesien. Dem folgten bis 1942 einundzwanzig weitere. Hinzu kamen zwei Unteroffiziervorschulen der Luftwaffe und eine der Kriegsmarine.

Vor dem Polen-Feldzug betrug die Stärke der Wehrmacht 2,6 Millionen Soldaten, die in 52 Divisionen und in weiteren Einrichtungen aufgestellt waren.

Am 1. April 1993 begingen wir die 100-jährige Wiederkehr der Gründung der Unteroffizier-Vorschule zu Marienberg in Sachsen.

Gedenktafel für die Gefallenen 1873–1944/45

Dr. Günter Kießling, geboren am 20. Oktober 1925, trat am 5. Mai 1940 als einer der ersten Jungschützen in die neugegründete Heeresunteroffiziervorschule Dresden ein. Bei Kriegsende war er Leutnant. Die Reifeprüfung legte er als Externer ab, anschließend folgte ein Studium der Wirtschaftswissenschaften. 1954 trat er als Leutnant in den BGS ein, 1956 in die Bundeswehr. Am 1. Oktober 1971 Beförderung zum „General Erziehungs- und Bildungswesen des Heeres".

Nach ihm wurde diese traditionsreiche Einrichtung in „Inspektion für die Offizier- und Unteroffizierausbildung im Heer" umbenannt und schließlich 1975 im Zuge der Neuorganisation des Heeresamtes aufgelöst. 1984 wurde Dr. Kießling als General in den Ruhestand versetzt.

Das 100.000-Mann-Heer besaß keine Schulen, die Ausbildung zum Unteroffizier fand auf Regiments-Ebene statt. Auswahl, Erziehung und Ausbildung aller Soldaten genügten höchsten Anforderungen. Mit der Wiedereinführung der „Allgemeinen Wehrpflicht" 1935 und der damit verbundenen Heeres-Vermehrung entstanden zur Sicherstellung des Führernachwuchses die Kriegs-, Uffz.- und Waffenschulen, gleichfalls die Uffz.-Vorschulen.

Nachfolger im Amt Frießners war Gen.-Lt. Ludwig Wolff (1893–1968). Der Zufall wollte es, dass in der Bundeswehr ein ehemaliger Heeres-Unteroffizier-Vorschüler am 1. Oktober 1971 als letzter Nachfolger in diesem traditionsreichen Amt, BG Dr. G. Kießling, ernannt wurde.

General der Infanterie Ludwig Wolff

Die HUV Marienberg/Sachsen

Kommandeure:
Oberstleutnant Erwin Schrötter (1895–1945) 1940
Oberstleutnant Alois Weber (1903–1976) 1942
Oberstleutnant Tauscher 1943

OTL Alois Weber, ab 1.3.1942 Kommandeur der H.U.V. Marienberg. Er erhielt am 10.9.1944 als Oberst das Eichenlaub zum Ritterkreuz. Ab 8.2.1945 als Generalmajor bis zur Kapitulation im April 1945 im Ruhrkessel, am 19.6.1976 in Freising gestorben.

Stellenbesetzung der 1. Kp.:

Kp.-Chef.	Hauptmann Johannes Rüger (1894–1972)
Spieß:	Hauptfeldwebel Röber (Hauptfeldwebel Langer)
Geschäftszimmer:	Frl. Heidi Hahn
1. Zug:	Leutnant Zimmermann (Oberleutnant Größ, Leutnant Östmann 1943), Feldwebel Tänzer
2. Zug:	Leutnant Felber (Leutnant Schneider, Leutnant Staffehl, Oberleutnant Schöne, Oberleutnant Blasa, Leutnant Jung, Stabsfeldwebel Hesse)
3. Zug:	Leutnant Rausch

Bekleidungskammer: Herr Mauersberger (der bis 1933 der KPD angehörte)

Weitere drei Kompanien gliederten sich in Stärken von je 165 „Jungschützen".
In der ersten Kompanie-Belehrung formulierte der Kompaniechef: „Falls man
Ihnen außerhalb der Kaserne Befehle erteilen sollte, antworten Sie, dass diese nur
von Vorgesetzten der Wehrmacht entgegengenommen werden!"

Anstelle eines Soldbuches erhielten wir einen Ausweis mit Lichtbild und
folgendem Text:

Jungschütze Hennig 1940

Ausweis Nr. 41
Heeresunteroffiziervorschule
Marienberg / Sa. 1. Kompanie
für den Jungschützen Horst Hennig
geb. am 28. 5. 1926, Siersleben
(Größe, Gewicht, Gestalt, Gesicht,
Haarfarbe, Augen,
besondere Kennzeichen)
Inhaber ist berechtigt, eine Seitenwaffe
zu führen.
Alle militärischen und zivilen
Dienststellen werden ersucht,
ihm nötigenfalls Schutz und
Hilfe zu gewähren.

(Eigenhändige Unterschrift)

Rundsiegel

Das Oberkommando des Heeres
Marienberg, den 1.11.1940
Rüger
Hauptmann u. Komp.Chef
Zeitstempel

Der Zusammenhalt der Schüler war so vertrauensvoll, dass politische oder militärische Meinungen Einzelner ohne Gefahr geäußert werden konnten. Beispiele: Nach dem „Verlesen" 21.00 Uhr stellte der Stubenälteste Horst Philipp
an seinem großen Volksempfänger BBC Radio London ein. Das Pausen-
zeichen ist mir heute noch in Erinnerung. Nach geschichtlichen Erkenntnissen,
„niemals einen Zweifrontenkrieg zu führen", waren wir über den Beginn des

Krieges gegen die Sowjetunion höchst verwundert. So nahm die Tragödie ihren Fortgang.

Die Pädagogen erhielten ihre Lehrbefähigungen größtenteils in der Weimarer Republik oder früher. Mit Kriegsbeginn wurden sie als Lehrkräfte zu den Heeres-Schulen abkommandiert.

Heeres-Stud. Dir. Dr. Arlt	Heeres-Obfl. Hartwig
Heeres-Stud. Dir. Prof. Dr. Hecker	Heeres-Obfl. Holler
Heeres-Rekt. Haselbach	Heeres-Obfl. Lubich
Heeres-Rekt. Wöhrl	Heeres-Obfl. Pungs
Heeres-kon.-Rekt. Sekura	Heeres-Obfl. Zweigle
Heeres-Obfl. Büttner	Fw. Meischner
Heeres-Obfl. Buchholz	Fw. Nitsche
Heeres-Obfl. Fritsche	

Wiedersehen mit Kameraden aus der Stube 64 des 1. Zuges der 1. Kompanie nach Jahrzehnten – Helmut Höcker, Horst Hennig, Willi Kühn (von links) im Jahr 1986

Der allgemeinbildende Schulunterricht stand im ersten Schuljahr im Mittelpunkt. Besonders eindrucksvoll war das von Humanität getragene Gewissen des Heeres-Rektors Haselbach. Als Mitautor der Deutschen Grammatik von Pfaff/Hass/Kasdorf ist er mit seinem Wissen und lauterem Charakter besonders hervorgetreten, als Pädagoge seinen Schülern bedingungslos verpflichtet. Vor der Verwendung in Marienberg gehörte der HR Haselbach als „Geopolitiker" dem O.K.H. an. Er nutzte jede Möglichkeit seiner früheren Dienststelle, sich über die militärische Lage zu informieren. Eines Morgens erschien er im Klassenzimmer der 1 b und trug mit Blick auf die Europa-Karte vor: „Was ich Ihnen jetzt sagen werde, meine lieben jungen Kameraden, muss absolut unter uns bleiben, es käme sonst zu einer persönlichen Katastrophe, vielleicht mehr für mich als für Sie! Was ist passiert? In Stalingrad wurde in den vergangenen Stunden unter General Friedrich Paulus eine Armee von 250 Tausend Mann mit allen möglichen Waffen und Gerät ohne nennenswerten Nachschub eingeschlossen, mithin der Vernichtung preisgegeben. Ich bin Ihnen diese Wahrheit schuldig!" Er entwickelte anschließend die für die Zukunft zu erwartende Lage und schloss mit den Worten: „Wir haben diesen Krieg verloren! Was soll aus Deutschland, unserem armen Vaterland werden?" Diese aristokratisch wirkende kritische Persönlichkeit erlebte bereits einmal schwerverwundet 1918 das Kriegsende.

Den Offizieren gleichgestellt wurden die Heeres-Fachlehrer als Offizier vom Dienst in der Marienberger Kaserne eingesetzt. Auf meinen Wunsch stellte sich der Heeres-Rektor Haselbach während dieser Zeit nach 19 Uhr zur Vervollständigung meiner Französischkenntnisse zur Verfügung.

Im dritten Schuljahr erreichte die militärische Ausbildung ihren Höhepunkt. Die „Untere Führung" in Gruppen-, Zug- und Kompaniestärke wurde im Hörsaal theoretisch und im Übungsgelände praktisch geprüft. An der Innentür einer jeden Stube befand sich unübersehbar die Belehrung: „Die Pflichten des deutschen Soldaten", erlassen 1934 vom Generalfeldmarschall Paul von Hindenburg (1847–1934), Reichspräsident. An den Sonntagen standen der evangelische oder katholische Gottesdienst in Marienberg auf dem Dienstplan.

Königliche Unteroffizierschule.

Impressionen aus dem militärischen Alltag sowie bei Appell und Vorbeimarsch in Marienberg

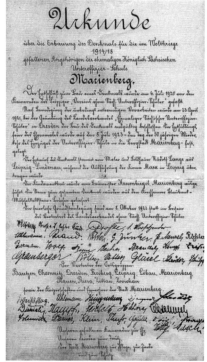

Dem ehrenden Andenken
der für König und Vaterland
in treuer Pflichterfüllung
gefallenen Zöglinge der
Unteroffiziervorschule

Unteroffizier **Carsjens**
gefallen am 17.1.98 in Deutsch – Ostafrika

Feldwebel **Engler**
gefallen am 22.2.04 in Kamerun

Unteroffizier **Huhnstock**
gefallen am 25.6 05 bei Keidoms

Unteroffizier **Warz**
gefallen am 18.8.05 bei Otjosondu

Unteroffizier **Groth**
gefallen am 26.4.05 bei Ganams

} Deutsch-
Süd-
west-
Afrika

Eingeweiht am 20.7.1913.
Erneuert am 10.7.195.
Pz.Gr.Btl.34

Die militärische Führerscheinausbildung schloss unter Nachweis solider technischer Kenntnisse weiträumige Motorradfahrten ein. Wer gegen die Straßenverkehrsordnung verstieß, führte sein Kraftrad ohne Zündkerzen zu Fuß über mehrere Stunden und viele Kilometer weit in die Kaserne nach Marienberg zurück. Die Maßnahmen der Fahrlehrer waren hart, aber pädagogisch sinnvoll.

Mit Wochenbeginn, montags von sieben bis acht Uhr, stand ein Geländelauf der Kompanie auf dem Dienstplan, der bei jedem Wetter durchgeführt wurde. Eine dreijährige Sportausbildung mit mehr als fünf Wochenstunden durch vier Heeres-Sportlehrer befähigte die Schüler, als Hilfssportlehrer tätig zu werden. Im Sommerhalbjahr standen Leichtathletik, Fuß- und Handball, im Winterhalbjahr Geräteturnen, Boxen und Basketball in der Sporthalle im Vordergrund.

Durch unseren Sportlehrer und Olympiateilnehmer 1936 Oberleutnant Emil Lohbeck wurden moderne Trainingsmethoden wie das „Intervall-Training" in Marienberg eingeführt.

Meinem Schulkameraden Ulrich Jonath war es vorbehalten, nach dem Krieg als Dozent an der Deutschen Sporthochschule Köln und als Nationaltrainer der deutschen Olympia-Mannschaft berufen zu werden.

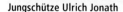

Ulrich Jonath, geboren am 25. Juni 1926 in Hamm/Westfalen, ab 1. November 1940 Jungschütze in Marienberg. Schon damals stieg er zum Spitzensportler auf. Nach Besuch der Unteroffizierschule Leslau kam er im Herbst 1944 an die Westfront und wurde neben mir verwundet.

1946 nahm Jonath das Studium an der Deutschen Sporthochschule Köln auf, 1950 Examen als Diplomsportlehrer. Nach einem weiteren Studium an der Universität Heidelberg als Dozent an der Deutschen Sporthochschule Köln tätig. Er ist Herausgeber und Verfasser zahlreicher Bücher, 1959 bis 1980 als

Jungschütze Ulrich Jonath

Zeugnisse des sportlichen Erfolgs von Ulrich Jonath

Bundestrainer für den 400-Meter-Hürdenlauf und für die deutsche National-
mannschaft tätig. In dieser Disziplin betreute er zahlreiche deutsche Sportler
und führte sie unter anderem bei Olympischen Spielen zu Erfolgen. 2014 ehrte
ihn die Deutsche Sporthochschule Köln für sein Lebenswerk.

Andere Schulkameraden leiteten nach 1945 regionale Sportverbände.
Während der Bw-Zeit 1964 wurde mir die Zusatzbezeichnung „Sportarzt"
durch den Präsidenten der Deutschen Sportärzte, Prof. Dr. Herbert Reindell
(1908–1990), bei dem ich bereits 1957 an der Universität Freiburg Proband
war, zuerkannt.

Die Strukturen der vier Kompanien der Schule waren vom Charakter ihrer
Chefs geprägt. Vom Stand der Ausbildung verlangte der Kompaniechef der 1.
Kompanie Hauptmann Johannes Rüger, ehemals Schulleiter in Flöha/Sachsen
und vor 1933 SPD-Mitglied, dass die 1. Kompanie die beste zu sein habe. Anlässlich nationaler Feiertage vermied Hauptmann Rüger, in seinen Ansprachen
den Nationalsozialismus zu erwähnen. In den ersten Sätzen zur Einführung
bemühte er gern die alten Klassiker wie z. B. „Schon die alten Römer ..."

Als bester Schütze der Schule (Kleinkaliber-Gewehr 5,6 mm) schenkte er mir bei einem Schießergebnis mit höchster Ringzahl 50 Pfennige und entließ mich zu einem Spaziergang vom Schießstand in die Kaserne. Bei dem nächsten Bäcker setzte ich die 50 Pfennige in Kuchen um. Mit dem besten Schützen der Schule in der 1. Kompanie bestätigte er den Erfolg seiner Ausbildung vor den anderen Kompanien.

Einmal bestrafte mich Hauptmann Rüger mit einem „leichten Verweis". Eine Scheibe Brot, die niemanden in der Stube gehörte, entsorgte ich in der Toilette. Das veranlasste einen Unteroffizier zu einer entsprechenden Meldung. Einen Tag später: „Kompanie, still gestanden! Jungschütze Hennig vortreten. Ich bestrafe den Jungschützen Hennig mit einem ‚leichten Verweis', denn er hätte das Stück Brot den Pferden (in der Kaserne) geben können." Für einige Wochen wurde ich zu der „Fünften Kolonne" abkommandiert, die den Tagesdienst im Laufschritt absolvierte und sonstige militärische „Sonderübungen" zusätzlich zum Dienstplan verrichten musste.

Oberleutnant Burghardt Bollmann, 3. Kompanie **Hauptmann Johannes Rüger, 1. Kompanie**

Chemnitz, Reservelazarett V, Haus 26

Stabsarzt Dr. Czerwenka,
Schwester Hilda

Anlässlich einer Kompaniebelehrung durch den Kp. Chef (ich hatte meinen
Schemel in guter Deckung der fünfzehnten Reihe postiert) erschreckte ich
aus dem Halbschlaf, als Hauptmann Rüger meinen Namen nannte: „Wo
sitzt er eigentlich?" Ich sprang auf: „Hier, Herr Hauptmann!" „Seht ihn
Euch an, das ist der Einzige, der sich gebessert hat."

Ein Generationsproblem mit Meinungsverschiedenheiten ergab sich zwischen dem älteren Kompaniechef Hptm. Rüger und dem jüngeren Chef der
3. Kp. Olt. Burghardt Bollmann (1905–1944). Anlass war der Mehrfrontenkrieg, zu dem Hptm. Rüger Bedenken äußerte. Bollmann fiel an der
Westfront. Er wurde posthum mit dem Ritterkreuz ausgezeichnet und
gleichzeitig vom Hauptmann zum Major befördert.

Wir, die 14-Jährigen, befanden uns in guter ärztlicher Betreuung des Facharztes für Kinderheilkunde, Stabsarzt Dr. Wilhelm Czerwenka. Ihm zur
Seite stand in mütterlicher Fürsorge, 24 Stunden am Tag, die Kranken-
schwester Hilda. Beide verrichteten kunstgerecht und rücksichtsvoll mit
einem Sanitäts-Unteroffizier ihren aufopferungsvollen Dienst. Dem Herrn
Doktor verdankten wir den ersten Gesundheitsunterricht.

Mitte Februar 1943 rückte die Kompanie zur Winterübung in die Nähe des Ortes Reitzenhain aus.

Jeweils im Sommer 1942 und 1943 baten die Bauern um Erntehilfe in Lippersdorf, in der Nachbarregion von Marienberg. An einem Sonntag besuchte die 1. Kp. das Museum der Freimaurer-Loge in Chemnitz und am Abend die Aufführung „Der Graf von Luxemburg". Gelegentliche Einsätze bei Schnee- oder Hochwasserkatastrophen und dienstlich angesetzte Wanderungen in die Umgebung lockerten den Dienstbetrieb auf.

Auch die musische Erziehung kam nicht zu kurz. In der Freizeit bestand die Möglichkeit, sich in Gruppen zu Musik, Gesang, Schach, Fotoarbeiten usw. zusammenzufinden. An die Gruppe für Schnitzerei unter der Leitung des Herrn R. Kunis kann ich mich gut erinnern. Dabei stand der Jungschütze Franz Fabian (1926–1986), späterer Landtagsabgeordneter in Hessen, Modell für eine 30 cm hohe Jungschützen-Figur aus Holz; ein Kunstwerk aus der Hand des Meisters Kunis, die sich in meinem Besitz befindet.

Nach einer mehrere Tage andauernden Winterkampfausbildung mit nächtlichem Iglu-Bau und Schneeübernachtungen im hohen Erzgebirge 1942/43 diagnostizierte Stabsarzt Dr. Czerwenka Monate später bei mir eine Nierenentzündung. Daraufhin wurde ich in das Reservelazarett V in Chemnitz-Altendorf eingewiesen.

In Friedenszeiten befand sich dort eine großzügig eingerichtete und weitflächig angelegte Blindenschule, die der Berufsausbildung diente. In einem der zahlreichen Gebäude verblieben etwa 50 jugendliche Blinde. Die übrigen Gebäude dienten der Wehrmacht als Reservelazarett vor allem für Kriegsteilnehmer mit inneren Erkrankungen, Tbc, Hepatitis, Fleckfieber, Malaria und für Soldaten, die durch Kriegseinwirkungen erblindet waren.

Dort erlebte ich meinen siebzehnten Geburtstag. Die Stationsschwester beauftragte mich mit meinem Einverständnis, die Verbindung zum medizinischen Zentrallabor aufrecht zu halten, Krankenblätter zu führen und von der Hauptküche die verschiedenen Krankendiäten zu empfangen. Der Weg dorthin führte an einer Quarantänestation für Diphterie-Erkrankte vorbei, die mit jüngeren Mädchen belegt war. Dieses lustige Völkchen warf uns aus der zweiten Etage Briefe zu, so auch mir. Die schriftlichen Kontakte blieben erzwungenermaßen auf Distanz und freundlich. Diese Begegnungen sollten später zu einem nicht vorhersehbaren Zusammentreffen führen, das mich – nach Krieg und Gefangenschaft in Großbritannien – völlig überraschte.

Horst Hennig im Reservelazarett 1943

Wissbegierig ließ ich mich zu nächtlichen Dienstleistungen an der zentralen
Vermittlungsstelle des Lazaretts an einem 72-iger Klappenschrank einweisen.
Hier gingen nicht nur örtliche Gespräche ein, sondern auch solche von den
Frontgebieten aus Nord-, Süd-, West- und Osteuropa. Bei Fliegeralarm nahm
ich die Alarm- und Einsatzmeldungen der verschiedenen Häuser entgegen und
meldete die Einsatzbereitschaft dem Offizier vom Dienst.

Durch Kriegsereignisse erblindete Soldaten wählten mich aufgrund meiner
hochdeutschen Aussprache zum Vorleser. In vorsichtigen Gesprächen mit einigen der etwa 500 erkrankten Soldaten, darunter Frontoffizieren, versuchte
ich deren Erlebnis- und Gefühlswelt zu ergründen. Mir wurde viel Schwerer-
lebtes und für die Zukunft Bedenkliches anvertraut.

Soldaten – Helden – Opfer – Täter?

Bei meinen Gesprächen im Lazarett fiel mir die ganz offensichtlich schwindende Motivation der Frontsoldaten auf. Aber die preußisch-protestantische Erziehung der vergangenen Jahrhunderte, die in der Wehrmacht noch wirkte, führte trotz der politischen und militärischen Rückschläge weiter zur „Aufopferung für Heimat und Familie", wobei jene zunehmend durch die Kriegsereignisse, z.B. durch die alliierten Bombenangriffe, leiden mussten. Im Verlauf des Krieges wurden über 150 deutsche Städte durch Luftangriffe in Schutt und Asche gelegt, dies ging mit erheblichen Opfern unter der Zivilbevölkerung einher.

Ein hoher Anteil der einstmals kampfstarken Divisionen war nunmehr geschwächt und nach großen Verlusten an erfahrenen Soldaten und Material nur noch bedingt einsatzbereit. Maschinenwaffen hinterließen auf beiden Seiten einen verheerenden Massentod. Die eigenen Verluste überschritten bei weitem die Millionengrenze und ließen die Sinnlosigkeit des Krieges erkennen. In dieser Situation fragten die Soldaten: Wer nimmt sich das Recht heraus, das deutsche Volk in einem Mehrfrontenkrieg in die Vernichtung zu führen? Wie kommt Adolf Hitler als Diktator und als Oberster Befehlshaber der Wehrmacht zu dieser Macht?

Im letzten Jahr der Weimarer Republik ernannte der greise Feldmarschall und Reichspräsident Paul von Hindenburg Franz von Papen (1879–1969) und am 3. Dezember 1932 als dessen Nachfolger General Kurt von Schleicher (1882–1934) zu Reichskanzlern, um die Regierungskrisen abzuwenden. Diesen gelingt es nicht, die politisch und wirtschaftlich verursachten Krisen zu überwinden. Notverordnungen und gewalttätige Auseinandersetzungen veranlassen den Reichspräsidenten schließlich, Adolf Hitler zum Reichskanzler zu ernennen. Dessen Partei, die NSDAP, hatte bei der letzten Wahl 33,1 Prozent der Stimmen auf sich vereinigen können.

Nach dem Reichstagsbrand am 27. Februar 1933 folgten weitere Notverordnungen mit Einschränkung der Grundrechte und Verhaftung politischer Gegner. Mit dem Ermächtigungsgesetz vom 23. März 1933 wurden allein gegen die Stimmen von Sozialdemokraten wie Otto Wels (1873–1939) das

Parlament entmachtet, Konzentrationslager (KZ) für Oppositionelle eingerichtet, im April 1933 jüdische Geschäfte boykottiert und am 10. Mai 1933 „volksfremde Bücher" verbrannt.

Innerhalb der NSDAP befürchtete Hitler einen Machtverlust. Er befahl, den SA-Chef Röhm und einige seiner Vertrauenspersonen sowie den früheren Reichskanzler General Kurt von Schleicher, dessen Frau sowie andere „unliebsame" Personen ohne Gerichtsurteil Ende Juni/Anfang Juli 1934 zu erschießen. Hitlers Verhältnis zum „100.000-Mann-Heer" war vom Misstrauen gegen die Generalität getragen, die ihrerseits auf den „böhmischen Gefreiten" des Ersten Weltkrieges herunterblickte.

Generäle, die in den Kriegsplänen Hitlers ein hohes Risiko erkannten, konnten diesen nicht umstimmen. Einige von ihnen nahmen ihren Abschied, andere wurden zwangsweise in den Ruhestand versetzt. Von den zum Tode verurteilten Generälen sei ein Beispiel des Aufbegehrens genannt. Aufgrund seiner Kriegserfahrungen des Ersten Weltkrieges war der General und spätere Generalfeldmarschall Erwin von Witzleben (1881–1944) frühzeitig ein Gegner des Nationalsozialismus. Er erkannte, dass Hitler Deutschland in das Verderben

Generalfeldmarschall Erwin Rommel und Generalfeldmarschall Erwin von Witzleben

Ludwig Beck (links) und Erwin von Witzleben (1938)

führt. Als aktiver Gegner des Diktators wurde von Witzleben nach Verurteilung durch den Volksgerichtshof am 9. August 1944 in Berlin-Plötzensee durch Erhängen hingerichtet. Generalfeldmarschall Erwin Rommel (1891–1944) wurde zum Selbstmord gezwungen. Auch andere hohe Offiziere sind verurteilt und deren Familienangehörige in Haft genommen worden.

Der am 20. April 1936 zum Generalfeldmarschall beförderte Generaloberst Werner von Blomberg (1878–1946) ließ bereits am 17. Februar 1934 das Hoheitszeichen, das Hakenkreuz im Reichsadler, in der Wehrmacht einführen, um die Verbundenheit mit Volk und Staat zum Ausdruck zu bringen. Nach dem Tod Hindenburgs am 2. August 1934 nahm Reichskanzler Adolf Hitler dessen Amt in Personalunion wahr.

Mit Tagesbefehl vom 4. Februar 1938 gab Hitler selbstherrlich bekannt: „Die Befehlsgewalt über die gesamte Wehrmacht übe ich von jetzt an unmittelbar persönlich aus. Das bisherige Wehrmachtsamt im Reichskriegsministerium tritt mit seinen Aufgaben als Oberkommando der Wehrmacht als mein militärischer Stab unmittelbar unter meinen Befehl." Mit dieser Machtfülle ausgestattet trat er als Deutschlands Diktator gegenüber anderen Nationen auf, die aufgrund der Durchsetzung des Versailler Vertrages nach dem Ersten Weltkrieg auch ein schlechtes Gewissen hatten. Nach dem Einmarsch in Österreich im März 1938 und der Annexion eines Teils der Tschechoslowakei suchten Italien, Frankreich und England mit dem im September 1938 in München geschlossenen Viermächteabkommen Zeit zu gewinnen, um einen drohenden Krieg doch noch zu vermeiden.

Ende 1941 ernannte sich Hitler – bereits Oberster Befehlshaber der Wehrmacht – zusätzlich im unterstellten Bereich auch zum Oberbefehlshaber der Teilstreitkraft Heer. Hitler glaubte, seine „Genialität" gegen das generalstabsmäßige Denken in den unteren Befehlsebenen durchsetzen zu müssen.

Während meines Lazarettaufenthaltes in Chemnitz 1943/44 bemühte ich mich zunehmend, Erkenntnisse über die Meinungsvielfalt der Wehrmachtssoldaten zu erlangen. So begleitete ich einen entlassenen Soldaten zu dessen Marschbataillon nach Chemnitz. Er konnte seine Tränen nicht zurückhalten und zitterte, als bekannt wurde, dass dieses Bataillon in den nächsten Stunden in Richtung Ostfront abrücken sollte, obwohl ihm ärztlicherseits ein Genesungsurlaub befürwortet worden war. Das war nur ein Schicksal.

Ein anderes Erlebnis ist mir bis heute im Gedächtnis. Im zweiten Halbjahr 1943 trat ein neuer Patient in unser sechs Personen umfassendes Krankenzimmer: Ein etwa 1,80 Meter großer Infanterist, ein einfacher Grenadier. Wir stellten uns freundlich distanziert gegenseitig vor und registrierten dabei seine Auszeichnungen: EK1 und EK2 sowie das Infanteriesturmabzeichen. Nach einigen Tagen wich seine Verschlossenheit und er beantwortete unter vier Augen meine Frage: „Du besitzt die Tapferkeitsauszeichnungen, gehörst dem Jahrgang 1915 an – warum bist Du bisher nicht befördert worden?" Nachdem ich ihm Verschwiegenheit versichert hatte, berichtete er: „Nach dem Abitur in Iserlohn wurde ich zum Offizier ausgebildet und als Einheitsführer an der Ostfront von einem Militärgericht angeklagt. Der Verpflegungsunteroffizier der Einheit empfing mit unrichtigen Stärkemeldungen (Abgang von Toten und Verwundeten) zusätzliche Verpflegung, um die noch Lebenden besser versorgen zu können. Wegen Verstoßes gegen meine Aufsichtspflicht wurde ich zum Schützen degradiert."

55

Die betreffende Akte des Militärgerichts wurde mir lange nach dem Krieg im Militärarchiv Freiburg/Br. vorgelegt. Seine Schilderung entsprach der Militärgerichtsakte des damaligen Kompanieführers Schlidde (1915–1944), Angehöriger der Infanteriedivision 253, wenn auch mit unterschiedlichen Zeugenaussagen.

Tage später, anlässlich meines Kontaktes mit dem medizinischen Zentrallabor, sprach mich eine jüngere Laborantin an: „Wir haben morgen Abend eine Feier, kennst Du nicht einen Soldaten, der zu mir passt?" Die Tochter eines Fabrikanten aus Oberfrohna ehelichte nach mehreren Begegnungen meinen älteren Kameraden Heinz Schlidde. Bei seiner Versetzung zum Pz.Gren. Ers. Btl. 63 am 7. Januar 1944 nach Ingolstadt vereinbarten wir ein Treffen nach Kriegsende. Nachdem ich mit dem US-Lazarettschiff „ABA" Anfang Juni 1946 nach Hamburg zurückgekehrt war, besuchte ich das ehemalige Lazarett in Chemnitz, die Blindenschule, und wurde zur weiteren Information an den damaligen Arzt des Res. Laz. V für Labormedizin in Chemnitz verwiesen. Als sich im ersten Stock die Praxistür öffnete, vernahm ich eine weibliche Stimme: „Ach, der Hennig Horst!" Vor Erstaunen wäre ich fast die Treppe hinuntergefallen. Es war meine Brieffreundin der Diphterie-Quarantäne im Reservelazarett V Chemnitz aus dem Jahr 1943.

Frau Schlidde stand bei meinem Besuch unmittelbar vor der Ausreise in die westliche Besatzungszone. Ihre Fabrikantenfamilie war enteignet worden. Sie informierte mich, dass ihr Mann während der Dezember-Offensive 1944, an der ich gleichfalls teilgenommen hatte, tödlich verwundet wurde. Über den Volksbund Deutsche Kriegsgräberfürsorge fand ich sein Grab in dem Ort Daun/Eifel.

Während meines Lazarettaufenthaltes 1943 begegnete ich dem Feldunterarzt Claus Hoffmann (1919–2012) aus meiner Heimat Klostermansfeld. Unsere Familien waren befreundet. Er absolvierte in Chemnitz lediglich einen Monat der praktischen Weiterbildung. Dann erfolgten Fronteinsätze und die Universitätssemester nach der entsprechenden Prüfungsordnung für Ärzte. Anlässlich meines vorgeschriebenen Krankenpflegedienstes als Medizinstudent 1948 in Calbe/Saale begegnete ich Claus wieder, jetzt als kommissarischem Chefarzt mit dem Chefchirurgen Dr. Semisch des Kreiskrankenhauses. Mein Praktikum spielte in einer späteren Lagerbegegnung in Workuta eine Rolle.

In der Rückschau muss ich feststellen, dass meine Lazarettzeit mit den vielfältigen Gesprächen, den Erfahrungen der Frontsoldaten und der sich daraus erschließenden Wirklichkeit zu einer kritischen Beurteilung der Geschehnisse in Deutschland beigetragen hat. Trotz des von 1933 an existierenden nationalsozialistischen Einflusses wurde die Wehrmacht durch eine lange Tradition bestimmt. Das militärische Erziehungssystem im Heer prägten Offiziere, die ihre Sozialisation in der Kaiserzeit oder in der Weimarer Republik erlebt hatten. An den Heeres-Fachschulen lehrten Pädagogen, die länger dienenden Soldaten einen höheren Schulabschluss boten, um den Übergang in das zivile Leben zu erleichtern. Traditionell bestand für Militärpersonal das Verbot, Mitglied einer Partei zu sein.

Im Zweiten Weltkrieg besaßen die militärischen Auseinandersetzungen auf den Kriegsschauplätzen im Westen und im Osten einen jeweils anderen Charakter. Die Wehrmacht war mit den Gliederungen der NS-Partei nicht vergleichbar und blieb allgemein in ihrer Tradition verhaftet, dem Vaterland, nicht aber einer Partei zu dienen.

Der Diktator Adolf Hitler missbrauchte die Wehrmacht für seine kriegerischen Ziele. Der Zusammenhalt der Soldaten beruhte auf Befehl, Gehorsam und der Pflicht zur Kameradschaft. Nur eine hohe Kampfmoral und verantwortungsvolle Gruppenbindung verbesserten die Chancen, ein Gefecht zu überleben. Unter Kameraden äußerten sich die Soldaten in ihrer großen Mehrheit offen und erkannten in den Verlautbarungen der Propaganda des NS-Systems deren Schwächen.

Der Verlust des Vertrauens in die nationalsozialistische politische Führung war damals bereits offensichtlich. Aufgrund dieser Erkenntnis ernannte Adolf Hitler im März 1944 Generalleutnant Ferdinand Schörner zum Chef eines NS-Führungsstabes im OKH mit dem Auftrag, die „wehrgeistige Erziehung" im Feld- und Ersatzheer im Sinne des Nationalsozialismus wahrzunehmen. Im Sommer 1944 kontaktierte auch die 4. Kp. der Unteroffizierschule in Leslau erstmals ein NS-Führungsoffizier, dessen Vortrag wir Soldaten kritisch kommentierten; der Oberbefehlshaber Adolf Hitler ist von den einfachen Soldaten nicht selten als „GröFaZ" – Größter Feldherr aller Zeiten – verspottet worden.

Hitler erließ Durchhaltebefehle, die eine bewegliche Kriegführung unmöglich machten. Unter Inkaufnahme der Vernichtung eingeschlossener deutscher militärischer Einheiten handelte er gegen die Urteile gut ausgebildeter und erfahrener Generalstabsoffiziere. Als ein Beispiel kann das Schicksal des

General der Infanterie Rudolf Schmundt

Generalleutnants Hans Emil Otto Graf von Sponeck (1888–1944) dienen. Um sich der umfassenden Vernichtung durch die Rote Armee im Gebiet Kertsch auf der Halbinsel Krim zu entziehen, ordnete von Sponeck eine bewegliche Verteidigung durch Räumung der Krim an und gruppierte seine Einheiten erfolgreich in eine bewegliche Verteidigungsführung um. Wegen Befehlsverweigerung zunächst zum Tode verurteilt, dann zu sechs Jahren Festungshaft begnadigt, wurde Generalleutnant von Sponeck 1944 auf Befehl Himmlers hingerichtet.

Nach dem Fall Stalingrads Ende Januar/Anfang Februar 1943 wirkte die wenige Tage später folgende „Butter- und Kanonenrede" des Propagandaministers Joseph Goebbels im Berliner Sportpalast mit dem vielzitierten rhetorischen „Wollt ihr den totalen Krieg?" auf die Frontsoldaten vor allem deplatziert. Diese fühlten sich nach vier Kriegsjahren an der Front und ihren den Luftangriffen ausgesetzten Familien als Opfer, folgten aber in der Mehrheit diszipliniert dem Befehl ihrer Vorgesetzten.

Der Chef des Heerespersonalamtes General der Infanterie Rudolf Schmundt (1896–1944), zugleich Chefadjutant Hitlers, berichtete am 11. Mai 1944 im Führerhauptquartier über die bisherigen Gesamtverluste, die bereits 1943 die Millionengrenze überschritten hatten und in allen drei Wehrmachtsteilen über 50.000 Offiziere ausmachten. Mitte 1944 teilte der Generalstab des Heeres mit, dass bei Divisions-Neuaufstellungen der Fronttruppen nicht mehr alle Führungsstellen besetzt werden könnten.

Die Soldaten des Lazaretts waren kritisch eingestellt und hörten täglich die Wehrmachtsberichte. Das Abhören der Auslandssender war einfach: „Hier ist Moskau – Proletarier aller Länder vereinigt euch!" oder „Hier spricht London". Alle Informationen führten zu einem Lagebild, welches mit den Wehrmachtsberichten unter den Soldaten des Lazaretts Gesprächsgegenstand war. Aus meiner Erkenntnis gab es Einzelfälle der Hitlerverehrung in der Wehrmacht, die bei öffentlichen Veranstaltungen zusehends als Lippenbekenntnisse wirkten.

Nach 1955 kommandierten deutsche kriegsgediente Offiziere und Generäle der Bundeswehr die höchsten NATO-Stäbe. Die Alliierten empfingen die Bundeswehrangehörigen mit Hochachtung. So wurde am 1. April 1957 General Dr. Hans Speidel (1897–1984) als Befehlshaber der Alliierten Landstreitkräfte in Mitteleuropa frühzeitig in die NATO berufen. Ihm folgte im September 1963 General Johann Adolf Graf von Kielmansegg (1906–2006). Außerdem wurde General Adolf Heusinger (1897–1982) im April 1959 zum Vorsitzenden des Ständigen Militärausschusses der NATO eingesetzt. GenLt. Wolf Graf von Baudissin (1907–1993) führte ab September 1963 als Kommandeur das NATO Defense Collegue in Rom.

In den ersten Apriltagen 1944 fuhr ich zu einem kurzen Genesungsurlaub nach Klostermansfeld. Dort begegnete ich dem gleichaltrigen Sohn des Lebensmittelgeschäftsinhabers Römermann. Dieser litt unter einem erheblichen Sehfehler. Ihn ängstigte: „Auch mit Brille kann ich mein Gegenüber nicht erkennen, bin aber kriegsverwendungsfähig (kv) geschrieben. Ich werde an der Front nicht lange überleben." Er sollte Recht behalten.

Einen anderen Schulkameraden begleitete ich abends zum Antreten der Hitler-Jugend (HJ ab dem 14. Lebensjahr). Ich hielt mich in Wehrmachtsuniform etwas abseits und glaubte, meinen Ohren nicht zu trauen. Der Gefolgschaftsführer kommandierte: „Still gestanden!" und verkündete: „Heute habe ich die HJ-Einheit von Klostermansfeld als Freiwillige zum Eintritt in die Waffen-SS gemeldet".

Von der Unteroffizierschule (US) zur
352. Volksgrenadier Division

Ende 1943/Anfang 1944 leisteten meine Jahrgangskameraden der Schule in Marienberg drei Monate im Reichsarbeitsdienst (RAD) ab, um anschließend an der Unteroffizier (US)- und Waffenschule eine weiterführende Ausbildung zu erhalten. Mir wurde die RAD-Zeit erspart, statt dessen erhielt ich den Befehl, mich mit meinem Lazarettentlassungsschein beim Truppenarzt in Freiberg/Sachsen am 4. April 1944 zu melden. Dieser eröffnete mir: „Sie sind lediglich garnisonverwendungsfähig, Heimat (GvH) und werden hier als Ausbilder eingesetzt."

Meine Schulkameraden und ich waren in den vergangenen drei Jahren zu einer verlässlichen Gruppe zusammengeschweißt und stets bemüht, sich in außergewöhnlichen Situationen gegenseitig zu unterstützen, so dass ich einwandte: „Herr Assistenzarzt, das geht nicht. Ich muss zu meinen Kameraden auf die US."

„Unmöglich, Sie sind GvH".

Meine Antwort darauf: „Das ist mir egal, dann schreiben Sie mich bitte kv (kriegsverwendungsfähig)."

Nachdenklich sah der Arzt mich an und entgegnete nach kurzer Pause, dann müsse er „auf Wunsch bedingt kv" (bedingt kriegsverwendungsfähig) in meinem Soldbuch eintragen. So blieb mir die zusammengewürfelte, anonyme Truppe, deren Soldaten sich auch im fünften Kriegsjahr untereinander nicht kannten, erspart. Wenige Monate später wurden diese als Alarmeinheiten eingesetzt und erheblich dezimiert.

Vier Wochen vor der Ankunft meiner Kameraden aus dem Arbeitsdienst erreichte ich die US Leslau/Warthe. Die Einheitsführer und Ausbilder rekrutierten sich aus kriegserfahrenen Heeresangehörigen, die zum Teil bereits mehrere Verwundungen erlitten hatten.

Im Vorzimmer des Schulkommandeurs Oberst Voigt empfing mich eine freundliche Dame: „In welche Kompanie möchten Sie denn?"

„Dort, wo meine bisherigen Schulkameraden gemeldet sind." Bereitwillig reichte sie mir die Namenslisten, die gesuchten Kameraden waren im ersten

Zug der 4. schweren Kompanie verzeichnet. Ich bezog den entsprechenden Kasernenkomplex und wurde zwischenzeitlich mit verschiedenen Tätigkeiten beauftragt, wobei mich die Führer der Einheit namentlich kennenlernten.

Die für sechs Monate konzipierte „Führerausbildung" fand mit den Waffensystemen im sMG-Zug (schweres Maschinengewehr), schwerer Granatwerfer und im Infanterie-Geschützzug statt. An allen drei Waffensystemen leitete unsere Ausbildung der Zugführer Oberfeldwebel Kappes.

Außerdem wurde eine Pionierausbildung durchgeführt. Nach Ausgabe der Erkennungsmarken (meine eigene Identifikationsnummer 256- 4./U. Sch.-Leslau) erfolgte im Standortlazarett in einer „Massenveranstaltung" der Kompanie mit ca. 150 Soldaten die Blutgruppenbestimmung. Jeder erhielt einen laborgebräuchlichen Objektträger, auf den einige Tropfen Blut aufgetragen wurden. Mit Testseren vermischt und nach Einweisung durch eine Laborantin lasen die Soldaten selbst ab. Im Nachhinein „stehen mir noch heute die Haare zu Berge". Zweifellos führten Ablesefehler und der noch 1944 eingeschränkte Reinheitsgrad der Seren zu Fehlbestimmungen. Meine Blutgruppe „0 Rh-positiv" wurde damals von mir richtig festgestellt.

Unser Zug mit etwa 50 Soldaten transportierte in Leslau Verwundete aus einem in der Nähe der Front eingesetzten Lazarett-Zug (Güterwaggons), der bereits einige Tage unterwegs gewesen war, zur weiteren chirurgischen Versorgung in das Standortlazarett. Die nicht gewechselten blutigen Verbände – im Hochsommer 1944 inzwischen von Maden befallen – und die allgemein unhygienischen Bedingungen beim Massentransport der nur notdürftig versorgten Verwundeten ließen das künftige Chaos erahnen. Die im zweiten Halbjahr 1943 mitgeteilten Berichte der damaligen Frontsoldaten im Res. Laz. V Chemnitz kamen mir jetzt in Erinnerung. Der Krieg verlief zunehmend grausamer und verlustreicher für Deutschland, anders als es die Kriegsberichterstatter der Wehrmacht, die Wehrmachtsberichte und die Wochenschauen im Kino darzustellen versuchten.

Alle Schulen unterstanden dem Befehlshaber des Ersatzheeres Generaloberst Friedrich Fromm (1888–1945). Als dessen Stabschef fungierte Oberst Claus Graf Schenk von Stauffenberg (1907–1944), der am 20. Juli 1944 das Attentat auf Hitler im Führerhauptquartier „Wolfsschanze" ausführte. An diesem Tag wurde unsere Ausbildung „Minensuchen" durch die Alarmmaßnahme

„Walküre" unterbrochen. Wir empfingen Waffen, Munition und sonstiges Gerät für den Einsatz. Am 21. Juli – Hitler hatte das Attentat nur leicht verletzt überlebt – hob der Kommandeur den Alarm auf. Der „Reichsführer SS" Heinrich Himmler (1900-1945) übernahm laut Führerbefehl das Ersatzheer. Am 23. Juli 1944 wurde auf Vorschlag des „Reichsmarschalls" Göring der „Deutsche Gruß" in der Wehrmacht eingeführt. Diesem Befehl folgten die Soldaten im Frontbereich nur widerwillig. Es wurde weiter mit der Hand an der Kopfbedeckung der soldatische Gruß erwidert.

Mit meinem langjährigen Marienberger Schulkameraden Ulrich Jonath erreichten wir als Achtzehnjährige die Qualifikation eines Zugführers einer schweren Infanterie-Kompanie. Vor dem Fronteinsatz erhielten die Absolventen Ende September 1944 für einige Tage Heimaturlaub. Mein Vater, der diese Situation aus dem Ersten Weltkrieg kannte, ließ ein Familienfoto fertigen und verabschiedete sich von mir zur Fahrt ins Ungewisse nachdenklich und ernst: „Wir wissen nicht, ob wir uns wiedersehen".

Am letzten Tag entnahm ich aus dem elterlichen Geschäft vorsorglich zwei Arterienabbinder, falls nach einer möglichen Verwundung Arme und Beine be-

Paul Hennig mit seinem Sohn Horst, 1944

troffen sein sollten. Tatsächlich kamen die Abbinder später durch meine Erste Hilfe für Verwundete zum Einsatz.

Der Inhalt meines Brotbeutels, zwei „eiserne Rationen" (Hartbrot und Fleisch), durfte nur auf dienstlichen Befehl verbraucht werden. Diese Miniration ergänzte ich durch je 500 Gramm Milchpulver und Dextropur-Traubenzucker in zwei wasserdichten Kunststoffbeuteln. Diese Vorsorge half mir im Frontbereich über Hungerperioden, wenn der Nachschub ausblieb.

Anfang Oktober 1944 erreichten wir den Divisions-Meldekopf in Schleswig. Neu aufgestellt war hier die 352. Volks-Grenadier-Division (VGD), Regiment 914, in der wir zunächst in der 5. Kompanie, dann in der 8. (schweren) Kompanie unter dem Regimentskommandeur OTL Theodor von Lücken (1914–1986), der mit dem Ritterkreuz und Eichenlaub ausgezeichnet war, eingesetzt wurden. Die Kompanie bezog in den Dörfern Hürup/Satrup Quartier.

Unsere freundliche Wirtin, eine Bauersfrau, deren Mann in Wien als Verwundeter behandelt wurde, erleichterte uns mit einem Buffet den Abschied. Wir sprachen der zugeteilten Marketender-Ware ausgiebig zu. Im Endergebnis saß ich als alkohol-

Oberstleutnant Theodor von Lücken

unerfahrener Achtzehnjähriger auf der Treppe des Hinterausganges der Küche, vor mir einen Eimer, von dem ich regen Gebrauch machte.

Nach Empfang der Kampfausstattung verlud das Regiment die Ausrüstung in einen Güterzug. Während eines Bombenangriffes auf Hamburg stand unser Zug frei auf der Gleisanlage, unsere Waggons schwankten unter dem Explosionsdruck der Bomben. Die Soldaten nahmen das Ereignis schweigend hin. Der Transportzug erreichte nach längerer Fahrt in südlicher Richtung unbeschädigt die Stadt Würzburg. Dann schwenkte er nach Westen in Richtung Koblenz ein. In der Nähe zur Luxemburger Grenze erreichte die Einheit nach einem Fußmarsch Schloß Roth, eine frühere Malteser Komturei aus dem

13. Jahrhundert, hier schon in Sichtweite der Stadt Vianden, die von US-Soldaten besetzt war.

Schloß Roth

Im Schutz der Schlossmauer beobachteten wir an einem etwa 600 Meter entfernten Waldrand US-Soldaten beim Stellungsbau. Unsere Bewegungsfreiheit schränkten die Artilleriegranaten der Gegenseite ein, die unregelmäßig in die Dächer des Haupthauses und der Schlosskirche einschlugen. Während die massiven Kellerräume ausreichend Schutz boten, ließ es sich die über siebzigjährige Schlossherrin nicht nehmen, weiterhin in ihren privaten Gemächern zu wohnen.

Nachts besetzten zwei Gruppen je einen Kampfbunker neben dem Zollhaus auf der Straße Richtung Vianden, die von einer durch Pioniere gebauten Sprengfalle gesichert worden war. Die Verpflegung wurde nachts vom Dorfrand des drei Kilometer entfernten Ortes Obersgegen in 50 Liter fassenden Thermobehältern von Essenholern empfangen. Plötzliche Einschläge der Granaten der US-Armee zwangen die Essenholer, mit der Last auf dem Rücken auf den Knien Deckung zu suchen; aus liegender Position war das Aufstehen nur mit Hilfe möglich.

Unter anderem wurde der sMg-Zug am 18. Dezember 1944 im Angriffsabschnitt Bastendorf der 5. Fallschirmjägerdivision unterstellt. Neben mir fiel der strafversetzte Meier III, der mit seinem Freund Heinz Schott aus einer Marine-Division unserem Bataillon zugeführt worden war. Eine zufällige Begegnung ergab, dass ich 1986, 41 Jahre später, in Osterholz-Scharmbeck seinem Freund den Tod des Soldaten Meier III mitteilen konnte.

Der 19. Dezember 1944 ist mir noch heute lebhaft in Erinnerung. Wir hatten in den frühen Abendstunden oberhalb von Ettelbrück im Vorfeld des geplanten Angriffs den Schutz einer Häuserzeile gesucht, hier wies mich ein Hauptmann der Infanterie in die Lage ein. Plötzlich detonierten zwischen uns sechs großkalibrige Granaten, die eine US-Batterie abgefeuert hatte. Es gab Tote und Verwundete. Auch der in diesem Augenblick noch neben mir stehende Hauptmann wurde getroffen. Ich zog den Toten in den nächstgelegenen Hauseingang.

Immer, wenn die Infanterie ihr Kampfziel am Tage nicht erreichte, wurde der Versuch unternommen, dies in der folgenden Nacht zu korrigieren. So war es auch diesmal. Über einen Hohlweg erreichten wir ein Waldstück und gruben uns hier in Schützenlöcher ein. Stunden zuvor war der deutsche Angriff gescheitert und die Toten und Verwundeten dieses Vorstoßes lagen noch immer auf dem Gefechtsfeld, ihre Bergung vereitelte das gegnerische Feuer. Scharfschützen verwundeten die ohnehin schon Kampfunfähigen noch zusätzlich, um deren Bergung zu provozieren und so weitere Soldaten möglichst zu töten. Das Klagen und Schreien dieser Kameraden klingt mir noch heute in den Ohren.

Beim Angriff in den Morgenstunden des folgenden Tages warf sich ein Offizier etwa zwanzig Meter links von mir in Deckung. Wenige Sekunden später schleuderte ihn die tödliche Explosion einer Handgranate einen halben Meter in die Luft. Ich versuchte noch, den gut getarnten Gegner zu lokalisieren, als eine Maschinengewehr-Garbe die Erde vor mir aufspritzen ließ und direkt auf mich zulief. In letzter Sekunde fand ich Deckung im massiven Wurzelwerk eines Baumes, so dass mich die Geschosse verfehlten.

Einige Soldaten ließen sich ihre Nahkampf-Begegnungen von Vorgesetzten beglaubigen, um damit die silberne oder goldene Nahkampfspange zu erlangen. Ich verzichtete darauf, unendlich froh, dem Tod in diesen 24 Stunden gleich mehrmals entgangen zu sein.

Während dieser Dezemberoffensive vom 16. bis 20. Dezember 1944 – zuweilen auch „Rundstedt-Offensive" genannt – verloren beide Seiten ein Drittel ihrer Männer, was nichts anderes bedeutet als: Die zum Kampf angetretenen Bataillone und Kompanien existierten binnen weniger Tage nicht mehr.

Auf unserem weiteren Weg nach vorn marschierten wir in einer Reihe hintereinander. In nur drei Meter Entfernung und derselben Marschordnung marschierten ca. 50 gefangene US-Soldaten in Gegenrichtung an uns vorbei – „von beiden Seiten" wurden schweigend mitleidige Blicke ausgetauscht. Nach diesem örtlich erfolgreichen Angriff sammelten wir uns in einem Waldstück. Während einer der folgenden Lagebesprechungen pfiffen einige Infanterie-Gewehrschüsse als Querschläger durch die Bäume. Ein neben mir stehender Offizier hielt plötzlich seinen linken Unterarm mit den Worten fest: „Herr Major, ich bin getroffen worden und melde mich ab."

Noch vor den Weihnachtstagen peinigte uns, die wir dazu nur unzureichend gekleidet waren, eine heftige Kälte; das Thermometer sank auf minus 25 Grad. Am 23. Dezember 1944 wurde Generalfeldmarschall Walter Model (1891–1945) gemeldet, dass die „Ardennen-Offensive" endgültig zusammen gebrochen sei; und es gelang den alliierten Truppen in den Tagen bis zum 20. Januar 1945 auch, die Reste der deutschen Divisionen in die Ausgangstellungen vom 16. Dezember 1944 zurückzuwerfen.

Ich versuchte nun, weil es meinem Naturell entsprach, allein zu entscheiden, wie es weitergehen solle und war bereit, auch Verantwortung als Einzelner dafür zu übernehmen, was ich damals übrigens als temporäre Freiheit eines 18-Jährigen verstand. Ende Dezember 1944 hatte unsere sMg-Gruppe nachts in Diekirch in einem unmittelbar an der Sauer gelegenen Haus die bisherige Besatzung abgelöst. Jene wies uns in die vorhandenen Minenfelder ein. Etwas später verdeckte frisch gefallener Schnee die Markierung der Minengasse. Keiner meiner Kameraden wollte das Risiko als Meldegänger eingehen. Ich übergab meine persönlichen Sachen an meinen Schulkameraden Ulrich Jonath und erreichte mit viel Glück unseren übergeordneten Gefechtsstand. Solche Einzel-

An diesem Haus in Diekirch bezogen wir gegenüber dem Fluß Sauer Ende Dezember 1944 sMG-Stellung

aktionen führten mitunter zu heute unvorstellbaren Vorkommnissen. Eine der gefährlichsten Überraschungen war die Bedrohung durch einen tief fliegenden Jagdbomber der US-Streitkräfte, den ich beschreiben werde.

Nach meiner kurzzeitigen Abkommandierung zum Regimentsgefechtsstand überbrachte ich je nach wechselnder Gefechtslage Meldungen an die unterstellten Fronteinheiten. Dabei war das Sperrfeuer der großkalibrigen Rohrwaffen der US-Armee zu überwinden. Deren Feuerpausen mussten genutzt werden, um kurz entschlossen in einem Sprung nach vorn die nächste Deckung zu erreichen. In diesem Gelände lagen zahlreiche Tote, die wegen des Sperrfeuers nicht geborgen werden konnten.

Ein makabres Erlebnis war mir in Diekirch selbst beschieden. Die US-Granatwerferbatterien schossen sich auf einzelne Soldaten ein. Auf dem Meldeweg zum Gefechtsstand in der Brauerei Diekirch bewegte ich mich am Tage möglichst in Deckung der hinteren Häuserreihen. Die vorgeschobenen Beobachter der US-Streitkräfte verfolgten meinen Weg und versuchten, mich vorausschauend zu beschießen. Eine Schwachstelle ergab sich für mich an einer größeren Marktfläche. Selbst an diesen mich bedrohenden Waffen ausgebildet versuchte ich, die Gedankengänge der Gegenseite bis zum Feuerbefehl zu verfolgen. Ich entschied, vorsichtshalber zunächst 30 Sekunden hinter einer Häuserecke zu warten. Tatsächlich explodierte in diesem Augenblick auf der Marktfläche eine Ladung Phosphorgranaten, die sich in ein Flammenmeer verwandelten. Noch mehrere solcher brennenden „Klumpen" lagen auf meinem Weg.

Ich drehte mich zu meinem etwa 700 Meter entfernten gegnerischen Beobachter am höher gelegenen Waldrand und drohte diesem mit der Faust. Ich fand es unfair, mich Einzelnen als „Brandopfer" ausgewählt zu haben. Diese und ähnliche Vorgänge erlebten die Soldaten beider Seiten unzählige Male im Gefecht.

Das zur Kampfgruppe zusammengeschmolzene Regiment 914 sammelte sich mit einzelnen Soldaten in der tiefen Unterkellerung der Diekircher Bierbrauerei, übrigens dem heutigen Nationalen Luxemburger Militärmuseum nahe Ettelbrück/Luxemburg.

Durch Zufall fand ein Melder Ulrich Johnath und mich, er überbrachte den Befehl zum sofortigen Rückzug. Diekirch war im Norden bereits von amerikanischen Streitkräften eingeschlossen. Unser sMG-Zug war zerschlagen, Vorgesetzte des Regiments waren gefallen oder waren verwundet. Die restlichen Soldaten kämpften selbstständig und verzögerten das Vordringen der US-Armee.

In der Nacht vom 18. zum 19. Januar 1945 räumten Ulrich Jonath und ich als letzte mit dem Obergefreiten Günter Münnich, einem Fernmeldesoldaten, den Gefechtsstand in der Bierbrauerei von Diekirch unter Hinterlassung eines nicht transportfähigen Schwerverwundeten in der Obhut eines Sanitäters, wir kennzeichneten den Ort durch eine große DRK-Flagge.

Ulrich Jonath wurde bei diesem Ausbruch neben mir verwundet. Wir erreichten unter Infanterie- und schweren Granatwerfer-Beschuss den Hauptverbandsplatz im Ort Brandenburg/Luxemburg. Die Sanitätsorganisation der Wehrmacht transportierte Jonath in das Heimatlazarett nach Hamm/Westfalen. Wir beide befanden uns am Ende unserer Kräfte, wir hatten unter Aufbietung aller verbliebenen Energie Widerstand gegenüber einem überlegenen Gegner geleistet. In diesen Tagen erreichte meine Familie eine Feldpostkarte von mir mit dem einzigen Satz: „Ich lebe noch, Horst".

Fernmelde-Soldat in der Brauerei „Diekirch", heute Museum. Dort hinterließen wir die Verwundeten und Sanitätssoldaten.

Ulrich Jonath und ich glaubten damals, im Alter von 18 Jahren, nach unserer gemeinsamen fünfjährigen Jugendzeit der Erziehung, Bildung und Ausbildung im „Vollbesitz unserer physischen und psychischen Kräfte" zu sein, uns waren Angst oder Furcht unbekannt. Fassungslos standen wir seither immer wieder vor unseren toten Kameraden und verdrängten die Möglichkeit der eigenen Verwundung oder gar des eigenen Todes. Bis heute finden Jonath und ich keine wirkliche Antwort auf die Frage, warum wir überlebt haben. Wir wähnten uns allenfalls passiv dem „Schicksal" ausgeliefert, bereit, dem Tod jederzeit ins Auge zu sehen und fühlten uns damit wohl wie Millionen anderer Soldaten – egal in welcher Uniform – unserem militärischen Auftrag und den Kameraden unserer Einheit verpflichtet.

Am 23. Juli 1987, 42 Jahre nach diesen Kampfhandlungen, wurde ich nach Diekirch eingeladen und unseren seinerzeitigen Gegnern, dem damaligen Lt.Col. Robert Connin (später Brigadegeneral) und seinem Artillerie Verbindungsoffizier Capt. Harry Gray (1919–2009) vorgestellt. Beide Herren trugen sich in ein mir zugeeignetes Buch wie folgt ein:

Dear Horst — 23 Jun 1987

It is good to meet with an "old" German soldier who fought for his country — particularly since he opposed the 2d U.S. Infantry — best wishes

Bob Comm
Formerly C.O. 3d Bn 2d U.S.

Dear Horst,   23 June 1987

It is a great tribute to the ideals of freedom that former adversaries can meet in friendship. You can be proud of the defense you made for your Fatherland as we are proud of the offense that we made in the cause of freedom for all mankind. We hope to meet you again, soon. — Harry Gray
attached to 2nd Inftry Capt (Retired) 50th FA Bn

```
Übersetzung zweier Widmungen vom 23.Juni 1987
aus dem Buch von Roland Gaul:"Diekirch", Band I


Brig.Gen (ret.) Robert E. Connin
1944/45 LtCol. - 3. Btl., 2. U.S. Inf
Lieber Horst, es ist gut mit einem "alten" deutschen Soldaten
zusammen zu sein, der für sein Land gekämpft hat - insbesondere
weil er der 2 d U.S. Infanterie gegenüber stand.
Mit den besten Wünschen. Bob Connin, Kdr 3d Btl 2d U.S.


Capt. (ret.) Harry Gray, 50 th Feld Art.Btl., 2 d U.S.:
Lieber Horst, es ist ein großer Verdienst der Ideale der Freiheit,
daß frühere Gegner in Freundschaft zusammenfinden,
Sie können stolz sein auf die Verteidigung, die Sie für ihr
Vaterland erbracht haben, so wie wir stolz sind, auf die offensiven
Leistungen im Interesse der Freiheit aller Menschen geleistet
zu haben.
Wir hoffen, Sie bald wieder zu treffen.
    Harry Gray, Capt.(ret.), beigeordnet zum Dienst in der
                2 d 50th Feld art.Btl.
```

Übersetzung der Würdigung, die Horst Hennig aus Anlaß des Zusammentreffens mit den ehemaligen Kriegsgegnern zuteil wurde

Beide US-Offiziere sprachen hochachtungsvoll von den Fähigkeiten der deutschen Armee. Sie stellten den Unterschied zwischen ihrem Kriegsziel, Freiheit und Recht Geltung zu verschaffen, und der Ideologie des Nationalsozialismus heraus. Und sie bedauerten, dass der deutsche Soldat auf der falschen Seite gekämpft habe.

Doch noch einmal zurück zu meinen letzten Tagen in der Wehrmacht. Nachts schloss ich mich als Einzelner dem Tross der 352. VGD an, der mit bespannten Fuhrwerken Richtung Vianden, dann ostwärts Richtung Bitburg (Mettendorf) Deutschland erreichte. Zur gleichen Zeit heißt es im Bericht des Oberkommandos der Wehrmacht vom 20. Januar 1945: „Die feindlichen Panzer erreichten Leslau/Warthe", wo Jonath und ich die Uffz.- und Waffenschule besucht hatten, „und die Besatzung von Diekirch wurde auf eine neue Stellung nördlich der Sauer zurückgenommen".

Unsere Fuhrwerke kamen aufgrund der Schneeverhältnisse, eines andauernden Artilleriebeschusses durch die US-Armee und Angriffe durch deren Jagdbomber nur schwer voran. Im Tiefflug vernichteten sie die der deutschen Luftabwehr gehörenden 2-cm-Vierlingsgeschütze an den Marschstraßen, die von unzähligen Toten und zerstörten Fahrzeugen gesäumt waren.

Die noch verbliebenen kampffähigen Soldaten der Division von etwa 125 Mann wurden als Füsilier-Bataillon 352 zusammengefasst und einem erneuten Einsatz zugeführt. Um den 10. Februar 1945 zogen wir hinter der Frontlinie in einen „Ruheraum" zwischen den Orten Hüttingen und Freilingen bei Mettendorf nahe der luxemburgisch-deutschen Grenze unter, wo die Übriggebliebenen in einigen Tierställen der Bauerngehöfte ausruhten. Am 12. Februar morgens erstaunte mich die Aufforderung „Neukranke zum Truppenarzt". Dieser stellte bei mir erneut eine durch Kälte, Nässe und unzureichende Kleidung bereits 1943 aufgetretene Nierenentzündung fest. Mit einem Kranken/Verwundeten-Anhänger an der Uniform empfahl mir der Sanitätsoffizier, in Richtung Neuerburg einen Hauptverbandsplatz (HVPL) aufzusuchen. Dort würde sich alles Weitere ergeben.

Nach Abmeldung bei der Truppe setzte ich mich in Richtung Mettendorf ab und übernachtete an der Hauptstraße bei einer Familie, die ein Schuhgeschäft besaß. Morgens weckte mich ein rhythmisches Klingeln und ein kaum vernehmbares, dauernd wiederholtes „Im Namen des Vaters, des Sohnes und des Heiligen Geistes, Amen". Ich trat auf die Straße und erkannte auf dem gegenüberliegenden Friedhof einen Militärpfarrer, der zusammen mit zwei Soldaten etwa zwanzig tote Kameraden in Zeltplanen gewickelt zur letzten Ruhe in einem Massengrab bestattete.

Neben dem Schuhgeschäft befand sich eine Holzbrücke für Fußgänger, an der sich ein Funktrupp mit Gerät lautstark einigte. Wenn länger als 20 bis 30 Sekunden gesendet würde, schlugen nach erfolgter Peilung durch die US-Streitkräfte die Granaten ein. Umgehend setzte ich meinen Marsch am 13. Februar in Richtung Neuerburg fort und sah am Ortseingang auf der linken Seite ein klosterähnliches gelbes Gebäude (das heutige St. Joseph-Krankenhaus), in dem sich ein HVPL der Wehrmacht unter Assistenz von Nonnen befand. Am

Hauptverbandsplatz Neuerburg 13./14. Februar 1945

14. Februar eröffnete mir ein Sanitätsoffizier: „Kein Eiweiß im Harn feststellbar." Ob ich denn noch andere Erkrankungen hätte? Ich erinnerte mich an zwei größere Hautdefekte, die seit drei Wochen am linken und rechten Schienbein breitflächig den Knochen freilegten; dort bedienten sich auf den entzündeten Wundrändern die Läuse. „Wo haben Sie denn das her?" Meine Antwort: „Eis, Schnee, durch Flüsse gewatet, Reibung beim Gehen, durch den oberen Rand der Gamaschen die Haut beschädigt."

„Da Sie mit Verband gehfähig sind, versuchen Sie, den HVPL an der Kreuzung in Lichtenborn zu erreichen. Ich benötige hier alle Betten für die Verwundeten." Beim Verlassen des Krankenzimmers rief mich ein Verwundeter mit meinem Namen. Wir waren noch in dem Tierstall bei Freilingen zusammen gewesen. Er berichtete mir, die Einheit habe nachts eine Frontstellung bezogen und sei durch Artilleriefeuer vernichtet worden. Er sei einer der wenigen, die übrig geblieben wären.

Am Ausgang hingen am „Schwarzen Brett" die neuesten Nachrichten, u. a., dass sich in den ersten Februartagen Roosevelt, Churchill und Stalin in Jalta auf der Krim getroffen und vereinbart hätten, Europa und Deutschland

Lichtenborn, HVPL – Strohlager für Verwundete und Kranke, 50 m entfernt das „Tonnengewölbe" mit Chirurgentruppe

„Tonnengewölbe" mit Chirurgentruppe; Kreuzung, „Zentrum", Lichtenborn, 15. Februar 1945

in Einflußsphären zu teilen. Die zweite Nachricht meldete am 14. Februar 1945 die schweren Beschädigungen der Stadt Dresden durch einen Luftangriff.

Am 16. Februar erreichte ich an der Kreuzung Lichtenborn ein kleineres Gasthaus mit bäuerlichen Nebengebäuden, das als HVPL diente. Auf Stroh lag ich unter einem Fenster, durch das ein 30 cm großer Granatsplitter sauste und in der gegenüberliegenden Wand stecken blieb. Am 17. Februar kontrollierte ein Sanitäter unsere Erkennungsmarken. Mit der Blutgruppe 0 Rh-positiv war ich ein gesuchter Blutspender für die Chirurgengruppe. Im geschlossenen Sprung, um den einschlagenden Granaten zu entgehen, erreichten wir ein 30 Meter entferntes tieferes „Tonnengewölbe", welches heute als Schafstall dient, in dem zwei Chirurgen arbeiteten. Nachdem man mich auf einer Liege platziert hatte, näherte sich ein Sanitäter mit einer größeren Nierenschale, in der sich Natrium Citricum befand. Mit einer Kanüle punktierte er meine Vene an. Infolge von Granateinschlägen fielen Bruchstücke von der gewölbten Kellerdecke, doch die Chirurgen operierten weiter als sei nichts geschehen. Die mir entnommenen 500 Kubikzentimeter Blut wurden mittels einer größeren Rekordspritze einem Schwerverwundeten während der Operation direkt in den Blutkreislauf eingebracht.

Plötzlich Geschrei! Ein Hauptmann, schwerstverwundet, wurde antransportiert. Der Sanitätsdienstgrad legte mich erneut flach und entnahm in gleicher Weise einen halben Liter Blut. Mir wurde innerhalb von 30 Minuten ein Liter Blut abgenommen. Nachdem ich wieder gehen konnte, überreichte mir der

Sanitätssoldat eine Essensmarke mit dem Hinweis, ich könnte mir beim Fourier eine Sonderration Verpflegung abholen. Bei nächster Gelegenheit nahm ich die Sonderverpflegung in Empfang. Trotz zweimaligem Spenden erhielt ich nur eine Ration. Die Gerechtigkeit musste wiederhergestellt werden! Während der übergewichtige Fourier meine Sonderration abwog, nahm ich die Essensmarke in einem günstigen Augenblick von der Theke. Nachdem er mir mein Paket ausgehängt hatte, reichte ich ihm erneut die Marke mit den Worten: „Das ist der zweite dort, der auf dem Stroh liegt, der auch gespendet hat." Ich bekam die zweite Ration ausgeliefert und teilte die Verpflegung mit den anderen Kranken und Verwundeten.

Am 18. Februar führte ein Offizier in Begleitung eines Arztes eine Visite durch, um geringfügig Erkrankte und Leichtverwundete, so auch mich, zu einer Alarmeinheit zusammenzufassen. Während des Anmarsches zu einem höher gelegenen Ort schlug eine Salve der Artillerie größeren Kalibers ein. Es gab zahlreiche Tote und Schwerverletzte unter den Soldaten.

Am 21. Februar erreichte die etwa zehn Mann starke Alarmeinheit Wettlingen an der Prüm. Auf dem Rückweg von einem Meldegang Richtung Front nach Westen wählte ich bei wolkenfreiem Himmel eine Wegverkürzung über eine schneebedeckte Anhöhe ohne Deckungsmöglichkeit. Plötzlich flog eine Thunderbolt – P47 (Jagd- und Erdkampfbomber) im Tiefflug auf mich zu. Ich blieb geistesgegenwärtig stehen; sich in den Schnee zu werfen, war zwecklos – wenn schon, wollte ich aufrecht sterben. Der Pilot zog in einer Linkskurve in etwa 50 Meter Höhe einen engen Kreis um mich. Hinter der Vollglaskanzel sah ich ein behelmtes Gesicht, ich winkte ihm zu! Vermutlich irritierte den US-Air Force-Piloten mein außergewöhnliches Verhalten – denn jetzt wackelte er mit den Flügeln und verschwand. Wenn er gewollt hätte, wäre ich von seinen sechs 12,7 mm schweren Maschinengewehren, je drei in einem Flügel, mit einem Feuerstoß zerfetzt worden. Einzelne Soldaten sind in solchen Situationen unzählige Male beschossen worden.

Am 24. Februar besetzte unser Infanterie-Zug eine Waldstellung zwischen Wettlingen und Peffingen. Die Einheit wurde von einem Gefechtsstand aus dem weiter entfernten Ingendorf südwestlich von Bitburg geführt. Am gleichen Abend bezog ich, zusammen mit einem unerfahrenen siebzehnjährigen Soldaten, als Gefechtsvorposten mit einem leichten Maschinengewehr (lMG 42) eine vorbereitete Stellung, in der sich neben uns kein anderer Soldat befand.

Dabei war uns eingeschärft worden, spätestens morgens um 6.00 Uhr in dem etwa 400 Meter entfernten Waldstück zurück zu sein, denn dann würde unser Bereich mit eigenen schweren Waffen unter Feuer genommen. Nach meiner Beurteilung konnte die vor mir liegende Fläche nach Überwindung der Prüm von der US-Armee nur nachts genommen werden.

Um 22.00 Uhr abends setzte ein zweistündiges Trommelfeuer der US-Artillerie ein, das dem gesamten 500 Meter langen Grabenabschnitt galt. Hier war die buchstäbliche Hölle los. Unter den schweren Treffern wälzte sich die Erde um, unsere Stellung rutschte immer mehr in sich zusammen. Der von Panik erfasste Siebzehnjährige, von einem irren Fluchtreflex getrieben, wurde von mir mehrfach in den Graben zurückgerissen, der die einzige Deckung bot. Gegen 0.00 Uhr nachts verlegte die US-Artillerie das Feuer auf den Waldrand. Dem Gefechtslärm entnahm ich, dass die US-Einheiten unsere lang gestreckte Grabenstellung aussparten und die in Angriffsrichtung verlaufenden Waldränder eingenommen hatten. Nachdem der Gefechtslärm abgeebbt war, zogen wir uns unter größter Umsicht gegen 4.00 Uhr morgens bei Mondschein vorzeitig auf den mittleren Teil der Waldstellung zurück, um dem um 6.00 Uhr beginnenden Sperrfeuer der eigenen Artillerie zu entgehen.

Die militärische Lage der Reste des Infanterieregiments 914 beschreibt der Div. Kdr. GM Schmidt 1946 als Kriegsgefangener der US-Armee Historical Division: Der Gegner trat erwartungsgemäß zum Angriff über die Prüm im Raum Peffingen und dicht nördlich davon unter starkem Artilleriefeuer an. Er nahm Peffingen und den nördlichen Stützpunkt des IR 914. Sämtliche Nachrichtenverbindungen waren zerstört, der Divisionsgefechtsstand erkannte die Lage erst einen Tag später. Es standen keine Eingreifreserven zur Verfügung. Die Besatzung von Wettlingen zog sich auf die Linie Ingendorf nach Norden zurück.

*

Von der Truppe abgeschnitten entschloss ich mich, über eine bewaldete Anhöhe unsere Truppe in Richtung Nord-Osten zu erreichen. Dabei liefen wir einer gut getarnten US-Einheit in Kompanie-Stärke in die Hände. Am 25. Februar 1945 war damit mein Schicksal als Kriegsgefangener, das mich über Calais und Dover nach Großbritannien führte, besiegelt.

In US-Kriegsgefangenschaft nach Großbritannien

Die ersten Minuten einer Gefangenschaft im Angesicht der schussbereiten Waffen eines Gegners sind die gefährlichsten. Etwa wurde bei einem Nebenmann von mir eine vergessene Eierhandgranate in seiner Hosentasche gefunden. Mir wurde das Essbesteck abgenommen. Beim späteren Empfang kleinerer Konservendosen aus „Ein-Mann-Einsatzverpflegung" (X- oder K-Rationen) benutzten wir den gebogenen Deckel als Löffel.

In der Gegend von Luxemburg–Stadt befand sich ein größeres Kriegsgefangenen-Sammellager. Deutsch sprechende Offiziere der US-Armee prüften die Soldbücher, stellten mancherlei Fragen und sortierten SS-Angehörige aus.

Das Wichtigste für einen Kriegsgefangenen (PoW) war der Vordruck einer Postkarte an die Angehörigen, die über das Internationale Rote Kreuz in Genf nach Deutschland weitergeleitet wurde: „Ich bin gesund und befinde mich in amerikanischer Hand."

Meine Karte trägt das Datum 30. Dezember 1945, meine Unterschrift und die Kriegsgefangenennummer 31 G/1405522, obwohl ich bereits am 25. Februar 1945 in Gefangenschaft geraten war.

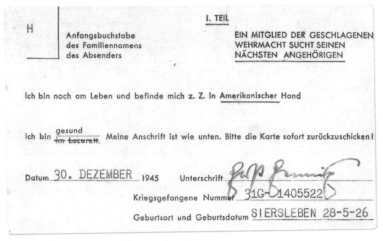

Erste Grußkarte Horst Hennigs an seinen Vater

Anschließend wurden wir auf LKW in ein Sammellager nach Frankreich transportiert, ohne Schlafgelegenheit nach drei bis vier Tagen in Güterwagen verfrachtet und in einem Zwischenlager an der französischen Kanalküste in der Gegend von Calais ausgeladen. Im Hafen von Calais führte die US-Armee eine größere Anzahl Gefangener auf ihre Roll on-/Roll off-Schiffe. Während der Überfahrt nach Dover gab es U-Boot-Alarm, woraufhin wir Schwimmwesten anlegten. In Großbritannien wurden die Gefangenen in Sammellager verbracht und von dort aus als Arbeitskräfte verschiedenen US-Depots zugeführt.

Nach der Landung 1945 in Dover musste ich an meinen Großvater denken, der etwa 50 Jahre zuvor zur Berufsausbildung am selben Ort an Land gegangen war. Wir Kriegsgefangenen bestiegen jetzt normale Personen-Sonderzüge, jeder erhielt einen Sitzplatz. Auf diese Weise erreichten wir das Sammellager Morton.

Ende April herrschte in der höher gelegenen Landschaft ein regnerisches und windig kühles Wetter. Das Lager bestand aus „Nissenbaracken" mit Wellblechdächern, in denen die Invasionstruppen vor der Landung in der Normandie stationiert waren. Einer der deutschen Mitgefangenen berichtete glaubhaft, schon als Gefangener des Ersten Weltkriegs in diesem Lager gewesen zu sein.

Die neue Einkleidung erfolgte mit „PoW" gekennzeichneten US-Uniformen. Nach der Barackenreinigung und dem Frühstück in einem Speiseraum befahl die Lagerleitung, die Baracken zu verlassen und zu verschließen. Bis zum Mittagessen spazierten über fünftausend Kriegsgefangene durch das Lager. Um der Langeweile zu entgehen, suchte ich mir möglichst lebenserfahrene Gesprächspartner aus. So beantwortete ein Studienrat aus Mecklenburg-Vorpommern eine meiner Fragen: „Was würden Sie an meiner Stelle als Zwanzigjähriger nach der Rückkehr beruflich tun?" Seine Antwort: „Ein Studium anstreben." Nach dem Hinweis auf das hellenistische Bildungsideal entwickelte er die tausendjährige Geschichte des Heiligen Römischen Reichs Deutscher Nation über die Kreuzzüge, die Reformation, den Dreißigjährigen Krieg im 17. Jahrhundert, die Aufklärung bis hin zur Reichsgründung von 1871 unter Bismarck. Immer habe der Machtgedanke im Vordergrund gestanden. Die unterschiedlich begründeten Katastrophen der Nationalstaaten im 20. Jahrhundert fanden im Ersten und Zweiten Weltkrieg mit Millionen von Toten unter Hitler und Stalin ein furchtbares Ende. Er gab mir den Rat, mich nie wieder durch eine Ideologie missbrauchen zu lassen und stets kritisch durch das Leben zu gehen.

Zeitweise wurden Arbeitskommandos aufgestellt, um in den Militärbaracken der alliierten Streitkräfte in Aldershot eingesetzt zu werden. Zunächst halfen wir dem Schwesternkorps der US-Armee, dessen Angehörige sämtlich im Offiziersrang standen, ein Lazarett aufzubauen. In einem anderen Arbeitskommando wurden Kamine der Offiziersunterkünfte angeheizt, was einer praktischen Erfahrung bedurfte, denn die Kamine besaßen über dem Schornstein nicht den richtigen Sog.

Im Jahre 1970 erhielt ich von der Bundeswehr eine Kommandierung zum Royal Army Medical Corps, London. Mit einem befreundeten englischen Sanitätsoffizier, Tom Austin, besuchte ich die Einrichtung der Militäranlage in Aldershot. In der Bar stellten Dr. Austin und der Barkeeper fest, dass wohl beide seit 1948 die ältesten Militärpersonen in dieser Einrichtung seien. Zum Erstaunen beider berichtete ich über meinen Einsatz speziell in diesen Räumen als PoW 1945, in denen wir ein US-Hospital errichteten, die Örtlichkeit der Bar eingeschlossen.

Eines Tages wurden Führerscheinbesitzer gesucht. Damit gehörte ich einem Arbeitskommando an, das die in Deutschland massenhaft erbeuteten zivilen Edelkarossen zu einem Depot zu fahren hatte.

Ein erneuter Arbeitswechsel erfolgte mit dem Abtransport der US-Soldatenbräute aus Europa. Diese wurden bis zum Auslaufen des Ozeanliners „Queen Elizabeth" mit und ohne Neugeborene untergebracht und verpflegt. Die jungen Frauen zeigten sich gegenüber den gepflegten und freundlichen Kriegsgefangenen mit Trinkgeldern recht großzügig. Ein früherer Bediensteter der Mitropa, der vor 1939 und auch noch während des Krieges auf der „Paradestrecke" im Speisewagen und Schlafwagen zwischen Berlin und Basel Schweizer Bahnhof eingesetzt war, unterrichtete uns in der Kunst des Servierens. Sein Hauptverdienst auf der genannten Bahnstrecke bestand in der Versorgung von Stammgästen im Schlafwagen – mit der Zuführung attraktiver Damen auf gewünschten Bahnhöfen, die spätestens in Freiburg/Breisgau wieder ausstiegen. Die Pässe wurden bei Bezug der Kabinen von ihm entgegengenommen und ohne Störung des Fahrgastes den Sicherheitskontrolleuren vorgelegt. Dieser Mitropa-Mitarbeiter kann als geborener Psychologe in der Behandlung von Gästen bezeichnet werden. Urteile über Gäste begründete er mit Blick auf Kleidung, Hände, Schuhe, Aussprache usw.

Ein besonderer Tag im USA-PoW-Lager ereignete sich im Spätsommer 1945. Einige Tausend deutsche Kriegsgefangene waren im offenen Karree angetreten und wurden einem US-General gemeldet. Dieser verkündete, er habe im Auftrag seiner Regierung dem in seiner Begleitung befindlichen sowjetischen General das Wort für eine kurze Erklärung zu erteilen. Diese lautete in russischer Sprache: „Genossen, Landsleute, falls jemand von Euch glaubt, die sowjetische Staatsbürgerschaft zu besitzen, so möge er drei Schritt vortreten. Er ist damit ein freier Mann!"

Etwa zwanzig Mann meldeten sich und wurden im Gleichschritt von einem der ihren aus dem Lager geführt. Die Zeremonie zwischen beiden Generälen verlief sehr frostig, distanziert und äußerst förmlich. Das Mindeste, was diese bemitleidenswerten Menschen erwarten durften, waren 25 Jahre GULag-Zwangsarbeit wegen Verrat am Vaterland Sowjetunion, einigen drohte sogar das Todesurteil, wie ich 1951 durch Zeitzeugen im Zwangsarbeitergebiet des GULag Workuta bestätigt bekam.

Horst Hennig 1945/46 im US-Kriegsgefangenenlager des Depots G-65

Schließlich versetzte die US-Administration unser Arbeitskommando nach Cusham in das US-Depot G-65 in die Gegend von Southampton. Der geschäftsführende deutsche Lagerleiter, ein Unteroffizier, teilte die Neuankömmlinge auf Karteikarten in berufsbezogene Tätigkeiten und Arbeiten im Depot ein. Das erfolgte in einem ausgeprägten sächsischen Dialekt; das war unverkennbar das Erzgebirge, Marienberg, wo ich ab dem vierzehnten Lebensjahr die Heeres-Schule besucht hatte. Das veranlasste mich zu der Frage: „Herr Unteroffizier, Sie müssten doch aus Marienberg stammen?" Dem Herrn namens Schwalbe fielen vor Schreck seine Arbeitsunterlagen aus der Hand: „Woher weißt Du das?" Ich antwortete im Marienberger Dialekt: „Ich war a Schiila." Der Bann war gebrochen, von dieser Begegnung an oblag ich seiner Fürsorge – auf Gegenseitigkeit!

In Gefangenschaft sind alle Tricks erlaubt. Gefangene haben immer Hunger. Jetzt kam meine „Berichtigung im Soldbuch", in Gefangenschaft auf eine Karteikarte übertragen, zur Geltung: „Streiche Berufssoldat, setze Konditor und Koch. Streichung bescheinigt." Hptm. u. Kp.Chef, unleserliche Unterschrift.

Als ein Arbeitsplatz in der PoW-Küche frei wurde, meldete ich mich bei dem deutschen Chefkoch: „Kamerad, die haben mich zur Küche eingeteilt, ich habe vom Kochen keine Ahnung." Antwort: „Das macht nichts, ich bin der Chefkoch vom ‚Stachel' in Würzburg, habe viele Lehrjungen angelernt. Wenn Du aufpasst, kannst Du viel bei mir lernen!"

Nach nur sechs Wochen erlebte ich mit drei weiteren „Köchen" die Versetzung in die Küche des Depots der US-Armee. Unteroffizier Schwalbe schärfte mir ein, Lebensmittel durch die Kontrollen zu schmuggeln, die es im PoW-Lager nicht gab. Das Kommando der vier Köche setzte sich jeden zweiten Tag morgens 4.00 Uhr in Bewegung, überlappend mit einer anderen Schicht für den nächsten Tag. Wir kamen am ersten Tag 4.30 Uhr in der Küche an, ein verschlafener Sergeant sprach auf mich ein, dies ist das und dies sei jenes. Nach kurzer Zeit warf er mir ein Bund mit Schlüsseln mit den Worten zu „you have it" und verschwand mit dem Hinweis, dass die Verpflegungsteilnehmer um 7.00 Uhr erscheinen.

Da uns nur ein Speiseplan in Englisch vorlag, waren die übrigen drei „Köche" ratlos. Sie hatten keine Möglichkeit, sich auf diese Tätigkeit vorzubereiten. In dieser Situation übernahm ich das Management. Zur angegebenen Zeit stand das reichhaltige Frühstück nach Speiseplan für Soldaten und Offiziere zur Verfügung. Gegen 7.00 Uhr morgens traf pünktlich jeden Tag das Arbeitskommando der Küchenhelfer mit etwa 15 PoWs ein, um abends gegen 20.00 Uhr mit uns gemeinsam im LKW zum Lagertor gefahren zu werden. Die Kontrollen durch farbige US-Soldaten erfolgten dem Küchenkommando gegenüber sehr großzügig.

Meiner „Bring-Schuld" gegenüber Unteroffizier Schwalbe stand mit meinem „sportlichen" Einfallsreichtum nun nichts mehr im Wege. Große Taschen, im unteren Teil meines Militärmantels angebracht, waren mit Butter, Eiern, Steaks und Käse gefüllt. Lange Würste befestigte ich rechts und links am Hosenträger, die in den Hosenbeinen nicht auffielen. Da ich die Knie nicht krumm machen konnte, hoben mich meine Mitarbeiter auf den LKW. Größere Konservendosen klemmte ich rechts und links unter die Ellenbogen.

Unteroffizier Schwalbe erfreute mit dieser üppigen Ration die Soldaten seines Zeltes. Gut sichtbar neben dem Speiseplan hing in der Küche die Bekanntmachung des Obersten Befehlshabers der alliierten Streitkräfte General Dwight D. Eisenhower (1890-1969): „Wer US-Eigentum entwendet, kann mit dem Tode bestraft werden".

Nach der Friedlichen Revolution 1990 besuchte ich die ehemalige Schule in Marienberg, um alte Erinnerungen aufzufrischen. Meine Suche galt auch dem Unteroffizier Schwalbe, dem Kriegsgefangenen aus England. Kurz die treffende Antwort: „Ach, den ‚Rucksackbullen'!" Schwalbe inseminierte mittels gekühlter Glasbehälter kunstgerecht die Kühe der Umgebung und transportierte diese Gläser in seinem Rucksack. Bei der Begrüßung nahm er mich in die Arme und wischte sich heimlich die Tränen aus den Augen.

Die Weihnachts- und Neujahrstage 1945/46 stellten an die Militär-Küche hohe Anforderungen. 36 Truthähne (Turkeys) wurden von mir in einem von hunderten herumstehenden Jeeps in seefest verschnürten Paketen aus der Kühlbaracke herantransportiert. Ich verteilte diese prächtigen Tiere zu je vier in großen Pfannen, die durch Gas zum Braten in Betrieb genommen wurden. Ich versuchte mich bei der Zubereitung an die Weihnachtsgänse meiner Mutter zu erinnern, um keine Fehler zu machen. Mit dem um 7.00 Uhr eintreffenden Küchenkommando frühstückten wir gemeinsam. Zu dieser Zeit entwichen Rauchwolken aus dem Bratraum. Mir war in diesem Moment klar, was zu tun war. Nach Wasserzugabe und Fett, etwas später noch Gewürze, tafelten wir zum Weihnachtsfest den US-Soldaten die frisch gebratenen Turkeys auf.

Heimlich versammelten sich einige „Essenholer der deutschen Arbeitskommandos" zu den Mahlzeiten am Hintereingang des Küchengebäudes, um von uns in handlichen Eimern mit Nahrungsmitteln gut versorgt zu werden. Sie verteilten das Essen an ihre Arbeitskameraden. Einige von ihnen führten „eigene Geschäfte" mit den englischen Bewohnern außerhalb des Depots. Mit Hilfe von Gabelstaplern und Kränen wurden fabrikneue Austauschmotoren auf Paletten sowie anderes Gerät auf Bestellung über die Depotumzäunung gehoben. Einige der Kriegsgefangenen ließen sich den ausgehandelten Rechnungsbetrag auf ein dortiges Bankkonto überweisen.

Material, welches die US-Streitkräfte für nicht mehr rücktransportwürdig in die USA hielten, wurde im Depot unbrauchbar gemacht. Die US-Wirtschaft sollte wieder produzieren! Ende 1945 stieg ich am Tage über den bewachten Depotzaun, trug mich in das Besucherbuch der nächstgelegenen Kirche ein, zündete eine Kerze als Dank für mein Überleben an der Front an und gelangte über den Zaun zurück in die Küche.

Unglücklicherweise rutschte Anfang März 1946 an einem jener Tage während der Arbeit meine rechte Hand an einem fettigen Messergriff entlang und durchtrennte die Beugesehnen des vierten und fünften Fingers der rechten Hand. Daraufhin wurde ich am 21. März 1946 in das 252. Military PoW Hospital Abergwili Carmarthen/Wales eingewiesen.

Heere Hagen

Auf der Fahrt in das PoW Hospital kam ein Tbc erkrankter Kamerad, Heere Hagen, des gleichen Wohnzeltes hinzu. Mit dieser Einweisung verbanden wir die Hoffnung, alsbald in Freiheit nach Deutschland entlassen zu werden. Auf einem Tisch der Zeltmitte lag ein Kartenspiel. Heere Hagen, Spross einer Ostfriesenfamilie westlich von Wittmund, gab sich zweifelnd und hoffnungslos. Um ihn aufzumuntern, kam mir eine verrückte Idee. Ich mischte die 32 Spielkarten und sagte: „Wenn wir beide ein Ass ziehen, kommen wir nach Hause." Zu meiner Verblüffung war dies bei den gut gemischten Spielkarten der Fall. Mein Leben lang sprach ich nicht über dieses eigentlich

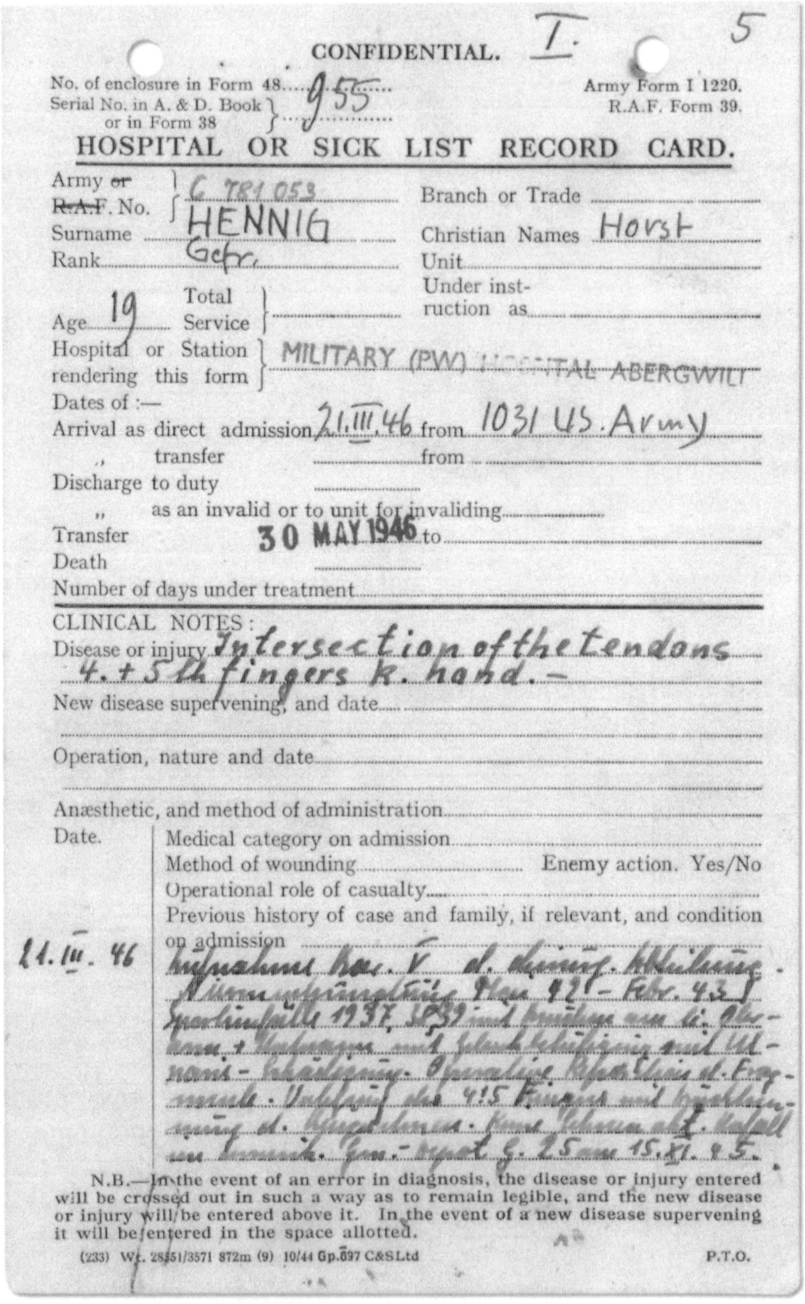

I. 5

CONFIDENTIAL.

No. of enclosure in Form 48 ... 955 ... Army Form I 1220.
Serial No. in A. & D. Book or in Form 38 ... R.A.F. Form 39.

HOSPITAL OR SICK LIST RECORD CARD.

Army ~~or~~ ~~R.A.~~F. No. 6 781 053 — Branch or Trade

Surname HENNIG — Christian Names Horst

Rank Gefr. — Unit

Age 19 — Total Service — Under instruction as

Hospital or Station rendering this form: MILITARY (PW) H...ITAL ABERGWILI

Dates of :—

Arrival as direct admission 21.III.46 from 1031 US. Army

" transfer ... from

Discharge to duty

" as an invalid or to unit for invaliding

Transfer 30 MAY 1946 to

Death

Number of days under treatment

CLINICAL NOTES:

Disease or injury Intersection of the tendons 4. + 5th fingers R. hand.—

New disease supervening, and date

Operation, nature and date

Anæsthetic, and method of administration

Date. | Medical category on admission
Method of wounding ... Enemy action. Yes/No
Operational role of casualty
Previous history of case and family, if relevant, and condition on admission

21.III.46 — Aufnahme bzw. ... [illegible]

N.B.—In the event of an error in diagnosis, the disease or injury entered will be crossed out in such a way as to remain legible, and the new disease or injury will be entered above it. In the event of a new disease supervening it will be entered in the space allotted.

(233) Wt. 28551/3571 872m (9) 10/44 Gp.697 C&SLtd — P.T.O.

Lazarett-Einweisungskarte Horst Hennigs vom 21. März 1946

unglaubliche Ereignis. Im Lazarett erhielt Heere einen therapeutisch gesetzten Pneumothorax. Als ich ihn 1963 besuchen wollte, führte mich seine Mutter zu seinem Grab.

Meinen linken und rechten Bettnachbarn im Lazarett musste ich freundliche Absagen erteilen. Das Angebot eines Großbauern aus Südwestdeutschland: „Geh nach der Entlassung nicht in die Sowjetzone zurück, komm mit mir und heirate meine Tochter", beschied ich so wie jenes meines anderen Nachbarn, ein in den letzten Kriegsmonaten rekrutierter älterer Zollbeamter der Insel Norderney. Enno Ols lebte während der Zwangswirtschaftszeiten vom „Güteraustausch" und vom Schmuggel mit Holland, wie die Bewohner anderer Inseln auch. In glücklicheren Zeiten war er mit einem seetüchtigen Boot einsamen Touristinnen bei der „Erforschung der Nordsee" behilflich. Hier sollte ich gleichfalls zu seiner Entlastung antreten. Enno traf ich von Wittmund aus noch vor seinem Tod auf Norderney wieder.

An der missglückten Sehnennaht an meiner rechten Hand wurde am 5. April 1946 eine künstliche Blutleere nach Esmarch gesetzt. Es folgte eine totale Plexuslähmung des rechten Arms. Ich fing an, links zu schreiben und dachte über meinen späteren Weg in die zivile Gesellschaft nach. Unter Anleitung der Ärzte half ich bei der Betreuung operierter Soldaten. Am 22. Mai 1946 empfahlen die Stabsärzte Dr. May und Dr. Linnenkohl dem inspizierenden britischen Oberstarzt, mich auf die Lazarettschiffsliste zu setzen, weil eine Gesundung und Arbeitsfähigkeit in den nächsten sechs Monaten unwahrscheinlich wäre. Der Oberstarzt sah mich an, er fragte nach meinem Beruf. Die Marine-Stabsärzte erwiderten, dass ich nach der Entlassung mit dem Medizinstudium beginnen wolle. Der wohlwollende Blick des Oberstarztes fixierte mich. Seine kurze Anweisung: „Take the man of the list!"

Am 31. Mai 1946 lief das US-Lazarettschiff „ABA" in den Hamburger Hafen ein. Einen Tag später erreichten die Verletzten das Hilfslazarett Hamburg-Luisenschule. Nach Einweisung in ein Krankenzimmer fragte ich den Pförtner: „Ist es erlaubt, ohne Abmeldung auf die Straße zu gehen?" Antwort: „Sie können dahin gehen, wohin Sie wollen!" Am daneben liegenden Vorgarten hielt ich an und betrachtete intensiv die kräftigen Farben der blühenden Blumen, die mich an ein lang vermisstes unbeschwertes Leben erinnerten – Krieg, Gefangenschaft und zahlreiche menschliche Begegnungen, viele davon tragisch, trugen zu einer frühen Lebenserfahrung bei.

Heimkehr 1946 nach Klostermansfeld

Die Schwerverwundeten der Nachkriegszeit befanden sich zum großen Teil noch in zivilen Krankenhäusern oder Lazaretten der ehemaligen Wehrmacht in- und außerhalb Hamburgs. Ich traf in der Luisenschule nur noch auf Rekonvaleszente und auf zurückkehrende Soldaten mit leichteren Erkrankungen. Das Lazarett unterstand der britischen Militärverwaltung, womit der Vorteil verbunden war, dass diese Besatzungsmacht Nahrungsmittel, Penicillin und Sulfonamide bereitstellte.

Mein Gesundheitszustand – die Lähmung des rechten Armes – gestaltete sich so, dass ich nicht in der Lage war, ein Blatt Papier zwischen Daumen und Zeigefinger zu halten, geschweige denn, eine Kaffeetasse zum Mund zu führen. Nach vier Wochen stellte sich eine geringe Besserung ein. Zu dieser Zeit empfahl mir mein Vater brieflich, nach Klostermansfeld zurückzukehren. Den Deutsch sprechenden freundlichen britischen Aufsichtsoffizier, ein Oberleutnant, bat ich, mir einen Entlassungsschein auszustellen. Das war nicht so einfach: „Sie dürfen nicht in die sowjetische Besatzungszone, denn viele der bisher entlassenen Soldaten wurden von den Sowjets weiter in die Kriegsgefangenenlager der Sowjetunion deportiert. In welches Krankenhaus soll ich Sie zur Weiterbehandlung verlegen?" Ich antwortete: „In das Eisleber Knappschaftskrankenhaus". „Wo liegt das?" Meine Antwort: „Im Unterharz." „Ach so, also britische Zone." Diesem Missverständnis verdankte ich am 21. Juli 1946 meinen Entlassungsschein.

In einem Brief teilte mir mein Vater mit, mein Schul- und Kriegskamerad Ulrich Jonath habe sich nach meinem Verbleib erkundigt. Er würde mich an der Hochschule für Leibesübungen, der heutigen Deutsche Sporthochschule Köln, erwarten, an der er immatrikuliert sei. Mein einziges am Leib getragenes Kleidungsstück bestand aus einer dunkel gefärbten US-Uniform mit dem „PoW"-Aufdruck auf dem Rücken, der jeglicher Reinigung widerstand und noch lange sichtbar blieb. Meine wenigen Utensilien brachte ich in einem Seesack unter. So fuhr ich in einem D-Zug von Hamburg nach Köln-Deutz. Die Rheinbrücke zum Hauptbahnhof lag noch zerstört und unpassierbar im Wasser. Die Passagiere wurden mit einem Motorboot zur Rheinseite des Haupt-

bahnhofes gebracht. Hier, mitten in der Trümmerwüste von Köln, traf ich
Ulrich Jonath nach dem Krieg wieder. Er nahm mich in die nächste Vorlesung
mit. Während der Vorlesung zog er mein Notizbuch zu sich heran und schrieb
mit Blick auf einen vor mir sitzenden Zivilisten „britischer Offizier". Nach der
im März 1950 erfolgten Verhaftung durch die sowjetischen Sicherheitsorgane
brachte mir dieser Eintrag mehrere Gewaltmaßnahmen während der Vernehmung ein – meinem Widerspruch zu der Behauptung, ein britischer Spion zu
sein, wurde nicht geglaubt.

Über die Bahnstation Bebra erreichte ich die Zonengrenze Walkenried-Ellrich.
Dort ist mir ein Landbesitzer mittleren Alters im Gedächtnis geblieben, der
verstört immer wieder murmelte: „Das werde ich euch nicht vergessen." Ich
fand heraus, dass er als ein mittlerer Bauer in der SBZ von ortsansässigen
deutschen Kommunisten gezwungen worden war, seinen Besitz – ansonsten
drohe die unmittelbare Verhaftung – auf der Stelle zu verlassen.

Am 30. Juni 1946 erließ der Alliierte Kontrollrat auf Betreiben der SMAD in
Berlin-Ost den Befehl zur Sperrung der Demarkationslinie zwischen Ost- und
Westzone, an der bereits mehrere Flüchtlinge erschossen wurden. Als „erfahrener Infanterist" überwand ich genau einen Monat später die Zonengrenze.
Dort beobachtete ich einen abfahrtbereiten Personenzug, getarnt unter einem
russischen Postenturm. Nachdem die uniformierten russischen Kontrollorgane
den Zug vor seiner Abfahrt über den Bahnsteig verlassen hatten, robbte ich
von der anderen Seite heran und sprang auf den anfahrenden Zug auf.
	Nach einigen Minuten kontrollierte ein alter, verhärmt aussehender Bahn-
beamter die Fahrkarten. Ich wies meinen englischen Entlassungsschein vor. Er
sagte kein Wort und ging weiter. Anfang August erreichte ich ohne Schwierigkeiten die Bahnstation Klostermansfeld und von dort die ehemalige Adolf-
Hitler-Straße, die umgewidmete Hauptstraße Nr. 12. In der Eingangstür der
Kloster-Drogerie stand zufällig mein Vater. Die Heimkehr eines Kriegsgefangenen sprach sich blitzartig im Dorf herum.
	Nach der Ankunft war ich als Person in einem diktatorischen Regime ein
nicht registrierter gefährlicher Niemand. Mitten in den Bevölkerungsbewe-
gungen, hauptsächlich von Ost nach West, galt es, die eigene Identität zu beweisen. Es wurde unablässig nach „Klassenfeinden, Kriegsverbrechern und
Nationalsozialisten" gesucht. Für mich als mit vierzehn Jahren freiwillig ein-

getretenen Heeresunteroffizier-Vorschüler und Kriegsteilnehmer, heimgekehrt aus westlicher Gefangenschaft, war das eine überaus prekäre Situation. Die zuständige sowjetische Kommandantur in Hettstedt residierte im beschlagnahmten ehemaligen Casino des Walzwerkes; sie spielte beim plötzlichen Verschwinden von Menschen eine unrühmliche Rolle.

Ein sehr enger Freund meiner zwei Jahre jüngeren Schwester Inge, Heinrich Bruhn (1913–1986), wurde mir als Freund der Familie vorgestellt. Heinrich Bruhn verabredete mit mir für den nächsten Tag einen Besuch dieser Kommandantur, um einen sowjetischen Kontrollstempel auf meinem englischen Entlassungsschein anbringen zu lassen. Erst dann wäre ich in der sowjetischen Besatzungszone, im künftigen sozialistischen Arbeiter-und-Bauern-Staat, ordnungsgemäß registriert und vollständig angekommen. Auf der Basis dieses mit einem Sowjetstempel signierten Dokuments, das ich der Einwohnermeldestelle vorlegte, wurden Lebensmittelkarten ausgehändigt und später ein Personalausweis mit dem Abdruck meines rechten Daumens zugestellt. Einige Sachbearbeiter im hinteren Bereich dieser Behörde äußerten sich: „Jetzt kommen schon die Kriegsverlängerer aus der Gefangenschaft zurück." Ich überhörte diese Boshaftigkeit.

Heinrich Bruhn, der SED-Parteisekretär des Mansfelder Gebirgskreises und spätere Chefredakteur der „Freiheit" in Halle, in den fünfziger Jahren

schließlich Professor für die Geschichte der KPdSU(B) und für Russische Publizistik und Bolschewistische Presse an der Journalisten-Fakultät der Universität Leipzig, besprach mit mir meinen weiteren beruflichen Werdegang. Er schlug mir vor, als Sohn eines im Dritten Reich parteilosen Vaters eine zentrale Parteischule der SED in der Gegend von Berlin zu besuchen. Mir gelang es schließlich, ihn zu überzeugen, dass ich nach der bestandenen Reifeprüfung lieber ein Medizinstudium aufnehmen würde. Das setze, so Bruhn, den Nachweis voraus, dass ich am sozialistischen Aufbau erfolgreich teilnehme, eine politische Un-

Heinrich Bruhn

bedenklichkeitsbescheinigung der Blockparteien erhalte und mit dem Eintritt in die SED meinen Willen zur Mitarbeit in der Sowjetischen Besatzungszone glaubhaft dokumentiere.

Derart eingestimmt fand ich mich zu einem Prüftermin des Volksbildungs-ministeriums in Halle ein. „Genosse, was hast Du bisher an fortschrittlicher Literatur gelesen?" Erneut kam mir der Zufall zu Hilfe – einige Tage zuvor besuchte ich meine in Gorenzen/Südharz als Lehrerin tätige Schwester und fand dort das Buch „Die Mutter" von Maxim Gorki. Ich interpretierte der zu-hörenden Kommission die gelesenen ersten 70 Seiten, womit sie sich völlig zu-frieden gaben. Die anschließende Prüfung durch einen Pädagogen, die unter-schiedliche Schulfächer umfasste, bestand ich mit gutem Erfolg – vor allem in Mathematik, Chemie und Physik.

Der Prüfer, Dr. phil. Johann Treschnak (geb. 1893), Dozent im Vorsemes-ter der Universität, hatte seine Staatsprüfungen für das Höhere Lehramt, wie ich bald erfuhr, an den Universitäten Wien und Prag erfolgreich bestanden.

Nach Tagen vermisste ich in der naturwissenschaftlichen Klasse das Unter-richtsfach Latein, ein Latinum war für das Medizinstudium aber bindend. Auf meinen Wunsch erfolgte die Versetzung in eine sprachbezogene Klasse des Vorsemesters an der Universität. Beim Betreten der neuen Klasse störte ich den Unterricht und bat dafür den Pädagogen – es war der Altphilologe Alfred Schneider (geb. 1887), der die Befähigung für das Höhere Lehramt an der Uni-versität Breslau erworben hatte – um Entschuldigung. Er erwiderte freundlich:

Dr. Karl Heinz Schott, Klassenkamerad, Studienkollege, Oberstarzt a.D. der Bundeswehr

„Suchen Sie sich einen Platz." Von je her bevorzugte ich aus verschiedenen Gründen einen Platz in der hinteren Reihe, nach Möglichkeit an einem Fenster. In diesem Fall machte ein ehemaliger Oberschüler und Luftwaffenhelfer aus Zeitz, Karl Heinz Schott (geb. 1927), ebenfalls ein Kriegsteilnehmer und Reserveoffiziersbewerber (ROB), Platz und nickte mir aufmunternd zu. Die beginnende Freundschaft hält bis zum heutigen Tage.

Alle Mitschüler hatten individuelle Kriegserlebnisse, auch solche, wie der aus der Tschechischen Republik als Kommunist ausgewiesene Walter Stranka (1920), der bereits für tot erklärt worden war. Stranka „verpasste" 1945 das Auslaufen seines Kriegsschiffes, das in den letzten Kriegstagen mit der gesamten Besatzung durch alliierten Beschuss vernichtet wurde. Nach seinem natürlichen, altersbedingten Tod in Weimar informierte das Standesamt die Witwe, dass er im Krieg gefallen sei. Sie hatte Schwierigkeiten, dem Amt zu beweisen, dass sie fast 50 Jahre mit dem „toten" Walter Stranka verheiratet war.

Die insgesamt 28 Klassenkameraden zeigten sich bestrebt, nach ihren Lebenserfahrungen politisch nicht anzuecken, um möglichst bald nach dem Abitur mit dem Studium beginnen zu können. Anfang März 1948 erhielten die Abiturienten das Reifezeugnis ausgehändigt.

Im Geiste der Aufklärung gegen die sowjetische Ideologie

Der ideologische Druck auf uns Schüler wuchs. Eine offensichtlich in einer Parteischule ausgebildete jüngere Lehrerin versuchte, unsere Kenntnisse über Karl Marx (1818–1883), Friedrich Engels (1820–1895), Lenin und Stalin zu erweitern. Kritisch denkende Mitschüler ließen durchblicken, dass sie in dem Bolschewismus sowjetischer Prägung, wie er in der SBZ/DDR praktiziert wurde, eine nicht überbrückbare Diskrepanz zwischen Theorie und Praxis erkannten. Im Arbeiter- und Bauernstaat lebten die Funktionäre offensichtlich auf Kosten der arbeitenden Bevölkerung. Zwei Mitschüler beriefen sich auf ihre gründlichen Studien der Philosophie und des Marxismus. Die Gegensätze dieser Ideologie wurden unbewusst durch unsere Dozenten Alfred Schneider, einen Altphilologen, und Frau Dr. Elisabeth Hummel (geb. 1899) in den Fächern Alter Geschichte und Latein konterkariert.

Einer unserer Pädagogen wies darauf hin, dass mit dem Abitur dem Schüler ein Zeugnis der geistigen Reife ausgehändigt werde. Damit sei die Erwartung verbunden, der Absolvent könne von seinem Wissen vernünftigen Gebrauch machen, ganz abgesehen davon, dass mit dem Abitur der Zugang zu einem Studium eröffnet würde. Wir kritischen Schüler, die später verhaftete Studentengruppe, befürchteten, die Menschen der SBZ/DDR sollten erneut durch eine Diktatur entmündigt werden. Nach den Erlebnissen der letzten Kriegsjahre bemühten wir uns, zur Entwicklung einer freiheitlichen Gesellschaft beizutragen und der Wahrhaftigkeit zu dienen.

Die Martin-Luther-Universität Halle/Wittenberg, vor 500 Jahre hervorgegangen aus den Hohen Schulen beider Städte, verdankt ihren Ruf der Frühaufklärung, dem Pietismus, namhaften Gelehrten wie August Hermann Francke (1663–1727) sowie zahlreichen anderen Persönlichkeiten. Ihre Studenten besaßen die Möglichkeit, neben dem Studium das Allgemeinwissen in einem *Studium generale* zu erweitern.

Nach Einführung der Währungsreform in den drei westlichen Besatzungszonen im Juni 1948 reagierte die sowjetische Besatzungsmacht mit einem Höhepunkt des Kalten Krieges, der Sperrung der Landwege in die westlichen

Sektoren von Berlin. Mittels einer Luftbrücke versorgten die westlichen Besatzungsmächte Berlin-West mit Nahrungsmitteln, Gütern des täglichen Bedarfs und mit Brennstoffen. In dieser Zeit bestand die Möglichkeit, die in westlicher Kriegsgefangenschaft erarbeiteten Gelder bei einer Verwaltungsstelle in Berlin-West abzuholen. So hatte ich bei einem Besuch dieses Amtes Mitte Februar 1949 die Gelegenheit, den Masseneinsatz der fliegenden Transportverbände der Westalliierten zu beobachten.

Nach unserer Immatrikulation am 19. April 1948 absolvierte ich im dritten Semester 1949 das für das Studium vorgeschriebene Krankenpflege-Praktikum am Kreiskrankenhaus Calbe/Saale unter Leitung des Chefarztes für Chirurgie Dr. Semisch und des kommissarischen Chefarztes Dr. Claus Hoffmann. Diese behandelten im abgeschlossenen OP-Raum unter Aufsicht sowjetischer Offiziere Angehörige des in Calbe stationierten Kommandos des Geheimdienstes „Smersch" (Tod den Spionen). Einen der dortigen Offiziere, der gleichfalls zu 25 Jahren Zwangsarbeit verurteilt worden war, lernte ich

Dr. Bernhard Claudé

später in Workuta genauer kennen, der mir in bestem Deutsch seine Lebenserfahrungen schilderte und vor jedweder Diktatur warnte.

Der außergewöhnlich begabte Mitschüler Bernhard Claudé (1925–2004)[7], der an der deutsch-russischen Front in einer Artillerieeinheit gedient hatte, führte gemeinsam mit Helmut Lamprecht (1925–1997), der einen Reserveoffizierslehrgang (ROB) gleichfalls im Dienstgrad Gefreiter absolviert hatte, das Wort in unseren außerschulischen Diskussionen. Beide wurden 1950 von den sowjetischen Sicherheitsorganen zusammen mit der späteren Pädagogikstudentin

---

7 Vgl. Gerald Wiemers: Bernhard Claudé 1. Juli 1925 Grünberg/Schlesien – 21. August 2004 Frankfurt/Main Philosophiestudent, Dissident und Arzt. Manuskript 6 S. (2013).

Hannah Schaffernicht (1923–1982) sowie mit den Schulkameraden Karl Heinz Schott (geb. 1927), Willi Eckert (1924–1998), Werner Eggers (geb. 1929), Dieter Flade (1929–2011), Kurt Erdmann (1928–1991) und mir verhaftet.

Bernhard Claudé verdankte die Aufnahme in das Vorsemester mit dem anschließenden Philosophie-Studium in Halle einem aufmerksamen Philosophie-Professor. Während der Vorlesung entdeckte dieser den eingeschlafenen Gasthörer in einer der vorderen Reihen und bestellte ihn zu einem anschließenden Gespräch. Claudé erklärte dem Professor, er arbeite nachts in einem der Bergwerke, um als Vertriebener finanziell zu existieren und am Tage die Vorlesung besuchen zu können. So wurde Claudé mit einem Stipendium in das Vorsemester aufgenommen.

Claudé und Lamprecht wurden freigelassen und hatten sich später innerhalb der Philosophischen Fakultät in einem Ausschlussverfahren als „Trotzkisten" zu rechtfertigen. Im November 1950 flüchteten sie über Berlin (West) in die Bundesrepublik, um einer erneuten Verhaftung zu entgehen. Um diese Schülergruppe des Vorsemesters der Martin-Luther-Universität Halle/Wittenberg zu charakterisieren, soll die Lebensgeschichte von Claudé und von Lamprecht kurz dargestellt werden.

An der Universität Frankfurt/Main schloss Claudé ein Medizinstudium ab und Lamprecht das Studium der Philosophie. Beide sammelten Informationen über die Universitäten der DDR und veröffentlichten diese in der Frankfurter Studentenzeitung „Diskus", um der westlichen Studentenschaft ein wirklichkeitsnahes Bild vom SED-Regime zu vermitteln.

Als Dr. Bernhard Claudé zusammen mit mir, seinem Schul- und Studienkameraden, 1995 in Dresden eine Veranstaltung zur

Dr. Helmut Lamprecht

Rehabilitierung von Opfern des stalinistischen Terrors besuchte, lagen die ereignisreichen Studentenjahre an der Martin-Luther-Universität fast 50 Jahre zurück. Flucht und Vertreibung hatten ihn geprägt. Nur knapp war der damalige Philosophiestudent der deutschen K 5 und dem sowjetischen Geheimdienst entkommen. Dabei war er als SED-Mitglied lediglich für moderate Reformen und mehr Ehrlichkeit im Parteiapparat eingetreten. Er hat weder eine Karriere angestrebt, noch eine Parteifunktion haben wollen oder inne gehabt. Der brutale Klassenkampf wütete in der SED-Parteiorganisation der Universität. Jeder konnte jeden des „Trotzkismus" verdächtigen und damit auch physisch ausschalten.

Bereits am 29. April 1948 nahm er das Studium der Philosophie und Psychologie mit dem Ziel, Journalist zu werden, auf. Claudé verband mit dem Studium hohe Erwartungen. Von Anfang leitete ihn die Maxime, dass die Jugend nicht noch einmal von einem totalitären Regime verführt werden dürfe: „Wir hatten gerade eine Diktatur hinter uns und wollten nicht ein zweites Mal von der Politik überrollt werden. Unter diesem Aspekt ist auch die Bereitschaft der Kriegsjugend zu verstehen, am ‚sozialistischen Aufbau' mitzuarbeiten."

Claudé und seine Freunde gerieten mit dieser Einstellung in dem Maße immer mehr in Opposition zum Arbeiter- und Bauernstaat, wie demokratische Grundrechte abgeschafft wurden und sich eine neue Diktatur etablierte. „Unseren politischen Auftrag sahen wir darin, vor einer neuen Diktatur zu warnen und sie zu verhindern", lautete ein Resümee ihres Tuns. Claudé verfasste dazu das Gedicht „Aufruf 1945", dass in einem Teil sogar in der kommunistischen „Volksstimme" in Halle veröffentlicht wurde. Es spiegelte das politische Wollen in wenigen Strophen wider. Der Text des Gedichtes kursierte damals unter den Studenten.

Die Akte des Ausschlussverfahrens aus der Philosophischen Fakultät von Mai bis Juli 1950 unter dem Vorsitz des cand. phil. Alfred Kosing (geb. 1928), später staatsnaher Philosophie-Professor in Berlin, umfasst über 30 Seiten. Die „Angeklagten" entzogen sich sprachlich elegant und in der Sache überlegen den Anschuldigungen. Beide, Bernhard Claudé und Helmut Lamprecht, hatten erkannt, dass sie nun möglichst rasch in die Bundesrepublik Deutschland fliehen mussten. Nach der Verhaftung der Widerstandsgruppe Flade, Eckert, Eggers, Erdmann, Hennig, Schaffernicht und Schott durch sowjetische Sicherheitsorgane wurde auch Claudé im September 1950 festgenommen und in den „Roten Ochsen" gebracht.

Nach zehn Tagen mit Einschüchterungen und massiven Drohungen in den Verhören überzeugte Claudé mit Verstand und Glück seine Vernehmer von seiner Unschuld und wurde entlassen. Ähnlich erging es Lamprecht, dem bereits die Haare geschoren worden waren. Der damalige Rektor und vormalige Rotarmist Leo Stern resümierte zwei Jahre später verdrießlich: „Die ehemaligen Studenten unserer Fakultät Lamprecht und Klauthe (sic!) waren bereits verhaftet, wurden jedoch wieder freigelassen, flüchteten sofort nach dem Westen und dann fand man bei uns sehr viel sie der Spionage überführendes Material."

Ein Parteiverfahren der Kreispartei-Kontroll-Kommission endete am 21. Dezember 1950 mit dem Ausschluss Claudés aus der SED; zu diesem Zeipunkt waren er und auch Lamprecht bereits im Westen. Aus Sicherheitsgründen wurden sie im selben Monat von den Amerikanern nach Frankfurt/Main ausgeflogen. Hier konnten sie ihr Studium „nach Überwindung vieler Schwierigkeiten" fortsetzen.

Bernhard Claudé studierte zunächst Naturwissenschaften in Frankfurt/Main, von 1956 bis 1961 schloß sich ein Medizin-Studium an der nahen Johann-Gutenberg-Universität in Mainz an. Zwischen 1951 und 1954 hat Claudé durch analytische Beiträge das politische Profil der Frankfurter Studenzeitung „Diskus" mitbestimmt. Fast zeitgleich bezog Helmut Lamprecht – überwiegend zu aktuellen historischen Themen – im „Diskus" Stellung. Für beide war es auch ein publizistischer Kampf gegen das Vergessen, es galt für sie zudem, immer wieder an die Verhältnisse an ihrer vormaligen Universität in Halle zu erinnern. Unter Vermittlung seines Doktorvaters Theodor Adorno (1903–1969) führte Helmut Lamprecht im März 1953 mit Thomas Mann (1875–1955) in dessen Wohnung in Erlenbach bei Zürich ein Interview, das in der Frankfurter Studentenzeitung veröffentlicht wurde.

Der Lebensweg von Helmut Lamprecht, der mit Claudé gleichaltrig war, verlief ähnlich spektakulär. Lamprecht setzte das angefangene Philosophiestudium in der „Frankfurter Schule" bei Max Horkheimer (1895–1973) und Theodor Adorno fort, promovierte bei jenem und wurde Redakteur beim Hessischen Rundfunk. 1959 wechselte er zu Radio Bremen. Helmut Lamprecht war schriftstellerisch tätig, gehörte dem PEN-Zentrum der Bundesrepublik an und unterhielt enge Kontakte zu den Repräsentanten des Prager Frühlings 1968.

Mit mir verband ihn seit der Halleschen Studentzeit eine enge Freundschaft. Erinnerlich ist mir seine Kritik eines von Stalin verfassten Buches über die Außenpolitik der KPdSU, in dem dieser den Philosophen Immanuel Kant im Vorwort mit einem Satz abtut. Helmut Lamprecht reagierte: „Wer dieser Meinung ist, ist bei mir unten durch."

Sowohl Helmut Lamprecht als auch Bernhard Claudé starben an Leukämie.

Die mitverhaftete Pädagogikstudentin Hannah Schaffernicht wurde wegen Verbreitung und Aufbewahrung antisowjetischer Flugblätter zu zehn Jahren „Erziehungslager" verurteilt, die sie in Bautzen, Waldheim und Hoheneck verbrachte. Nach ihrer Entlassung 1954 floh sie in die Bundesrepublik und heiratete in Frankfurt Prof. Dr. Hans-Michael Elzer (1916–1980).

Wie Hannah Schaffernicht geriet auch die Pädagogikstudentin Ruth Kunze[8] in das Visier der Ermittlungsorgane, ihr gelang die Flucht nach Berlin (West). Am 24. Dezember 1950 wurde sie mit einer amerikanischen Maschine nach Westdeutschland ausgeflogen, die in Frankfurt/Main ankommen sollte. Das Flugzeug landete aber in Bremen, wo sie im Wartesaal den Weihnachtsabend verbrachte.

Im Laufe ihres Studiums an der Johann Wolfgang Goethe-Universität lernte sie während einer Messe in Hannover ihren späteren Mann kennen, einen schwedischen Staatsbürger. Von 1995 bis 2003 war sie Vorsitzende der 1928 gegründeten Deutsch-Schwedischen Gesellschaft in Jönköping mit 150 Mitgliedern.

Unser Vorsemester-Klassensprecher Karl-Heinz Leickert (geb. 1921) flüchtete wie einige andere noch während des Medizinstudiums aus Halle und fand im Management von Hoffmann-La Roche in Basel ein neues Betätigungsfeld. Seine Hauptgebiete waren der wissenschaftliche Dienst und die Weiterbildung von Ärzten. Karl-Heinz Leickert war Mitherausgeber des „Wörterbuchs der Psychiatrie und ihrer Grenzgebiete", welches sich mit seiner Widmung in meinem Besitz befindet.

Während meines Studiums in Halle flüchtete mindestens die Hälfte meiner Klassenkameraden noch während der Studiensemester in die Bundesrepublik

---

8 Ruth Ljungquist, geb. Kunze (1928–2015), an Dr. Horst Hennig, Jönköping 5. Dez. 2013. – Sie führt weiter aus: „Damals waren wir eine Gruppe von Studenten aus verschiedenen Fakultäten, die sich regelmäßig traf, um die augenblickliche Lage und Entwicklung in der damaligen Sowjetzone zu diskutieren. Diese Diskussionen waren natürlich auch kritisch, was zur Folge hatte, dass wir überwacht wurden. Plötzlich waren einige in unserer Gruppe verschwunden. Dass war ein Signal für uns andere ..."

Deutschland. Vom 30. Mai 1948 bis zum 30. Juni 1952 wurden zudem 122 Studenten als „politisch unzuverlässige negative Elemente" exmatrikuliert, darunter 34 Studenten der Medizinischen Fakultät und 34 der Vorstudienabteilung, der späteren Arbeiter- und Bauernfakultät. Die Leiterin dieser Vorstudienabteilung der Universität, Frau Maria Burstein (geb. 1897), fiel daraufhin in Ungnade und wurde im Frühjahr 1952 mit der ultimativen Aufforderung: „Wir bitten Sie, sich in Ihrem eigenen Interesse um einen ihren Fähigkeiten entsprechenden Arbeitsplatz zu bemühen" entlassen. Die eigenen kommunistischen Genossen ließen ihre Genossin im Stich. Frau Burstein hatte von 1933 bis 1945 ihre „kommunistischen Verdienste" in der Tschechoslowakei erworben. Dort hat sie ihre deutschen Genossen der KPD illegal informiert, wie sie Moskau mit gefälschten Personalpapieren erreichen.

Ein Jahr später, am 30. März 1949, erhielt ich einen neuen Personalausweis, diesmal ohne Fingerabdruck. Die Einträge lauteten, unter Nr. 7: Nationalität: Deutscher, Nr. 8: Staatsangehörigkeit: Deutschland, Nr. 9: Beruf: Student.

Am 30. März 1949 ausgestellter Personalausweis für Horst Hennig

Entscheidung zum Studium der Medizin

Ich glaube, dass sich gleichsam über viele Jahre hinweg kleine Bausteine in meiner Biographie zu einem Bild zusammenfügen, das mich zur Berufswahl Arzt inspirierte.

Es waren zunächst unscheinbare Zufälle, die mich schon vor 1939 an kleinere medizinische Hilfshandlungen heranführten. So besuchten Ärzte die Drogerie der Familie Hennig. Bei Schulwanderungen stellte mein Vater einen Verbandskasten zur Verfügung. Nachdem ab 1941 vermehrt alliierte Verbände einflogen, suchten die Heeresschüler in Marienberg die Luftschutzkeller auf und mir wurde dann die versiegelte ärztliche Notfallausrüstung in die Hand gedrückt.

Während der Kampfhandlungen an der Front sah meine Einheit fast nie einen Sanitätssoldaten, so dass ich in Zweitfunktion die Verwundeten notdürftig versorgte. Wie bereits berichtet, setzte mich im Res. Laz. V Chemnitz/Altendorf die Stationsschwester für zahlreiche medizinische Hilfsdienste ein. Im britisch geführten Kriegsgefangenenhospital in England, selbst einarmig behindert, unterstützte ich die Versorgung der Kranken.

So bedurfte es keiner zusätzlichen Motivation zu meiner Neigung, Medizin zu studieren und den Beruf des Arztes anzustreben. Mit dieser Einstellung wurde ich an der Universität Halle immatrikuliert.

Die vorklinischen Fächer waren durch Lehrstuhlinhaber, die langjährig in Forschung und Lehre erfolgreich tätig waren und in die Leopoldina, der heutigen Nationalen Akademie der Wissenschaften, gewählt waren, ausgezeichnet besetzt. Hervorzuheben ist die Lehrtätigkeit der Dekanin der Medizinischen Fakultät, Frau Prof. Dr. Paula Hertwig (1889–1983)[9], die mit ihrem Bruder, dem Anatom Günther Hertwig (1888–1970), einer bekannten Forscherfamilie entstammte. Diese bedeutende Wissenschaftlerin war bereits 1927 als nicht beamtete außerordentliche Professorin an der Friedrich-Wil-

---

9   Vgl. Sybille Gerstengarbe, Paula Hertwig – Genetikerin im 20. Jahrhundert. Eine Spurensuche. Stuttgart 2012.

helms-Universität Berlin tätig. Erstmalig lehrte sie Biologie für Mediziner – nicht mehr getrennt in die Fächer Botanik und Zoologie – an der Universität Halle. Zu weiteren hervorragenden Persönlichkeiten der Vorklinik gehörten Professoren und Leopoldina-Mitglieder wie der Physiologe Bernd Lueken (1908–1978) und der Physiologische Chemiker Horst Hanson (1911–1978). Deren Lebenserfahrungen nahmen wir uns zum Vorbild. Die gegenseitige Wertschätzung brachte Paula Hertwig (Humboldtstr. 18, Halle) in ihrem Brief nach Köln vom 19. Juli 1962 mit den besten Wünschen zur Approbation an Dr. K. H. Schott und an mich zum Ausdruck. Heutige Medien und die gegenwärtigen Angehörigen an den Hochschulen klagen über die Anonymität zwischen dem Lehrkörper und der Studentenschaft, wie anders war hier der Kontakt!

Die Vorlesung von Prof. Hertwig zu Beginn des Sommersemesters 1948 „Was Medizinstudenten zum Studienanfang bedenken sollten" ist mir bis heute in bester Erinnerung – Notizen jenes Tages sind in meinem Archiv aufbewahrt:

Fragen und Zweifeln sind die Grundtätigkeiten allen Studierens. Die Frage treibt zum Erkennen, der Zweifel erzieht das kritische Denken. Die Hochschule soll das Fragen wieder erwecken und den Weg zeigen, der zu selbständigen Antworten führt.

Der Student muss in der Regel erst mühsam wieder dahin geführt werden, dass er die unberührte Wesenheit der Dinge zu erleben vermag, freilich nun bewusst, also auf einer Stufe, die als Erkenntnis höher zu bewerten ist als das kindliche Erfassen.

Zweifeln sichert nicht nur die Erkenntnis, weil es die Tragfähigkeit einer gegebenen Antwort prüft, es breitet auch die Erkenntnis aus und vermehrt sie, weil es neue Fragen erzeugt. Wenn aber einmal der Entschluss zum Handeln gefasst ist, dann kann Zweifeln nur hemmen.

Anders im Denken! Hier ist Zweifeln fruchtbar. Jedem selbständigen Handeln soll das Denken vorausgehen.

Erfahrungen können zum Widerspruch führen, dann entsteht der Zweifel und der Mensch beginnt, Antworten zu geben.

Die Hochschule soll vor allem das Verfahren lehren, wie Wissen gewonnen wird, wie selbständige Antworten gefunden werden.

Man kann nicht antworten, ohne vorher gefragt zu haben. Die Fragen stellt das Leben. Nicht jede Frage, die das Leben stellt und die gemeistert werden muss, kann vorausgesehen werden. Jede Frage, die das Leben stellt, ist neu. Nur der kann das Leben meistern, der gelernt hat, Fragen zu verstehen und eine Antwort zu finden.
Die Aufgaben, vor die der Arzt gestellt ist, zeigen das besonders deutlich. Er muss gelernt haben, Krankheiten zu erkennen, ihre Gefahr abschätzen können und selbständig handeln können. Es gibt für ihn keine allgemeingültige Formel, die er sich zu merken hätte. Fertigkeit wird er sich erst allmählich in der Praxis erwerben können. Was er von der Universität mitbringen soll ist das Können, wie zu fügen und zu finden ist. Der werdende Arzt soll zum biologischen Denken erzogen werden. Nie kann man aus einem Menschen einen Arzt durch eine Art Dressur schaffen.
Da nun aber der eigentliche Anstoß zum Denken immer von einer Frage kommt, so muss die Hochschule erst einmal das Fragen wiedererwecken. Eine der ersten Grundfragen, an der speziell auch der Mediziner beteiligt ist, ist die Frage nach dem Sein: „Was ist vorhanden?" Eine der nächsten Grundfragen, die über das Sein hinausgeht, ist die Frage nach dem Ursprung. Wenn man dabei am Beispiel des Menschen festhält, so lässt sich diese Frage in 2 Formen fassen:
I. Woher kommt der Mensch?
II. Wie ist er entstanden?

In der Vorphysikums-Prüfung prophezeite Paula Hertwig im Jahr 1949 der Examensgruppe (L. Ollenburg, W. Eckert, K. H. Schott und H. Hennig) mit Blick auf die Genkarte der „Drosophila", dass die Biologie- und Vererbungswissenschaften Ende des Jahrhunderts, also im Jahre 2000, mit dem Schwerpunkt in den USA die Medizin im positiven Sinne verändern würden. Diese weitsichtige Voraussage trat tatsächlich ein.

Der zur gleichen Zeit lehrende Professor Dr. Hermann Christian Heinrich Emil Voss (1894–1987), von dem ich im Vorphysikum geprüft worden bin, lehrte später Anatomie an der Universität Jena.

Der Chemie lesende Prof. Dr. Arthur Lüttringhaus (1906–1992) kritisierte im Hörsaal zweideutig die politischen Verhältnisse. Zuvor hatte er in Greifswald im Jahre 1946 die Verhaftung und Hinrichtung des Theologen Rektor

Prof. Dr. Ernst Lohmeyer (1890–1946) durch die Rote Armee zur Kenntnis nehmen müssen.

Paula Hertwig im Hörsaal während einer Vorlesung

Gnadengesuch des Professors Ernst Lohmeyer

– An den Obersten Sowjet der UdSSR[10] –

Greifswald, 29.08.1946

Durch ein Urteil des Militärtribunals vom 28.08.1946 wurde ich zum Tode mit Vermögenseinziehung verurteilt. Ich bitte darum, dieses Urteil aufzuheben und mich freizulassen.

Ich bin Professor der evangelischen Theologie und Mitglied der christlichen Ökumene. So wie ich mein ganzes Leben der Lösung von Fragen der Theologie und der Menschlichkeit gewidmet habe, habe ich es auch meinen Studenten gelehrt. Dies belegen von mir veröffentlichte Bücher. Auf diese Weise wuchs auch meine Reputation als Wissenschaftler im Ausland. Der Erzbischof von Schweden, Herr E. Eyden, hat mich als seinen Freund bezeichnet. 1931 wurde ich Ehrenmitglied der größten theologischen Gesellschaft der USA, der in New York ansässigen Gesellschaft für biblische Literatur und Exegese (Society of biblia literature and exegesis). Sie können bezeugen, dass ich mein ganzes Leben und meine Arbeit der theologischen Wissenschaft und der Humanität gewidmet habe. Außerdem kann ich die Namen folgender anderer Personen benennen, die mich sehr gut kennen: Professor Liebe aus Basel, Professor Berg van Eysingk aus Utrecht in Holland; Prof. Lightfoot vom Christ College in Oxford, Paul Louis Cuchon aus Paris.

Von Anfang an war ich den Nationalsozialisten feindlich gesinnt und versuchte im Rahmen meiner Möglichkeiten vielen jüdischen Freunden und Bekannten zu helfen. Dies können Professor Martin Buber und Professor Richard Köbner von der jüdischen Universität Jerusalem bezeugen. Meine antifaschistische Gesinnung hatte disziplinarische Sanktionen zur Folge. Ich wurde von der großen Universität Breslau an die kleine Universität Greifswald versetzt; meine Bezüge wurden gekürzt. Ich war niemals Mitglied von

---

10 Der Autor pflegte eine private Verbindung zur Tochter Lohmeyers, die ihm eine Genehmigung zur Veröffentlichung erteilt hat.

Personaldokument (sog. Kennkarte) Ernst Lohmeyers vom 28.09.1945

Organisationen der Partei und habe an faschistischen Veranstaltungen nicht teilgenommen, obwohl mir dies angetragen wurde. Das können die ehemaligen Kuratoren der Universität Herr Kolbe und Herr Kuhnert bezeugen.

Den 1939 ausgebrochenen Krieg habe ich immer für ein Verbrechen gehalten. Ich konnte aber nicht den Wehrdienst verweigern, weil ich das Leben meiner Familie und mein eigenes Leben nicht opfern wollte. Umso intensiver trat ich überall, wo es mir nur möglich war, für Menschlichkeit ein. So auch auf dem zeitweilig okkupierten Territorium anderer Länder. In Belgien, wo ich zwei Jahre in der Militäradministration als Stellvertreter des Stadtkommandanten gearbeitet habe, können dies Paul Skoikhardt aus Cottegem, Gebiet Alost, Armand Moniestian aus Chateau Ancorselle in der Nähe von Grammon, Herbert des Pusse aus Zottegam, Gebiet Alost bezeugen. Während der Okkupation des Landes durch deutsche Truppen traten sie alle mit ihren politischen Positionen für die Alliierten Mächte ein. Als ich als Stadtkommandant in die UdSSR abkommandiert wurde, blieb ich diesen Prinzipien und Überzeugungen treu. Ich unterstreiche noch einmal, dass ich niemals an

Erschießungen sowjetischer Bürger teilgenommen habe und auch niemals Erschießungen angeordnet habe. Im Gegenteil. Ich habe auch hier alle Anstrengungen unternommen, um die Folgen des Krieges für die sowjetische Zivilbevölkerung zu mildern, unabhängig davon, ob ich es mit Mitarbeitern der Wehrmacht oder sowjetischen Kommunisten zu tun hatte. Nur in solchen Fällen, in denen Militärvorschriften verletzt wurden, gab ich den Befehl zu Verhaftungen, wie es in allen Armeen aller Länder der Welt üblich war. Ich habe diejenigen, die Vorschriften verletzten, nur leicht bestraft. Alle schweren Vergehen wurden vom Feldgericht untersucht, dem ich nicht angehörte. Auch in der Stadtkommandantur Nr. 708 war ich immer bemüht, gerecht mit allen umzugehen. Mir ist niemals zu Ohren gekommen, ja nicht ein einziger Fall ist mir bekannt, dass mir untergebene Feldgendarmen dieses Prinzip unterlaufen haben.

Als Deutschland 1945 zu Grunde ging, bin ich nicht wie viele andere geflüchtet, sondern habe mich sofort an die sowjetischen administrativen Organe gewandt und stand ihnen zur Verfügung. Sie haben mich als bevollmächtigten Rektor der Universität in Greifswald bestätigt. Ich bin Mitglied des antifaschistischen Blockes und der Leitung der Christlich Demokratischen Union in Mecklenburg-Vorpommern. Kompetente sowjetische Organe können bestätigen, daß ich als Rektor der Universität immer alle Verpflichtungen erfüllt habe und alles nur Mögliche getan habe, um meinen Beitrag zum Wiederaufbau der Universität im antifaschistischen und demokratischen Geist zu leisten. Aus diesem Grund wurde ich auch als Mitglied der Leitung des Kulturbundes der demokratischen Erneuerung in Schwerin gewählt und bin offen gegen faschistische Kriegsverbrecher aufgetreten. Dies können die leitenden Mitglieder der KPD W. Bredel, G. Schwerin und B. Keller bezeugen.

Aus all diesen Gründen bitte ich darum, das Urteil zu revidieren und mich auf freien Fuß zu setzen. Ich bitte darum auch für meine Familie, die anderenfalls den Ernährer verlieren würde. Einen Sohn habe ich im Krieg verloren. Meine Frau ist häufig krank, sie ist schon 60 Jahre alt, kann also nicht mehr arbeiten. Die zwei anderen Kinder haben ihr Studium noch nicht beendet. Wenn es mich nicht mehr gäbe, wären sie zur Armut verdammt. Deshalb bitte ich noch einmal um Gnade, nicht nur bezüglich meiner Person, sondern auch im Hinblick auf die Vermögenseinziehung.

Professor Ernst Lohmeyer

Übersetzung aus dem Russischen

(Staatswappen der Russischen Föderation)

GENERALSTAATSANWALTSCHAFT DER
RUSSISCHEN FÖDERATION

MILITÄR-
OBERSTAATSANWALTSCHAFT

15. August 1996
Nr. 5 uw-2342-95
103160 Moskau, K-160

BESCHEINIGUNG (Rehabilitierungsbescheid)

Hiermit wird bescheinigt, daß der deutsche Staatsangehörige Ernst Lohmeyer, geboren 1890 in Dorsten, Landkreis Recklinghausen, Provinz Westfalen, Deutscher, Hochschulbildung, Professor der Theologie, Rektor der Universität Greifswald, kein Mitglied der Nazi-Partei, aufgrund der Mobilmachung von 1939 bis 1943 im Rang eines Hauptmanns bei den Rückwärtigen Diensten der deutschen Wehrmacht dienend, am 14. Februar 1946 durch die Operativgruppe des NKWD der UdSSR für den Landkreis Greifswald unbegründet verhaftet und am 28. August 1946 durch das SMA-Militärtribunal der Provinz Mecklenburg/Westpommern nach Artikel I des Erlasses des Präsidiums des Obersten Sowjets der UdSSR vom 19. April 1943 zur Höchststrafe - Tod durch Erschießen - unter Einziehung des gesamten ihm gehörenden Vermögens verurteilt wurde.

Das Urteil wurde am 19. September 1946 in Greifswald vollstreckt.

Gemäß Paragraph 3 Punkt a des Gesetzes der Russischen Föderation „Über die Rehabilitierung der Opfer politischer Repressionen" vom 18. Oktober 1991 ist Ernst Lohmeyer vollständig rehabilitiert und alle seine Rechte sind wiederhergestellt (postum).

Leiter der Abteilung
Rehabilitation ausländischer   (gez. Unterschrift)   L. P. KOPALIN
Staatsbürger - Assistent des
Militäroberstaatsanwaltes

(Dienstsiegel der Militäroberstaatsanwaltschaft)

Für die Richtigkeit u. Vollständigkeit der Übersetzung.

Dipl.-Slaw. Hannelore Georgi

Vom Sächsischen Staatsminister der Justiz
zur Dolmetscherin und Übersetzerin für die
russische Sprache bestellt.

Rehabilitierungsurkunde Ernst Lohmeyer vom 15.08.1996

Die politischen Verhältnisse an der Universität Halle

Mit einer ähnlichen Begründung wie Prof. Lüttringhaus setzte sich Prof. Max Ratschow (1904–1963) im Jahre 1952 in den Westen ab. Seit 1939 war er als Sanitätsoffizier in einem Reserve-Lazarett in Halle tätig und wurde dort 1943 zum außerplanmäßigen Professor ernannt. Prof. Ratschow gilt als der Begründer der Angiologie. Bereits 1946 wurde er mit der Leitung der Medizinischen Poliklinik der Universität Halle beauftragt und zwei Jahre später zum ordentlichen Professor für Pathologische Physiologie berufen. Seit 1953 war er Ordinarius für Innere Medizin und Direktor der Medizinischen Klinik Darmstadt.

Nach meiner Vorstellung 1957 an der Medizinischen Klinik Darmstadt nahm Prof. Ratschow mich zur Famulatur auf und stellte mich bei der Verwaltung von der Bezahlung des Mittagstisches frei. Während meiner Studienzeit in Freiburg besuchte ich 1957 Professor Ratschow. Den Grund für seine Flucht aus der DDR formulierte er sinngemäß so: „Die Gegebenheiten an der Universität Halle ließen die Weiterführung meiner Forschungen nicht zu."

Leo Stern (1901–1982), bei Czernowitz als Jonas Leib Stern geboren, emigrierte als Wissenschaftler im Oktober 1935 von Wien nach Moskau, erhielt dort die sowjetische Staatsbürgerschaft und kehrte mit Kriegsende 1945 als Offizier der Roten Armee nach Wien zurück. Er wurde von der sowjetischen Administration der DDR schon bald gerufen und zunächst an der Universität Halle als Stellvertreter des Rektors und 1953 als Rektor eingesetzt.

Am 28. Oktober 1952 richtete er einen Brief an den „werten Genossen Ulbricht", dessen handschriftlich verfasster, schwer lesbarer Text hier in Maschinenschrift wiedergegeben wird.[11] Zunächst zum Inhalt des Briefes: Er denunziert Bischof Otto Dibelius (1880–1967) und eine seiner Predigten, fordert die Verhaftung des evangelischen Studentenpfarrers Johannes Hamel (1911–2002) und reduziert in seinem Vorschlag an Ulbricht das Humboldt-sche Prinzip (Friedrich Wilhelm Christian Carl Ferdinand von Humboldt,

---

11 Obwohl zum damaligen Zeitpunkt noch nicht zum Rektor gewählt, benutzte er den Briefkopf als Rektor der Martin-Luther-Universität zu Halle-Wittenberg

1767–1835) der Einheit von Forschung und Lehre zugunsten der Parteiarbeit im Sinne der Vorgaben des ZK der SED. Dies ist die eigentliche Ursache, weshalb viele Universitätsangehörige die Hochschule verlassen bzw. wegen ihrer oppositionellen Haltung verhaftet und verurteilt wurden.

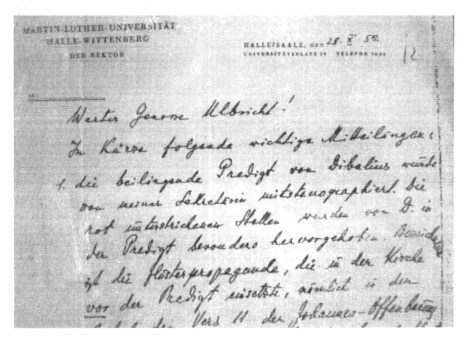

Werter Genosse Ulbricht!
In Kürze folgende wichtige Mitteilungen: 1. die beiliegende Predigt von Dibelius wurde von meiner Sekretärin mitstenographiert. Die rot unterstrichenen Stellen wurden von Dibelius in der Predigt besonders hervorgehoben. Bezeichnend ist die Flüsterpropaganda, die in der Kirche vor der Predigt einsetzte, nämlich in der Bibel den Vers 11 der Johannes-Offenbarung nachzulesen, in welchen D. die (unterstrichenen) Worte „Siehe, ich komme bald" – (mit deutlichem Hinweis auf die Amerikaner) unterschlagen hat, aber mit deutlichem Augenzwinkern die Gläubigen zum Widerstand aufrief. 2. Die anderen Beilagen betreffen den berüchtigten Studentenpfarrer Hamel, den ich Dir schon vor einem Jahr signalisiert habe. Wenn diesem nicht sehr bald durch Verhaftung oder auf eine andere Art das Handwerk gelegt

werden wird, kann der Schaden an unserer Universität unübersehbar
werden ... (Im Original unterstrichen)

Mit sozialistischem Gruß
Leo Stern

P.S.
Ein weiterer wichtiger Faktor zur Gesundung der nahezu völlig darnieder
liegenden Parteiarbeit an den Universitäten und Hochschulen ist die Bestellung eines hauptamtlichen Parteisekretärs für jede Fakultät und einer die
Arbeit der Sekretäre aller Fakultäten Koordinierenden (sic) und leitenden
Parteiorganisators des ZK.
So hat z. B. die Universität Halle/Wittenberg ca. 6500 Studenten, 2500 Arbeiter und Angestellte, ca. 1000 Professoren, Dozenten, Assistenten, Lehr-
beauftragte, also insgesamt 10.000 Menschen, die im Augenblick von nur
einem, dabei noch schwachen Genossen politisch betreut werden. Die Lage
ist einfach katastrophal und wird sich nicht eher ändern, bis nicht gründ-
liche Maßnahmen in der angegebenen Richtung getroffen werden.

Rektor Leo Stern als Vertreter der Staatsmacht, umgeben von „bürgerlichen Professoren"

Im Studium Generale besuchten wir in Halle die Vorlesungen zweier als „bürgerliche Professoren" diffamierter Hochschullehrer. Die Vorlesungen über die Entwicklung der Kantischen Ethik des Neukantianers Prof. Dr. Paul Menzer (1873–1960) waren überfüllt, gleichfalls die Vorlesungen des Ordinarius für Bürgerliches Recht und Zivilprozessrecht Professor Dr. Wolfgang Hein (1883–1976).

Innerhalb der Medizinischen Fakultät überprüfte der SED-Sekretär Arno Linke (1920–1992) das in der Pflichtvorlesung durch Bernhard Koenen vermittelte Wissen über den „Historischen und Dialektischen Materialismus". Wer keine kommunistische Zuverlässigkeit durch den „Prüfer" Arno Linke erkennen ließ, wurde nicht zum Physikum zugelassen. Linke selbst hatte zweimal das Physikum nicht bestanden und durfte sich ein drittes Mal in Halle unter Mitnahme von Zeugen der Prüfung stellen. Später wurde er Leibarzt von Walter Ulbricht.

Der KPD-Funktionär Bernhard Koenen (1889–1964) hielt mit Gleichgesinnten 1921 die Leuna-Werke besetzt. Im Auftrag der Regierung befreite die Reichswehr die Leuna-Werke, beide Seiten beklagten Tote und Verwundete. Jenen Bernhard Koenen, der im Moskauer Exil den Decknamen Heinrich Stafford führte, betraute die Führung der SED im Land Sachsen-Anhalt nach 1945 mit Vorlesungen an der Hallenser Universität.

Scheinbar unerklärliches plötzliches Verschwinden von Studenten, ein alle Fakultäten betreffendes Phänomen, beunruhigte den Lehrkörper und die Studentenschaft der Alma mater. Die Dekanatssitzungsprotokolle im Universitätsarchiv geben hierzu noch heute Auskunft, insbesondere sind die indirekten Hinweise auf die unter strengster Geheimhaltung vom KGB durchgeführten Verhaftungen von Universitätsangehörigen bemerkenswert. So „verschwanden" von 1946 bis 1953 über 80 Hochschulangehörige in Halle, nachweislich von einem Sowjetischen-Militär-Tribunal (SMT) verurteilt; sie alle sind ab 1992 von der Militärhauptstaatsanwaltschaft Moskau rehabilitiert worden. Dazu heißt es in den Akten Universitätsverwaltung lapidar: „Als Studierender wegen Nichtrückmeldung gestrichen."

Die Einwohner der Sowjetischen Besatzungszone und der frühen DDR wurden auch auf solche Weise entmündigt, einer fremden Ideologie unterworfen, in ihrer kulturellen Entwicklung auf sowjetische Vorgaben zurückgeführt. Das war eine niederschmetternde Erkenntnis für jene Menschen, die eine freie

Meinungsbildung in der SBZ/DDR für sich in Anspruch nehmen wollten. Medizinstudenten wie Willi Eckert, Karl Heinz Schott und Werner Eggers nahmen aus solchen Beweggründen die Verbindung zur Freien Universität Berlin auf.

Für die geplante Wahl der Studenten- und Fakultätsräte 1950 wurde nach dem Blockprinzip eine Einheitsliste mit politisch ausgewiesenen und zuverlässigen Funktionären aufgestellt, die der allgemeinen Studentenschaft unbekannt waren. Ein Spitzel, der Medizinstudent Horst Podehl (geb. 1928) – der später das Physikum nicht bestand und in der Folge das Studium nicht weiterführte –, meldete am 7. Februar 1950 dem SED-Sekretär Arno Linke unsere Gespräche und Ansichten zu der antidemokratisch verlaufenden Wahl der Studenten- und Fakultätsräte.

Diese von Podehl festgehaltenen Gesprächsinhalte befinden sich heute als Archivalien beim Beauftragten für Stasi-Unterlagen, Archiv der Außenstelle Halle (AZ: AU 514 / 51, Bd. 1), zusammen mit den Akten zum Fall des damals ebenso beschuldigten Arno Raths, dem Vorsitzenden der Schachspielgruppe der Universität, der auch Helmut Lamprecht angehörte.

Der Vorgang wurde den sowjetischen Sicherheitsorganen in Halle im Februar 1950 übergeben. Das führte Anfang März 1950 zur Verhaftung von Willi Eckert, Horst Hennig, Karl Heinz Schott, Werner Eggers, Dieter Flade, Kurt Erdmann, Hannah Schaffernicht und Helmut Lamprecht. Laut Gerichtsprotokoll wurden die Ermittlungen gegen Lamprecht von den anderen Verfahren abgetrennt. Obwohl dem Delinquenten Lamprecht bereits die Haare geschoren waren, wurde er etwa zwanzig Tage später entlassen.

Meine Schwester Inge traf Helmut Lamprecht in der Mensa. Nach dessen Informationen über die Verhaftungen erschien sie mit frischer Wäsche und Nahrungsmitteln am KGB-Gefängnis „Roter Ochse" in Halle, wurde aber von den sowjetischen Wachhabenden abgewiesen. Ein Beschluss des Ministerrates der UdSSR, von Generalsekretär Stalin abgezeichnet, besiegelte das weitere Schicksal jener der Inhaftierten, die nicht erschossen wurden. Das anschließend wiedergegebene Dokument Nr. 62 zum Abtransport von in Gefängnissen und Lagern inhaftierten Deutschen vom 23. Dezember 1946, als „streng geheim" eingestuft, lautet:

Ministerrats-Beschluss, UdSSR 1946 – Streng geheim –

23. Dezember 1946, Moskau, Nr. 2728-1124ss.
Streng geheim.
CchSD, f.89, per. 75, Nr. 11
Fotokopie einer masch. Reinschrift

...

Zur Versorgung der Kohle- und Erdölindustrie mit Arbeitskräften beschließt der Ministerrat der UdSSR:

1. Die Sowjetische Militäradministration in Deutschland (Gen. Sokolovskij) und das Innenministerium der UdSSR (Gen. Kruglov und Serov) zu beauftragen, unter den in den Speziallagern und Gefängnissen des UdSSR-Innenministeriums in Deutschland Inhaftierten insgesamt 27.500 arbeitsfähige deutsche Männer auszusuchen und zum Einsatz in Betrieben des Ministeriums für Kohlebergbau der Ostregionen der UdSSR[12] und des Ministeriums für den Bau von Betrieben der Brennstoffindustrie entsprechend zu überstellen.

2. Die Sowjetische Militäradministration und das Oberkommando der Sowjetarmee in Deutschland (Gen. Sokolovskij) zu beauftragen, für alle in die UdSSR zu überstellenden internierten Deutschen einen Satz Winterkleidung, Bettzeug, zwei Garnituren Wäsche sowie einen Monatsvorrat an Lebensmitteln für den Transport zur Verfügung zu stellen und dem Innenministerium die notwendige Unterstützung beim Abtransport der internierten Deutschen in die UdSSR zu gewähren.

3. Das Innenministerium der UdSSR (Gen. Kruglov und Serov) zu verpflichten, Verpflegung und Bewachung der Deutschen während des Transports, ihre Unterbringung in den Lagern des UdSSR-Innenministeriums in gesonderten Lagerabteilungen sowie ihren Unterhalt und ihre Bewachung in den Lagern und während der Arbeit sicherzustellen.

---

12 Das Ministerium für Kohlebergbau der Ostregionen der UdSSR war u.a. für die Kohleförderung im Kuzbass, im Gebiet Karaganda und im Gebiet Čeljabinsk verantwortlich.

4. Dem Innenministerium der UdSSR zu gestatten, für die in die UdSSR verbrachten arbeitsfähigen Deutschen die gleiche Anzahl arbeitsuntauglicher
   Deutscher aus dem Bestand der Kriegsgefangenen und Internierten nach
   Deutschland zurückzuschicken.
5. Die Ministerien für Kohlebergbau der Ostregionen der UdSSR (Gen. Vach-
   rušev) und für den Bau von Betrieben der Brennstoffindustrie (Gen. Zade-
   midko) zu verpflichten, rechtzeitig die notwendigen Unterkünfte für die genannten Kontingente vorzubereiten.
6. Das Ministerium für Transportwesen (Gen. Kovalev) und den Chef der
   Zentralverwaltung für Militärtransporte der Sowjetarmee (Gen. Dimitrijev)
   zu verpflichten, entsprechend den Anforderungen des UdSSR-Innenministeriums den Transport von 27.500 Deutschen aus Deutschland in die UdSSR
   und der gleichen Anzahl arbeitsfähiger Deutscher zurück nach Deutschland zu gewährleisten.

   Für den Transport der Deutschen sind heizbare Waggons, die für den Per-
   sonentransport unter Winterbedingungen ausgerüstet sind, zur Verfügung
   zu stellen, unterwegs ist die störungsfreie Versorgung der Transportzüge
   mit Heizmaterial zu gewährleisten.

   Die unmittelbare Verantwortung für die Vorbereitung der Transportzüge, ihre Versorgung und ihr Vorankommen wird dem stellv. Minister für
   Transportwesen, Gen. Beščev, übertragen.
7. Das Innenministerium der UdSSR und das Ministerium für Transportwesen zu verpflichten, mit dem Transport der unter Pkt. 1 dieses Beschlus-
   ses genannten Kontingente am 1. Januar 1947 zu beginnen und ihn innerhalb von 2 Monaten abzuschließen.

Vorsitzender des Ministerrates der Union der SSR   I. Stalin
Leiter des Büros des Ministerrates der UdSSR   Ja. Čadaev

Verhaftung und Verurteilung einer Studentengruppe[13]

Am 10. März 1950 gegen 22.30 Uhr öffne ich auf ein Klingelzeichen die Haustür in der Jacobstraße 21 in Halle. Der Besucher gibt sich als Mitarbeiter der Chirurgie der Universitätskliniken aus und teilt mir mit, dass ich zu einem außerplanmäßigen Nachtdienst auf der chirurgischen Station erwartet werde. Nachdem ich ihn eingelassen habe, erscheinen drei bewaffnete sowjetische Offiziere, die mir Handschellen anlegen, mich in ein wartendes Auto zwängen und zu einem unbekannten Häuserblock des operativen Sektors des MWD des Landes Sachsen-Anhalt fahren.

Dort werde ich gezwungen, auf einem Schemel zu sitzen. Von einer hell leuchtenden Lampe werde ich unangenehm angestrahlt und mit einer ersten Frage konfrontiert: „Erzählen Sie uns von Ihrem Spionageauftrag, über den wir", so der vernehmende russische Offizier, „bereits Bescheid wissen!" Dabei zeigte er auf einen Aktenstapel. Ich durchschaue sofort diese Fangfrage, die den „Verhaftungsschock" nutzen soll.

Gegen 23.00 Uhr begann die Vernehmung – und endete am nächsten Tag gegen 17.00 Uhr. Im Verlaufe des aggressiv geführten Verhörs werden mir Spionage, Mitgliedschaft in einer illegalen Organisation und antisowjetische Propaganda vorgeworfen. Nach etwa zehn Stunden der insgesamt rund achtzehnstündigen Vernehmung – mit sich abwechselnden sowjetischen Offizieren – gelingt es mir, zu einer Toilette geführt zu werden. Die dort vorhandene Waschgelegenheit benutzte ich, um kaltes Leitungswasser zu trinken. In diesem Moment spürte ich, wie meine psychischen und körperlichen Kräfte zunehmend zurückkehrten, sodass ich gegen die erhobenen absurden Anschuldigungen bis 17.00 Uhr aufbegehrte.

---

13 Siehe zum gesamten Vorgang ausführlich: Horst Hennig, in: Klaus-Dieter Müller u. Jörg Osterloh: Die andere DDR. Eine studentische Widerstandsgruppe an der Universität Halle 1949/50 im Spiegel persönlicher Erinnerungen und von NKWD-Dokumenten. In: Ulrich Herrmann (Hrsg.): Protestierende Jugend. Jugendopposition und politischer Protest in der deutschen Nachkriegsgeschichte. Weinheim, München 2002, S. 71-106 (= Materialien zur Historischen Jungendforschung); Gerald Wiemers: Horst Hennig – ein anonymer Sklave in Workuta. In: Gerald Wiemers (Hrsg.): Der Aufstand. Zur Chronik des Generalstreiks 1953 in Workuta, Lager 10, Schacht 29. Leipzig 2013, S. 85-89.

Einige Zeit später, aber noch am 11. März 1950, wurde ich in eine Kellerzelle gebracht, die mit vergitterten Fenstern und mit einer verriegelten Eisentür gesichert war. Ich untersuchte die Zelle, um einen Fluchtweg zu erkunden. In der Wand entdeckte ich ein geritztes mannshohes christliches Kreuz mit der Inschrift „Nun erst recht". Auf einem eisernen Bettgestell lag eine von Blut getränkte, aber bereits getrocknete Matratze. Herumliegende Papiermundstücke von russischen Zigaretten und eine Bleistiftmine benutze ich dazu, persönliche Angaben zu notieren und diese mehrfach hinter Wandverkleidungen zu deponieren. Irgendwie kamen mir die Umstände bekannt vor. Plötzlich erinnerte ich mich an das Buch von Alja Rachmanowa „Studenten, Liebe, Tscheka und Tod", dass ich als Dreizehnjähriger gelesen hatte. Darin schildert die Autorin, wie sie als Studentin nach 1917 Gewalt, Terror und Tod gegen ihre Familie und gegen andere er- und überlebt hatte. In diesem Moment war mir bewusst: Die sowjetischen Sicherheitsorgane, hier der Geheimdienst, können mit dir machen, was sie wollen, du kannst das nicht beeinflussen.

Am dritten Tag teilte mir ein Vernehmungsoffizier während des Verhörs im schlechten Deutsch mit, dass der Leiter der Dienststelle in wenigen Minuten erscheinen werde. Es kam ein etwa fünfzigjähriger Oberst. Alle Uniformierten und ich standen auf. Er wandte sich mit seinem glatt rasierten Schädel mir zu und fixierte mich genau. Seinem durchdringenden Blick hielt ich stand. Er gestikulierte mit einem Arm, um seinen Worten besonderen Nachdruck zu verleihen. Schließlich schrie er: „Wer sich der Sowjetunion entgegenstellt, den werden wir vernichten!" Ich entgegnete ihm, niemals etwas mit der Sowjetunion oder mit Sowjetbürgern zu tun gehabt zu haben. Er nahm mich erneut in Augenschein, musterte mich und verließ den Raum.

Nach etwa fünf Tagen – ich war infolge der zermürbenden Tag- und Nachtverhöre der völligen Erschöpfung nahe – brachte man mich in das MGB-Zuchthaus Halle, das in der Bevölkerung unter dem Namen „Roter Ochse" in der SBZ/DDR gefürchtet war. Ich passierte mehrere Gefängnistore und Stahltüren und erreichte unter ständiger Bewachung einen „Untersuchungsraum". Nachdem ich mich völlig entkleidet hatte, wurden alle Körperöffnungen untersucht. Hose, Hemd und Schuhe erhielt ich anschließend zurück. Eine Bewachung brachte mich anschließend in den Block A im vierten Stock in die Einzelhaftzelle Nr. 62, die verriegelt wurde. Darin befanden sich eine Holzpritsche ohne Matratze, ein Blechnapf und ein Kübel für die Notdurft. Ein kleines vergittertes Fenster war fest verschlossen, so dass keine frische Luft

„Streng Geheim – Aufbewahren für alle Zeiten"
Strafaktendeckel (Einband), 1993 in der Lubjanka in Moskau von H. Hennig fotografiert
Aufschrift der Namen: Eckert, Willi; Hennig, Horst; Schott, Karl-Heinz; Eggers, Werner usw.

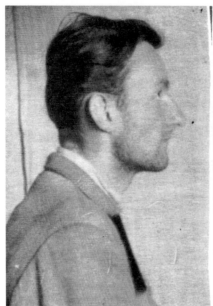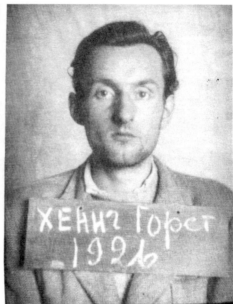

Horst Hennig, 14 Tage inhaftiert im NKWD/MGB Zuchthaus in Halle, März 1950

eindringen konnte. Im vergitterten Mauerwerk über der Tür brannte eine etwa 40 Watt starke Glühbirne ohne Unterbrechung am Tage und in der Nacht. Die Gefangenen durften tagsüber nicht liegen und nicht schlafen, was in regelmäßigen Abständen kontrolliert wurde.

Angesichts des bisher Erlebten fühlte ich mich nicht wie ein Mensch, sondern eher wie ein in Gefangenschaft hinter Gittern gehaltenes Tier, der Willkür und der Gewalt fremder Mächte ausgesetzt. Um 23.00 Uhr nachts wurde ich dort erstmals aus dem Schlaf gerissen und dem Untersuchungsführer Leutnant Kolja Dedov vorgeführt. Seinen Namen entnahm ich der Unterschrift eines – mit unrichtigem Datum versehenen – Verhörprotokolls vom 14. März 1950. Es ging erneut um die Vorwürfe der Spionage, um die Namen der Mitstudenten, der studentischen Zusammenkünfte, die als „Zusammenrottungen" bezeichnet wurden. Dieses Hin und Her von Beschuldigungen in Verhören, unterbrochen durch Strafarrest in der Dunkelzelle, martialischen Drohungen, stundenlangem Stehkarzer und körperlichen Misshandlungen sollte den Widerstand des Untersuchungshäftlings brechen.

116

„Roter Ochse" Halle (Saale)

1990 „Roter Ochse", Halle, Zelle 62

In unzähligen nächtlichen Verhören bei Schlafverbot am Tage warf man mir immer wieder meine vermeintliche Gegnerschaft zur sowjetischen Besatzungsmacht in der SBZ/DDR vor. Im Verlaufe dieser Prozeduren verlieren viele Menschen die zeitliche und sachliche Orientierung – sie wissen nicht mehr genau, was sie Tage vorher ausgesagt haben. Die Verhörspezialisten der sowjetischen Dienste zeigten meisterhaft, wie sie einzelne Menschen der verhafteten Gruppe gegeneinander ausspielten, die Aussagen auf den Kopf stellten und unwahre Protokolle, die vom sowjetischen Militärtribunal als Grundlage zur Verurteilung dienten, anfertigten. Meine Strategie der Verteidigung bestand darin, dazu „nichts zu wissen", insbesondere, was meine mit mir verhafteten Kommilitonen betraf.

Um den 10. Mai 1950 wurden alle Angeklagten der Studentengruppe zur Verlesung der Anklage durch eine Dolmetscherin zusammengeführt. Ihre ersten Worte: „Auf dem Boden der Deutschen Demokratischen Republik wurde eine studentische Widerstandsgruppe liquidiert. Es wurden verhaftet Eckert, Eggers, Hennig, Schott, Flade, Erdmann und die Pädagogikstudentin Schaffernicht." Nach nicht ganz zwei Monaten Einzelhaft waren wir durch die Zuchthausverhältnisse, den Hunger und die katastrophalen hygienischen Verhältnissen so verändert, dass ich meinen Semesterkollegen Werner Eggers nicht wieder erkannte und ihn fragte: „Wer bist Du denn?"

Noch vor der Anklage hatte ich zwei Mithäftlinge in der Zelle. Einer davon war ein Deutscher namens Lorchheim, ein ehemals französischer Fremdenlegionär, der sich bereits mehrere Monate im Zuchthaus befand. Er schilderte mir seine bisherigen Erfahrungen und ich fragte ihn: „Woran erkennt man, dass man erschossen wird?" Ein namentlicher Aufruf, mit allen Sachen vor die Zelle zu treten und bis auf die Unterhosen alles auszuziehen, wäre ein sicheres Anzeichen dafür, erwiderte er. Dann würden die Hände gefesselt und im massiven Kellertrakt die Hinrichtung durch Genickschuss vollzogen.

Während einer der nächsten Vernehmungen äußerte der Untersuchungsführer Dedov: „Hennig, erschossen wirst Du nicht." Das war für mich der Hinweis, dass der Mitgefangene Lorchheim mich aushorchen sollte. Der zweite, ein älterer Herr, der sich mir als Paul Radestock vorstellte, war aus dem Zuchthaus Bautzen zugeführt worden. Er wäre als Offizier Angehöriger der Division gewesen, die die Gräber polnischer Offiziere bei Katyn entdeckt habe. Meine spätere Recherche im Militärarchiv Freiburg ergab, dass sein Name nicht aufgeführt war.

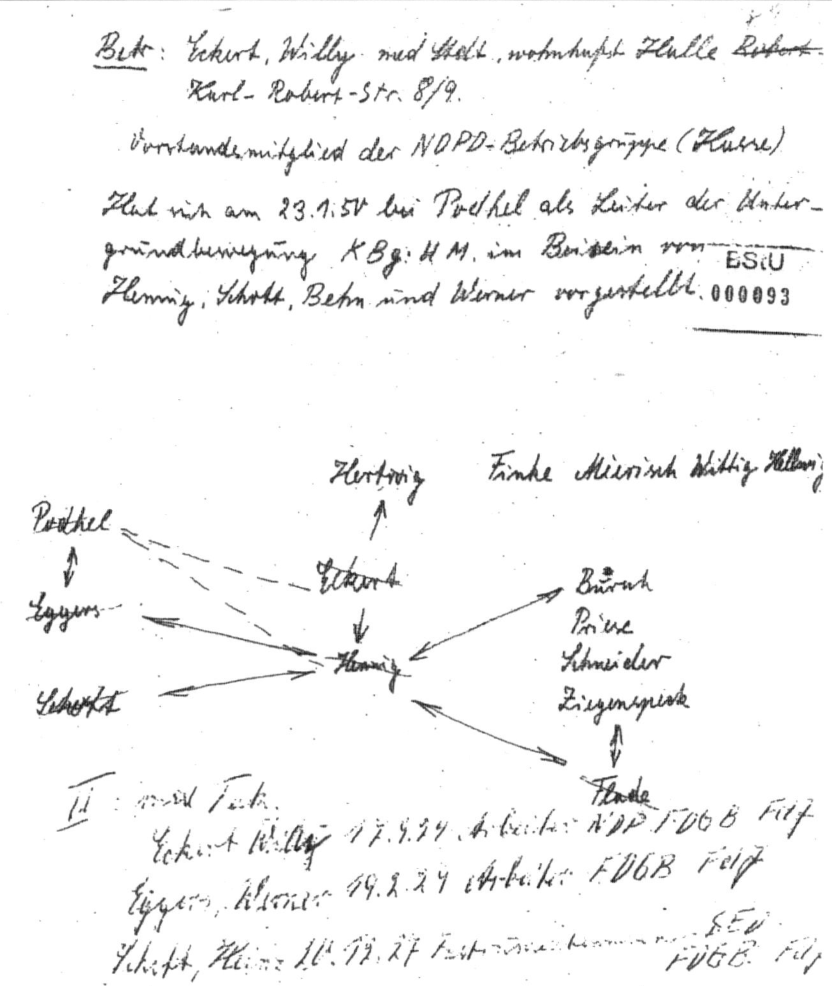

[handwritten document:]

Betr: Eckert, Willy med.Std., wohnhaft Halle Robert-
Karl-Robert-Str. 8/9.

Vorstandsmitglied der NDPD-Betriebsgruppe (Halle)

Hat sich am 23.1.5? bei Poethel als Leiter der Unter-
grundbewegung KBg.HM. im Beisein von
Hennig, Schott, Behn und Werner vorgestellt.

EStU
000093

[handwritten diagram with names: Poethel, Eggers, Schott, Eckert, Hertwig, Hennig, Finke, ..., Büran, Priese, Schneider, Ziegenspeck, ...]

Im Zuge dieser Ermittlungen stellten die Kaderabteilungen der SED
und FDJ einen Personenbezug mit 15 Namen "Verdächtiger" zusammen,
der fälschlich auch den Dekan der med.Fakultät, Frau Prof.Dr.Paula
Hertwig, als "belastet" einschloß. Die kommunistischen Funktionäre
besaßen offensichtlich zu viel an Phantasie, auch Unschuldige wurden als "Klassenfeinde " und"Regimegegner"verdächtigt.

Blätter aus den Akten zum operativen Vorgang um die verhafteten Studenten (S. 119-125)

DER STACHEL

BStU

000173

Achtung Studenten chtung

KOPIE BStU

Ungefähr am 20. Januar orgarnisierte die S E D Betriebsgruppe einen
heimlichen Wachdienst, bestehend aus nur ganz zuverlässigen Leuten.
Sogar die Höchsten machen mit, Wozu aber diese Wache? Wo tritt sie
zusammen?
Die Wache tritt täglich um 21 Uhr im neutralen Gelände der F D J
zusammen. (Ein kräftiges Hurra der überparteilichen F D J).Dort werde
sie vom Jugendfreund Keime durch Unterschrift verpflichtet, über
die Aktion zu schweigen, andernfalls sie von der S E D zur Rechenschaft gezogen werden. Dann werden Gruppen eingeteilt, die verschiedene Aufgaben zu erfüllen haben. Zur Sicherung darf eine Gruppe
von der anderen nicht wissen, was sie macht. Die Hauptaufgabe ist der
Streifendienst. Dieser erstreckt sich um fast alle Institute der Uni.
Streifendienst! Hinterer Ausgang der Tulpe, (Kaulenberg), Unnterberg,
Landwirtsch. Inst., Wilhelmstr. Anatomie, rote Mensa, Uni_ Ring.
Spiegelstr., Bölber-Gasse, DOM-Platz, Chem.-Inst., Uni-Ring, um
die Uni, wieder zum hinteren Eingang der Tulpe. Zur Sicherheit
werden diese friedliebenden Demokraten mit Gummiknüppel und ähn-
lichen überzeugungsmitteln ausgerüstet. Die Streife läuft ca alle
90 Min. Ab 4 Uhr alle 45 Min. Beginn meist um 22 Uhr, Ende um 7 Uhr.
Ausserdem ist aller wahrscheinlichkeit nach ein ständiger Posten an
einem Fenster der S E D. Am Tags werden die Gänge und Hörsäle der
Uni überwacht.Studenten, vorsicht! Auch wenn niemand zu sehen ist,
sie sind doch da! Der Zweck, Überwachung der Uni vor unerlaubten
Plakatierens u.s.w. zur Wahl.
Hat man solche Furcht vor der Wahrheit, dass zu diesen Mitteln gegriffe
wird? Aber die Stimme der Wahrheit wird nie schweigen. Die gilt
auch für die Genossen! Studenten, gebt diesen Zettel weiter. Kämpft
für die freie Meinung! Der jetzige Vorsitzende des Studentenrates ist
über Die Wache informiert. Der neue Studentenrat wird noch radikaler
sein. Sorgt dafür, dass die Wahl so ausfällt, wie sie ausfallen muss!
80 % aller Stimmen müssen ungültig sein. Sorgt dafür, dass aus der
roten Uni eine wahrhaft freie Uni wird. Ausgangspunkt und Fanal zur
Freiheit der Ostzone! Studenten, Eure Pflicht, wählt ungültig. Macht
Gebrauch von Eurem Recht der -berwachung der Stimmenauzählung.
Vorsicht, der Wach lan wird nach Bekanntwerden dieses Schreibens ge nd

Unser Gruss
Freiheit

Vor der Studentenratswahl Ende Februar 1950 an der Universität
Halle, wurden die Instituts-Gebäude nachts durch Vertreuens-
leute gegen das Kleben von Flugblättern geschützt.
Stud.med.Horst Hennig wurde in diesem"Operativ-Plan"der politischen Polizei vom 08.02.1950 der Herstellung von 12 Flugblättern "Der Stachel" mit dem "Freiheits-Gruß" verdächtigt.

Am 08.02.1950 führte der Vorläufer der Stasi, "K 5", ein Ermittlungsverfahren mittels eines "Operativ-Plans" durch, der einen Monat später mit Verhaftungen von Studenten abgeschlossen wurde.
1) Gegen stud.med.W.Eckert, der im Auftrag der Kampfgruppe gegen Unmenschlichkeit (Berlin) arbeiten soll und
2) gegen stud.med.H.Hennig, der verdächtigt wird, Hersteller von 12 Flugblättern "Der Stachel" zu sein.

URTEIL Nr. 1

Kopie   GEHEIM

U R T E I L
IM NAMEN DER UNION DER SOZIALISTISCHEN SOWJETREPUBLIKEN

Das Militärtribunal der Garnison Halle

bestehen aus
dem Vorsitzenden   Oberstleutnant der Justiz IGONIN,
den Mitgliedern   Hauptmann der Justiz PIWEN und
                                         Oberleutnant TSCHETWERIKOW

in Anwesenheit des Protokollführers   Leutnant der Justiz PISZOW

verhandelte am 12. und 13. Mai 1950 in einer nichtöffentlichen Gerichtsverhandlung in den Räumlichkeiten des Militärtribunals gegen die deutschen Staatsbürger:

1. ECKERT, Willi Johannes, geb. 1924 in Kleinbergen, Landkreis Zeitz, wohnhaft in Halle, Deutscher, Mitglied der NDPD, nicht abgeschlossene Hochschulbildung, ledig, von 1944 bis 1945 Dienst in der Hitlerarmee als Gefreiter;

2. HENNIG, Horst, geb. 1926 in Siersleben, Landkreis Mansfeld, wohnhaft in Halle, Deutscher, Mitglied der SED, nicht abgeschlossene Hochschulbildung, ledig, von 1944 bis 1945 Dienst in der Hitlerarmee als Gefreiter;

3. SCHOTT, Karl-Heinz, geb. 1927 in Zeitz, wohnhaft in Halle, Deutscher, Mitglied der SED, nicht abgeschlossene Hochschulbildung, ledig, von 1944 bis 1945 Dienst in der Hitlerarmee als Soldat;

4. ERDMANN, Kurt, geb. 1928 in Nürnberg, wohnhaft in Halle, Deutscher, Mitglied der LDP, mittlere Schulbildung, ledig, hat nicht in der deutschen Armee gedient;

5. EGGERS, Werner, geb. 1929 in Schwanebeck, wohnhaft in Halle, Deutscher, parteilos, nicht abgeschlossene Hochschulbildung, ledig, hat nicht in der deutschen Armee gedient;

6. FLADE, Dieter Heinrich, geb. 1929 in Dresden, wohnhaft in Halle, Deutscher, Mitglied der CDU, nicht abgeschlossene Hochschulbildung, ledig, hat nicht in der deutschen Armee gedient;
allen sechs wurden Verbrechen nach Art. 58-6 Teil 1, 58-10 Teil 2 und 58-11 StGB der RSFSR zur Last gelegt;

7. SCHAFFERNICHT, Hanna, geb. 1923 in Großherfendorf [?], Landkreis Merseburg, Deutsche, Mitglied der SED, nicht abgeschlossene Hchschulbildung, ledig;
ihr wurden Verbrechen nach Art. 58-10 Teil 2 und 58-11 StGB der RSFSR zur Last gelegt.

122

Die Materialien der Voruntersuchung und der Beweisaufnahme vor Gericht haben zu folgendem

ERGEBNIS

geführt:

ECKERT, HENNIG und SCHOTT gründeten aufgrund ihrer feindlichen Einstellung gegenüber den demokratischen Umgestaltungen in der sowjetischen Besatzungszone an der Universität Halle eine illegale Organisation mit der Aufgabe, unter den Studenten der Universität antisowjetische antidemokratische Agitation zu betreiben.

Zur Durchführung der gestellten Aufgabe integrierten HENNIG, EKKERT und SCHOTT Anfang 1950 zu verschiedenen Zeiten die in der vorliegenden Strafsache angeklagten ERDMANN, EGGERS und FLADE in die von ihnen gegründete illegale Organisation.

Alle vorgenannten Angeklagten haben im Zeitraum Januar - März 1950 mehrfach bei Zusammenkünften Maßnahmen erörtert, die im Zusammenhang standen mit einer Behinderung der Wahlen für den Studentenrat der Universität, wobei mündliche Agitation betrieben und antidemokratische Flugblätter verbreitet werden sollten.

Im Januar 1950 erhielt SCHOTT über ERDMANN antisowjetische antidemokratische Flugblätter von der „Kampfgruppe gegen Unmenschlichkeit", von denen er einen Teil an EGGERS und HENNIG zur Verbreitung unter den Studenten der Universität weitergab.

Außerdem begaben sich zwecks einer wirksameren antisowjetischen Agitation ECKERT und SCHOTT mit Wissen und Zustimmung von HENNIG sowie mit Unterstützung von ERDMANN Anfang März nach Berlin, wo sie Verhandlungen mit Wagner, einem Vertreter der „Kampfgruppe gegen Unmenschlichkeit", sowie Löwenthal vom Rundfunksender „Rias" führten.

Die gegen ECKERT, HENNIG und SCHOTT vorgebrachte Beschuldigung nach Art. 58-6 Teil 1 StGB der RSFSR, sie hätten Spionageinformationen in der sowjetischen Besatzungszone gesammelt und unter den Studenten der Universität Personen mit Verbindungen zur sowjetischen Besatzungsmacht herausgefiltert, fand in der Gerichtsverhandlung keine Bestätigung, da die genannte Organisation es sich nicht als Aufgabe gestellt hatte, irgendwelche Informationen zu sammeln und weiterzuleiten, sie hat von niemandem einen Auftrag bekommen und keines der Mitglieder dieser Organisation hat irgend jemandem irgendwelche Informationen übermittelt.

ERDMANN, Mitglied der genannten illegalen Organisation, hat auch bei seinem Besuch der „Kampfgruppe gegen Unmenschlichkeit" im Februar 1950 in der „Kampfgruppe gegen Unmenschlichkeit" antisowjetische und antidemokratische Flugblätter erhalten, die er an die illegale Organisation zur Verbreitung unter den Studenten weitergab. Ein antisowjetisches Flugblatt bewahrte er bei sich in der Wohnung auf.

EGGERS, Mitglied der illegalen antisowjetischen Organisation, klebte im März 1950 antidemokratische Flugblätter im Gebäude der Universität Halle an.

FLADE, Mitglied der genannten Organisation, besuchte von Ende Dezember 1949 bis Februar 1950 regelmäßig illegale Zusammenkünfte, bei denen er sich aktiv an der Diskussion über praktische Aktionen bei der antisowjetischen Agitation beteiligte und sich zur Aufgabe stellte, in die FDJ-Leitung der Universität zu gelangen, um antidemokratische Tätigkeit durchzuführen.

Die gegen ERDMANN, EGGERS und FLADE vorgebrachte Beschuldigung nach Art. 58-6 Teil 1 StGB der RSFSR, sie hätten Spionageinformationen gesammelt und an die „Kampfgruppe für Unmenschlichkeit" weitergeleitet, fand in der Gerichtsverhandlung keine Bestätigung, da die genannte Organisation es sich nicht als Aufgabe gestellt hatte, Spionage zu betreiben, keine der genannten Personen wurde angeworben und niemand gab irgendwelche Informationen weiter.

SCHAFFERNICHT, bekannt mit dem Mitglied der obengenannten Organisation LAMPRECHT - dessen Fall wurde zu einem besonderen Verfahren abgetrennt -, erhielt im Februar 1950 von diesem antisowjetische antidemokratische Flugblätter, die sie bis zu ihrer Festnahme, d.h. bis Ende März 1950 bei sich in der Wohnung aufbewahrte.

Auf der Grundlage des Dargelegten erkannte das Militärtribunal ECKERT, HENNIG, SCHOTT, ERDMANN, EGGERS und FLADE alle für schuldig nach Art 58-10 Teil 2 und 58-11 StGB der RSFSR; die gegen die genannten Angeklagten vorgebrachte Beschuldigung nach Art. 58-6 Teil 1 StGB der RSFSR ist nicht bewiesen. SCHAFFERNICHT wurde nach Art. 58-10 Teil 2 StGB der RSFSR für schuldig befunden; die gegen die Angeklagte vorgebrachte Beschuldigung nach Art 58-11 StGB der RSFSR ist nicht bewiesen.

In Anlehnung an Art 319, 320 und 326 StPO der RSFSR ergeht folgendes

U R T E I L:

ECKERT, Willi Johannes, HENNIG, Horst und SCHOTT, Karl-Heinz werden alle auf der Grundlage von Art. 58-10 Teil 2, gestützt durch Art. 58-2 StGB der RSFSR und in Übereinstimmung mit Art. 2 des Ukas des Präsidiums des Obersten Gerichts der UdSSR vom 26. Mai 1947 „Über die Abschaffung der Todesstrafe" zu jeweils FÜNFUNDZWANZIG (25) Jahren Besserungsarbeitslager verurteilt, bei SCHOTT und ECKERT unter Einziehung der bei der Verhaftung sichergestellten Wertgegenstände und des Geldes, bei HENNIG ohne Einziehung von Vermögen, da er keines besitzt.

ERDMANN, Kurt, EGGERS, Werner und FLADE, Dieter Heinrich werden alle auf der Grundlage von Art. 58-10 Teil 2, gestützt durch Art. 58-2 StGB der RSFSR zu jeweils zehn (10) Jahren Freiheitsentzug in einem Besserungsarbeitslager verurteilt, unter Einziehung der bei der Verhaftung sichergestellten Wertgegenstände und des Geldes.

ECKERT, Willi Johannes, HENNIG, Horst, SCHOTT, Karl Heinz, ERDMANN, Kurt, EGGERS, Werner und FLADE, Dieter Heinrich werden alle von dem Verdacht nach Art. 58-6 Teil 1 StGB der RSFSR gerichtlich freigesprochen.

SCHAFFERNICHT, Hanna wird auf der Grundlage von Art. 58-10 Teil 2, gestützt durch Art. 58-2 StGB der RSFSR zu fünf (5) Jahren Freiheitsentzug in einem Besserungsarbeitslager verurteilt, ohne Einziehung von Vermögen, da sie keines besitzt.

Als Beginn der Strafzeit gilt unter Berücksichtigung der Untersuchungshaft:
ECKERT   - vom 11. März 1950 an,

HENNIG und FLADE — - vom 14. März 1950 an,
SCHOTT — - vom 16. März 1950 an,
ERDMANN — - vom 17. März 1950 an,
EGGERS — - vom 18. März 1950 an und
SCHAFFERNICHT — - vom 20. März 1950 an.

Die sächlichen Beweismittel in der vorliegenden Strafsache - antisowjetische Flugblätter - sind zu vernichten.

Eine Berufung gegen das Urteil ist nicht möglich.

Original mit den gehörigen Unterschriften versehen.

Für die Richtigkeit der Kopie

DER VORSITZENDE IN DIESER STRAFSACHE
GARDE-OBERSTLEUTNANT DER JUSTIZ

[Dienstsiegel: Militärtribunal der   [gez. Unterschrift]   IGONIN
Garnison Halle]

Ausgefertigt in 12 Exemplaren
maschinenschriftlich durch Rasladina
15.5.50
Nr. 349.

Beurteilung durch den Historiker Dr. Jörg Osterloh

Die wissenschaftliche Analyse der Verhörprotokolle durch den Historiker Dr. Jörg Osterloh ist, soweit zu sehen, die bislang umfassendste Bewertung dieses Geschehens um die Hallenser Studentengruppe: „… ich möchte Ihnen eine studentische Widerstandsgruppe vorstellen, die von Dezember 1949 bis zur Verhaftung ihrer Mitglieder im März 1950 an der Martin-Luther-Universität Halle tätig war. Das Hauptaugenmerk der Darstellung soll auf die Untersuchungshaft sowie das Gerichtsverfahren gelegt werden. Von besonderem Interesse wird hierbei der Aussagewert der vorliegenden Quellen sein. Abschließend werde ich kurz auf die Rehabilitierung der verurteilten Studenten eingehen.

Es handelt sich bei dieser Gruppe keineswegs um eine aus dem Rahmen anderer studentischer Widerstandsgruppen jener Zeit besonders herausgehobene. Sie gehört in den Kreis derjenigen, die die neue Gesellschaftsordnung und die Methoden ihrer Durchsetzung nicht tatenlos mitansehen wollten. Die Mitglieder einte ein gemeinsamer Widerwille gegen die Einschränkung demokratischer Rechte in der DDR. Ihre Lehren aus dem NS-System bestanden im Gegensatz zur neuen Ordnung in der DDR in der Verteidigung demokratischer Rechte und der Schaffung eines demokratischen Rechtsstaates. Die Geschwister Scholl waren für sie wie für viele andere Widerständler Vorbild.

Aufgrund des immer größer werdenden politischen Drucks bildete sich bei den Mitgliedern der Hallenser Gruppe langsam eine Oppositionshaltung gegen die von der SED verfolgte Politik heraus. Anlass für direkte Aktionen – das Aufhängen von Plakaten und die Verteilung von Flugblättern – waren dann die Studentenratswahlen im Februar 1950, die als erste Wahlen in der DDR in der Form der Listenwahlen im Rahmen der neugegründeten Nationalen Front ablaufen sollten. Einige Gruppenmitglieder hatten zudem Kontakte zum Verband deutscher Studentenschaften (VDS), zum RIAS und zur Kampfgruppe gegen Unmenschlichkeit (KgU) in West-Berlin, von wo Informationsmaterial besorgt wurde (…).

Andere Gruppen – an allen Hochschulen der SBZ/DDR anzutreffen – arbeiteten in ähnlicher Weise. Horst Hennig und seine Kommilitonen stehen damit stellvertretend für eine bestimmte Widerstandshaltung von Studenten in der Endphase der SBZ bzw. Frühphase der DDR. Was die Gruppe um Horst Hennig und Willi Eckert allerdings für eine Darstellung in besonderem Maße wertvoll macht, ist die relativ dichte und nur wenige Lücken lassende Quellenbasis zur Darstellung ihres Schicksals; dies ist für andere Gruppen bisher nicht in dieser Dichte möglich (...).

Die hier verwendeten und zitierten SMT-Akten sind Übersetzungen der Originaldokumente, die Horst Hennig im Sommer 1993 in der Lubjanka, dem Moskauer Zentralgefängnis des FSB, des Nachfolgedienstes des KGB, einsehen konnte. Diese Akte ist eine Sammelakte, in der die Unterlagen über die im März 1950 verhafteten acht und schließlich sieben verurteilten Gruppenmitglieder enthalten sind. In der Akte sind u. a. vorhanden: die Verhaftungs- und Vernehmungsprotokolle, das Gerichtsprotokoll sowie das Urteil vom September 1950, abschließend die Rehabilitierungsurkunde (...).

Zudem sind in den Unterlagen nur wenige Protokolle enthalten, welche eher den Charakter von Zusammenfassungen haben. Insgesamt hat der Vernehmer nach der Erinnerung Hennigs mindestens mehrere Dutzend angefertigt, von denen die meisten vermutlich gleich wieder vernichtet wurden, da sie nicht die gewünschten Aussagen des Verhafteten enthielten. Die Daten der Protokolle geben damit nicht in allen Fällen die korrekten Vernehmungsdaten wieder. Beispielsweise datiert das erste Verhörprotokoll von Horst Hennig auf den 14. März 1950, obwohl die Verhaftung am 10. März und noch am selben Tag im Anschluss daran die erste Vernehmung stattgefunden hatte.

Die Bedingungen der Untersuchungshaft – Nachtverhöre, körperliche Mißhandlungen, Schlafentzug, schlechtes Essen, Drohungen – findet man in den Protokollen selbstverständlich nicht beschrieben. Ziel des Verfahrens war, von den Verhafteten Geständnisse zu erwirken, genauer: unter Zuhilfenahme der unmenschlichen Haftbedingungen in der Regel zu erpressen. Das alles lief unter völligem Ausschluss der Außenwelt ab. Sorge um die Angehörigen, die mancher durch sein Verschwinden in materielle Bedrängnis geraten wussten, setzten die Verhafteten zusätzlich unter Druck.

Im Sinne einer Wahrheitsfindung – was haben die Verhafteten wirklich getan, was wollten sie erreichen – kommt in den Akten damit nur sehr geringer

Wahrheitswert zu; über die sowjetische Seite sagen die Akten dagegen viel aus. Sie zeigen, dass das NKWD seine in über 25 Jahren in der Sowjetunion angewandten Verfahren schematisch auf die SBZ übertrug, dass die Verfahren vom stalinistischen Sicherheitsdenken ausgingen, dass die Vernehmer dieser Geisteshaltung folgten oder sich ihr zumindest unterwarfen. Auch in der SBZ/DDR hielt die sowjetische Militärjustiz an formaljuristischem Vorgehen fest: dem Geständnis des Angeklagten, seiner Bestätigung einer „korrekten Behandlung", seiner „freiwilligen" Anerkennung des Gerichtes usw., der schriftlichen Bestätigung aller einzelnen Schritte durch die Vorgesetzten des verhörenden KGB-Offiziers. (...)

Horst Hennig wurde – wie bereits erwähnt – sofort nach seiner Verhaftung das erste Mal verhört. Hennig berichtete wie folgt über dieses Verhör: „Dann ging um 23.00 Uhr die Vernehmung los, bis an den anderen Tag um 17.00 Uhr. Das sind immerhin 18 Stunden ohne Essen, ohne Trinken auf einem Schemel. Die Vernehmungsoffiziere haben sich abgewechselt. Das Ganze ging unter einem fürchterlichen Geschrei und mit Drohungen vor sich. Man wollte den Verhaftungsschock ausnutzen, dass sich die Verhafteten selbst bezichtigen. Da gab es keine Dolmetscher dabei. Sie kannten alle so ein bisschen Vernehmungsdeutsch, aber sehr viel war das nicht. Sie wollten zunächst mal wissen, für wen ich Spionage betreibe, wer meine Auftraggeber sind, welche Verbrechen ich gegen die Sowjetunion getan habe."

Ganz im Gegensatz zu den Berichten Hennigs und anderer ehemaliger Gefangener stehen die nüchtern gehaltenen Verhörprotokolle, in denen keine Hinweise auf die Länge und die Umstände der Vernehmungen gegeben wurden. Schon zu Beginn wird das Bemühen des Vernehmers deutlich, eine möglichst streng hierarchische Gruppenstruktur zu konstruieren, die gerade nach sowjetischem Verständnis zu den inkriminierten Formen gehörte, sowie darüber hinaus möglichst westliche Auftraggeber für die Gruppenbildung zu finden. Zudem verwendete der Vernehmungsoffizier Begriffe, die nach dem entsprechenden russischen Strafrechtsparagraphen 58 kriminelle Sachverhalte wiedergaben: z.B. „illegale Organisation", „Zusammenrottung", „antidemokratisch".

Das erste Protokoll, falsch datiert auf den 14. März 1950, beginnt wie folgt: „Frage: Wir haben Informationen darüber, dass Sie Mitglied einer illegalen Organisation sind, die in der Universität in Halle existierte. Erzählen Sie uns, wann und von wem Sie angeworben worden sind (...)".

Weiterhin sind in dem Protokoll die Fragen des Vernehmers nach weiteren Treffen der Gruppe festgehalten. Beendet wurde dieses wie alle anderen Protokolle mit der in russischer Sprache abgegebenen Versicherung, alles sei richtig festgehalten und ins Deutsche übersetzt worden; dazu dann noch die Unterschriften des (nicht vorhandenen) Dolmetschers sowie des Vernehmers. Ausgehend von seinen deutschen Rechtskenntnissen hielt Hennig ein unter Zwang unterschriebenes Protokoll für nicht rechtswirksam und unterschrieb. Aufgrund der „Ergebnisse" der ersten Vernehmung wurde am 15. März 1950 offiziell das Ermittlungsverfahren gegen Hennig, Eckert und die anderen verhafteten Studenten eingeleitet. Am selben Tag wurde die Verhaftung – fünf Tage nach der tatsächlichen – auch formell beschlossen (...).

Hennig war seinen eigenen Erinnerungen zufolge nach der Ergreifung dieser Maßnahmen – ungefähr eine Woche nach seiner Verhaftung – am 17. März 1950 von der Operativgruppe am Steintor in die Haftanstalt „Roter Ochse" verlegt worden. Dort fand die weitere „Untersuchung" gegen die studentische „Gruppe" statt (...).

Das nächste Protokoll datiert vom 29. März 1950. Der Untersuchungsbeamte verhörte die Mitglieder der Gruppe einzeln, so dass immer wieder längere Unterbrechungen zwischen den einzelnen Vernehmungen zu verzeichnen sind. In diesem Protokoll wird der Fortgang der Untersuchung deutlich. Hennig hatte seine Taktik dahin geändert, dass er vieles von dem zugab, was der Vernehmer hören wollte. Zum ersten Mal werden auch die Absätze des Paragraphen 58 konkret genannt, nach denen die Verurteilung erfolgen sollte.

Am selben Tag kam es – ungefähr zweieinhalb Wochen nach seiner Verhaftung – aufgrund der „Untersuchungsergebnisse" formell zur Anklageerhebung gegen Horst Hennig. Im Sinne des Paragraphen 58 der Sowjetischen Strafgesetze erklärte der Untersuchungsführer Hennig „für überführt", einer der Initiatoren der Gruppe gewesen zu sein. Auf der Grundlage dieser Protokolle wurde die Anklageschrift verfasst. Die Hauptanklagepunkte gemäß § 58, Abschnitt 6, 10 und 11 lauteten auf illegale Gruppengründung, antisowjetische und antidemokratische Agitation, Weitergabe der Namen von Personen, die mit der sowjetischen Besatzungsmacht zusammenarbeiteten, Verbindung zu Organisationen in West-Berlin.

Das erste Gerichtsverfahren wurde am 13. Mai 1950 durchgeführt. Die Urteile wurden aus nicht ersichtlichen Gründen wieder aufgehoben, vermutlich, weil sie zu „gering" ausgefallen waren. In den Akten in Moskau findet sich kein Hinweis auf das erste Verfahren. Nach der Verkündung des ersten Urteils vergingen mehrere Monate, ehe die Vernehmer das zweite Verfahren vorbereiteten.

Erst vom 18. August 1950 existiert ein weiteres Protokoll. Der Vernehmer insistierte hier besonders darauf, dass beabsichtigt war, Personen nach West-Berlin zu melden, die mit den sowjetischen Institutionen in der DDR kollaborierten. Diese Art der Tätigkeit, die im Übrigen nicht ausgeführt wurde, konnte und sollte später als „Spionage" ausgelegt werden (…).

Am 18. und 19. September 1950 fand in Halle die zweite Gerichtsverhandlung gegen sieben Mitglieder der Gruppe statt. Ein Mitglied, Lamprecht, war schon wenige Wochen nach seiner Inhaftierung wieder freigelassen worden. Das Gericht bestand aus drei Mitgliedern des Militärjustizapparates. Sowohl Ankläger wie Verteidiger oder auch Zuschauer waren entsprechend sowjetischer Gepflogenheiten nicht anwesend (…). Wie zu erwarten, berücksichtigte das Gericht keinen der Einwände der Angeklagten (…).

(Der Urteilsspruch lautete): Schott, Hennig, Eckert, Erdmann und Eggers (sind) zu je zweimal 25 Jahren Arbeitslager zu verurteilen, zusammengezogen zu je 25 Jahren für jeden Angeklagten. Wörtlich: „Unter Berücksichtigung des Umfangs und der Schwere der begangenen Verbrechen wird als endgültiges Strafmaß zur tatsächlichen Verbüßung jeweils fünfundzwanzig Jahre Freiheitsstrafe zur Verbüßung in einem Arbeitslager festgesetzt." Flade und Schaffernicht wurden zu jeweils zehn Jahren Arbeitslager verurteilt. Während Schott, Hennig, Eckert und Erdmann ihre Strafen in der Sowjetunion verbüßen mussten, wurden Flade, Schaffernicht und Eggers in Haftanstalten in der DDR eingeliefert.

Eggers, Schaffernicht und Flade wurden im Januar 1954 im Rahmen einer Good-Will-Aktion als Reaktion auf die Berliner Außenminister-Konferenz der Großmächte entlassen, Schott ebenfalls zu diesem Zeitpunkt aus seinem Lager entlassen. Hennig, Erdmann und Eckert mussten noch bis 1955 warten, ehe sie nach Adenauers Moskau-Besuch die Lager verlassen konnten. Alle gingen, sobald sie in der DDR auf freiem Fuß waren, umgehend in den Westen.

1992 konnte Hennig die Aktenspur der damaligen Widerstandsgruppe wieder aufnehmen und erste Kontakte zur russischen Nachfolgeorganisation

des KGB knüpfen. Es gelang ihm, nach langwierigen Bemühungen die Straf-
prozess-Akten der Gruppe in Moskau einzusehen und Kopien zu erhalten.

Für alle im Zusammenhang mit der Kriegs- sowie Nachkriegszeit Verurteilten, also auch die Deutschen, war erst mit einem Gesetz der Russischen
Föderation „Über die Rehabilitierung der Opfer politischer Repression" vom
18. Oktober 1991 eine Rehabilitation möglich geworden (…).

Die im September 1950 verurteilte Studentengruppe wurde am 15. Oktober 1992 offiziell rehabilitiert. In der entscheidenden Passage heißt es dazu:
„Laut Aussagen der Verurteilten betrieben sie, wie im Urteil festgehalten ist,
antisowjetische Agitation, sie bekamen und verbreiteten antisowjetische Flugblätter, durch die sie die Freiheit der Meinungsäußerung in der DDR, offene
Äußerung ihrer politischen Ansichten, darunter auch über die Vereinigung
Deutschlands anstrebten. Sie haben keine Spionage betrieben. Die Akte enthält keine Hinweise darüber, dass die Verurteilten Verbrechen gegen die
UdSSR oder gegen ihre Bürger begangen haben sollen. Außerdem wurden alle
der Verbrechen angeklagt, die sie nicht auf dem Territorium der UdSSR begangen haben. Deshalb sind sie vom sowjetischen Gericht ohne Grund, nur aus
politischen Motiven heraus, verurteilt worden."

Letzte Verhöre – Zweite Verurteilung 18. September 1950

Während der Verhöre habe ich mit dem Untersuchungsführer Dedov mehrfach gegensätzliche politische Überzeugungen ausgetragen. Als die letzten Verhörprotokolle geschrieben wurden, fragte er mich, ob ich ihm noch etwas sagen wolle. Ich entgegnete, dass meine Offenheit für mich negative Konsequenzen haben könne. In meiner jugendlichen Unbekümmertheit konfrontierte ich ihn mit der Frage, ob er wüsste, welche Personen und warum in Nürnberg verurteilt wurden.

Er bejahte das und argumentierte, wir seien als Gegner der Sowjetunion, als Trotzkisten, zu verurteilen. Ich versicherte ihm, diesen Herren nicht zu kennen und nie über ihn gelesen zu haben. Daraufhin sagte Dedov: „Dann bist Du ein Titoist." Meine Antwort blieb die gleiche: „Auch den Namen habe ich nicht gehört und von dem Herrn nichts gelesen." Auf meine erneute Frage, weshalb die Sowjetunion uns überhaupt verurteilt, wo doch die DDR am 7. Oktober 1949 „souverän" geworden sei, antwortete er: „Wir helfen unserem Bruderland DDR, mit Leuten wie Euch fertig zu werden." Tatsächlich wurde auf Beschluss des SED-Politbüros vom 24. Januar 1950 am 8. Mai 1950 das Ministerium für Staatssicherheit (MfS) als Nachfolger der „K5" geschaffen. Seine über 90.000 späteren hauptamtlichen Mitarbeiter verstanden sich als Elite, „Schild und Schwert" der SED.

Mitte Juni 1950 veränderte sich das Haftregime im „Roten Ochsen" zu Halle dramatisch. Die wachhabenden uniformierten Gefängnisaufseher reagierten bei jeder denkbaren Gelegenheit extrem aggressiv. Auch fand der wöchentlich gewährte Frischluftaufenthalt in einem eng begrenzten Areal des Gefängnishofes für fünfzehn Minuten nicht mehr statt. Die besonderen Verhaltensweisen waren noch Monate später zu beobachten. Im Nachhinein wurde uns im Zuchthaus Halle bekannt, dass der Korea-Krieg ausgebrochen war. Nach Erfahrungen aus der sowjetischen Vergangenheit wäre bei Ausweitung des Krieges nach Europa der Befehl zur Liquidierung der Zuchthausinsassen ergangen. Zu dieser Zeit erhob die US-Regierung die Forderung nach einem deutschen Beitrag zur Verstärkung der europäischen Streitmacht. Es begannen die Verhandlungen zum Beitritt der Bundesrepublik Deutschland in das Europäische Militärbündnis.

In meiner Nachbarzelle verstarb ein mir bekannter Krankenhauspatient namens Franz Kortaki aus der Gegend um Schönebeck/Elbe, ohne dass ihm ärztliche Hilfe zuteil wurde.

Die Kernaussage des zweiten Urteils des Sowjetischen Militärtribunals im September 1950 lautete: Die genannten Personen werden gemäß §§ 58-6, 58-11 und 58-10, Teil 2, in Anlehnung an Artikel 58/2 des Strafgesetzbuches der RSFSR (aus dem Jahre 1926) und im Einklang mit Artikel 2 des Erlasses des Präsidium der Obersten Sowjets der UdSSR vom 26. Mai 1947 „Über die Aufhebung der Todesstrafe", zu Arbeitslager für die Zeit von jeweils 25 Jahren Zwangsarbeit, bei gleichzeitiger Beschlagnahme des bei der Verhaftung eingezogenen persönlichen Besitzes, verurteilt.
Gegen dieses Urteil kann keine Berufung eingelegt werden.
Der Vorsitzende: Michajlin
Mitglieder des Militärgerichts: Kowalczuk, Michailow

Dem Todesurteil waren wir entgangen! Die Sekunden vor der Bekanntgabe des Urteils werden wir Überlebende nie vergessen. Nach der Urteilsverkündung führten die Bewacher die Studentengruppe in eine Transportzelle, in der wir weitere verurteilte Häftlinge vorfanden. Dort traf ich auf Karl-Heinz Siewert (1916–1974), mit dem ich mich zu Hilfsarbeiten auf dem Gefängnishof meldete. Auf dem Weg lag ein Anhänger aus dem Versuchsgut Gatersleben mit der Aufschrift: „Inhalt nur als Tierfutter verwendbar". Nun wussten wir, welches Gemisch sich in unserer Wassersuppe befand.

Weiter schloss ich Bekanntschaft mit Rudolf Eduard Grotkass (1886–1954) aus Magdeburg, der nach dem Ersten Weltkrieg in der Zuckerrübenforschung tätig war und unter anderem in den USA gearbeitet hatte. Bei unserer schließlichen Trennung in Brest-Litowsk verabschiedete er sich von mir mit den Worten: „Lieber Herr Hennig, ich werde das Lager nicht überleben." Als 68-jähriger starb er im GULag der Region Taischet.

Kurz vor unserem Transport wurden wir einer russischen Gesundheitsinspektorin vorgeführt. Durch äußeren Augenschein setzte diese die Arbeitskategorien

```
UdSSR                              Die Order ist der persönlichen
Ministerium für Innere Angelegenheiten   Akte des Verurteiltes beizufügen
                                   Sie bildet die Gundlage für sein
Hauptverwaltung der Umziehungs- und    Einweisung in die in ihr genannt
   Arbeitslager sowie der Kolonien     Lager.
        Die 2. Verwaltung

        Moskau                                 Geheim


           ORDER Nr. 9 /co - 23143 / 215


   Hennig, Horst, geb. 1926, verurteilt vom Kriegsgericht des Truppen-
   teils Nr. 07335 am 18. und 19. IX. 1950 nach Artikel 58-6 Teil 1, 58-11,
   58-10 Teil II des Strafgesetzbuches der RSFSR zu 25 Jahren Haft, der sich
   im internen Gefängnis des Landes Sachsen-Anhalt (Deutschland) befindet und
   der zu körperlicher Arbeit fähig ist, ist zur Abbüßung der Strafe ins Flußlager,
   Bahnstation Workuta der Petschora-Eisenbahn einzuweisen.


           Der Stellvertreter des Leiters des Sonderteils
           der 2. Verwaltung der GULAG des MWD der UdSSR
           Maior        Unterschrift      (Gaptow - ?)

           Der Leiter der 4. Abteilung
           Oberleutnant   Unterschrift    (Krylow)

      11. XI. 1950

   (Die besondere Bedingungen der Order stehen auf der Rückseite)
```

Transportorder für Horst Hennig nach Workuta

wie Schwerstarbeit, mittelschwere Arbeit oder Invalidität fest. In der Kleiderkammer verpasste man mir ein Paar hohe Schnürschuhe, die allerdings zwei bis drei Nummern zu groß waren. Ich informierte die Inspektorin über das Missverhältnis. Antwort: „Das ist sehr, sehr gut. Dann können Sie viel Papier hineintun, wenn es kalt wird!". Das war nun wirklich nicht gelogen.

Mitte November 1950 verlegte man uns zunächst in das Gefängnis Berlin-Lichtenberg. Wenn wir in der deutschen Sprache, wie auch bei anderen inhaltlichen Bezeichnungen, dazu das Wort Transport benutzen, dann muss im Blick bleiben, dass das Wort im sowjetischen Sprachgebrauch eine völlig andere Bedeutung hat. Zu diesem „Transport" nahmen die Häftlinge mit angezogenen Knien auf der Ladefläche eines LKW Platz. Ich schob mir vorsichtshalber eine mehrfach zusammengelegte schadhafte Decke unter das Gesäß. Die Häftlinge

134

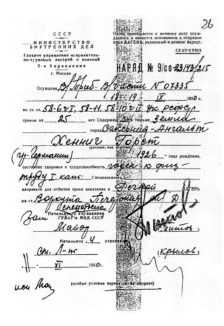

Befehl der Moskauer GULag-Administration
zur Einweisung des Hallenser Medizinstudenten
Horst Hennig in das Zwangsarbeitslager
Workuta …

… und verharmlosende Notiz seiner angeblichen
„Nicht-Rückmeldung" als Motiv für eine
Streichung von der Immatrikulationsliste
in Halle.

wurden kreuzgleich mittels Handschellen gefesselt, wobei der linke Arm an
der Handschelle des rechten Nachbarn und der rechte Arm an der Handschelle des linken Nachbarn angeschlossen wurde. Die Bewegungsunfähigkeit
des „Transportgutes" war garantiert. Nach mehreren Stunden Fahrt schwapp-
ten Exkremente auf dem LKW-Boden hin und her.

Vor den Häftlingen hielten zwei Maschinenpistolenschützen mit zwei bissigen Hunden Wache. Die Hunde fletschten wenige Zentimeter vor uns die
Zähne, worauf die angeketteten Frauen mit entsetzten spitzen Schreien ver-
ängstigt reagierten. Nach der Ankunft im Gefängnishof Berlin-Lichtenberg

eskortierte das Bewachungspersonal die Gefangenen unter russischen „Mutterflüchen" in eine größere Sammelzelle. Die Belegung war international. Sie reichte von einem Angehörigen des Internationalen Schweizer Roten Kreuzes über Franzosen, Engländer, Ostblockangehörige und Deutsche zu politischen Häftlingen anderer Nationen.

Plötzlich wurde die Zelle von der Bewachungsmannschaft geöffnet. Ein vermeintlicher Ausbruchsversuch wurde vorgeschoben und jeder Einzelne von drei bis vier Mann Bewachungspersonal durchgeprügelt, um nähere Informationen zu erzwingen. Keiner wusste etwas. Ich war als letzter an der Reihe und wurde doppelt und dreifach – ohne Erfolg – niedergeprügelt.

Einige Tage später stand auf dem Gleisanschluss eines verlassenen Fabrikgebäudes ein russischer Gefängniswagen, der nach außen als Postwagen getarnt war. Vergitterte Zellen, normalerweise für sechs Häftlinge vorgesehen, belegte die „Waggonwache" mit zwölf bis 16 Mann. Mit dem Berliner Geschäftsmann Alfred Groth (1907–1969) bezogen wir zu zweit die oberste Gepäckablage unter dem Dach der Zelle im Stolypin-Waggon. Alfred Groths Füße erreichten meinen Kopf und umgekehrt.

Als Verpflegung für die Fahrt wurde jedem ein gesalzener roher Fisch in die Hand gedrückt. Auf einem Berliner Bahnhof schloss das deutsche Bahnpersonal den Gefängniswagen, den Blauen Express, in Richtung Osten an. Die Fahrt bis Brest-Litowsk war die Hölle. Nach dem salzigen Fisch verlangten die Eingekerkerten nach Wasser, das sie bekamen oder auch nicht; sie schrien nach der einzigen Toilette im Waggon, die sie einzeln benutzen durften oder auch nicht. Dieses Chaos war beabsichtigt, willkürlich und gewollt. Vom Bahnhof Brest-Litowsk wurden wir unter den üblichen Verwünschungen und Drohungen in ein Zuchthaus transportiert und unter Einsatz der bissigen Hunde mit dem Gesicht zur Wand gestellt.

Der neben mir stehende Schulkamerad und Medizinstudent Karl Heinz Schott bemerkte mit mir, wie hinter unserem Rücken die aneinander gefesselten Todeskandidaten, jeweils einen groben Sack über Kopf und Oberkörper, vorbeigeführt wurden. Das war das deprimierende Bild, das uns von Brest-Litowsk in Erinnerung geblieben ist und uns noch heute verfolgt. Unter den gleichen unmenschlichen Transportbedingungen erreichten wir Tage später Moskau und wurden tief unter der Erde, in ungelüftetem modrigem Gemäuer, in eine Sammelzelle gestoßen.

Hier befanden sich zwei waagerecht angebrachte Lagen aus Brettern. Von diesen stürzten sich mit Rasierklingen bewaffnete, in Lumpen gehüllte jugendliche Banden auf uns, um uns die restliche Zivilkleidung mit Gewalt abzunehmen. Wir behielten bei diesem Überfall die Oberhand und verschafften uns damit Respekt.

Mithäftlinge erklärten uns, wo wir uns jetzt befanden – es war die sowjetische Geheimdienstzentrale, die Lubjanka. Ihr Chef, Lawrenti Berija (1899–1953), besaß im Auftrag Stalins die Macht, Millionen von Häftlingen zur wirtschaftlichen Sicherung der Fünfjahrpläne einschließlich der Entwicklung von Atomwaffen durch „freie" Wissenschaftler und zur Zwangsarbeit zum Nachteil der Gesundheit der Häftlinge rücksichtslos einzusetzen.

Von 1946 bis 1990 wurden hierfür etwa im Erzgebirge 231.000 Tonnen Uranerz für Atombomben gefördert. Den dort tätigen Bergmann Hans-Gerd Kirsche (1929–1953), ein ebenfalls zu Zwangsarbeit Verurteilter, erschossen die russischen Truppen beim Aufstand der 15.000 Zwangsarbeiter am 1. August 1953 in Workuta.

Der weitere Eisenbahntransport in den Gefangenenwaggons in nördlicher Richtung beunruhigte die aus Mitteleuropa stammenden politischen Häftlinge besonders. Die Tage wurden dunkler, irgendwann verschwanden die Bäume, die Fensterluken vereisten. Der russische Mitgefangene Arkady Uralski reagierte aggressiv und drohte mir Schläge an. Mit einem rechten Kinnhaken beendete ich diese Auseinandersetzung.

Mehrere Zwischenaufenthalte fanden in zu Gefängnissen umgewandelten ehemaligen Klosteranlagen mit meterdicken Mauern statt. Dort wurde die Kleidung der Gefangenen einer Heißluftbehandlung zur Vernichtung von Läusen und zur Verhinderung von Masseninfektionen unterzogen. Die Gefangenen wurden gleichzeitig unter einer Anlage mit mehreren Duschköpfen „gereinigt". Zur allgemeinen Verwunderung mussten uns, den Gefangenen, weibliche Häftlinge sämtliche Körperhaare mit einem Rasiermesser entfernen. Anschließend nahmen wir die wärmebehandelten Kleidungsstücke wieder in Empfang, soweit sie nicht von kriminellen Häftlingen des Stammpersonals gestohlen worden waren. Die Erinnerung an diese Übernachtungen in den umfunktionierten engen Klosterzellen ohne Frischluftzuführung mit einem Gefühl des „lebendig Begrabenseins" verfolgen mich noch heute oftmals im Traum.

Zwangsarbeit unter strengem Regime – Lager Nr. 10, Schacht 29

Nachdem der Gefängniswaggon den einzigen Bahnhof Workutas erreicht hatte, fielen wir, geschwächt von der tagelangen Bahnfahrt und vielfach mit geschwollenen Beinen, bei minus 30 Grad Celsius kraftlos in den Schnee. In dieser ohnehin gespenstisch unwirklich anmutenden Atmosphäre zog ein Begräbniszug mit offenem Sarg an uns vorüber. Mir ist bis heute das geschminkte Gesicht des toten Offiziers in Uniform in Erinnerung. In dieser surrealen Begegnung mit den örtlichen Verhältnissen erfaßte mich ein Gedanke: „Hier überlebst du nicht".

Etwa anderthalb Kilometer von der Bahnstation entfernt trieben uns die Bewacher in ein Durchgangslager mit der Warnung, jeder Schritt nach links oder rechts habe zur Folge, dass „sofort geschossen" werde. In den Baracken angekommen, spielten sich erneut die Kämpfe ab, wie wir sie in den Zellen der Lubjanka erlebt hatten – wir kämpften um die Reste unserer Kleidung.

Die Aufmerksamkeit der Posten auf den Türmen, die sich den verschiedenen Richtungen zuwandten, war nicht immer gegeben. Nach kurzen Verständigungsrufen mit den Gefangenen angrenzender Lager stellten wir fest, dass deutsche Kriegsgefangene aus unserer Nachbarschaft in Richtung Swerdlowsk transportiert werden sollten. Offensichtlich waren wir, die soeben hier angekommenen politischen Häftlinge, als Ersatz für die abgezogenen Kriegsgefangenen in das Lagergebiet Workuta transportiert worden.

Nach einer Woche der „Quarantäne" im Auffanglager der Region Workuta wurden etwa 30 Deutsche, sämtlich aus politischen Gründen Inhaftierte, dem Lager Nr. 10 des Schachtes 29 zugeführt. Letzte Ausläufer des Urals in nordöstlicher Richtung waren unter guten Wetterbedingungen hier sichtbar.

Vom Transport aus der SBZ/DDR wurde bei jedem Orts-, Gefängnis- oder Lagerwechsel die Identität der Häftlinge anhand einer mitgeführten Handakte – die Name, Vorname, Vatersname, Geburtsdatum und Gerichtsurteil festhielt – vom Wachführer verglichen. So auch am Tor des Lagers Nr. 10.

Ukrainischer „Funktionshäftling Kapo", Aufsicht am Isolator (Karzer)

eine Abraumhalde in Workuta

„Lagerakte" Horst Hennig

der Friedhof für die Bewohner Workutas

Abraumhalde

**Baracke der Häftlinge,
im Winter bei Schneestürmen
bis zu den Schornsteinen
zugeweht**

**Abortbaracke und
Jauchewagen**

Alfred Groth

Nach Registrierung der persönlichen Daten am 10. Januar 1951 suchten Alfred Groth und ich die uns zugewiesene, jetzt bis über das Dach durch Schneesturm zugewehte Baracke auf. Aufgrund unserer Sprache fragte ein Russlanddeutscher: „Seid Ihr Deutsche?" Er stellte sich uns als Oskar Iwanowitsch Raab vor, der vor 22 Jahren auf der Krim verhaftet und wie wir zu 25 Jahren Zwangsarbeit verurteilt worden war. Da er lesen, schreiben und rechnen konnte, überlebte er diese Zeit als politischer Häftling in verschiedenen Lagerverwaltungen als Buchhalter.

Wir machten ihm Hoffnung auf seine in drei Jahren bevorstehende Entlassung. Er widersprach, denn das Strafende habe doch nichts mit einer Entlassung zu tun. In vielen Fällen erfolge eine erneute Verurteilung oder es käme zu einer Zwangsansiedlung, wobei weitere Tätigkeiten in der Region zu verrichten wären. Ändern würden sich dabei nur die Übernachtung und die unzureichende Ernährung insofern, als die Gefangenen innerhalb des Stacheldrahtzaunes verblieben und ein Entlassener außerhalb des Zaunes bei Kontrolle und gleicher Arbeit für sich selbst, für Unterkunft und Verpflegung, zu sorgen habe. Denn die Zwangsansiedlung schloss den Entzug sämtlicher Personalpapiere ein, was bedeute, dass der Betreffende am Ort bleiben müsse.

Am gleichen Tage zog uns ein Pole ins Gespräch: „Wegen Katyn sollt ihr kein schlechtes Gewissen haben. Jeder Pole weiß, die Sowjets haben dort über 20.000 Menschen, unsere Elite, erschossen."

Alfred und ich hatten die uns zugewiesene Baracke, aus der gerade noch ein kurzer Schornstein herausragte, zunächst kaum erkannt. Die Schneehöhe verdeckte das Dach und erst recht die Eingangstür. Kurz entschlossen rutschten wir drei, vier Meter an einer schräg verlaufenden Schneewand hinab und fanden tatsächlich eine einen Spalt breit geöffnete Tür. In der Mitte der Baracke fand sich eine Feuerstelle, nahe der Decke hingen eine Unmenge Filzstiefel zum Trocknen. Das Feuer wurde von einem nicht mehr arbeitsfähigen Invaliden unterhalten, dem auch oblag, fremden Personen den Zutritt zur Baracke zu verweigern.

In der rechten sowie in der linken Barackenhälfte waren die üblichen waagerechten Bretterwände gezogen, die mit Häftlingen voll belegt waren. Für uns Neuankömmlinge war dort kein Platz, so legten wir uns auf den festgetretenen Boden. Die Kälte zwischen 30 und 40 Grad Minus trieb die Ratten in die Baracken und in die Nähe der Feuerstelle. Nachts, auf dem Boden liegend, bemerkte ich eine Ratte, die an meinem großen Zeh des rechten Fußes nagte und eine andere, die mir frech über das Gesicht lief.

Nachdem mir Tage später ein Platz auf den waagerechten Brettern, etwa in Mannshöhe, zugewiesen wurde, legte ich meinen Kopf in meinen mitgebrachten und bisher erfolgreich verteidigten bayerischen Filzhut, der meinem Vater gehörte und mit mir Workuta erreichte, den die Wanzen nicht sogleich überwinden konnten. Ansonsten band ich mir die Ärmel der Wattejacke und in Knöchelhöhe die Beine der Wattehose zu, zog während des Schlafens die Handschuhe über die Hände, um den Wanzen keine Angriffsmöglichkeit zu bieten. Diese ließen sich von der Barackendecke auf das Gesicht fallen.

Die unter verschärftem Strafregime des Lagers 10 befindlichen vergitterten Lagerbaracken wurden durch das Wachpersonal nachts abgeschlossen. Um den Insassen (bis 120 Mann) die Notdurft zu ermöglichen, stand jeweils auf der rechten und linken getrennten Barackenhälfte eine leere Tonne, die einen unbeschreiblichen Gestank in der verschlossenen Baracke verbreitete.

Zwei Piloten der US Air Force sprachen mich an. Sie trugen noch die mir bekannten gefütterten Fliegerjacken. Ich versuchte die Umstände ihrer Gefangenschaft zu ergründen, die sie allerdings nicht mitteilten. Die in das Lager Nr. 10 verschleppten finnischen Staatsbürger bauten eine behelfsmäßige Sauna aus abgezweigten Brettern des Schachtes 29. Ein Ofen hierzu wurde gemauert. Aus politischen Gründen inhaftierte Chinesen waren mit der Wäscherei beauftragt. Das notwendige Wasser wurde aus dem reichlich vorhandenen Schnee und Eis geschmolzen, genauso wie für die Zubereitung der Wassersuppen in der Küche.

Wer als Einzelner die festgesetzte Arbeitsnorm bei Erdarbeiten – im Permafrost fast unmöglich – in den Bau- oder Schachtbrigaden nicht erfüllte, für den reduzierte sich die Brotration, das tägliche Hauptnahrungsmittel, ein wasserhaltiges „Klitschbrot", von 600 auf 300 Gramm.

Die Wassersuppen und zwei bis drei Esslöffel Grützbrei (Kascha) täglich oder Sprotten ähnelnde kleine Fische waren als Nahrungsmittel für die schwere Zwangsarbeit und das extreme Klima völlig unzureichend. Nach sechs Monaten gab ich aufgrund der körperlichen Erschöpfung die Gedanken an eine Flucht auf. Bei 30 bis 50 Kältegraden und Schneestürmen war im Winter nicht daran zu denken. In dem kurzen Sommer der Mitternachtssonne war eine Flucht ebenfalls unmöglich, weil die großen baumlosen Tundra-Flächen aus der Luft überwacht wurden.

Durch monatelange Vernehmungen und durch den Transport nach Workuta geschwächt, versuchte ich zunächst, der körperlichen Schwerstarbeit unter Tage zu entgehen. Eine zwölf Zentimeter lange Operationsnarbe am linken Ellenbogengelenk und die Bewegungseinschränkung durch eine nicht geglückte Sehnennaht an der rechten Hand im englischen Kriegsgefangenenlazarett schien die Lagerärztin Walentina Sorokina zunächst zu beeindrucken. Die sowjetische Lageradministration versetzte mich in eine Lagerbrigade, in der die zwei lettischen Professoren Berschinsch und Ossinsch mit mir Wasserfässer und vereiste Baumstämme schleppten und Unmengen Schnee schaufelten. Für kurze Zeit wurden wir zur Beisetzung von verstorbenen Häftlingen in der Tundra eingesetzt. Der litauische Kamerad eines verstorbenen Häftlings übergab mir ein Stück Brot als Lohn mit der Bitte, ein „Vaterunser" am Grab zu beten. Ich zelebrierte das Gebet in lateinischer Sprache unter der andächtigen Haltung meiner Arbeitsbrigade – ein evangelischer Student aus Halle im ungeschriebenen ökumenischen Auftrag der katholischen Kirche als „Hilfspater", das war mir ein tief empfundenes Anliegen.

Die der Freiheit beraubten politischen Häftlinge litten unter permanentem Hunger. Das Einerlei des Tages- oder Nachtablaufes, von langer Schichtarbeit und kürzerem Schlaf, wiederholte sich ohne Höhepunkte über Monate und Jahre. Noch in den Jahren 1951/1952 wusste eine Vielzahl der Häftlinge nicht, war es Sonnabend oder Sonntag, war es Weihnachten oder Ostern – wann war eigentlich dein Geburtstag? Jedenfalls erinnerte ich mich an meinen Geburtstag im Mai erst einige Wochen später.

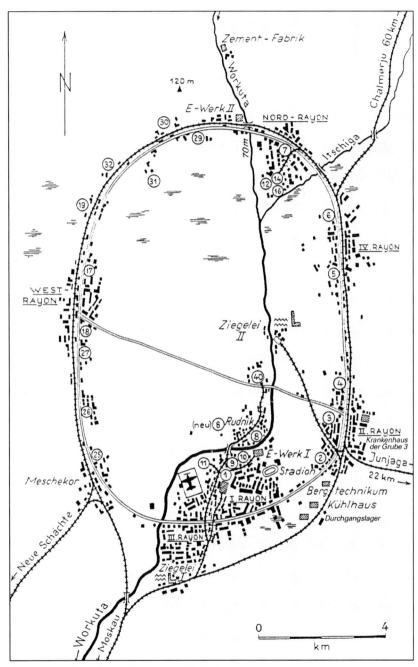

Skizze der Stadt Workuta mit Lagern und Schächten

Frühere ukrainische Kettensträflinge, denen während des „Vaterländischen Krieges" die Ketten abgenommen worden waren, redeten mich, den deutschen Medizinstudenten, mit „Pan" – also als „Herr" – an. Ich protestierte und bezeichnete mich als ihr Leidensgenosse, ich sei doch ihr „Towarisch". Sie zeigten mir ihre verschwielten Fußgelenke. Diese Kleinbauern, von den Sowjets als „Kulaken" bezeichnet, waren gezwungen worden, das Saatgut abzugeben und als abhängige Landarbeiter in Kolchosen oder in Fabriken der Schwerindustrie zu arbeiten. Wenn sie sich weigerten, wurden sie und ihre Familien erschossen oder als Kettensträflinge zur Zwangsarbeit verurteilt. Die Kinder wurden gesondert als „Elternlose" in Sonderlager zur Zwangsarbeit abtransportiert oder trieben als jugendliche Verbrecherbanden in Stadt und Land ihr Unwesen und schreckten auch vor Mord nicht zurück.

Ein paar Monate nach der Einweisung in das Zwangsarbeitslager sprach mich ein etwa 25 Jahre alter Barackenkamerad, ein Rußlanddeutscher, an und fragte, woher ich käme. Sein Dialekt dabei erinnerte mich an Südwestdeutschland. Tatsächlich war er aber nie in Deutschland gewesen und erklärte, dass seine Vorfahren eine Bibel bei sich hatten, als sie im zaristischen Rußland siedelten. Nach der Oktoberrevolution zählte die Bibel zu den verbotenen Büchern, auch durfte außerhalb der Wohnung nicht mehr Deutsch gesprochen werden.

Doch hätten der Großvater und der Vater allabendlich daraus vorgelesen, so dass die deutsche Sprache in der Lutherschen Übersetzung lebendig blieb. Am Ende des Gesprächs zeigte er auf meinen Pullover – ein Wort, das er nicht kannte. Statt dessen meinte er: „Das sieht aus wie ein gestricktes Hemd." Die Sprachentwicklung wird auch künftig keine Grenzen kennen.

In dem Regimelager Nr. 10 befanden sich zahlreiche Hochschulprofessoren und weitere Angehörige der sowjetischen Hochschullandschaft, sechs verurteilte sowjetische Generäle, Ingenieure aus der Industrie, darunter selbst der Präsident der sowjetischen Fluggesellschaft „Aeroflot". Einige der verurteilten sowjetischen Offiziere sind im Russisch-Finnischen sowie im Zweiten Weltkrieg mit hohen Orden ausgezeichnet worden. Ein russischer Lehrstuhlinhaber für Physik und Mathematik der Universität Leningrad lud mich desöfteren als Gesprächspartner zu einem Tee ein. Aufgrund eines in der Vorlesung vorgetragenen Lenin-Zitats wurde er verhaftet. Er war an den ersten Berechnungen der sowjetischen Atom- und Wasserstoffbomben beteiligt.

Einzelne deutsche Häftlinge mit technischen Berufen wurden vor allem in Schlüsselstellungen im GULag Workuta eingesetzt. Durch ihr Fachwissen besaßen sie eine herausgehobene Stellung, sie waren „Spezialist". Dazu gehörte auch der frühere Kommunist und Werkzeugbauer Max Menzel aus Dresden, bei dem ich eine Maschinistenprüfung in Russisch ablegte. Er durfte sich als Deutscher nicht zu erkennen geben.

Die Lagerleitung unterstand einem sowjetischen Offizier. Der Politoffizier des Lagers, Major Tunalkin, besaß einen höheren Dienstgrad als der Kommandant des Lagers, ein Hauptmann. Der Major führte das Spitzelsystem im Lager. Wer als ein solcher erkannt wurde, konnte getötet werden, ohne dass der oder die Täter je identifiziert wurden. Ansonsten bemächtigte sich die Lageradministration mafiöser russischer Häftlinge als Arbeitsantreiber, die besonders die politischen Häftlinge schikanierten und dabei auch vor einem Mord nicht zurückschreckten.

Nach einer Schlägerei mit einem kriminellen Arbeitsaufseher trat ich in den Hungerstreik und wurde in das Lagergefängnis (Karzer oder Isolator) unter widrigen Bedingungen eingesperrt. Dort verfasste ich eine Meldung an die Lagerleitung. Daraufhin begutachtete der Lagerarzt und Chirurg, dabei gleichfalls Gefangener, Prof. Polonski (Moskau) die gesundheitlichen Folgen. Dieses Dokument befindet sich in meinem Besitz. Nach etwa zehn Tagen versetzte mich die Lagerleitung in eine andere Brigade. Der Politoffizier besaß in diesen Dingen das letzte Wort.

Es war der 5. März 1953, als über Lautsprecher von Radio Moskau nach Trauermusik der Tod Stalins verkündet wurde. Die Lageradministration reagierte unsicher und versuchte, mit verschiedenen Häftlingen ins Gespräch zu kommen. Bis dahin war das Verhältnis durch Gewalt bestimmt. Fluchtversuche endeten, so im Sommer 1951, mit dem Totschlag des zurückgeführten Gefangenen als Abschreckung der Lagerinsassen. Über den Volksaufstand vom 17. Juni 1953 in der DDR berichtete die „Prawda" tendenziös verzerrt. Dennoch gratulierten uns die unter der Sowjetmacht stehenden Ostblockangehörigen mit den Worten: „Ihr habt nach nur acht Jahren Sowjetunion in der DDR die Schnauze vom Kommunismus voll – was sind wir für unfähige und demütige Menschen, wir ertragen das Sowjetregime seit 1917, schon 35 Jahre."

Sigurd Binski und der Streik vom 1. August 1953

Sigurd Binski

Sigurd Binski gehörte zu den politischen Häftlingen in meinem Lager Nr. 10, Schacht 29. Den Streik und seine blutige Niederschlagung am 1. August 1953 hat er unmittelbar erlebt. Über und neben ihm lagen Tote und Verwundete. Binski schleppte den schwer getroffenen Heini Fritsche vor das Tor. Fritsche rang mit dem Tode und überlebte dank der Solidarität der Mitgefangenen. Binski hat das in dem anschaulichen zeitnahen Bericht „Der große Streik" festgehalten. Die ersten Berichte nach seiner Entlassung in den Heimatort seiner Frau, nach Hagen-Haspe, sprach er mit mir durch.

Im Frühjahr 1951 besucht Binski seinen Vater in seinem Heimatort Tiefensee (heute eingemeindet zu Werneuchen), nordöstlich von Berlin. Am 30. März wird er dort vom sowjetischen Geheimdienst verhaftet. Auf seine Fragen wird ihm immer wieder beschieden, dass er die vor Gericht stellen könne, wenn es soweit sei. Es wird aber nicht dazu kommen. Am 22. Oktober 1951 wird er gerufen: „Wir haben Ihnen mitzuteilen, dass Sie durch eine Kommission zu zehn Jahren Zuchthaus verurteilt worden sind." Auf dem „administrativen Weg" einer sogenannten Sonderberatung einer Dreierkommission (OSSO) folgte der Abtransport zur Zwangsarbeit unter verschärften Bedingungen nach Workuta.

Sigurd Binski, geb. am 18. Februar 1921 in Berlin als Sohn des Ehepaares Margarete und Friedrich Binski, steht nach dem Ende des Krieges und einem bescheidenen Neuanfang erneut vor einer aussichtslosen Zukunft. Nach dem Besuch der Grundschule in Tiefensee 1927–1932 hatte er das Realgymnasium in Wriezen an der Oder und anschließend in Bad Freienwalde absolviert. Am 2. November 1939 besteht er die Reifeprüfung und wird unmittelbar danach zur Wehrmacht einberufen.

„Ich war bis zum Ende des Krieges Soldat", erklärt er knapp, „und nach dem Besuch der Kriegsschule 1943 Offizier." Nach dem Krieg studiert er an der Friedrich-Wilhelms-Universität in Bonn Psychologie, Philosophie, Germanistik und Anglistik „sowie einige allgemeinbildende Fächer". Seine akademischen Lehrer waren u.a. der Psychologe Siegfried Behn (1884–1970), der Mediziner Friedrich Sander (1898–1971), der Germanist Werner Betz (1912–1980), der medizinische Psychologe Carl Fervers (1898–1972), der Philosoph Johannes Thyssen (1892–1968), der Historiker und Soziologe Erich Rothacker (1888–1965) oder in Freiburg/Br. der bekannte Parapsychologe Hans Bender (1907–1991). Nach neun Semestern wollte Binski im 10. Semester das Studium mit dem Staatsexamen und der Promotion abschließen. Dazu kam es nicht mehr. Es folgten viereinhalb Jahre Haft im Zwangsarbeitslager 10 in Workuta nördlich des Polarkreises.

Bald wurde der Mithäftling ein zuverlässiger Kamerad und mein Freund. Sigurd Binski arbeitete auf dem Holzplatz. Die tonnenschweren gefrorenen Baumstämme mussten mit bloßen Händen, ohne technische Hilfe, aus dem offenen 40-Tonnen-Waggon zwei Meter hoch gestemmt werden. Wer aus Unachtsamkeit oder Schwäche losließ, der wurde mitschuldig am Tode seines Nebenmannes. In seiner unmittelbaren Arbeitsumgebung war unter seinen fürsorglichen Blicken ‚Sicherheit vorhanden'. Seine unverwüstliche körperliche und seelische Verfassung erlaubte ihm, diese kräftezehrende Zwangsarbeit jahrelang – mit Blick auf die Arbeits-Norm und davon abhängige Essens-Ration –, auch bei über minus 30 Grad Celsius zu absolvieren. Binski überstand diese Zeit harter körperlicher Arbeit, die menschenunwürdige Behandlung durch geistige Anstrengungen, anspruchsvolle Gespräche, die andere Häftlinge aufrichteten.

Sein während des Studiums angeeignetes medizinisches Wissen, die „Grenze zwischen der psychologischen und medizinischen Therapie" versetzte Binski in die Lage, bei dem Haftkameraden Herbert Anklam (1927–1983) die später bestätigte Verdachtsdiagnose Tbc zu stellen. Vor dieser Erkrankung bevorzugte Sigurd Binski Herbert Anklam als sein „Hypnose-Medium". Als Binski einen ausländischen Haftkameraden hypnotisierte, informierte ein Lagerspitzel die Lagerverwaltung. Sigurd Binski wurde dem Politoffizier Major Tunalkin vorgeführt. Ein von Binski unterschriebenes Vernehmungsprotokoll verwarnte ihn, bei Wiederholung zu lebenslanger Zwangsarbeit oder mit dem

Tode bestraft zu werden; Anschläge durch posthypnotische Befehle wurden befürchtet.

Im November/Dezember 1955 legte mir Sigurd Binski die von ihm verfassten Beiträge vor ihrer Veröffentlichung in der „Hasper Zeitung" 1955/56 zur Korrektur vor, die ich entsprechend ergänzt habe und die sich noch heute in meinem Besitz befinden. Sein unmittelbar nach seiner Entlassung aus dem GULag verfasster Lebensbericht gibt seine persönlichen Empfindungen als Psychologe wieder. Diesbezüglich kann es als die genaueste Schilderung der Verhältnisse im Lager Nr. 10 angesehen werden.[14]

In einer halbdunklen Barackenecke versuchte Alfred Groth – als „Kapitalist" mit seinem Bruder zu 25 Jahren Zwangsarbeit verurteilt – mit Hilfe Binskis von der Arbeit befreit zu werden. Die realistische Persönlichkeit Alfred Groth widerstand dem Hypnoseversuch. Auf Wunsch von Alfred Groth infizierte ich dessen Unterarm mit Erfolg, so dass er über eine Woche stationär auf der Krankenstation verbrachte, um sich von der hohen Normvorgabe der Zwangsarbeit körperlich zu erholen.

„Erst im Oktober 1955 kehrte ich aus der Sowjetunion heim", schreibt Binski an die Philosophische Fakultät der Universität Bonn. „Ein halbes Jahr benötigte ich zur Besserung der erheblichen Gesundheitsschäden. So konnte ich mein Studium erst nach fünfjähriger Unterbrechung wieder aufnehmen."

Am 24. Juli 1957 ist Binski mit einer Dissertation, die in Grenzgebiete der Psychologie führt, promoviert worden. Er hält fest, dass die Hauptarbeit in den Jahren 1949 bis 1951 geleistet worden ist. Im März 1951 konnten die Versuchsserien abgeschlossen werden. Eine hoffnungsvolle wissenschaftliche Laufbahn schien vor ihm zu stehen, die abrupt im GULag endete.

Sein Wunsch, in den Höheren Auswärtigen Dienst einzutreten oder in der Forschung zur Parapsychologie zu arbeiten, erfüllte sich nur teilweise. So veröffentlicht er einige Artikel in der „Zeitschrift für Parapsychologie" und wird Gründungsmitglied der Parapsychological Assoziation. Angestellt wird er im Bundesministerium für gesamtdeutsche Fragen (ab 1969 Ministerium für innerdeutsche Beziehungen) und arbeitet auch im Verein zur Förderung der Wie-

---

14 Sigurd Binski überschrieb diesen Bericht „Urlaub vom Tod".

dervereinigung Deutschlands (VFWD) mit der Unterorganisation Bonner Berichte. Dieser Verein verfolgt vor allem caritative Ziele und geht 1969 in das neu geschaffene Gesamtdeutsche Institut, eine Bundesbehörde, ein, die nach der deutschen Wiedervereinigung am 31. Dezember 1991 aufgelöst wurde.

Binski gehörte dem Vorstand der Stiftung für ehemalige politische Häftlinge an und war Vorstandsmitglied der Vereinigung der Opfer des Stalinismus (VOS). Er organisierte für die Lagergemeinschaft Workuta das „10. Olp (Schacht 29)", das ab 1961 stattfindende Jahrestreffen der ehemaligen Häftlinge. Von größter Bedeutung aber ist Sigurd Binskis redaktionelle Tätigkeit für die „Freiheitsglocke". Fast 35 Jahre, bis zum 43. Jahrgang, hat er sie geleitet, geprägt und durch engagierte Artikel – auch unter dem Pseudonym Dr. Eberhard Reese – bereichert. „Dr. Binski war die Freiheitsglocke und die Freiheitsglocke war Dr. Binski", heißt es in einem Nachruf. Hier hat er sich eingebracht und eingemischt, zeitgeschichtliche Fragen aufgegriffen und den politischen Gegner nicht geschont. Zu Unrecht konnte er nicht schweigen.

Dieser ungewöhnliche Mann starb am 11. Dezember 1993 in Bonn. Vorausgegangen war eine Hilfeleistung für bedürftige Russen in St. Petersburg, die ihn körperlich überfordert hat. Er war sich bis zum letzten Lebenstag mit der selbst auferlegten Pflicht, Hilfsbedürftigen zu helfen, treu geblieben.

Freiheit oder Tod

Wie elektrisiert nahmen die Häftlinge des Lagers am 25./26. Juni 1953 die Verhaftung des „Bluthundes" Stalins, des Geheimdienstchefs und späteren Innenministers Lawrentij Berija, als Spion des Kapitalismus auf. Offensichtlich wurde Berija von seinen Ministerkollegen aus Angst neutralisiert, weil er die Nachfolge Stalins anstrebte und dann die alleinige Macht besessen hätte, um andere, ganz wie es Stalin praktiziert hatte, physisch zu vernichten.

Während der neun Wintermonate herrschen nördlich des Polarkreises Temperaturen zwischen minus 30 und 50 Grad Celsius, dabei des öfteren mit einem spektakulären Nordlicht-Szenario. Durch die permanenten Kälte- und Schneestürme war jede Reaktion außerhalb der Baracken gegen das sowjetische Regime in den Wintermonaten unmöglich. Nur in den Sommermonaten Juni, Juli, August, bei plus zehn bis zwanzig Grad Tagestemperatur, konnten gezielte Aktionen der Häftlinge inner- und außerhalb des Lagers stattfinden.

Durch Zufall ergab sich, dass aus anderen Lagergebieten zugeführte Häftlinge für den Schachtbetrieb durch Versprechungen betrogen worden waren und daraufhin die Arbeit verweigerten, während sich in der Natur der Sommer ankündigte. Dieser geringfügige Anlass in Verbindung mit der Erschütterung der Administration durch den Tod Stalins und der Verhaftung des obersten Henkers der Sowjetunion als „Spion des Westens" Berija führten in den Juli-Tagen 1953 zur Arbeitsverweigerung von ca. 15.000 Häftlingen in den Zwangsarbeitslagern Workutas. Die gewählte Streikleitung des Lagers Nr. 10 übergab der Administration ein Schreiben an das Zentralkomitee der KPdSU (B) in Moskau. Darin sind die politischen Forderungen auf zwei Seiten mit diesen Hauptpunkten formuliert:
1. Entlassung der ausländischen Gefangenen,
2. Straflosigkeit für die Streikenden und
3. Beachtung der Menschenrechte.

Auch von der Workuta-Administration waren die Häftlinge seit je her betrogen und unmenschlich behandelt worden. Deshalb verlangten die Streikenden die

Entsendung einer kompetenten Regierungskommission aus Moskau. Bis dahin würde keine Kohle gefördert.

Durch vorbereitende Gespräche stellten die landsmannschaftlichen Vertretungen eine geheime Lagerorganisation auf, die sich mit eventuell auftretenden extremen Vorkommnissen befassen sollte, weil bei einem früheren Workuta-Aufstand im Mai 1938 2.901 politische Häftlinge – unter falschen Anschuldigungen als „Trotzkisten" bezeichnet – erschossen wurden. Unter dem gewählten Vorsitzenden Edward Buca[15], der aus Polen stammte, agierte das Streikkomitee mit dem Geschäftsführer Josef Ripetzki[16] (1920–2013), einem späteren Gymnasiallehrer der Ukraine.

Der von den Häftlingen eingesetzte hauptverantwortliche Organisator für die innere Lagerordnung war der ehemalige Oberleutnant der Roten Armee Boris Kudrjavzev, Brigadier einer Arbeitsgruppe, der auch ich angehörte. Wir verstanden uns im Lager als Gleichgesinnte.

Es entwickelte sich in jenen Tagen eine sehr freundliche Atmosphäre unter Menschen mit gleichen oder ähnlichen Schicksalen. Auch sind Inhaftierte aus dem Lagergefängnis (Karzer) befreit worden, eine eigene Lageraufsicht wurde organisiert, die vorhandenen Lebensmittel wurden gerecht in der Küche eingesetzt und der militärischen Lageradministration empfohlen, das Lager nicht mehr zu betreten. Mein Arbeitskamerad Karl Schmid erzählte mir seinen nächtlichen Traum: Er lag auf einer grünen Wiese, über ihm die Sonne und er habe einen Berg Schuhe gesehen, was er sich nicht erklären könne.

Unter den Häftlingen kursierte der Gedanke der Aufklärung, etwa in Anlehnung an die in der Französischen Revolution formulierten Menschenrechte, bestimmt von der Sehnsucht, die Sklaverei abzuschütteln, um in Freiheit leben zu können. Die Mehrheit der Häftlinge konnte und wollte das überkommene gesellschaftspolitisch rückwärtsgewandte Regime nicht länger ertragen. Die Haltung im Lager Nr. 10 spitzte sich Ende Juli entscheidend zu – es stand zunehmend die Frage die Freiheit zu erlangen oder in Würde zu sterben.

Am 29. Juli erschien im Lager Nr. 10 der Stellvertreter des verhafteten Geheimdienstchefs Berija, Armee-General Iwan I. Maslennikow (1900–1954).

---

15 Vgl. Edward Buca, Vorkuta. Constable London 1976.
16 Vgl. Berichte Ripetzki, in: Schwarze Pyramiden, rote Sklaven, Leipziger Universitätsverlag 2007.

Die Gefangenen traten ihm diszipliniert gegenüber. Maslennikow lehnte die Forderungen der Häftlinge ab. Im Verlauf von Rede und Gegenrede stand ein verurteilter sowjetischer Offizier auf und konfrontierte den General mit seinem Versagen im Zweiten Weltkrieg: „Herr General, ich bin Oberst Sylko, war Ihnen als einer Ihrer Kommandeure unterstellt und bin verwundet in deutsche Gefangenschaft geraten. In der Sowjetunion wurde ich nach meiner Rückkehr zu 25 Jahren Zwangsarbeit verurteilt. Sie, Herr General, haben die durch den Feind eingeschlossene Truppe auf dem Luftweg verlassen, Sie hätten eigentlich verurteilt werden müssen!" Der Angesprochene reagierte unter Verwünschungen der zuhörenden Häftlinge gereizt und verließ mit seinem Stab, unbestimmte Drohungen ausstoßend, das Lager. Die Lagerinsassen rechneten mit katastrophalen Schwierigkeiten, weil militärische Formationen mit Maschinenwaffen um das Gefangenenlager aufzogen und in einem zweiten weiteren Ring Infanteriestellungen aushoben.

In dieser Situation sprach mich der befreundete Jenenser Jura-Student Gustav Tzschach (1927–2005) an: „Du, Horst, wenn ich sterben muss, möchte ich rasiert sein." Ich verwies ihn auf unsere Lagerfriseure, die allerdings ihre Rasiermesser abgeben mussten. Er drückte mir ein angeschliffenes biegsames Stück Bandeisen in die Hand und wünschte von mir als Medizinstudent, der mit dieser Improvisation umgehen könne, diese Rasur, was ich dann auch tat. Am 1. August 1953 morgens um 10.00 Uhr ertönte der Ruf: „Sichert das Lagertor!" Fünfzehn Minuten später ist mit dem Megaphon die Aufforderung, wer nicht sofort das Lager zur Arbeitsaufnahme im Schacht verlasse, habe die Folgen selbst zu tragen, verlesen worden. Nach einem abermaligen letzten Aufruf verließen etwa 20 Häftlinge, die in den nächsten Tagen entlassen werden sollten, von etwa 3.000 Insassen das Lager Nr. 10.

Wenige Minuten vor dem Einsatz der Maschinengewehre und Maschinenpistolen befand ich mich in der siebten Reihe im Lager vor dem inneren Lagertor, das von etwa 500 untergehakten Häftlingen in einem Abstand von 20 Meter geschützt wurde. Nachdem ich die Eskalation unter möglichem Waffeneinsatz erkannt hatte, rief ich meinem Arbeitskameraden, dem österreichischen Ingenieur Karl Schmid, der in der dritten Reihe stand, zu: „Karl, Du stehst zu weit vorn!" Seine Antwort: „Nein, lass nur, ich kann hier alles gut übersehen." Ein tödlicher Pistolenschuss auf einen im Lager stehenden Häftling vom sich vor dem Lagertor befindlichen Major Frolow veranlasste mich, in eine Mulde links der Straße zu hechten. Das war das Zeichen zur Feuereröffnung durch die Truppe. Auf mir liegend verblutete der lettische Pfarrer Janis Mendriks (1904–1953). 52 Häftlinge waren sofort tot, etwa 135 schwer verletzt, von denen in den Folgetagen noch zwölf starben. Ich lag jetzt zwischen Toten und stöhnenden Verwundeten.

Als uns die Wachmannschaften nach der Feuereinstellung aus dem Lager hinaustrieben, war die Lagerstraße blutrot gefärbt. Ich hielt für einen Moment inne, erfasste mit einem bewußten Blick das Massaker und sagte laut zu mir: „Dieses menschenfeindliche Unrecht darfst du niemals vergessen." Die eingesetzte Feuerwehr spritzte mit Wasserfontänen ihrer Löschwagen das Blut von der Lagerstraße.

Unter Stalins Herrschaft wurden unzählige russische Bürger jüdischen Glaubens verhaftet. Etwa 50 davon arbeiteten in unserem Lager. Einer aus der Administration, Jakob Goldscheid (1910–2010), gab jetzt 64 Holzkisten (Särge) bei der Tischlerei in Auftrag. Der verhaftete jüdische Professor für Chirurgie Polonski aus Moskau versuchte gemeinsam mit weiteren verurteilten Ärzten, mit einfachen Mitteln das Leben der verwundeten Gefangenen zu retten. Zwei deutsche junge Männer, Wolfgang Jeschke (1932–1953) und Hans-Gerd Kirsche (1929–1953) sowie mein unmittelbarer Arbeitskollege aus Österreich, Karl Schmid (1905–1953), wurden tödlich getroffen.

Jakob Goldscheid sorgte für die schwer Verwundeten Heini Fritsche und Bernhard Schulz; zur Genesung übergab er ihnen heimlich Lebensmittel

Die am 1. August 1953 erschossenen Gefangenen wurden vor dem Schacht 29 beigesetzt. Vorn das Grab von Karl Schmid, rechts im Hintergrund das Litauische Ehrenmal (Foto aus den neunziger Jahren)

155

Vierzehn Deutsche wurden schwer verwundet. Die anderen Häftlinge trieben die Bewacher in die Tundra. Die sehr gläubigen Litauer, die griechisch-orthodoxen Russen und Ukrainer fingen jetzt lautstark an zu beten – denn wir glaubten, gleichfalls erschossen zu werden. Die noch gehfähigen Gefangenen wurden „filtriert", d.h. Spitzel bezeichneten den am Tisch sitzenden Offizieren die Gefangenen, die sich während des Streiks besonders exponiert hatten. Die belasteten Häftlinge wurden dem Zentralgefängnis in Workuta zu weiteren Vernehmungen und Verurteilungen zugeführt, darunter auch mein Brigadier Boris Kudrjawzew, dessen Leben in dem Buch „Der Aufstand" gewürdigt wurde.[17] Einige Stunden später marschierten die Arbeitsbrigaden wieder unter strenger Bewachung in den Schacht 29 und zu den Baustellen der Tundra. An diesem Tag errangen wir zwar keinen Sieg, trugen aber zur beginnenden Auflösung der GULag-Zwangsarbeitslager in der Sowjetunion bei.

Der Arbeitsstab des Armeegenerals Maslennikow erstellte einige Berichte über den Verlauf der Arbeitsverweigerung von 15.000 Häftlingen in mehreren Lagern des GULag Workuta. Diese Berichte mit den Namen der über 60 Toten und über 120 Schwerverletzten wurden erst Jahre später freigegeben, Kopien befinden sich in meinem Besitz.

Die Toten wurden vom sowjetischen Sanitätsdienst obduziert, es wurden Fingerabdrücke genommen und am rechten Zeh eine streichholzschachtelgroße Holzscheibe mit einer Nummer befestigt. Außerdem befahl die Administration, jede Landsmannschaft habe ihre Toten zu identifizieren. Ich übernahm diese Aufgabe für die erschossenen zwei Deutschen und identifizierte gleichfalls meinen Arbeitskameraden Karl Schmid. In einer Ecke der „Totenbaracke" türmten sich die Schuhe der Toten. Außerhalb der Baracke schien die Sonne auf die grüne Tundra, wie Schmid vor seinem Tode über seinen Traum berichtete.

Nur kurze Zeit später gab die Lageradministration einige Erleichterungen des Alltagslebens bekannt: Jetzt wurden die Baracken nachts nicht mehr verschlossen, die Gitter von den Fenstern entfernt, die Zwangsarbeiter erhielten kleinere Rubelbeträge und Häftlinge aus dem sowjetischen Staatsbereich durften von Angehörigen besucht werden. Von weiteren Streiks, politisch moti-

---

17 Gerald Wiemers (Hg.): Der Aufstand. Leipzig 2013.

Der Gefangenenfriedhof (Foto aus den neunziger Jahren)

vierten Arbeitsniederlegungen in anderen Regime-Lagern wurden Todeszahlen von Erschossenen bekannt:

1. Juli 1953 – Lager Nr. 5 – Norilsk: 75 Tote
4. August 1953 – Lager Nr. 3 – Norilsk: 125 Tote
6. Januar 1954 – Lager Nr. 5 – Kirow: 275 Tote
27. Juni 1954 – Lager Nr. 6 – Kingir: 530 Tote

Dem von mir geachteten Literaturnobelpreisträger für Literatur A. Solschenizyn (1918–2008) muss ich in einem Punkt widersprechen. In seinem „Archipel GULag" urteilt er unrichtig über die Ursachen des Aufstandes Ende Juli/Anfang August 1953. Im Gegensatz zu Solschenizyn motivierten nicht die Ukrainer und nicht einmal die Polen (Katyn) die 15.000 Aufständigen in den verschiedenen Schächten.

Mit dem Tod Stalins am 5. März und mit der Verhaftung Berijas im Juni 1953 war eine günstige Situation gegeben, um in Moskau mit politischen Forderungen an das ZK der KPdSU heranzutreten; auch etwa mit Forderungen nach Einhaltung der Menschenrechte, nach Freiheit, nach einer Überprüfung der aus politischen Gründen gefällten Urteile und nach Entlassung der Un-

157

Rotes Kreuz/Roter
Halbmond-Karte.
Am 15. Dezember 1953
durften die Häftlinge
ein erstes Lebens-
zeichen senden –
im Jahr 1954 trafen die
ersten Antworten ein

Hans Lehmann und
Horst Hennig in
Workuta, Lager 10,
1954 – Postempfang

schuldigen in die Freiheit. Die politischen Forderungen an das ZK der KPdSU (B) von fast zwei Seiten Länge wurden vom Leipziger Universitätsverlag veröffentlicht.[18]

Einige Wochen nach dem Tod Stalins durften zunächst nur wenige ausländische Häftlinge mit Genehmigung des Ministers Berija ausreisen. Die nach Deutschland Entlassenen informierten deutsche Verwaltungen über die in Zwangsarbeit verbliebenen Häftlinge. Im Dezember 1953 übergab die Lageradministration den durch SMT verurteilten Häftlingen je eine Rote Kreuz (und Roter Halbmond)-Antwortkarte zum Versand an ihre Angehörigen in Deutschland. Bereits im Januar 1954 erhielten die Absender Pakete von Hilfsorganisationen aus der Bundesrepublik Deutschland. Diejenigen Häftlinge, die ein sogenanntes „Fernurteil" (ohne das herkömmliche SMT-Gerichtsurteil) durch die sogenannte Troika aus Moskau erhalten hatten, wurden zunächst von der Postkartenausgabe ausgeschlossen. Durch indirekte Hinweise der anderen Karteninhaber wurden auch deren Angehörige informiert.

Nach dem Streik im August 1953 wurden, wie erwähnt, die Baracken nicht mehr abgeschlossen. So konnten wir nicht nur am Tage, sondern auch des Nachts vor der Baracke das Nordlicht, ein prächtiges Farbspektrum von hellrot, grün bis blau, in seiner grandiosen Dimension über die Wintermonate beobachten. Der norwegische Physiker Kristian Birkeland (1867–1917) vertrat die These, dass die Sonnenpartikel das Erdmagnetfeld erregen und dadurch das Nordlicht entsteht.

Ein zweites Phänomen ergab sich für die unwissenschaftlichen Betrachter: Mit den ersten Schneefällen ab September, unter extremen Kältegraden von über minus 30 Grad Celsius, bot sich bei Windstille dem nächtlichen Beobachter ein weiterer Lichtreflex. Bei klarer Sicht schwebten Milliarden von Schnee-Mikrokristallen (keine Schneeflocken) mit reflektierendem Licht vor den Augen des Betrachters. Von dem erhöht gelegenen Lager 10 waren die Einzäunungen mit Lichterketten anderer Lager kilometerweit zu erkennen. Offensichtlich verursachten die diamantenartigen Widerspiegelungen der Lichtquellen die optische Wahrnehmung des Betrachters. Der neben mir stehende Hans Lehmann (1922–2001) aus Dresden bezeichnete dieses Phänomen als das „glitzernde Leichentuch Workutas".

---

18 Ebenda.

Transport zum Kriegsgefangenenlager Rewda/Swerdlowsk

Unter den neuen Bedingungen wuchsen auch die Hoffnungen der deutschen Gefangenen auf eine baldige Heimkehr. Um den 20. März 1955 stellte die Lageradministration Nr. 10 in Workuta einen deutschen Häftlingstransport zusammen, der uns zunächst über Omsk, Tomsk, Krasnojarsk nach Osten führte. Die beunruhigten Häftlinge beschwerten sich beim Wachpersonal des Stolypin-Gefangenenwaggons und verweigerten zum Zeichen des Protestes die Nahrungsaufnahme. Nach einigen Tagen erreichte der Zug Swerdlowsk. Während des LKW-Transports in das dortige Zuchthaus wurden wir von einem Bewacher auf das Gebäude hingewiesen, in dem die Zarenfamilie erschossen worden war. Es handelte sich um die Villa des Nikolai N. Ipatjew. Der damalige Chef der KPdSU-Bezirksleitung Swerdlowsk, Boris N. Jelzin, erteilte 1977 den Befehl, dieses Haus zu sprengen.

Im Zuchthaus zog ich mir eine Lebensmittelvergiftung zu. Die zuständige Sanitätsinspektorin wies mich in eine Krankenzelle ein, in der ein von Morphium abhängiger Angehöriger eines Verbrecherclans schreiend eine neue Dosis verlangte. Schließlich erhielt er eine Injektion, ich vermutete, es war destilliertes Wasser. Er beruhigte sich und versicherte dem studentischen Widerstand seine Sympathie. Den Beruf eines Taschendiebes hätte er bereits als Kind erlernt. Der drogenabhängige Mithäftling war nicht davon abzubringen, nun mich in die Geschicklichkeit eines Taschendiebes einweisen zu müssen, insbesondere in deren Fingerfertigkeit.

Nach einigen Tagen kehrte ich in die alte Transportzelle zurück, unmittelbar darauf ging es erneut auf Transport. Wir erreichten am 21. Mai 1955 das mit einigen Tausend Kriegsgefangenen belegte Lager Rewda, in dem jene seit über zehn Jahren Zwangsarbeit leisteten. Uns schien jetzt naheliegend, dass die Sowjets die Rückführung der Augenzeugen des Massakers im Lager Nr. 10 zu verzögern suchten und dazu die Vermischung mit Heimkehrern aus der Kriegsgefangenschaft als zweckmäßig ansahen.

Wie wir heute wissen, zogen sich die Verhandlungen zwischen der Bundes-regierung und jener der UdSSR schon über einen längeren Zeitraum hin, bis es am 21. August 1955 zu einem Fußballspiel der deutschen Nationalmann-schaft gegen die Sowjetunion in Moskau kam. Am 8. September traf Bundes-kanzler Dr. Konrad Adenauer zu Verhandlungen in Moskau ein, die auch darauf gerichtet waren, für die rund 10.000 deutschen Gefangenen im Land die Freiheit zu erwirken.

Die russische Lagerverwaltung übertrug das erwähnte Fußballspiel mittels eines Lautsprechers in den etwa 400 Personen umfassenden Speisesaal des Lagers Rewda. Bei der plötzlich ertönenden deutschen Nationalhymne nah-men die Kriegsgefangenen militärische Haltung an. Mein Blick versuchte, in den von Entbehrungen gezeichneten Gesichtern zu lesen, in den Gesichtern von Soldaten, die bewußt in den Untergang geführt worden waren. Doch war die überwiegende Mehrheit von ihnen auch jetzt noch überzeugt, ihrem Vater-land, nicht aber einer verantwortungslosen Politik gedient zu haben.

In diesem Kriegsgefangenenlager begegnete ich auch dem Prüf-Offizier, nunmehr im Rang eines Majors, Friedrich Doepner (1912–1996), der meiner Aufnahmeprüfung in eine HUV im Mai 1940 an der damaligen Offizierschule in Dresden beigewohnt hatte. Anfang Dezember verabschiedete uns eine rus-sische Militärkapelle mit deutschen Märschen, die früher von Musikkorps der Wehrmacht gespielt worden waren.

Unser Güterwagentransport führte über Moskau nach Frankfurt/Oder in die sowjetische Besatzungszone. Hier trennten sich die Wege: Von hier aus ging es entweder nach Fürstenwalde in der DDR oder nach Friedland in die Bundes-republik. Gustav Tzschach, den ich vor dem 1. August 1953 auf seinen Wunsch unbedingt rasieren musste, lag auf Stroh neben mir. Er wollte aus familiären Gründen unbedingt nach Sonneberg entlassen werden. Ich prophezeite ihm, dass er wegen seiner „politischen Unzuverlässigkeit" bis zu seinem Lebens-ende für die Straßenreinigung und für andere Hilfsarbeiten zuständig sein würde. Es sollte sich bewahrheiten: der vormalige Philosophie-Student starb Jahre später in einem Pflegeheim, ohne dass er sein Studium hätte beenden dürfen.

Der sowjetische Begleitoffizier übergab die ehemaligen Kriegsgefangenen und politischen Häftlinge, so auch mich, in Frankfurt/Oder den „Organen" der DDR. In Fürstenwalde erneut von der Stasi vernommen, versuchte diese, die ankommenden ehemaligen Häftlinge zu bewegen, in der DDR zu bleiben. Dort sei ich doch geboren, hätte in Halle studiert und meine Familie wohne in Klostermansfeld.

Registrierung in Berlin-West – Auffanglager Marienfelde

Mein Entschluss, mich diesem Ansinnen zu widersetzen und mich zunächst nach Berlin-West unter der Wohnadresse meines Lagerkameraden Alfred Groth entlassen zu lassen, stand längst fest.

Am 15. Dezember 1955 gegen 5.00 Uhr morgens erreichten 92 ehemalige Kriegsgefangene und Häftlinge mit einem Triebwagen unangemeldet den Bahnhof Zoo. Unsere Ankunft auf dem Bahnsteig erschreckte eine Rote Kreuz-Helferin, die jedoch sofort einen perfekt organisierten Ablauf in Gang setzte. Zunächst wurden wir innerhalb weniger Minuten mit Brötchen, Tee oder Kaffee willkommen geheißen; dann unsere Personendaten aufgenommen. Ein Registriervermerk des Roten Kreuzes sicherte den Status des Heimkehrers.

In einem Nebenraum erhielten wir Zivilkleidung, die ich zu einem Paket verschnürt unter dem Arm trug. In der Zwischenzeit erließ der Rundfunksender RIAS einen Aufruf, man möge auf dem Bahnhof Zoo Heimkehrern behilflich sein, ihr Berliner Zuhause zu finden. Telegramme wurden auf Wunsch an die Angehörigen abgesetzt und die Namen der Rückkehrer im Rundfunk verlesen.

Mit der gesteppten dunklen Häftlingskleidung, die ich nördlich des Polarkreises getragen habe, stand ich auf der Straße und überlegte, auf welchem Wege ich in Berlin-Schöneberg, Hauptstraße Nr. 30, meinen Lagerkameraden Alfred Groth erreichen könnte. Plötzlich sprach mich unter Lüftung seines Homburgers ein gut gekleideter Herr an: „Entschuldigen Sie bitte, mein Herr, mein Name ist Hammerschmidt. Darf ich Ihnen behilflich sein? Wo möchten Sie hin?" Er überzeugte mich, dass mein Freund Alfred Groth, der kurz vor mir entlassen worden war, sicher noch mit sich selbst zu tun habe; und er möchte mich doch erst mal zur Akklimatisierung mit zu sich nach Hause nehmen. Erst jetzt wurde ich gewahr, dass ein Fahrer die hintere Tür eines „Adenauer-Mercedes" offenhielt. Herr Hammerschmidt bat mich, neben ihm Platz zu nehmen. Im Verlaufe der Fahrt stellte sich heraus, dass er der Inhaber von „Kölnisch Wasser" der Firma Farina in Berlin war und er aus der früheren Zeit die Drogerie meines Großvaters Friedrich Hennig in Klostermansfeld kannte und diese besucht hatte.

Registratur von Horst Hennig am 15. Dezember 1955 am Bahnhof Zoo in Berlin-West

Notaufnahmebescheinigung vom 22. Dezember 1955 im Lager Berlin-Marienfelde

Heimkehrer

Aufnahmeausschuß
Aufenthaltserlaubnis

N° 2

Der Leiter
des Notaufnahmeverfahrens in Berlin
Akt.Z.Nr. 425 42o /Pl.

Heimkehrer

Berlin, den 22. Dezember 1955

Herr Frau Fräulein H e n n i g , Horst
(Name, Vorname)

geb. am 28.5.1926 in Siersleben/Mansfeld Staatsangeh. deutsch

letzter Wohn- bzw. Aufenthaltsort Halle/Saale

Beruf stud.med. Familienstand ledig

ausgewiesen durch Personalausweis

mit o h n e
(Familienangehörige)

erhält — zahlen — gemäß § 1 des Gesetzes über die Notaufnahme von Deutschen in das Bundesgebiet vom 22. August 1950 (Bundesgesetzbl. S. 367) durch Beschluß des

Aufnahmeausschusses vor. 22. Dezember 1955

die Erlaubnis zum ständigen Aufenthalt in Berlin oder im Bundesgebiet. Diese Entscheidung gilt nicht als Entscheidung über die Flüchtlingseigenschaft.

Begründung umseitig!

Als Land, in dem der — die — Aufgenommene(n) seinen — ihren ersten Wohnsitz zu nehmen

hat — haben —, wird Nordrhein-Westfalen bestimmt.
23 Dez 1955
Massen b. Unna / Westf.

Der Leiter
des Aufnahmeverfahrens

I.A.

Der Beauftragte
der Bundesregierung

gez Dr. Zimmer
beglaubigt

Angestellter

Beurlaubt nach:
Hamm/Westf.,Schillerstr.50
b.Jonath
Weiterleitung über Friedland

Bestätigung der Aufenthaltsgenehmigung in Berlin und dem Bundesgebiet aufgrund der Rückkehr aus der sowjetischen Haft vom 22. Dezember 1955

Wir erreichten eine Villenauffahrt in Berlin-Grunewald. In der Tür stehend empfing uns Frau Hammerschmidt und begrüßte mich. Ich bat um Verständnis, zunächst ein Bad zu nehmen. Um die Kleidung zu wechseln, fragte ich nach einem Kellerraum und wurde außerhalb des Hauses in einen Heizungskeller geführt, in dem die Kohlefeuerung soeben von einem Heizer versorgt wurde. Ich empfahl ihm, die Wattekleidung direkt in die Feuerung zu werfen und die Blechschüssel, die über Jahre mein Essgeschirr gewesen war, zu entsorgen. Er sah mich an und äußerte die Bitte, ihm doch die Schüssel zu überlassen. Meine neugierige Frage: „Was wollen Sie denn damit anfangen?" beantwortete er zurückhaltend: „Daraus kann mein Hund fressen." Meine Entgegnung: „Das ist die geeignetste Verwendung." Diese Schüssel hatte mich tatsächlich seit Halle im März 1950 bis zur Ankunft im Grunewald bei der Familie Hammerschmidt am 15. Dezember 1955 begleitet.

Nunmehr mit einem Bademantel bekleidet betrat ich das Haus. Frau Hammerschmidt führte mich an einen übermäßig reichhaltig gedeckten Tisch. Beim Anblick der Köstlichkeiten wurde mir schlecht. Wir einigten uns, dass ich zunächst die Badeeinrichtung benutzen durfte und anschließend lediglich zwei Scheiben Toast und ein Glas Tee zu mir nehmen würde. Danach fiel ich in einen 24-stündigen Schlaf, so dass mein Vater, der inzwischen bei Alfred Groth eingetroffen war, sich Sorgen machte, wo ich abgeblieben sei.

Stunden später trafen wir in Schöneberg zusammen. Ich suchte zwecks Registrierung das Flüchtlingslager in Berlin-Marienfelde auf und erhielt dort in einem Notaufnahmeverfahren am 22. Dezember 1955 die Genehmigung, in West-Berlin und in der Bundesrepublik zu bleiben. Innerhalb von drei Tagen war mein Personalausweis ausgestellt. Ich kaufte mir eine Armbanduhr und wurde, da alle anderen Flüge ausgebucht waren, nach Hamburg ausgeflogen. Dort bestieg ich den Nachtzug nach Hamm in Westfalen, um zunächst bei meinem Schul- und Kriegskameraden Ulrich Jonath Station zu machen. Seine Mutter benachrichtigte das Bürgermeisteramt, daraufhin begrüßte mich am 27. Dezember 1955 der Oberbürgermeister der Stadt Hamm Heinrich Langes. Zwei örtliche Zeitungen berichteten von meiner Rückkehr aus Workuta. Mein eigentliches Ziel war Köln, wo mein mit mir verhafteter Studienkollege Karl Heinz Schott, der 1954 aus Taischet entlassen worden war, sein Medizinstudium an der Universität fortsetzte.

Doch zunächst „verschickte" mich die Stadtverwaltung Hamm gemeinsam mit meinem Vater für sechs Wochen in ein Oberstdorfer Hotel. Nach meiner

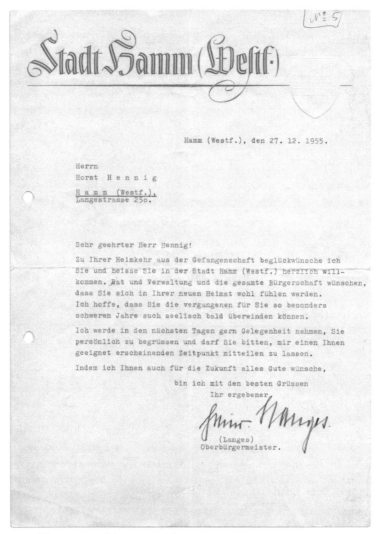

Der Willkommensgruß des Bürgermeisters von Hamm

Rückkehr von dort empfahl das Versorgungsamt in Soest aus medizinischen Gründen einen zweiten Kuraufenthalt in Bad Buchau am Federsee.

Ende März 1956 erreichte ich Köln und meldete mich mit meinem Abiturzeugnis und dem Studienbuch der Universität Halle im Hauptgebäude, um das Studium der Medizin fortzusetzen. Der Verwaltungsangestellte meinte aus mir unbekannten bürokratischen Gründen, dass ich mich beim Arbeitsamt der

167

Stadt Köln zu melden habe. Zunächst war mir unklar, warum ich mich einer Psychologin vorstellen sollte? Als die Tür zum Dienstzimmer aufging, erkannte ich meinen Lagerkameraden Alfred Segeth (1928–2009), späterer Kameramann beim WDR Köln, der mir zuflüsterte: „Vorsicht! Die hat Haare auf den Zähnen." Die Dame eröffnete mir, in meinem Alter wäre eine Fortführung des Studiums nicht mehr sinnvoll. Ich entgegnete ihr: „Das haben Sie nicht zu entscheiden" und verabschiedete mich höflich.

Eine interessante Episode ereignete sich Ende März 1956 beim zuständigen Referenten für die Anerkennung des Abiturzeugnisses im nordrhein-westfälischen Ministerium Düsseldorf. Nach der Übergabe meiner Unterlagen einschließlich des Studienbuches Halle beschied mir der Referent: „Sie werden benachrichtigt." Nach etwa vier Stunden entdeckte mich dieser auf einer Bank vor seinem Dienstzimmer. Er war erstaunt und fragte: „Auf was warten Sie denn noch?" Antwort: „Auf den Gültigkeitsstempel des abgegebenen Zeugnisses." Er musterte mich kurz und überreichte mir die Studienunterlagen, die zur Immatrikulation notwendig waren. Zu dem Hintergrund meines Verhaltens: Karl Heinz Schott hatte mir empfohlen, die vorzulegenden Dokumente auf jeden Fall selbst wieder mitzunehmen. An der Universität hielt sich das Gerücht, dass einige verloren gegangen seien.

In Halle war ich am 10. März 1950 nach dem vierten Semester, mithin ein Semester vor dem Physikum, von den Sowjets verhaftet worden. Mein Klassenkamerad Helmut Lamprecht empfing auf meine Bitte hin mein Studienbuch von der Universitätsverwaltung. Zu meiner Überraschung – er selbst musste flüchten – übergab er mir im Januar 1956 in Frankfurt im Beisein von Bernhard Claudé diesen wichtigen Studiennachweis. In einem längeren Gespräch stimmten mich beide in die gesellschaftliche Situation der aufstrebenden Bundesrepublik ein: „Auf der millionenfach gekauften Bild-Zeitung stehen montags die Lottozahlen, jeder hofft, Millionär zu werden. Das Zweitwichtigste scheinen die Busenschönheiten in den Zeitschriften zu sein. Mach Dir keine Illusionen, an Deiner Vergangenheit gegen das Sowjetregime und Deinem Aufenthalt in Workuta ist niemand interessiert! Vergiss also Workuta und vollende das Studium!"

Unter diesen Vorzeichen erfolgte Anfang Mai 1956 meine erneute Immatrikulation zum Studium der Medizin, nun in Köln.

Studium in Köln und Freiburg

Nach der Verurteilung durch ein sowjetisches Militär-Tribunal 1950 und nach der Entlassung aus der Eismeerregion Workuta, nach fünf Jahren, neun Monaten und fünf Tagen, mitten im „Kalten Krieg", stellte ich mich den Herausforderungen, als mittlerweile Dreißigjähriger mein unterbrochenes Studium abzuschließen.

Die mit einer Unterbrechung seit über 600 Jahren bestehende Universität zu Köln gehört zu den größten Bildungsstätten der Bundesrepublik Deutschland. Bei meiner Wiederimmatrikulation 1956 hielt der Rektor Prof. Dr. jur. Hermann Jahrreiß (1894–1992), früher Leipzig und Greifswald, für die Neuankömmlinge an der Alma mater eine Vorlesung über die Pflichten des Staatsbürgers. Gerade vor dem Hintergrund meiner kurz zuvor erlebten Erfahrungen in der Diktatur Lenins und Stalins fand ich die Gedankenführung durch die Rechtsgeschichte sehr beeindruckend.

Schnell fand ich mich in den neuen Anforderungen zurecht und bestand 1957 als 31-jähriger in einer Prüfgruppe mit drei Kandidaten nach nur drei Semestern das Physikum, obwohl mich die fast sechsjährigen elenden Lagerverhältnisse zur geistigen Untätigkeit verdammt hatten, d. h., ich mir die Fähigkeit zum konzentrierten Lernen erst wieder hatte erarbeiten müssen.

Kurzfristig ergab sich während der Semesterferien die Möglichkeit der Teilnahme an einem Studentenaustausch mit Kommilitonen aus Jugoslawien, Ziel war das bei Dubrovnik gelegene Kotor. Ich beschaffte mir ein handliches Lehrbuch der serbokroatischen Sprache, reichte beim englischen Reisebüro Thomas Cook die Reisedaten ein und bezahlte die Studentenermäßigung – weniger als 40 Deutsche Mark für Bahnfahrt ab Köln und Schiff ab Rijeka für Hin- und Rückfahrt.

In der Zweimann-Kabine stellte sich mir mein Mitreisenderals Lehrstuhlinhaber für Hals-Nasen-Ohrenheilkunde der Universität Belgrad vor. Als Willkommensgruß teilte er mit mir eine Flasche Sliwowitz. Er lud mich in sein Sommerhaus ein und schilderte mir die Häufigkeit von Erdbeben. In Dubrovnik marschierte ich auf der Stadtmauer entlang, bewunderte den Gewürzmarkt, die Gassen und die Bauwerke.

In der Kreisklinik der Stadt Kotor, die noch von einem an der Universität Wien geschulten älteren Chirurgen geführt wurde, befand ich mich in bester Gesellschaft. Bei dem kommunistischen Bürgermeister hatte ich mich als Ausländer zur Kontrolle einmal wöchentlich vorzustellen.

Zu einer Impfaktion von etwa 40 Kindern in Verantwortung des Krankenhauses in einem etwa 20 Kilometer entfernt gelegenen Bergdorf schloss ich mich dem perfekt Deutsch sprechenden Kinderarzt an. Auf den letzten drei Kilometern verließen wir den PKW und erreichten zu Fuß die Schule. Im Krankheitsfall trugen die Eltern ihre Kinder über das steinige Gebirge und sogar nachts bei jeder Witterung ins Krankenhaus von Kotor. Mein ärztlicher Führer schärfte mir ein, nur einen frisch zubereiteten türkischen Mokka von dem Lehrerehepaar anzunehmen. Alle dort vorhandenen Brunnen seien mit Krankheitskeimen infiziert.

Ansonsten besuchte ich die Moschee in Sarajevo und die Lateinerbrücke, auf deren Nordende im Jahr 1914 das Attentat auf den Thronfolger Österreich-Ungarns, Erzherzog Franz Ferdinand, und seine Frau verübt wurde. Dessen beschädigter Uniformrock und den Kraftwagen nahm ich bei einem späteren Besuch des Militärarchivs in Wien in Augenschein.

Auf der Rückfahrt nach Köln lernte ich im Eisenbahnabteil einen jüdischen Kaufmann aus London kennen, der als Großhändler in Jugoslawien Weinspezialitäten einkaufte.

Eine Studienkollegin überzeugte mich, das erste Klinische Semester in Freiburg/Breisgau zu absolvieren. Sie empfahl mir zudem, die Werke des Literaturnobelpreisträgers Albert Camus zu lesen. Gegen 23.00 Uhr bestieg ich das Schlafwagenabteil in Köln nach Freiburg. Das teilte ich mir mit einem gebürtigen Russen. Er war enttäuscht, dass ich ihn nicht kannte. Es war der Chorleiter der berühmten Don-Kosaken, Serge Jarow, dessen Chor einige Tage lang in Köln gastierte. Er übergab mir eine Freikarte für eine Veranstaltung in Freiburg.

An der Albert-Ludwigs-Universität in Freiburg lehrten bedeutende Wissenschaftler wie die Professoren Franz Büchner (1895–1991, Pathologie), der Sauerbruch-Schüler Hermann Krauss (1899–1971, Chirurgie) mit dem Oberarzt Prof. Ewald Weischedel (1910–1975) und Prof. Ludwig Heilmeyer (1899–1969, Innere Medizin) mit dem Oberarzt Prof. Herbert Reindell

(1908–1990), den bekannten Sportmediziner und Arzt der Deutschen Olympiamannschaft.

Als Proband und Sportler gehörte ich zu seinem wissenschaftlichen Forschungsprogramm. Dabei diagnostizierte er bei mir unregelmäßige Reizleitungsstörungen des Herzens, die er auf eine Myocaditis im Zwangsarbeitslager Workuta zurückführte. Nach Rückkehr an die Universität zu Köln 1958 versuchte die Abteilung Kardiologie unter Prof. Dr. Wilhelm Bolt (1911–1981) und seiner Assistentin Mikulicz, die Therapie weiter zu führen.

Bald besuchte ich den mir aus meiner Zeit in Halle bekannten Professor für Chemie Arthur Lüttringhaus (1906–1992) im Institut der Universität Freiburg. Professor Ludwig Heilmeyer (1899–1969) verantwortete gemeinsam mit Generaloberstabsarzt Dr. Wilhelm Albrecht (1905–1993) – Inspekteur des Sanitätswesens der Bw – die Gründung des Bundeswehrkrankenhauses in Ulm. Mein Interesse am Segelflug ließ mich in die Akademische Fliegergruppe (AkaFlieg) der Universität Freiburg eintreten.

Nach Ende des Wintersemesters 1957/58 kehrte ich nach bestandenen vier Praktikumskursen nach Köln zurück, um dort das Studium fortzusetzen. In den Semesterferien sprach ich bei Prof. Max Ratschow (1906–1963), Innere Medizin, Chefarzt der Städtischen Krankenanstalten in Darmstadt, vor. Nach einem einführenden Gespräch über die damaligen Verhältnisse in Halle empfahl er mir, auf der Infektionsabteilung zu arbeiten, auf der gerade ein ungleiches Verhältnis zwischen den an Kinderlähmung Erkrankten und der einen einsetzbaren „Eisernen Lunge" bestand.

Nach meiner kurzen Zustimmung – er hatte möglicherweise eine Ablehnung erwartet – korrigierte er sich, ich möge mich doch bei dem Stationsarzt Dr. Stein auf der Frauenstation für Innere Erkrankungen melden. Prof. Ratschow hielt 1957/58 einen engen Arbeitskontakt in Wiesbaden zu der aufstrebenden medizinischen Luft- und Raumfahrtabteilung der US-Streitkräfte und äußerte sich gutachterlich über die Anti-G-Ausrüstung der Jet-Piloten. Unter seiner Leitung arbeitete der Oberarzt Dr. Hasse, der aus Eisleben stammte, auf dem Spezialgebiet der Angiologie. Prof. Ratschow gilt als wissenschaftlicher Begründer dieser Fachrichtung in Europa.

Zurück an die Universität Köln

Die Klinischen Vorlesungen an der Medizinischen Fakultät der Universität zu Köln liefen gut vorbereitet vor einer aufmerksamen Hörerschaft ab. Die Professoren und Dozenten wurden geachtet. Forschung, Lehrveranstaltungen und die Art der Vermittlung erreichten eine dankbare Studentenschaft, die sich dieser Vorzüge bewusst war.

Eine weitere Famulatur absolvierte ich bei Prof. Ewald Weischedel, Chefarzt für Chirurgie am St. Elisabeth Krankenhaus Hohenlind/ Köln, der mir aus Freiburg bekannt war. Den Zugang zu dieser Einrichtung erhielt ich durch eine Studentin, deren Vater im Kölner Gesundheitsbetrieb tätig war. Bei meinem Vorstellungstermin erfolgte nach kurzer Begrüßung durch den geschäftsführenden Monsignore folgender kurzer Wortwechsel: „In welchem Jahr sind Sie geboren, bei welcher Division waren Sie im Kriege? Melden Sie sich bei dem Chefarzt Prof. Weischedel auf der chirurgischen Abteilung." Und damit war das Vertrauen hergestellt. So einfach war es damals, ohne Bürokratie und ohne Computer. Andererseits erregten kommunizierende Studenten das Interesse des vorlesenden Professors, der diese mit Diagnose, Therapie etc. mitten im Hörsaal einbezog. Diese Aufmerksamkeit wurde meinem Nebenmann und mir zuteil.

Der Lehrstuhlinhaber Prof. Dr. Victor Hoffmann (1893–1969) für das Hauptfach „Allgemeine Chirurgie" wurde häufig von Prof. Dr. Wolfgang Herzog (1922–2007) vertreten. Mit dem Studienkollegen Eckhard Schöne verfolgten wir flüsternd aus der obersten Reihe des vollbesetzten Hörsaals die ausgezeichnet gestaltete Vorlesung. Irgendwie fielen wir Prof. Herzog auf, der uns mitten im Hörsaal einen Patienten übergab, dem ich, der Ältere, assistiert von E. Schöne, nach der Diagnose ein pflaumengroßes Lipom aus dem rechten Unterarm chirurgisch zu entfernen hatte. Nach den sterilen Vorbereitungen rollte eine OP-Schwester einen Instrumententisch heran. Nach lokaler Anästhesie und kunstgerechter Entfernung des Tumors forderte uns Prof. Herzog unter Beifall der übrigen Studenten auf, das Präparat sichtbar zu demonstrieren. Mit dem fachgerechten Ablauf des Eingriffes fanden sich die Studenten des Hörsaals von uns würdig vertreten.

Bereits mit Beginn des Klinischen Studiums achtete ich darauf, möglichst frühzeitig alle Voraussetzungen für das Medizinische Staatsexamen zu erfüllen. Ich erhielt die Erlaubnis, unter dem Nestor der Deutschen Neurochirurgie Prof. Wilhelm Tönnis (1898–1978) und dessen Oberarzt Prof. Dr. Friedrich Löw (geb. 1920) während des Studiums eine Promotionsarbeit vorzulegen. Bei einzelnen Studienkollegen war zu beobachten, dass es ihnen während der ärztlichen Assistenzzeit nach dem Studium aus zeitlichen Gründen schwer fiel, außerhalb der Universität eine Doktorarbeit anzufertigen.

Zu dem Literaturstudium arbeitete ich während der Weihnachts- und Neujahrsfeiertage 1958/59 in der kaum benutzten neurologischen Fachbibliothek. Bei diesen Vorarbeiten erschien an den Festtagen der Lehrstuhlinhaber für Neurologie Prof. Werner Scheid (1909–1987) und fragte mich verdutzt: „Warum sind Sie nicht zu Hause bei Ihrer Familie?" Meine Antwort: „Herr Professor, in der Bundesrepublik besitze ich kein Zuhause und keine Familie."

Wir, die Prüfgruppe mit vier Personen, legten die Prüftermine der großen medizinischen Fächer in Absprache mit der zuständigen Dekanats-Sekretärin Frau Reh fest. Eine dieser „Prüfungsecken", bei der nahezu 40 Prozent der Kandidaten durchfielen, bestand im Fach Pathologie bei Prof. Heinrich Heinlein (1887–1961).

Unsere Prüfgruppe versuchte, dieses Fach unter den anderen siebzehn Fächern als erstes und wichtigstes zu nehmen. Nach meinen an der Universität Halle erworbenen guten histologischen Kenntnissen fiel es mir sehr leicht, an den komplizierten pathologisch-histologischen Präparaten die Diagnosen zu stellen. Diesen Vorteil wusste eine Dresdner Studentin zu würdigen, und ich versuchte diese vormalige Einser-Abiturientin in die Geheimnisse der histologisch-pathologischen Diagnostik einzuführen, was mir auch gelang.

Wer am Mikroskop versagte, durfte sich im nächsten Semester wieder vorstellen. Der Ablauf unserer Prüfgruppe war folgender: Der Professor hielt uns vier Objektträger entgegen. Mir wurde der zuletzt übrig gebliebene offeriert. Meine drei Mitprüflinge waren bereits beim Mikroskopieren, während ich mir mein Präparat kurz anschaute und auf den weiteren Ablauf wartete. Der Professor wandte sich mit den Worten an mich: „Wollen Sie nicht anfangen?" Meine Antwort darauf: „Habe ich bereits getan, Herr Professor."

In dieser Situation blickte meine Mitstudentin hilfesuchend zu mir auf und schüttelte den Kopf über die schnelle Diagnose. Der Professor nahm meine richtige Antwort wohlwollend zur Kenntnis und führte mich zu den makroskopischen Präparaten, die ich ihm richtig interpretierte. Damit war ich entlassen. Die weiteren Prüfungen bestand unsere Prüfgruppe ohne Schwierigkeiten. Meine Dissertation war bereits fertiggestellt. Beanstandungen gab es in der Fakultät keine. Fünf Wochen nach dem Staatsexamen konnte ich die Arbeit erfolgreich verteidigen.

Kurios war, als ich drei Tage später in Wien weilte und dort in einem Literatencafé die Zeitung las, plötzlich vom Ober mit „Herr Doktor" angeredet zu werden – wie konnte er das wissen? Mein dort wohnender Marienberger Jahrgangskamerad der Wiener Kriminalpolizei Herbert Sigl (1926–2005) klärte mich auf, die Bedienung wähle willkürlich die Anreden zwischen „Geheimer Hofrat", „Professor" oder eben „Herr Doktor".

Unmittelbar nach bestandenem Staatsexamen erhielt ich in einem Unfallkrankenhaus in der Stadt Köln eine Stelle als Medizinalassistent im Fach Chirurgie. Während der Chefarzt und der Oberarzt am Vormittag operierten, versorgte ich die chirurgische Ambulanz des Krankenhauses, die von Verkehrsunfällen, den umliegenden Industriebetrieben und von den Einweisungen der Hausärzte frequentiert wurde. Eines der Hauptbetätigungsfelder war die Versorgung komplizierter Schnittverletzungen von Industriearbeitern. Diese wurden von mir in der Ambulanz auf verschiedenen Operationstischen mit einem Lokalanästhetikum versorgt und die Wunden wurden geschlossen. Dazu reichte mir eine sehr erfahrene Ordensschwester einen Erlenmeyerkolben mit einem Lokalanästhetikum, der mit einem Etikett beschriftet war. In diesem Falle befand sich das Etikett auf der unteren, nicht sichtbaren Seite.

Meiner freundlichen Aufforderung, mein Vater hätte mir stets geraten, zunächst immer das Etikett in Augenschein zu nehmen, folgte die Schwester. Sie wendete das Etikett nach oben und erschrak fürchterlich, denn darauf stand Zephirol, ein Desinfektionsmittel, das bei falscher Anwendung zu flächenhaften Nekrosen, zum Verlust der Extremitäten und zum Tode hätte führen können. Hinterher beichtete mir die Schwester, ihre sechzehnjährige Nichte habe nach Reinigung des Glasschrankes alle Flaschen nach der äußeren Form sortiert. Sie war mir dankbar, dass ich mich niemals in diesem Krankenhaus über das Vorgefallene geäußert habe, ganz abgesehen davon, dass es in meiner Verantwortung als Arzt strafrechtliche Folgen gehabt hätte.

Nach der chirurgischen Ambulanz begutachtete ich im Durchgangsarztverfahren der Berufsgenossenschaften die Arbeitsunfälle, die der Chefarzt prüfte und abzeichnete. Einige ärztliche Dokumente des Regierungsbezirks Köln waren – was für ein Zufall – im Auftrag des Regierungspräsidenten von dem während des Krieges von Köln nach Mansfeld strafversetzten als Kreisarzt tätigen Dr. Sebastian unterschrieben, der zu meines Vaters Bekanntenkreis gehörte.

Entsprechend der damals gültigen Prüfungsordnung erhielt ich am 31. März 1962 die Bestallung als Arzt. Ein früherer Vorgesetzter der Wehrmacht sprach mich an, ob ich als Arzt in die Bundeswehr eintreten wolle. Ich meldete mich als Sanitätsoffizier-Bewerber mit der Mitteilung, dass ich am 1. April 1962 zur Verfügung stehen würde.

Nachdem der Kandidat der Medizin

Dr. med. Horst Paul H e n n i g

geboren am   28. Mai   19 26   in   Siersleben

am   28. März   19 61   die ärztliche Prüfung vor dem Prüfungsausschuß

in   K ö l n   mit dem Urteil „   – g u t –   " bestanden

und die Bestimmungen über die Medizinalassistentenzeit mit dem   31. März   1962

erfüllt hat, wird   ihm   hierdurch die

BESTALLUNG ALS ARZT

mit der Geltung vom   31. März   19 62   ab erteilt.

Diese Bestallung berechtigt den Arzt zur Ausübung des ärztlichen Berufs.

Düsseldorf, den   5. April 1962

Der Innenminister
des Landes Nordrhein-Westfalen

Im Auftrage:

Bestallungsurkunde Horst Hennig

175

Eine weitere Ausbildung wurde mir als Medizinalassistent an den Städtischen Krankenanstalten Köln-Merheim unter dem namhaften Prof. Hans Schulten (1899–1965) mit den Schwerpunkten der Hämatologie und Nephrologie ermöglicht.

Die Stationen wurden von katholischen Ordensschwestern kenntnisreich und aufopfernd versorgt. Mir wurde die Dienstanweisung Schultens (bis 1943 beratender Internist einer Armee) an die „nachgeordneten Ärzte" vorgelegt. Über seine wissenschaftliche Tätigkeiten hinaus verfasste jener u. a. das Buch „Der Arzt" (1960). Seine Forderungen an die nachgeordneten Ärzte der Inneren Abteilung waren u.a.:

- Mit der Einlieferung eines „Notfalls" sind unverzüglich (vor einem möglichen Tod des Patienten) die persönlichen Patientendaten zu dokumentieren,
- Von jedem Arzt kann erwartet werden, dass dieser eine Schreibmaschine bedienen kann,
- Auf den Krankenstationen sind innerhalb von zwei Stunden die Untersuchungsparameter zu erheben und abzuschließen, die mindestens mit dem Ergebnis einer Differentialdiagnose zu dokumentieren sind.

In diesem Klinikum wurde mir als Medizinalassistenten das Privileg zuteil, in einer der oberen Etagen des ehemaligen Kasernengebäudes ein Zimmer zu beziehen. Der Vorteil bestand darin, dass ich unter Aufsicht des diensthabenden Facharztes geschult wurde, nachts eingelieferte akut Erkrankte am Leben zu erhalten. Die kollegial-freundliche Zuwendung des neben mir wohnenden Neurologen und Arztes für Psychiatrie, des späteren Lehrstuhlinhabers der Universität Köln (für Psychosomatische Medizin und Psychotherapie) Prof. Dr. R. Lohmann (1918–2010) war mir sicher. Im Beisein seiner Frau Eva-Maria (1920–2014) wurden die Verbrechen des 20. Jahrhunderts unter Lenin und Stalin (GULag) und des Nationalsozialismus (KZ) mit den nachfolgenden posttraumatischen psychischen Störungen der Überlebenden mit dem Zeitzeugen Hennig 1962 erörtert.

Als Student nahm ich durch Zufall Kenntnis von einer theoretisch ideologischen Auseinandersetzung einer Studentengruppierung in Köln. Die dort lautstark ausgetragenen politischen Debatten zu konfusen Theorien über den richtigen Weg zum Sozialismus habe ich selbst in der Sowjetunion nicht gehört. Solcherlei Verirrungen waren mir neu. Selbst Marx und Engels wären damit nicht einverstanden gewesen. Von den Inhalten des Grundgesetzes waren diese Studenten weit, sehr weit weg. Offensichtlich hatten die verantwortlichen Funktionäre der DDR für ihre an der Universität Köln agierende Propagandatruppe die falschen Leute ausgewählt.

Um die Wartezeit zum Eintritt in die Bundeswehr zu überbrücken, bot mir das Kreiskrankenhaus in Selters im Westerwald die Möglichkeit, einige Monate unter dem Chirurgen Dr. Dum tätig zu werden, der darüber hinaus die Gynäkologie, Urologie und die Kinderchirurgie in dieser Klinik leitete. Zusätzlich erweiterte ich meine Erfahrungen, indem ich einige praktische Ärzte vertrat.

Die extrem negativen politischen Verhältnisse in der SBZ/DDR und der Zwangsaufenthalt in der Sowjetunion ließen mich die Westbindung der Bundesrepublik mit dem Beitritt zur NATO als einen wichtigen Schritt in die Zukunft der Bundesrepublik Deutschland befürworten. Geschichtliche und moralische Beweggründe veranlassten mich, ein Gegner der sowjetischen Ideologie zu werden, aber kein Gegner des russischen Volkes.

Letztlich erhielt ich die Aufforderung, am 15. März 1962 bei der Offizierbewerberprüfzentrale vorstellig zu werden. Bis dahin wurden alle Angaben über meine Person, Referenzen und sonstige mir unbekannte Auskünfte bei den Behörden abgeglichen und überprüft.

Die Offizierbewerberprüfzentrale in Köln –
Sanitätsoffizier in Fassberg

In der Nachkriegszeit entschieden sich nach 1955 etwa 40.000 ehemalige Kriegsteilnehmer in die neu aufzustellende Bundeswehr einzutreten. Es war die erste bürokratische Einrichtung der Bundeswehr, die meiner Kritik anheimfiel. Etwa zwei Stunden stellten ein Regierungsrat, ein Fregattenkapitän, ein Oberfeldarzt und zwei andere unbekannte Personen Fragen. Ich fand es deplatziert – als Kriegsteilnehmer und ehemaliger politischer Häftling, mehrfach dem Tode entgangen, immerhin durch meinen bisherigen Lebensweg ausgewiesen –, wie ein Schüler der letzten Schulklasse befragt zu werden. Sicher bin ich nicht, ob dieses Theater einem der zu dieser Dienststelle kommandierten Herren nicht auch peinlich war.

Bereits vor diesem Prüfgespräch stand mein Entschluss fest, als Arzt und Offizier meine Kenntnisse an die jüngere Generation weiterzugeben. Eine Frage in den schriftlichen Bewerbungsunterlagen lautete: „In welcher geographischen Region der Bundesrepublik möchten Sie tätig werden?" Meine schriftliche Antwort: „Wohin der Dienstherr es befiehlt!"

Zum 1. Juni 1962 stellte mir die Bundeswehr den Einberufungsbescheid zu, der mich – ohne die übliche Einweisung an der Sanitätsakademie in München – nach Fassberg/Lüneburger Heide befahl. Mit meinem Volkswagen erreichte ich den Schlagbaum dieser Kaserne. Ich zog den Befehl mit der Bezeichnung Luftwaffensanitätsstaffel „C" Fassberg hervor. Antwort des Soldaten: „Haben wir hier nicht." Ich fragte: „Wo gehen Sie denn hin, wenn Sie krank sind?" „Ins Sanitätsrevier." Meine Antwort: „Da will ich ja hin."

Er hob den Schlagbaum und ich meldete mich bei dem Staffelchef Oberstabsarzt Dr. Kötz (1916–2005). Dort hatte ich den Oberstabsarzt Dr. Korsch als Truppenarzt abzulösen, der mit zivilen Vertragsärzten einige Tausend Soldaten des Ausbildungsregimentes, der Flugzeugführerschule S (Hubschrauber), der Technischen Schule der Luftwaffe 3, der Fahrschul-Kraftfahrzeugmeisterausbildung und der Feuerwehrschule der Bundeswehr medizinisch zu versorgen hatte.

Horst Hennig 1962

Luftwaffen-Sanitätsstaffel 1963, von links nach rechts:
Dr. Schott, Dr. Kirchner, Dr. Saatzen, Hauptfeldwebel Ebel,
Dr. Hennig; Flugplatz der Luftwaffe Fassberg

Diese Sanitätseinrichtung war großzügig und weiträumig konzipiert, mit über 30 stationären Betten, einem 200-Betten-Lazarett (Geräteeinheit) einschließlich Zahnstation, Röntgeneinrichtung, medizinischem Labor und Notoperationsraum ausgestattet. Wenige Wochen später verlegte die alarmierte Geräteeinheit mit Personal unter meiner Führung zu einer Mobilmachungsübung in einen 20 Kilometer entfernten waldreichen Bereitschaftsraum.

Als Beisitzer eines Flugunfall-Untersuchungsausschusses erarbeitete ich mir mit Gutachten die ersten Erfahrungen auf diesem Spezialgebiet. Die Untersuchungen zur Flugsicherheit dienten der Unfallverhütung. Zu meinem Aufgabenbereich gehörte außerdem, die mitfliegenden Luftrettungsmeister der Hubschrauber in Zweitfunktion als „Notfall-Sanitäter" auszubilden und zu prüfen. Mit der Ordination der sich krank meldenden Soldaten fing mein Dienst morgens um 6.30 Uhr an, um ca. 80 bis 120 Patienten täglich bis 15 Uhr gemeinsam mit dem Sanitätspersonal und vormittags mit zwei Vertretungsvertragsärzten zu versorgen.

Im dritten Monat meines Dienstes besuchte der Generalarzt der Luftwaffe Dr. Fritz Dörner (1908–1976), Facharzt für HNO, die Luftwaffensanitätsstaffel in Fassberg. Bei dieser Gelegenheit bat er mich, ihn bei einem Spaziergang durch die umliegenden Wälder zu begleiten, die er aus den Jahren kannte, als er 1936 als Sanitätsoffizier in Fassberg tätig war. In dieser Zeit entwarf er die Infrastruktur des noch immer genutzten Sanitätsbereiches.

179

Dr. Dörner untersuchte die Piloten vor Beginn der Ausbildung auf Flug-
tauglichkeit. Nach einigen Wochen meldete sich Dörner bei dem Kommodore
Oberstleutnant Martin Fiebig mit der Bitte, selbst als Flugzeugführer ausgebildet zu werden. Dies wurde genehmigt.

Die Biographie des OTL Fiebig am Ende des Zweiten Weltkrieges ist von
Tragik durchzogen. Als Staffelführer und Hauptmann wurde Fiebig 1919 aus
dem Dienst entlassen. In der militärischen Zusammenarbeit zwischen der
Roten Armee und dem 100.000 Mann-Heer wird er in russischer Uniform von
1924 bis 1926 als Militärberater der Roten Luftflotte eingesetzt. Als Kommandeur des deutschen Anteils der Russisch-Deutschen Fliegerschule Lipezk/
Sowjetunion und nach weiteren Verwendungen im Aufbau der Deutschen
Luftwaffe als General der Flieger und Befehlshaber des Luftwaffenkomman-
dos Südost wurde er 1946 aus britischer Gefangenschaft an Jugoslawien ausgeliefert und 1947 dort hingerichtet.

Bald erreichte mich eine Kommandierung zu einem Luftabwehrbataillon
nach Essen-Kupferdreh, um den Chef der Lw SanSt Dr. Knöchel zu vertreten.
Eine Woche lang oblag es mir, die Einstellungsuntersuchungen der Wehrpflichtigen durchzuführen.

Einen Monat später übertrug mir die Personalführung in Bonn die Vertretung des Fliegerarztes Dr. Reuther des Jagdbomber-Geschwaders 36 in Rheine.
Unter dem Kommodore und Ritterkreuzträger Oberst Dipl.-Ing. Wilhelm Meyn
(1923–2002) flog das Geschwader das Flugzeugmuster F 84 F. Auf diesem
Fliegerhorst begegnete mir später der Inspekteur der Luftwaffe Generalleutnant Werner Panitzki (1911–2000).

Eines Nachts weckte mich der Fliegerarzt-Unteroffizier Carlo Kastenbein
(1936–1999) zur Versorgung eines Notfalls. Unter Alkoholeinfluss verun-
glückte bei einem privaten Ausflug ein Pilot, dessen Gesicht jetzt durch zahlreiche schwere Schnittverletzungen entstellt war. Kastenbein bewog mich, den
Piloten selbst zu versorgen, weil diesem sonst die Pilotenlizenz entzogen worden wäre, was ihm vom Kommodore bereits mehrfach angedroht wurde. Ich
tat mein Bestes, die Staffelkameraden deckten die Abwesenheit des Patienten.
Die fürsorglichen ärztlichen Verrichtungen trugen bei den Familien und Piloten zur notwendigen Vertrauensbildung bei. Dieses Verhältnis war für die Unfallverhütung bzw. Unfalluntersuchung bei Flugunfällen ein wichtiger Teil-

Dienstausweis als Sanitätsoffizier

aspekt. Mit dem späteren Oberstabsfeldwebel Kastenbein verband mich bis zu seinem Tod ein kameradschaftliches Verhältnis.

Die damalige Luftwaffe befehligten kriegserfahrene Piloten; zumeist Offiziere, die ein Ingenieurstudium vor Eintritt in die Bundeswehr absolvierten, so dass der Friedensbetrieb mit den Ausbildungszielen gewährleistet war. Eines Abends fanden sich im Casino in Fassberg 50 bis 60 Luftwaffenoffiziere zusammen. Ich betrat den Vorraum und wurde von einem Vertreter der Offizier-Heimgesellschaft gebeten, mit Blick auf die ausgestellten Siegprämien an einem Skatturnier teilzunehmen. Ich winkte aus Desinteresse zunächst ab. Er provozierte mich, ich hätte wohl Bedenken zu verlieren, es seien nur fünf Mark Teilnahmegebühr zu entrichten. Dafür stünden eine etwa 50 Zentimeter hohe Flasche Markencognac als erster Preis, daneben eine Schreibmappe aus Pfauenleder sowie weitere Preise zur Auswahl. Cognac war zwar nicht mein Fall, ich wollte mich der Gemeinschaft aber nicht entziehen. Unter etwa 60 Teilnehmern erreichte ich die höchste Bewertung – mit allen Kartenspielen über sieben Jahre in amerikanischer und russischer Gefangenschaft trainiert – und wählte unter dem Beifall der Cognactrinker die Pfauenlederschreibmappe. Mein Ruf als Stabsarzt wurde auch in dieser Hinsicht gefestigt. Der Kdr Fliegerhorstgruppe OTL Richard Brunner lud mich zu privaten Skatabenden an Wochenenden ein.

Funktions-Personal der Luftwaffen-Sanitätsstaffel Fassberg, Hauptfeldwebel Ebel mit Dr. Schott und Dr. Hennig

Trotz Arbeitsbelastung war Fassberg ein romantischer, grenznah gelegener Standort. Zu meinem im ersten Stock liegenden Wohnraum fanden über die hochstehenden alten Eichen die Eichhörnchen Zugang und bedienten sich an der Nussschokolade, indem sie die Verpackung aufrissen und von der Schokolade nichts übrig ließen.

Ein informativer Besuch durch den damaligen Hamburger Innensenator Helmut Schmidt (1918–2016) war mit einem militärpolitischen Vortrag verbunden. Die Rettungsmaßnahmen während der Hochwasserkatastrophe 1962 an der Elbmündung in Hamburg wurden neben anderen auch durch zwanzig Hubschrauber aus Fassberg unterstützt.

Nach fünf Monaten der Probezeit als Truppenarzt wünschte die personalführende Dienststelle in Bonn meine Übernahme als aktiver Sanitätsoffizier. Das war inmitten einer angespannten weltpolitischen Situation, im Oktober 1962 bedrohte die Sowjetunion die USA „vor ihrer Haustür" auf Kuba mit Atomraketen.

Versetzung zum Jagdgeschwader 71 „Richthofen"
Wittmund

Mitte 1962 übernahm OTL Günther Josten (1921–2004) vom Kommodore des erfolgreichsten Jagdfliegers des Zweiten Weltkrieges OTL Erich (Bubi) Hartmann (1922–1993) das JG 71 „R" und bereitete den Flugbetrieb mit dem Starfighter F-104 G in Wittmund vor. Während der russischen Kriegsgefangenschaft wurde er zusammen mit Günther Wagenlehner wegen „Lageraufstands" zu 25 Jahren Zwangsarbeit verurteilt und am 17. April 1997 rehabilitiert.

Der spätere Oberst Hartmann wurde wegen seines fliegerischen Könnens mit 352 Luftsiegen im Zweiten Weltkrieg bei den westlichen und östlichen Gegnern bewundert und geachtet. Zum Ritterkreuz erhielt er das Eichenlaub mit Schwertern und Brillanten. Zur Entgegennahme der Auszeichnung durch Adolf Hitler sollte er seine Waffe im Vorraum ablegen. Seine in der Adjutantur despektierliche Antwort: „Wenn der Führer seinen Soldaten misstraut, soll er die Auszeichnung behalten!"

Erich Hartmann 1944 und 1962

Übersetzung

Generalstaatsanwaltschaft
der Russischen Föderation

ZENTRALE

MILITÄRSTAATSANWALTSCHAFT

17. April 1995

No 5uw-7348-48

1o316o Moskau. K-16o

BESCHEID

/über die Rehabilitierung/

Der Bürger Deutschlands HARTMANN. Erich Alfred, Jahrgang 1922, geboren in dem Ort Weissach, Provinz Württemberg in Deutschland, Deutscher, gefangen genommen am 8. Mai 1945 in der Tschechoslowakei, während seines Aufenthaltes im Kriegsgefangenenlager am 27. Dezember 1949 vom Militärtribunal der MWD-Truppen der Provinz Iwanowo nach § 17 des Strafgesetzbuches der RSFSR und Artikel I des Erlasses des Präsidiums des Obersten Sowjets der UdSSR vom 19. April 1943 zu 25 Jahren Freiheitsentzug zur Verbüßung dieser Strafe im Besserungs- und Arbeitslager verurteilt und erneut verurteilt während der Zeit der Verbüßung dieser Strafe am 21. Juni 1951 durch das Militärtribunal des Wehrkreises Don nach den §§ 58-4, 58-8 und 58-14 des Strafgesetzbuches der RSFSR zu 25 Jahren Freiheitsentzug zur Verbüßung dieser Strafe im Besserungs- und Arbeitslager, ohne Konfiszierung des Vermögens, weil keines vorhanden war, ist auf der Grundlage des Artikel 3a des Gesetzes der Russischen Föderation "Über die Rehabilitierung der Opfer politischer Repressionen" vom 18. Oktober 1991 rehabilitiert.

Die Angaben wurden den Materialien im Archiv für Strafprozeßakten entnommen.

Obermilitärstaatsanwalt
Abteilung Rehabilitierung

(Stempel: (Unterschrift)

Zentrale
Militärstaatsanwaltschaft)   S.I. Tverdochlebov

Rehabilitation Erich Alfred Hartmanns am 17. April 1995. Die Urkunde stellte Horst Hennig dem Richthofen-Museum in Wittmund zu

Im Jahr 1942 bemerkte ich während einer Reise in den Urlaub auf dem Bahnsteig in Leipzig einen Hauptmann und Ritterkreuzträger der Luftwaffe, der von sechs bewaffneten Militärpolizisten bewacht in die Festung nach Torgau gebracht wurde. Das 1933 neu aufgestellte Offizierskorps der Luftwaffe besaß zahlreiche Offiziere mit technischen Berufen. Auch vor der Ideologie des Nationalsozialismus machte deren kritisches Denken nicht halt – letztlich forderte der Reichsmarschall Hermann Göring aufgrund vieler technischer Unzulänglichkeiten die erfolgreichsten Piloten der Luftwaffe zum Widerspruch heraus.

Ein Flugunfall im August 1963 mit einer Sabre F-86 in der Nähe von Brock-zetel/Aurich mit sechs toten Bundeswehrangehörigen führte im September zu meiner sofortigen Versetzung zu der Luftwaffen Sanitätsstaffel des JG 71 „R", um die zweite freie Arztstelle einzunehmen. Neben der kurativen Tätigkeit stand ich als Disziplinarvorgesetzter den etwa 30 Sanitätssoldaten und zahl-reichen Zivilbediensteten einschließlich einer zahnärztlichen Behandlungsein-heit mit eigener Prothetik als Chef vor.

In der neu errichteten Kaserne (acht Kilometer von der Flugbasis entfernt) befand sich ein technisch vorbildlich eingerichteter moderner Sanitätsbereich mit zwei „Bw 50" Atombunkern, einer eigenen Notstromanlage und einem Operationsraum. Die vorhandenen 30 Betten einschließlich eines Traktes für Infektionskranke konnten im Kriegsfall durch eine Chirurgengruppe in ein Lazarett von 200 Betten erweitert werden. Das bereits als Labor-, Röntgen- und OP-Helfer ausgebildete Sanitätspersonal stellte ich zeitweise dem Chef-arzt des Kreiskrankenhauses Wittmund, dem Chirurgen Dr. Wolfgang Schwerk (1904–1973), zur Fortbildung ab.

Der Flugplatz mit seinen neu zugeführten Luftfahrzeugen Lockheed-Star-fighter F-104 G lag mit seinem Einsatz- und Werksgebäuden in westlicher Richtung vom Unterkunftsbereich entfernt. In etwa zwölf Kilometer Entfer-nung Richtung Osten lag der Bw-Flughafen Jever, der den Kasernenbereich einschloss. Der Fliegerarzt des JG 71 „R", Oberfeldarzt Dr. Carl-Detlev von Wardenburg (1921–1980), hieß mich herzlich willkommen. Er wurde durch

Oberst Günther Josten, Oberfeldarzt Dr. Carl-Detlev von Wardenburg

mich wesentlich entlastet; denn seine Verantwortung reduzierte sich durch meine Anwesenheit auf die Soldaten des Flugfeldes und auf die Piloten. Truppendienstlich unterstand ich dem Kommandeur der Fliegerhorstgruppe und in der nächsten Befehlsebene dem Kommodore Oberst Günther Josten, der im Zweiten Weltkrieg mit 178 anerkannten Luftsiegen, ohne selbst jemals abgeschossen zu werden, Träger des Ritterkreuzes mit Eichenlaub war. Bei beiden Herren meldete ich mich zum Dienstantritt, auch bei den Ärzten des Kreises Wittmund und bei dem Herrn Bürgermeister. Es entwickelte sich ein fachlich kollegiales und militärisch kameradschaftliches Arbeitsverhältnis.

Eines Morgens meldete mir Fw. Willi Beese, im verregneten Wald nahe Esens sei eine in getarnten Zelten lebende Einheit in Zugstärke gesichtet worden. Nach zwanzig Minuten standen Beese und ich vor der belgischen Feldwache, die mich dem Kommandoführer der Fernspähtrupp-Einheit meldete. Dem Maj. Grandelet empfahl ich, sich mit seinen erkrankten Soldaten auf die Sanitätsstaffel JG 71 „R" zu stützen. Wir vereinbarten eine gemeinsame Grillpartie im Kasernenbereich, er revanchierte sich mit einem geschlachteten Schwein mitten im Wald.

Früher wurde seine Einheit in Afrika eingesetzt. Der Feldkoch, ein Obergefreiter, diente als solcher schon 15 Jahre. Die unterstellten Soldaten reagierten auf Befehle, die auf sparsame Gesten des Majors, ohne ein Wort zu verlieren, umgehend ausgeführt wurden. In den späteren Jahren lud er mich privat und in den Belgischen Club in Köln-Müngersdorf ein.

Mit der Versetzung des Fliegerarztes Dr. Carl-Detlev von Wardenburg zur Nato-Basis Ramstein im Sommer 1966 wurde mir als Fliegerarzt zusätzlich die Verantwortung für die Piloten übertragen. Zwischenzeitlich absolvierte ich im ersten Halbjahr 1965 in den Vereinigten Staaten an der „School of Aerospace Medicine", San Antonio, Texas, für mehrere Monate den Primary Course, der die Tätigkeit eines Fliegerarztes im erweiterten Aufgabenbereich ergänzte. Das Geschwader befand sich Tag und Nacht in Bereitschaft, das schloss das Wochenende ein. Den wehrpflichtigen Ärzten erlaubte ich die Heimfahrt am Wochenende, an dem ich fast regelmäßig den Dienst übernahm. Die Sanitätssoldaten befanden sich gleichfalls am Wochenende zur Hälfte in Dienstbefreiung.

Eines Tages alarmierte ein Notfall das Towerpersonal. Eine im Anflug befindliche USAAF-Transportmaschine meldete den Ausfall eines Triebwerkes. Feuerwehr und Sanitätskraftwagen standen auf dem Flugfeld bereit. 25 US-Soldaten entstiegen nach geglückter Landung der Transportmaschine.

Den Geschwaderbetrieb hielt in dieser Situation der Offizier vom Dienst (OvD) Hptm. Gerhard Albert (1937-2006) aufrecht, der wie ich über USA-Erfahrungen verfügte. Die Küche des Casinos wurde mit der küchen- und barerfahrenen Frau Hanna sofort in Gang gebracht. Aufgrund der vollbelegten Kasernengebäude stellte ich den 25 Soldaten die Doppelzimmer im modern eingerichteten Sanitätsbereich zur Verfügung. Mit einem Shuttlebus erkundeten die Gäste die Gegend zwischen Wilhelmshaven und Aurich. Nach Tagen war das Ersatztriebwerk angelandet und ausgetauscht. Bei der Verabschiedung versuchten die Gäste, die komfortablen zusätzlichen Decken, eingewebt mit dem Wort „Bundeswehr", als Souvenir mitzunehmen. Sie scheiterten an meiner preußischen Erziehung. Wochen später erreichte das Geschwader auf dem Dienstweg von der europäischen Kommandobehörde USAAF ein Belobigungsschreiben für die damals diensthabenden Offiziere.

In Wittmund erregte ich die Aufmerksamkeit der Gegenspionage der DDR. Ein in die DDR geflüchteter Wehrpflichtiger des Geschwaders wurde mehrere Tage befragt. Es wurden ihm Bilder von mir in jener Tropenuniform vorgelegt, die dienstlich in Texas getragen wurde.

Ein freundschaftliches Verhältnis entwickelte sich zu Lawrence Conaway (1930–1970), der der Military Assistance Advisory Group (MAAG) in Bonn angehörte und in Wittmund als Inübungshalter die F-104 flog. Die U.S.-Air Force stellte ihm ein Verbindungsflugzeug zur Verfügung, mit dem wir gemeinsam über die Wochenenden nach Köln-Bonn flogen. Nach Rückkehr in die USA 1968 nahm er den Dienst in Vietnam auf und wurde im Mai 1970 abgeschossen.

LtCol Lawrence „Larry" Conaway, USAF

Meine ärztliche Zuwendung zu den Piloten und weiteren Patienten führten zu einem engen Vertrauensverhältnis und zu meiner Identität mit dem Geschwader und dessen Aufgaben.

Die Starfighter-Krise

Die Aufstellung der Bundeswehr stieß auf eine bereits bestehende Beamtenschaft auf allen Verwaltungsebenen, die als eigene Bundeswehrverwaltung Zuständigkeiten für sich in Anspruch nahm. In der Sache übernahmen diese Behörden mit der Aufstellung der Bundeswehr die Verantwortung für das Personal, die Infrastruktur, die Standorte und sonstige Entscheidungen, die sich auch auf Kleinigkeiten bezogen. Von erheblicher Bedeutung wurde damit der politische Einfluss auf die unterstellte militärische Führung „der Spitzengliederung" mit dem Generalinspekteur empfunden. Die spätere Spitzengliederung der Bundeswehr regelte der Blankeneser Erlass vom 21. März 1970.

Negative Auswirkungen auf die technischen Herausforderungen der Luftwaffe waren zu erwarten und führten zu Reibungsverlusten. Diese entstanden gleichermaßen in der militärpolitischen Lagebeurteilung des unterschiedlichen Denkens zwischen den verantwortlichen Politikern und den in Einzelheiten besser informierten militärischen Stäben.

Schon bald nach dem Ende des Krieges 1945 nahm der „Kalte Krieg" seinen Anfang. Er kulminierte in der Berlin-Blockade 1948 und dem Beginn des Koreakrieges im Juni 1950. In dieser Phase stellten die Vereinigten Staaten die frühe Forderung nach einem deutschen Verteidigungsbeitrag auf, der schließlich dem Präsidenten Dwight D. Eisenhower am 6. April 1953 durch den Bundeskanzler Dr. K. Adenauer garantiert wurde.

Die Erfahrungen im Verlauf des Koreakrieges 1950 zwangen die U.S.-Airforce, ein leistungsfähiges Jagdflugzeug zur Verfügung zu haben. Insbesondere der drohende Ost-West-Gegensatz animierte die Nato-Streitkräfte in Europa dazu, baldmöglichst mit überlegenen Luftstreitkräften abschreckend zu wirken. Die Firma Lockheed überzeugte im Jahre 1956 mit einer Mach 2 (zweifache Schallgeschwindigkeit) fliegenden Neukonstruktion.

Nach Vertragsunterzeichnung schlossen sich auch andere westliche Staaten neben den USA der Beschaffung des neuen Kampfflugzeuges in einem Produktionsverbund an. Damit erreichte die Luftfahrtindustrie der Verbündeten den

Anschluß an die technischen Entwicklungen der USA, das Bündnis erhielt zudem eine weitgehend koordinierte Luftverteidigung.

Über 2.500 Kampfflugzeuge des Starfighters F-104 kamen in der Welt zum Einsatz. Bis zum Jahre 1972 befanden sich 916 Starfighter F-104 im Dienst der Bundeswehr, wobei 292 Unfälle und 108 tote Piloten zu beklagen waren. Der von dem General für Flugsicherheit geleitete Flugunfalluntersuchungsausschuss stellte die unterschiedlichsten Unfallursachen wie Wetterverhältnisse, technisches oder menschliches Versagen oder andere Faktoren fest, wobei die Flugunfallverhütung mit der Ursachenforschung im Vordergrund stand.

Starfighter F-104 G

Die zeitlich forcierte Umrüstung auf das Flugzeugmuster F-104 G zeigte Schwierigkeiten, die das Geschwader in Wittmund nicht zu vertreten hatte. So warteten die in den USA ausgebildeten Piloten Monate auf die von dort zugeführten Jagdmaschinen. Von den drei notwendigen Werkstatthallen, unter der Regie der Finanzbauämter errichtet, stand nur eine bezugsfertig zur Verfügung. Die hoch entwickelten elektronischen Systeme der Jagdeinsitzer waren, da nicht in Hallen untergebracht, der feuchten Witterung Norddeutschlands

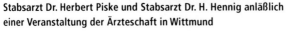

Stabsarzt Dr. Herbert Piske und Stabsarzt Dr. H. Hennig anläßlich einer Veranstaltung der Ärzteschaft in Wittmund

Oberstarzt Dr. Herbert Piske, Leiter der Zahnstation JG 71 „R"

ausgesetzt. Die „Test-Units" der Herstellerfirmen zur Durchführung von Prüfverfahren standen noch nicht zur Verfügung. Das in den USA konstruierte Jagdflugzeug erhielt nach deutschen Forderungen – aus Gründen der Sparsamkeit in der Verwendung als Jagdbomber und Aufklärer – zusätzliche technische Vorrichtungen. Die Mehrfunktionen erhöhten das Abfluggewicht beträchtlich.

Mängellisten führten zu einer Reduzierung der vorgeschriebenen Flugstundenzahlen der Piloten. Unter großer Anteilnahme der Öffentlichkeit meldeten die F-104 Luftwaffengeschwader Abstürze mit und ohne Todesfälle. In diesen Extremsituationen befand sich das Personal der Lw-Sanitätsstaffel in Wittmund mit allen verfügbaren Sanitätssoldaten im Einsatz. Unterstützung erhielt diese durch den Leiter der Zahnstation, Oberstarzt Dr. Herbert Piske (1921–2010), der als Pilot im Zweiten Weltkrieg mit dem Ritterkreuz ausgezeichnet worden war.

Die „Starfighter-Krise" erreichte 1965 mit 27 Flugunfällen in der Bundeswehr ihren Höhepunkt. Nach dem Absturz des Piloten Oberleutnant Siegfried Arndt am 18. Juli 1966 über See besuchte der Minister der Verteidigung Kai-Uwe von Hassel (1913–1997) das Geschwader in Wittmund. Während seines Aufenthaltes fanden sich drei Personen an einem Tisch zur Information des Ministers zusammen. Es waren Kommodore Oberst Josten, Oberstabsarzt Dr. Hennig und Flugsicherheitsoffizier Hauptmann Klaus Jürgen Rühmann.

Verteidigungsminister Kai-Uwe von Hassel informiert sich bei Günther Josten über die Probleme im Starfighter-Betrieb

Im Verlauf des Gespräches zog der Minister einen Teil seiner linken Manschette aus dem Ärmel; er vermerkte darauf einen Gesprächstermin mit dem Inspekteur der Luftwaffe Generalleutnant Werner Panitzki, dem offensichtlich eine Studie über die unzureichende Abdeckung des Flugbereiches der Nordsee durch unzulängliche Reichweite der Hubschrauber zur Rettung der Piloten nicht vorgelegt worden war. Dieser Vorgang führte in den nächsten Tagen zu dessen Wunsch an den Minister, in den Ruhestand versetzt zu werden, was am 25. August 1966 geschah.

Als Krisenmanager bewunderte ich den Kommodore Oberst Josten, der als Schüler seine Persönlichkeitsbildung dem Vater, einem Pfarrer, und der Elite-Schule Schulpforte nahe Naumburg verdankte.

Siegfried Arndt

191

Fliegerarzt Dr. Hennig mit dem Kommodore Oberst Josten JG 71 „R", Wittmund

Dr. Piske, Dr. Schott, Dr. Hennig, O Stfw. Kastenbein; 1976 Wittmund

Der Divisionskommandeur der 4. Lw-Division GenMaj. Johannes Steinhoff (1913–1994), mit 176 anerkannten Luftsiegen im Zweiten Weltkrieg, selbst dabei zwölf Mal abgeschossen, wohnte in Wittmund. Nach mehrfachen Begegnungen bildete sich zwischen General Steinhoff und mir ein enges Arzt-Patienten-Verhältnis heraus. Während eines Reiterfestes in Aurich betonte er die Wichtigkeit der Deutschen Militärischen Vertreter beim Military-Committee (MC) in Washington, der besondere Einsatzziele in Europa festlegte. Dieser erfolgreiche Pilot des Zweiten Weltkrieges flog im letzten Kriegsjahr den Düsenjäger Me-262, weltweit das erste aktive Jagdflugzeug mit Düsenantrieb.

Der Minister trug ihm die Verantwortung als Inspekteur der Luftwaffe an. General Steinhoff, damals Chef des Stabes AIRCENT, bat um Bedenkzeit. Unter dem Druck der Öffentlichkeit wurde ihm die zentrale Führung der Luftwaffe weitgehend zugesichert. Er erreichte mit der Reduzierung der Unfallzahlen und der hohen Einsatzfähigkeit der Luftwaffe höchste Anerkennung durch die Alliierten.

Im Verlauf des komplizierten Flugunfalls Oberleutnant Arndts konstituierte sich der Verteidigungsausschuss des Deutschen Bundestages zu einem Untersuchungsausschuss über Ausrüstungsmängel der Luftwaffe. Bundestagspräsident Eugen Gerstenmaier (1906–1986) beauftragte den Leiter der Pathologie am Flugmedizinischen Institut der Luftwaffe Fürstenfeldbruck, Oberfeldarzt Professor Dr. Siegfried Krefft (1916–1981), und mich als den Fliegerarzt des Geschwaders je ein Gutachten zu erstellen. Es war die Zeit der Großen Koalition zwischen CDU und SPD, in der die Luftwaffenführung befürchtete, für politische Fehler der Vergangenheit allein verantwortlich gemacht zu werden. Gesprächspartner aus Bonn bewogen den Leiter des Flugmedizinischen Instituts, Generalarzt Prof. Dr. Erwin Lauschner (1911–1996), mit den Gutachtern Einvernehmen herzustellen. Wir bestanden aus rechtlichen Gründen auf Unabhängigkeit. Im Verlaufe der Zeugenvernehmungen im Deutschen Bundestag hielt der Vorsitzende des Untersuchungsausschusses dem Bundeswehrbeschaffungsamt (BwB) in Koblenz vor, ohne Prüfung der Rettungsausrüstung einen Genehmigungsstempel gesetzt zu haben. Unsere Gutachten beschrieben unter anderem die Fehlerhaftigkeit des „Quick Disconnect" am Fallschirmgurt und bewirkten mit den Argumenten anderer Gutachter den Austausch des Schleudersitzes der F-104 G durch das britische Modell „Martin Baker".

Wieder im Dienst in Wittmund blieben Kontakte und Rückfragen der Bundestagsabgeordneten nicht aus, so durch den späteren Wehrbeauftragen Willi Berkhahn (1915–1994). Meine frühere Anwesenheit bei der Verabschiedung des Bundeskanzlers Dr. Konrad Adenauer in der Beethovenhalle in Bonn 1963 gab Anlass, persönliche Verbindungen in Bonn zu vermuten. Die genannte Verabschiedung außerhalb des Bundestages wurde durch Ordner in zwei Gäste-

Linien geleitet. Die eine, amtliche, für Personen von Dienststellen, die andere für Verbände und sonstige Privatpersonen, die Dr. Adenauer bevorzugt vorgestellt wurden. Dieser Linie mit der Vertretung des Verbandes der Opfer des Stalinismus (VOS) gehörte Sigurd Binski mit mir in Uniform „als unbekannter Stabsarzt" an.

Aus der offiziellen Linie der höheren Beamten in zweiter Warteposition beäugten mich der Inspekteur des Sanitätswesens Generaloberstabsarzt Dr. Wilhelm Albrecht (1905–1993) mit einigen Herren seines Stabes misstrauisch. Das veranlasste mich, ihm meine außerdienstliche Mission zu melden, nämlich im Auftrag der 60.000 politischen Häftlinge, die in der VOS organisiert waren, von denen Dr. Adenauer von 1955 bis Anfang 1956 einige Tausend aus der Sowjetunion heimholte, zu danken.

Nachgetragen werden sollte, dass sowjetische Militärgerichte insgesamt ca. 35.000 deutsche Zivilisten und 30.000 Soldaten verurteilten, von denen über 80 Prozent ab 1992 von russischer Seite rehabilitiert worden sind. In die ehemaligen von Nationalsozialisten zwischen 1933 bis 1945 betriebenen Konzentrationslagern wurden ab Kriegsende in der SBZ/DDR über 130.000 Personen – zum Teil ohne Vernehmung und ohne Urteil – von der sowjetischen Administration eingewiesen. Von ihnen starben 44.000 an Unterernährung und vornehmlich an der Tuberkulose.

Die Fliegerärzte der Bw, wie auch alle anderen Sanitätsoffiziere, hatten den Auftrag, Vorgesetzte medizinisch zu beraten. Die Ausbildung zum Fliegerarzt erfolgte in den ersten Jahren der Bw in den USA, School of Aerospace Medicine, im texanischen San Antonio, in einem Grund- und Fortgeschrittenenlehrgang. Zu diesen Einrichtungen kommandierte man mich 1965 und 1971. Mit allen Besonderheiten der Ausbildung vertraut – wie Unterdruckkammer, Zentrifuge für G-Belastungen, Ausschuss mit Schleudersitz und Überlebensübungen „See" – waren die Voraussetzungen gegeben, in Zusammenarbeit mit dem Flugmedizinischen Institut der Luftwaffe in Fürstenfeldbruck, technisch und medizinisch zur Sicherheit der Piloten beizutragen. Die Fliegerärzte begleiteten die Piloten bei Auslandsübungen als Jet-Passenger des Typs TF-F104 G, sie waren zum Mitfliegen verpflichtet. Den ersten Flug als Jet-Passenger mit dem Starfighter absolvierte ich mit dem Kommandeur Fliegende Gruppe Major Dieter Freese (1934–2009), der uns auch in den „Mach 2" Bereich (doppelte Schallgeschwindigkeit) führte.

Die Piloten der Luftwaffe stellten eine Elite dar. Das gilt insbesondere für die deutschen Jagdpiloten, die ich bei einem Besuch in Israel 1968 mit den dortigen Jagdpiloten vergleichen konnte. Eine Spitzenbewertung erreichte das JG 71 „R" auch bei den taktischen Überprüfungen und im Vergleich innerhalb der NATO bei der Airdefense Competition 1967. Das war eine Leistung, für die das gesamte Geschwader professionell motiviert sein musste und letztlich die technische Truppe mit dem Piloten des F-104 G „Starfighter" zu erbringen hatte.

Major Dieter Freese

Einer der führenden Offiziere soll herausgehoben werden. Der spätere Kommodore des JaboG 38 in Jever, Oberst Willi Göbel (geb. 1939), war unter anderem in Wittmund-Haven für die wettbewerblichen Sonderprüfungen verantwortlich. Am Ende seiner Dienstzeit verfügte er über 4.600 Flugstunden auf allen gängigen Jagdmaschinen. Nach Dienstzeitende 1998 nahm er die ehrenamtlichen Aufgaben als Referent für Geschichte, Tradition, Suchdienst und Archivwesen der Gemeinschaft der Flieger Deutscher Streitkräfte an. Bisher bearbeitete er über 6.500 weltweit eingehende Anfragen über fliegerische Vorkommnisse (Abschüsse, Unfälle usw.) von Angehörigen und Dienststellen aus der Zeit des Ersten und Zweiten Weltkrieges.

Ein kurioses Flugerlebnis mit gutem Ausgang wird mir in Erinnerung bleiben. Die Piloten trainierten nicht nur unter Einsatzbedingungen in Europa, sondern auch in den USA und in Kanada. Innerhalb eines „Cross Country-Programms" wurden die Piloten mit ausgewählten Flugplätzen bekannt gemacht. Dazu standen doppelsitzige T 33 (T-Bird), düsengetriebene frühere Kampfflugzeuge der US-Airforce, bei den Geschwadern zur Verfügung. Als „Jet Passenger" flog ich mit der Rotte über Frankreich und Spanien den britischen Militärflughafen Gibraltar an. Vorbei an dem „Affenfelsen", wobei die über den Flughafen führende Straße kurzzeitig mit automatischen Schranken gesperrt wurde, setzten wir zur Landung an. Das britische Militärpersonal betankte die Maschinen. Vor dem Schlafengehen kauften wir im Stadtbereich als Mitbringsel eine Flasche Whisky.

Morgens hoben wir Richtung Valencia ab. Die Rotte T 33 flog mit Sicht auf den Strand, als der Rottenführer eine nur noch geringe Treibstoffreserve bemerkte, was mein vor mir sitzender Flugzeugführer auch bestätigte. Mehrere Anrufe „Valencia Tower! Valencia Tower!" wurden nicht erwidert. Krampfhaft wurde nach einem Flugplatz zur Notlandung Ausschau gehalten. Mein Flugzeugführer fragte an: „Herr Doktor, hat Ihnen der englische Wart die Sicherheitsstifte aus dem Schleudersitz gezogen?" Meine Antwort: „Ist mir nicht bekannt! Wenn ich sage ,Bail out', dann schießen Sie sich mit dem Schleudersitz raus oder Sie fliegen alleine weiter." Mit der letzten Kerosinreserve entdeckten wir einen spanischen Militärflugplatz, der unsere Anfragen nicht beantwortete. Mit Flügelwackeln im Vorbeiflug am Tower erzwangen wir die Landung. Im Casino großes „Hallo" unter den spanischen Flugzeugführern. Mir fiel auf, dass der Kommodore dem katholischen Geistlichen die Führung der Gespräche überließ. Das erinnerte mich an den Ostblock, in dem die Militärführer dem Politoffizier nicht widersprachen. Von hier aus erreichten wir ohne Zwischenfälle Wittmund.

Feste Übungsplätze der Luftwaffe waren außerdem in Portugal und auf der Insel Sardinien eingerichtet. Dorthin führte mich 1967 eine Kommandierung für sechs Monate, um die Piloten einschließlich ihrer Familien zu betreuen. Ich übernahm hier mit Vorträgen zum Thema „Überleben in See" die Unterrichtung der Piloten.

Eine besondere Note erhielt meine Bereitschaft – aufgrund des langjährigen Aufenthaltes nördlich des Polarkreises –, oberhalb von Lenggries ein winterliches Überlebenstraining der Piloten im Auftrag des Kommodore zu führen. Generalarzt der Lw Dr. Dörner bat mich, den pensionierten ersten Inspekteur des Gesundheitswesens Generalstabsarzt a. D. Dr. Theodor Joedecke (1899–1996) in Lenggries zu besuchen. Dieser ließ mich an seinen reichhaltigen Lebenserfahrungen teilhaben. Auf meine Frage: „Was würden Sie nach Ihren dienstlichen Erfahrungen heute anders machen?" antwortete er: „Mich nicht auf die Zusagen von Politikern verlassen." Dr. Joedecke verantwortete in den ersten Jahren der Bundeswehr den Aufbau des Sanitätsdienstes. Zur Erinnerung an meine Besuche in Lenggries überreichte er mir eine von ihm signierte Veröffentlichung.

Versetzung zum Jagdbomber Geschwader 43 – Oldenburg

Infolge der Versetzung des dortigen Fliegerarztes OFA Dr. Winter nach Wildbad erreichte auch mich das „Versetzungskarussell" der Bundeswehr. Mitte 1968 wurde ich auf eine Planstelle „Fliegerarzt" eingewiesen, ein Jahr später, Mitte 1969, erfolgte damit die Beförderung zum Oberfeldarzt (OFA). Die Lw SanSt führte der Zahnarzt OFA Dr. Storsberg mit dem umsichtigen Hfw Hinze, den ich mit dem englischen Germanistik-Professor Mitschel besuchte.

Von dem Beauftragten des Deutschen Roten Kreuzes, Blutspendedienst von Niedersachsen, Ruprecht W. Scherf (1915–1999), wurde ich häufiger eingeladen. Der bei einem meiner Besuche ebenfalls anwesende Mitschel führte mit einem weiteren Gymnasiallehrer ein Streitgespräch und konnte nicht verstehen, dass einem Gymnasium der Name Hindenburg entzogen werden sollte.

Mitschels Bruder war bei den Kämpfen um die Einnahme des Konzentrationslagers Bergen-Belsen 1945 getötet worden. Sein Bruder, Prof. Mitschel, hatte sich zu jener Zeit bereits um den Schüleraustausch zwischen England und Niedersachsen verdient gemacht, und auch seine Biographie war bemerkenswert: Der Vater von Professor Mitschel ermöglichte seinem Sohn das Germanistik-Studium Ende der zwanziger Jahre in Göttingen. Seine deutschen Studienkollegen im NS-Studentenbund erlaubten ihm unter Ehrenbezeugung und Hitlergruß an der Taufe eines Kriegsschiffes mit Adolf Hitler auf der Tribüne in Kiel teilzunehmen.

Mit Beginn des Krieges wurde Mitschel in die Dechiffrierabteilung des Bletchley Park kommandiert, wo er die Meldungen der Wetterflüge um Mitternacht der von Bad Zwischenahn startenden Langstreckenflüge Richtung Nordengland bis Island dechiffrierte. Nach Vermittlung eines Vortrages der dortigen Fliegerkameradschaft, geleitet durch den Flottenarzt Dr. Werner Haag (1923–1990), befahl die frühere Dienststelle in England, bestimmte bisher nicht frei gegebene Informationen nicht vorzutragen. Herr Mitschel war öfters in Köln unser Gast.

Der Kommodore des Geschwaders, Oberst Heinz-Günther Kuring (1924–2010), nutzte mit einem Luftabwehrregiment das bereits im Zweiten Weltkrieg bestehende parkähnliche Areal mit technischen Einrichtungen, die nach 1945 von der britischen Luftwaffe übernommen wurden.

An den Wochenenden stellte ich mich der Oldenburger Ärzteorganisation als Notfallarzt der Stadt zur Verfügung; die Bevölkerung tolerierte seit Jahrzehnten den Dienstbetrieb des Fliegerhorstes, der an flugfreien Wochenenden von einer Sportfliegergruppe genutzt wurde. Im Kreis Oldenburg befanden sich noch weitere Kasernen der Bundeswehr, deren ältere Offiziere mich als ihren Arzt gern in Anspruch nahmen.

In den letzten Monaten meiner Wittmunder Dienstzeit, im Frühjahr 1968, nahm ich in Oldenburg an einem Vortrag des israelischen Botschaftsrats Reuven Cary, Bonn, über die Erfahrungen des Israelisch-Ägyptischen Krieges 1967 teil. In der Diskussion meldete ich mich als erster zu Wort und konfrontierte den Vortragenden mit der Frage: „Sie haben über Heer, Luftwaffe und Marine referiert, hatten Sie keinen Sanitätsdienst?" Diese Frage hatte er nicht erwartet. Ohne zu zögern entschuldigte er sich und lud mich vor dem Auditorium nach Israel ein, um einen Gedankenaustausch zwischen dem Chef des Sanitätsdienstes, Generalarzt Dr. Reuben Eldar (geb. 1926), und mir sicherzustellen.

Nach Genehmigung durch die vorgesetzte Dienststelle in Bonn reiste ich als einer der ersten Offiziere der Bundeswehr in Zivil nach Israel und wurde von dem Attaché-Stab und Dr. Eldar am Flughafen Tel Aviv empfangen. Umgehend führte die ärztliche Kollegialität und die jeweils vorgetragene Biographie unseres gemeinsamen Jahrganges 1926 dazu, dass der Erfolg meines Besuches, Einblicke in die Organisation und in die kriegschirurgischen Erfahrungen zu gewinnn, gewährleistet war.

Das gut geplante Programm führte uns zu einem Jagdgeschwader-Einsatz. Dabei fiel mir die Unkompliziertheit der Elite der israelischen Luftwaffe auf. Auch wurde mir Gelegenheit gegeben, innerhalb einer Kursveranstaltung für wehrpflichtige Ärzte Fragen zu den medizinischen Verhältnissen in der Bundesrepublik zu beantworten.

Beim Besuch des Chaim Sheba Medical Center „Tel Hashomer" (Tel Ha-Shomer Hospital) in Jerusalem und der zwölf bekannten Chagall-Fenster im Hadassah Krankenhaus wurden mir die Vorzüge der zivil-militärischen Zusammenarbeit dargelegt. Jedes zivile Krankenhaus fungierte mit seinen chirurgischen Einrichtungen in Kriegszeiten automatisch als gemeinsames Lazarett für zivile Bürger und für Soldaten. Die Verwundeten wurden innerhalb von zwei Stunden in Hubschraubern zur nächsten freien Chirurgengruppe geflogen und damit die Sterblichkeit fast auf das Niveau der zivilen Verkehrsunfälle auf den Straßen gesenkt.

Anlässlich eines späteren Besuches in Israel stellte ich fest, dass ich in diesem Jerusalemer Krankenhaus an meinem Workuta-Kameraden Lazar Eisikovitsch vorbei gelaufen bin, der von Lemberg über Rumänien nach Israel eingewandert war und dort noch bis zu seiner Verrentung im zivilen Sanitätsdienst tätig war.

Bei einem Ausflug nach Cesarea trafen Dr. Eldar und ich in einem Strandcafé, das in den zweitausend Jahre alten Ruinen architektonisch eingegliedert war, auf General Mosche Dajan (1915–1981), den ich schon wegen seines besonderen Kennzeichens, der Augenklappe, an unserem Tisch fotografierte. Von mir aufgenommene schwarz-weiß Fotos historischer, auch zerfallener

Horst Hennig und
Lazar Eisikovitsch

199

Bauwerke veranlassten Dr. Eldar zu der Feststellung: „Ich wusste bisher nicht, dass ich in einem so schönen Land wohne." Mein Aufenthalt führte mich dank Dr. Eldar zu zahlreichen historischen Stätten und auch an Orte, die den Touristen verborgen bleiben.

Der Siebentagekrieg 1967 hinterließ mit den vielen verstümmelten Soldaten besonders tragische Opfer. Wir besuchten das nicht öffentlich zugängliche Sonderlazarett, in dem mit Einverständnis der Angehörigen die Schwerverwundeten gepflegt wurden. Wir spürten beide die schwere Verantwortung als Ärzte und wünschten uns, die Politiker mögen möglichst immer Kompromisse finden, um bei strittigen Fragen einen Krieg auszuschließen.

An der Weltkonferenz der Luft- und Raumfahrtmedizinischen Vereinigung in Tel Aviv nahmen zwei Weltkriegspiloten, die in der Bundeswehr Dienst leistenden Generalärzte Dr. Ernst Ebeling (1919–1991), im Zweiten Weltkrieg Flugzeugführer und Ritterkreuzträger, und Prof. Dr. Lauschner, teil.

Der Generalarzt der israelischen Streitkräfte Dr. R. Eldar erhielt vom Verteidigungsministerium in Bonn eine Gegeneinladung zu Vorträgen an den wichtigsten Einrichtungen des Sanitätsdienstes der Bundeswehr; und mir wurde der Auftrag zuteil, Dr. Eldar 1968 durch die Bundesrepublik Deutschland zu führen.

Trotz der Verfolgung der jüdischen Staatsbürger während des Nationalsozialismus brachen die kulturellen und geistigen Verbindungen zu Deutschland und der späteren Bundesrepublik nicht ab. So nahm ich auch an der Beisetzung der Lebenspartnerin Dr. Eldars teil, die auf dem jüdischen Friedhof in Köln ihre Ruhe fand. Ihre Familie war hier ansässig.

Aus der Vielzahl der Begegnungen in Israel seien an dieser Stelle drei angeführt: Eine preußische beamtete jüdische Lehrerin in Berlin ertrug es 1933 nicht, dass ihr Sohn Gabi in der Schule beschimpft wurde. Kurz entschlossen ging sie mit diesem in Haifa, damals britisches Mandatsgebiet, an Land. Der spätere Sanitätsoffizier und Kriegschirurg Dr. Gabi Ullmann zeigte auf eine Toreinfahrt, in der seine Mutter mit primitiven Mitteln eine Suppenküche unterhielt, die von den Hafenarbeitern frequentiert wurde. Mit diesem geringen Einkommen förderte sie die Ausbildung ihres Sohnes.

In Herzlia führten Dr. Eldar und ich während einer Kaffeepause in einem Straßencafé mit Bäckerei ein denkwürdiges Gespräch. Wir unterhielten uns auf Deutsch und wurden von einem Passanten angesprochen, den ich daraufhin an unseren Tisch nötigte. Er begann: „Soll ich Euch mal eine Geschichte erzählen? Als etwa 40 Soldaten einer deutsch sprechenden Einheit in mein polnisches Dorf einzogen, befahl der Zugführer: ‚Alle männlichen Bewohner in die Dorfmitte, Hosen runter'. Wer beschnitten war, ‚rechts raus', der Kleine, also ich, ‚links raus, Meldung bei der Feldküche'. Die Männer wurden erschossen." Er berichtete weiter: „Mein Vater, nach dem Ersten Weltkrieg als Bahnbeamter tätig, schärfte mir ein, ich solle mich, falls ich Schwierigkeiten bekommen würde, bei seinem Kriegskameraden in Wien melden. Auf Güterzügen erreichte ich Wien, wurde schwarz über die Grenze gebracht und erreichte mit einer jüdischen Organisation Palästina."

Ein Fall mit umgekehrten Vorzeichen wurde mir von einem PKW-Fahrer der Fahrbereitschaft des Ministeriums in Bonn mitgeteilt: Vorrückende russische Soldaten nahmen ihn 1945 als Zwölfjährigen mit. Auf deren Befehl grub er die Vorgärten der noch anwesenden Hausbesitzer nach Wertgegenständen um. Anschließend wurden diese erschossen und von ihm in den ausgehobenen Gruben ihrer eigenen Vorgärten beigesetzt.

Ein freundlicheres Erlebnis ergab sich in einer kleinen romantischen Kaffeebar in Jaffa unter freiem Himmel auf einer Höhe nahe Tel Aviv mit Blick auf die Skyline. Am Nebentisch saß eine ältere Dame mit einer etwa 25-jährigen Frau. Nachdem ich auf Englisch meine Bestellung aufgegeben hatte, wechselten diese Damen mit einem Blick auf mich „als Engländer" in die deutsche Sprache und der Rat der erfahrenen Dame lautete: „Ich würde an deiner Stelle deinen Bekannten heiraten. Du darfst nicht vergessen, er ist ein schwerreicher Mann. Und nach einem Jahr kannst du dich ja wieder scheiden lassen, mit entsprechender finanzieller Abfindung."

In einem „Wiener Café" in Tel Aviv des Inhabers Katzengold mischte ich mich an einem Tisch unter die Pensionäre. Diese lebten vornehmlich von Renten der Bundesrepublik. Ein Abiturient des Jahrganges 1913 korrigierte einen Landsmann mit den Worten „… bei uns zu Hause in Deutschland." – Die kulturellen Wurzeln sind ein Leben lang wirksam.

In den nachfolgenden Jahren sollten die Reisegruppen mit Beamten des höheren Dienstes (Multiplikatoren) der Bonner Bundeszentrale für politische Bildung nach Israel möglichst von einem Arzt begleitet werden, der gegebenenfalls die Zusammenarbeit mit den dortigen medizinischen Diensten sicherstellen würde. Bei diesen Studienreisen nahm ich regelmäßig Kontakt zu den israelischen Sanitätsoffizieren auf.

Col. Dr. James Henry,
Kdr. US-Hospital
Würzburg 1975

Während meiner Tätigkeit als Kommandeur der Sanitätsschule der Luftwaffe (Kdr San SLw) bei Würzburg pflegte diese eine Partnerschaft mit dem US-Hospital Würzburg. Zu den dortigen Sanitätsoffizieren hielten wir engste Verbindung, namentlich zu den Kommandeuren Baker, Neimes und Henry. Insbesondere mit Colonel James Henry, Sanitätsoffizier und beratender Arzt der US-Botschaft in Israel, verband mich eine engere Kameradschaft. Später wurde Dr. Henry in gleicher Funktion nach London versetzt, wohin ich seinen Einladungen stets gern folgte.

Nachdem ich bereits 1965 den Primary Course in Aerospace Medicine in San Antonio, Texas, besucht hatte, erreichte mich 1971 in Oldenburg eine Kommandierung nach Texas, um dort den Advance Course zu absolvieren. Bei solchen Kommandierungen ins Ausland, insbesondere in die Einrichtungen der US-Streitkräfte, wurden Einblicke gewährt und Kenntnisse vermittelt, die mit eigenen Erfahrungen abgeglichen werden konnten. Den Erfahrungsaustausch mit Sanitätsoffizieren verschiedener Nationen Europas, auch des Nahen und Fernen Ostens und Afrikas, empfand ich als förderlich. Dieser bezog sich nicht nur auf medizinische, sondern auch auf gesellschaftspolitische Verhältnisse.

An öffentlichen Veranstaltungen in den USA zur Luft- und Raumfahrtmedizin sowie deren Technik nahmen auch chinesische und sowjetrussische

Stabsarzt Dr. Hennig, unbekannter US-Air-Force Generalarzt, Prof. Dr. Hubertus Strughold

Spezialisten teil. Bei Übungseinsätzen der Bundeswehr in Europa trafen wir immer wieder auf Sanitätsoffiziere, mit denen wir in den USA gemeinsame Lehrgänge absolviert hatten.

An der School of Aerospace Medicine, Brooks, San Antonio, Texas verehrten die ärztlichen Lehrgangsteilnehmer der dortigen Streitkräfte den „Vater der Weltraummedizin" Prof. Dr. Dr. Hubertus Strughold. Er war 1898 in einem Ort bei Hamm/Westfalen geboren worden. Nach 1918 studierte er Medizin und Naturwissenschaften und wurde 1922 in Münster zum Dr. phil. promoviert. Es folgten 1927 die Habilitation auf dem Gebiet der Sinnesphysiologie, zwei Jahre als Fellow der Rockefeller Stiftung der Western University Chicago und Cleveland, ab 1933 Professor für Physiologie in Würzburg, ab 1935 Leiter des Luftfahrtmedizinischen Forschungsinstituts in Berlin. 1941 wurde Strughold zum Mitglied der Leopoldina in Halle gewählt. Der Festvortrag im Juni 1941 galt dem Thema: „Die physiologischen Höhenschranken in der Luftfahrt".

Im Rahmen der „Operation paper clip" erreichte er 1947 mit Mitarbeitern seines Heidelberger Instituts die USA und baute in San Antonio das Forschungszentrum für Luft- und Raumfahrtmedizin auf. Zu Zeiten unserer längeren Kommandierungen erwiesen sich seine Frau Mary und Professor Strughold als außerordentlich gastfreundlich. Im seiner nunmehrigen texanischen Heimat ist er 1986 gestorben.

ORDER OF MERIT—Tamara Boubel, right, receives the German Cross of the Order of Merit from Joachim R. Vogel, German Consul General in Houston. The Foreign Training Officer for Brooks AFB, TX, she is a native of Finland, attended universities in Italy and France, and came to the U.S. in 1946 as a war bride. She joined the School of Aerospace Medicine staff at Brooks in 1951 as a translator. The award from W. Germany was presented for her help during the past 25 years to German medical officer students at USAF-SAM.

Prof. Strughold, Frau Mary Strughold, Frau Tamara Boubel, General Konsul J. A. Vogel, 14. Juli 1982

Der Aufbau der Bundeswehr erforderte eine Weiterbildung der kriegsgedienten deutschen Luftwaffenärzte, die erstmals über mehrere Monate 1956/57 in San Antonio/Texas, School of Aerospace Medicine, AFB Brooks, erfolgte. Die Kommandierungen galten gleichfalls für deren Familien.

Die Seele des Empfangs verkörperte Frau Tamara Boubel, die Chefdolmetscherin der Bibliothek. Sie mietete vor Eintreffen der Lehrgangsteilnehmer Wohnungen, meldete die Schulkinder an und organisierte Autokauf und Bankverbindungen. Als ich Frau Boubel 1965 erstmalig in San Antonio kennenlernte, vertraute sie mir die Geschichte ihrer russisch-deutschen Familie an. Ihre Tätigkeit war vom Idealismus geprägt. Während meiner ministeriellen Tätigkeit empfahl ich, sie mit einem Verdienstorden auszuzeichnen. Seit 25 Jahren betreute sie die deutschen Lehrgangsteilnehmer und ihre Familien. Nachdem Frau Boubel vor Wissenschaftlern und Lehrgangsteilnehmern auf der Bühne der Aula von Joachim R. Vogel, dem deutschen Generalkonsul in Houston, im Herbst 1982 mit dem Bundesverdienstkreuz ausgezeichnet worden war, schrieb sie mir voller Freude und auch Dankbarkeit, dass sie diese Ehrung als den Höhepunkt ihres Lebens empfunden habe.

Kommandeur der Sanitätsschule der Lw Klingholz/Giebelstadt

Im zweiten Halbjahr 1972 sprach mich der Leiter der Personalabteilung für Sanitätsoffiziere mit einem unüberhörbaren Hinweis an: „Sie waren doch in der Wehrmacht auf einer Heeresschule. Nach meinem Dafürhalten würde ich es begrüßen, wenn ich Sie 1973 als Kommandeur der Sanitätsschule der Lw (SanSLw) in Klingholz/Giebelstadt bei Würzburg einplanen darf. Eine Beförderung zum nächst höheren Dienstgrad kann ich nicht versprechen." Meine Antwort hierauf lautete: „Wenn Sie es für richtig halten, bin ich bereit, die Aufgabe zu übernehmen."

Bis zu dieser Zeit war ich truppennah als Arzt und in der Fortbildung des Sanitätspersonals in meinem Bereich tätig gewesen. Nun, Anfang März 1973, erfolgte meine Versetzung als Kommandeur der Lehrgruppe an die Sanitätsschule. Diese Einrichtung stellte ausgebildetes Sanitätspersonal für den Truppensanitätsdienst der Luftwaffe und für die Bundeswehr-Krankenhäuser sicher.

Die Schule lag in einer 1968 errichteten Kaserne nahe des Flughafens Giebelstadt, der von den US-Streitkräften genutzt wurde. In den zurückliegenden zehn Jahren meiner Tätigkeit waren mir bereits ausgebildete Sanitätssoldaten in Fassberg, Wittmund und Oldenburg zugeteilt worden, die ihre anfängliche Ausbildung an der SanSLw erhielten. Nun wurde mir deren Ausbildung übertragen, die in vier Inspektionen à 120 Soldaten und in zahlreichen Hörsälen in theoretischen und praktischen Lehrgängen durchgeführt wurde. Etwa die Hälfte der Wehrpflichtigen setzte sich aus Abiturienten zusammen, von denen ein hoher Anteil Medizin studieren wollte.

In den ersten Tagen überprüfte ich den Dienstbetrieb und ließ mich von einem Offizier der Lehrgruppe in die Curricula einweisen. Diesem stellte ich die Frage, welche Lehrbefähigung die Fachlehrer besitzen würden. Er antwortete mir: „Diese erlangten ihre allgemeine Qualifikation als Ausbilder in der Wehrmacht und Bundeswehr."

Mit Einverständnis meiner vorgesetzten Dienststelle kommandierte die Personalführung die Fachlehrer kontinuierlich an die Schule für Innere Führung, Koblenz, zu den Lehrgängen Pädagogik, Ausbildung für Ausbilder.

In Würzburg lernte ich den Privatdozenten für Geschichte und Philosophie Dr. Kurt Schmidt (früher Berlin) kennen, der in seinen letzten Berufsjahren als Gymnasiallehrer tätig war. Der Professor für Pädagogik an der RWTH Aachen Prof. Dr. Johannes Zielinski (1914–1993) stellte sich für weitere Monate zur Fortbildung der Gruppe Fachlehrer zur Verfügung.

Nach eigenen Erfahrungen durfte die Ausbildung nicht nur theoretisch lebensrettende Kenntnisse beinhalten, es wurden gleichermaßen körperlich erschwerende Bedingungen für die Bergung von „Verwundeten" im Gelände geübt. In Patenschaft mit dem Sanitätsbataillon der 3. US-Division erwarb das Stammpersonal der SanSLw die medizinischen Leistungsabzeichen der US-Armee und diese die Schützenschnur in unserer Kaserne.

Das Gelände am Ufer des Mains und die gut erreichbare Kampftruppenschule der Infanterie in Hammelburg (jetzige Infanterie-Schule) boten gute Voraussetzungen für die militärische Ausbildung.

Mit Wirkung vom Oktober 1973 wurde mir die Verantwortung als Kommandeur der SanSLw übertragen. Ich orientierte mich dabei ebenso an den Ausbildungsrichtlinien der Teilstreitkräfte von Heer und Marine. Nach Kenntnisnahme von zivilen medizinischen Lehrbriefen der pädagogischen Fachabteilung von Hoffmann-La Roche, die in ihren medizinischen Lehrplänen französische, schweizer, österreichische und deutsche Erfahrungen zusammenfassten, stattete ich dieser Einrichtung in Basel einen Besuch mit dem Ziel der Vertiefung dieser Zusammenarbeit ab. Dies wurde durch meinen Schulkameraden Karl-Heinz Leickert (geb. 1921) erleichtert, der nach seiner Flucht aus der DDR im Wissenschaftlichen Dienst dieser Einrichtung tätig war.

Durch Patenschaften mit mehreren US-Einheiten zwischen Aschaffenburg und Würzburg, mit dem US-Hospital Würzburg und den umliegenden deutschen militärischen Einheiten, vor allem der 12. Pz. Div., sicherten wir uns die gegenseitige Unterstützung zu. Die genannten Dienststellen setzten auf unsere Partnerschaft. Die SanSLw besaß die Möglichkeit, ein Tausend-Betten-Lazarett zu errichten und war im Rahmen der zivil-militärischen Zusammenarbeit mit dem DRK, Malteser Hilfsdienst, Arbeiter-Samariter-Bund und den umliegenden Behörden eine Einrichtung, die in der Region über einen guten Ruf verfügte und die Hilfsdienste an den Wochenenden theoretisch und praktisch weiterbildete.

Im Sommer berichtete mir ein Offizier der Schule, in einem 600 Meter entfernten Wäldchen kampiere eine US-Fernspähtruppe kriegsmäßig mit etwa 20 Mann. Ich suchte den kommandierenden Oberst auf. Dieser überreichte mir seine witzig abgefasste Visitenkarte mit dem Vermerk, dass er auf Befehl weltweit jeden Auftrag ausführen würde. Name, Anschrift und Telefon waren aufgeführt. So heiter war sein Auftrag jedoch nicht. Er führte mir 400 Meter von seinem Kommando-Jeep entfernt vor, wie die Kommunikation mit von ihm genannten Zielkoordinaten, die an eine Rotte Phantom-Kampfflugzeuge über Großbritannien geleitet wurden, funktionierte. Das Ziel war für uns einsehbar.

Oberstarzt Dr. Hennig 1973–1976 , Kommandeur der Sanitätsschule der Luftwaffe

Zu der befohlenen Angriffszeit flog die Rotte vor unseren Augen Scheinangriffe. Dem Oberst und seinem Kommando stellte ich unsere sanitätsdienstliche Versorgung zur Verfügung. Zur Erleichterung seiner Soldaten ging er auf meinen Vorschlag ein, die Übernachtungs- und Verpflegungsmöglichkeiten der SanSLw zu nutzen. Mit der Verpflegung traf ich einen wunden Punkt. Seine Männer hatten die vorzüglichen Kampfrationen, die ich aus dem Kriege kannte, satt. Diese bereitete sich jeder Soldat selbst zu. Das Kommando lud im Kasernenbereich den reich bemessenen Zehntagevorrat ab und ließ sich das Buffet der „fränkischen Truppenküche" mit frischen Produkten in der Kaserne schmecken.

Das Gästebuch – Erinnerungswürdige Aufzeichnungen

Mein Vorgänger Oberstarzt Dr. Müller wurde vom Generalarzt der Luftwaffe Dr. Ebeling in Paradeaufstellung entpflichtet, dann stellte er mich der anwesenden militärischen und zivilen Öffentlichkeit als dessen Nachfolger vor. Mit laut vernehmbarer Stimme übernahm ich mit den Worten: „Alles hört auf mein Kommando!" die Paradeaufstellung und meldete diese dem Generalarzt. Die US-Partnereinheiten nahmen mit Abordnungen an der Aufstellung teil. Nach dem Abschreiten der Front mit Generalarzt Dr. Ebeling kommandierte ich den Auszug der Truppenfahnen mit dem Musikkorps und der Ehrenformation. Dieses militärische Zeremoniell setzte mich sichtbar den Gästen und Soldaten gegenüber in die Verantwortung als Kommandeur ein.

Einige Vorgesetzte, denen im Leben extreme Erfahrungen erspart geblieben waren, hatten möglicherweise mit meiner gelegentlichen Kritik ihre Schwierigkeiten. Aber meine Loyalität wurde dadurch niemals in Frage gestellt.

Nach der Einsetzung als Kommandeur absolvierte ich die Antrittsbesuche an der Universität, beim Landrat und beim Oberbürgermeister Dr. Klaus Zeitler (geb. 1929) in Würzburg, gleichfalls beim Standort-Kdr. und dem Div. Kdr. der 12. Pz Div GM Gerhard Kobe (1914–1991). Von ihm wurde ich mehrfach auch privat eingeladen. Aus seiner Feder stammt die Bw-Vorschrift ZDv 3/1 „Methodik der Ausbildung".

In meiner Tätigkeit von 1973 bis 1976 besuchten verschiedene Personen die SanSLw, die mir in guter Erinnerung geblieben sind.

Der Bundeswehrverband in Bonn avisierte mir den ehemaligen Kriegskorrespondenten Werner Lahne (1907–1989), in der Nachkriegszeit Journalist und 1973 mit der Fertigstellung des Buches „Der Unteroffizier" befasst. Ein reger Gedankenaustausch erfolgte bei dieser Zusammenkunft.

Anfang Februar 1974 ließ sich mein direkter truppendienstlicher Vorgesetzter, der Amtschef des Luftwaffenamtes Generalleutnant Uwe Vogel (1915–2000), anmelden, um seiner Dienstaufsicht nachzukommen. Nach dem ohne Beanstandung von mir gehaltenem Briefing nahm mich der erfahrene Offizier, der nach dem Kriege Pharmazie studierte hatte, zur Seite. Er sorgte sich um die Organisation einer Tagung, an der etwa 40 Einheitsführer seines Bereichs teilnehmen sollten, die wir durchzuführen hatten. Das Zusammenwirken mit ihm verlief glänzend, er ist mir als gebildeter Offizier in Erinnerung geblieben.

Ende März 1974 kündigte sich mein Fachvorgesetzter, Generalarzt der Lw Dr. Ebeling, zur Inspektion an. 1950 schloss er das Studium mit Promotion ab. Aufgrund meiner Verbesserungsvorschläge übte er sich in vorsichtiger Zurückhaltung, die dann aber zunehmend wich. In den folgenden Beurteilungen testierte er mir „Motivierung der Mitarbeiter, moderne Ausbildungsmethoden, Kreativität, verdienstvolle Führung der SanSLw mit Förderung des Zusammenhalts im Offiziers- und Unteroffizier-Korps".

Ebenfalls 1974 stellten wir die Organisation einer Arbeitstagung für Zahnärzte sicher, die Generalarzt Dr. Wackersreuther (1915–2006) durchführte.

Wenige Tage später nahm der Leiter des Flugmedizinischen Instituts, Generalarzt Dr. Hubertus Grunhofer (1922–2000), die Gelegenheit zu einem Informationsbesuch wahr. Dr. Grunhofer unterstand mit mir dem GA Lw Dr. Ebeling, was zur engen Zusammenarbeit führte. Bis zum Ausscheiden Grunhofers als Inspekteur des Sanitäts- und Gesundheitswesens der Bw verband uns angenehme Kollegialität und gegenseitige Achtung. Als Generalarzt Dr. Grunhofer mir im Dienstzimmer gegenüber saß, fragte er: „Sie befinden

Generaloberstabsarzt Dr. Grunhofer (rechts) – hier bei einem Besuch eines Generalarztes der Armee Jugoslawiens

209

sich nunmehr ein Jahr an der SanSLw. Waren Sie schon mal auf der Marien-
burg in Würzburg?" Meine Antwort: „Nein, Herr Generalarzt!" Gegen
12.00 Uhr standen wir auf der ehemaligen Festung mit Blick auf das vor uns
liegende Würzburg. Dr. Grunhofer dachte an 1945 zurück und erinnerte sich:
„Nachdem ich befehlsgemäß einen Transport von mehreren hundert Kindern
auf dem Schienenweg von Wien nach Würzburg als Arzt begleitet hatte, habe
ich auch an der jetzigen Stelle gestanden und fassungslos auf das durch Luftangriffe zerstörte Würzburg geschaut, das ich bereits als Medizinstudent
an der Lw-San Akademie kennenlernen durfte. Beim Gang durch die Trüm-
mer entdeckte mich durch Zufall meine Frau, die ich stundenlang gesucht
hatte."

Dem Kriegsjahrgang der Ärztlichen Akademie der Lw 1940/41 des Dr. Grunhofer, die wegen der Bombenangriffe von Berlin nach Würzburg verlegt
wurde, gehörten namhafte Wissenschaftler an, deren Zusammenkunft die
SanSLw 1975 organisieren durfte, wobei ich eine Persönlichkeit für viele andere hervorheben möchte: Prof. Dr. Harald von Beckh (1917–1990), Director
of Aerospace Medical Research, US Naval Development Center, Warminster,
Pennsylvania. Seine international anerkannten Raumfahrtforschungen führten ihn unter anderem an die Holloman Air Force Base (AFB), New Mexico.
Als Wissenschaftler hochgeehrt, befasste er sich mit den Problemen der Be-
schleunigungskräfte und der Dekompression. Für seine Verdienste beim Aufbau der Raumfahrtforschung in der Bundesrepublik Deutschland wurde er
mit dem Verdienstkreuz 1. Klasse des Verdienstordens der Bundesrepublik
Deutschland ausgezeichnet.

Anlässlich einer Tagung der Deutschen Gesellschaft für Luft- und Weltraummedizin im Münchner Museum für Naturwissenschaft und Technik begrüßten wir nicht nur deutsche Mitarbeiter Wernher von Brauns, sondern
auch seinen Lehrer Prof. Hermann Oberth (1894–1989).

Ein enges partnerschaftliches Verhältnis bestand zwischen der SanSLw und
dem U.S.-Army 33 D Field Hospital Würzburg. Bei meinem dortigen Antritts-
besuch empfing mich der Kommandeur Colonel Floyd W. Baker in dem
ehemaligen Luftwaffen-Lazarett. Neben den DIN A4-großen Bildern der
Chefärzte der Wehrmacht bis 1945 hingen in zwangloser Reihenfolge die bisherigen Kommandeure des U.S.-Hospitals. Floyd W. Baker, später Gen. Maj.,
Chef des Heidelberger 7. Medical Command, lebt heute als Pensionär in San

Ein anerkennendes
Diplom der
US Air Force
für Horst Hennig

Antonio. Zum Andenken an die Zeit hierzulande nahm er ein voll möbliertes „Bayrisches Zimmer" mit in die USA, das ich als sein Gast besichtigen durfte.

Er übergab die Leitung des US-Hospitals an Colonel Robert Neimes; mit ihm und seiner Ehefrau Kay verband mich bis zu seinem Tod eine enge Freundschaft. Beide lernten sich im Vietnam-Krieg kennen, Kay stieg zum Lt. Col. (Oberstleutnant) und zur Anästhesie-Spezialistin auf. Bei ihrem ersten Besuch in Würzburg stellte ich mich als „Fremdenführer" zur Verfügung, Dr. Neimes zeigte mir im Gegenzug dafür die Sehenswürdigkeiten von San Antonio.

Die Abteilungsleiter des US-Laz. gingen an der SanSLw ein und aus und nahmen, wie auch die Zivilbevölkerung, an den Feierlichkeiten der Schule teil. Col. Neimes übernahm später das US-Hospital in Frankfurt und bereiste mit mir Berlin, um mir dort das modernste 200-Betten-Hospital einschließlich dessen Leitung und Organisation vorzustellen. Nach seiner Pensionierung war er als Thorax-Chirurg im State Chest Hospital in San Antonio tätig.

Die Bundeswehr fühlte sich in Unterfranken als Gast und nahm in vielfältiger Zusammenarbeit Verbindungen mit den zivilen Dienststellen auf. Es entwickelte sich ein nachbarschaftliches Verhältnis zu dem Ort Giebelstadt und dem Schlossherrn Stephan Freiherr von Zobel. In Sichtweite lag das Dorf Eßfeld. Der Landwirt Herr Wachter und sein Bruder Prof. Dr.-Ing. Jakob Wachter (1920–1986), Direktor des Instituts für Thermische Strömungsmaschinen der Universität Stuttgart, fanden sich öfter als Gäste der SanSLw ein. Der Landwirt Wachter überlebte den Krieg in Russland als Pferdepfleger seines Kommandeurs. Nach dem Krieg erreichte er mit den ihm anvertrauten zwei Pferden Eßfeld.

Prof. Dr. Wachter starb einige Jahre später an einer unbekannten Erkrankung. Als Wissenschaftler war er mit Forschungen unter anderem zu Antriebstechniken im Weltraum befasst. 1984 nahm er erstmalig an einem Ingenieur-Kongress in der DDR, an der TU Dresden, teil. Ein Jahr später, 1985, erhielt er für vierzehn Tage eine Einladung nach Krakau und Warschau. Ein neben ihm sitzender Wissenschaftler bat ihn um Kopien einer USA-Auftragsarbeit. Prof. Wachter lehnte diese Bitte mit dem Hinweis ab, alle Unterlagen an den Auftraggeber zurückgegeben zu haben. Später erkrankte er mit hohem Fieber und verstarb am 10. März 1986 in der Medizinischen Universitätsklinik zu Tübingen. Die Sektion am Pathologischen Universitätsinstitut konnte nicht zu einer Diagnosefindung beitragen. Das Sektionsprotokoll wurde mir als Freund der Familie vom Stadt-Veterinär Nürnberg, Herrn Dr. Kuschel, zur Begutachtung vorgelegt.

Der bereits genannte Privatdozent Dr. phil. Kurt Schmidt befand sich mit dem Oberbürgermeister Dr. Klaus Zeitler oftmals in unseren Gesprächsrunden. Auch der Bundestagsabgeordnete Bruno Friedrich (1927–1987), Leiter der Friedrich-Ebert-Stiftung (FES) Frankenwarte, besuchte mit MdB Rudolf Müller und Uwe Lambinus die SanSLw und ließ sich über den Ablauf der Ausbildung unterrichten. Die FES stellte der Lehrgruppe SanSLw stundenweise die technischen Geräte für das von mir eingeführte „Programmierte Lernen" uneigennützig zur Verfügung.

Zu meiner Gewohnheit gehörte es, mich über politische Vorgänge zwischen West und Ost zu informieren. Der Leiter des Ostbüros der SPD Stephan G. Thomas (1910–1987) imponierte durch seine Rhetorik. 1933 immatrikuliert, studierte er Rechts- und Staatswissenschaften, Slawistik und besuchte ab 1939 die Deutsche Hochschule für Politik. Nach seinem Dienst als Leiter des Ost-Büros der SPD wurde Stephan G. Thomas von 1968 bis 1975 Chefredakteur und Programmdirektor der Hauptabteilung „Aktuelles Programm des Deutschlandfunks". 1986 erhielt er das Große Verdienstkreuz mit Stern der Bundesrepublik Deutschland. Am 26. Januar 1974 sprach er im DLF einen Kommentar „Zum 50. Todestag Lenins" mit der abschließenden Feststellung: „Zusammenfassend lässt sich sagen, dass die sowjetische Staatsdoktrin des Leninismus auf geschichtlichen Prämissen einer vergangenen Epoche basiert, die keine gesellschaftliche Relevanz für die Probleme unserer Zeit haben können."

Mir ist Herr Thomas als ungewöhnlich kooperativer Partner im Gedächtnis, etwa unterbrach er nach meiner Einladung eine Kur in Bad Mergentheim und trug im Rahmen der politischen Bildung an der SanSLw über das Thema „Deutschland zwischen Ost und West" vor.

Im Jahre 1976 bereiste ich mit meinem in Haifa/Israel lebenden Workuta-Lagerkameraden Lazar Eisikovitsch die Bundesrepublik und Österreich. Gemeinsam hatten wir am 1. August 1953 im Lager Nr. 10 des Schachtes 29 die Niederschlagung unseres Arbeitsstreiks mit Waffengewalt erlebt – mit 64 Toten und 123 Verwundeten. Seinen in Workuta geäußerten, damals vollkommen aberwitzig erscheinenden Wunsch, noch einmal in seinem Leben wie in Studentenzeiten mit dem Fiaker in Wien gefahren zu werden, habe ich ihm erfüllt. Anschließend nahmen wir an einer Arbeitstagung der Fliegerärzte unter dem GALw Dr. Ebeling in Münster teil. In der Bundesrepublik Deutschland ist es weitgehend unbekannt, dass der Diktator Stalin jüdische Bürger wegen ihrer fast ausnahmslos kritischen Haltung gegenüber der sowjetischen Diktatur, wegen ihres „Kosmopolitismus" nebst Ausreisewunsch nach Palästina oder später Israel verfolgen ließ.

Zur gleichen Zeit konnte ich an der SanSLw den ehemaligen Studenten und Lagerkameraden, den nunmehrigen Direktor der Iberischen und Lateinamerikanischen Abteilung des Historischen Seminars der Universität zu Köln, Prof. Dr. Günter Kahle (1927–2003), begrüßen. Als Schüler von Prof. Dr. Richard (Lex) Löwenthal (1908–1991) war Günter Kahle in Berlin verhaftet und in das Zwangsarbeitslager verschleppt worden.

Das DRK Unterfranken übernahm in Würzburg für das Land Bayern die Betreuung und Organisation der Zusammenkunft des „Internationalen Jugendrotkreuzes". Nach zwei Tagen trug der verantwortliche DRK-Funktionär mir vor, mit unzureichender Organisation und Mitteln (Unterkunft, Verpflegung, Programmablauf), durch anhaltendes Regenwetter in den Zeltunterkünften verstärkt, einer Blamage entgegen zu gehen. Kurz entschlossen informierte ich den GA Dr. Ebeling, der mir die Organisationsübernahme genehmigte. Neben der Bundesdienstflagge am Kaserneneingang ließ ich die Flagge des Roten

Kreuzes hissen, das Zentrum der weiteren Veranstaltung war dadurch gekennzeichnet. Die Teilnehmer reisten aus den Ostblock-, Nato- und neutralen Staaten an. Ein Gesellschaftsabend vereinigte alle Teilnehmer des Internationalen
Jugend Rot Kreuzes im großen Festsaal der SanSLw.

Einen Tag vor Abschluss der Veranstaltung stand eine Führung durch die
Ausbildungseinrichtungen der Sanitätsschule auf dem Plan. Während der
zwangslosen Gruppengespräche bemerkte ich, dass beim Auftauchen eines
Funktionärs der Delegierten Moskaus die Gespräche der Vertreter der Ost-
blockstaaten schlagartig eingestellt wurden. Es war mir ein Vergnügen, diesen
Funktionär und seine Gruppe persönlich durch die Ausbildungseinrichtungen
zu führen. Diesen Aufpasser lud ich zu einem Tee in mein Arbeitszimmer ein,
um seine weiteren Fragen zu beantworten. Er konnte nicht begreifen, dass die
1968 bezogene Kaserne so gepflegt aussah. Er unterstellte, dass diese erst seit
wenigen Monaten genutzt würden. Ich verstand seine Einlassungen sehr wohl,
war ich doch über vergleichbare Einrichtungen in der Sowjetunion gut informiert. Bei Fortsetzung unseres Gespräches fiel er fast vom Stuhl, als ich ihm
von meiner Verurteilung durch ein SMT und von der Zwangsarbeit nördlich
des Polarkreises mit der Niederschlagung des internationalen Gefangenenauf-
standes erzählte.

Der mir von meinem Besuch in Israel bekannte Sohn der preußischen Lehrerin
Oberfeldarzt (OFA) Dr. Gabi Ullmann befand sich im Oktober 1975 zu einer
Tagung in Rastatt, um mit einem ägyptischen Professor für Chirurgie (immerhin ein Mann der „Gegenseite") über die kriegschirurgischen Erfahrungen
1973 zu referieren. Dr. Ullmann folgte meinem Wunsch, über besondere Ver-
wundungsarten an der SanSLw vorzutragen. Im Gästebuch regte er eine weitere Zusammenarbeit mit dem Medical Corps Israels an. Er arbeitete gegenwärtig in einer chirurgischen Einrichtung, in der Verwundete Tag und Nacht
– ob „Freund oder Feind" – eingewiesen wurden.

Während meiner Dienstzeit in Oldenburg entgingen dem evangelischen
Bischof Dr. theol. Hans Harms (1914–2006) meine Israel-Kontakte nicht. Er
war für die evangelische Kirche in Bethlehem und für den dortigen Pfarrer,
den ich kennenlernen durfte, zuständig. Als Delegierter der evangelischen
Kirche war Bischof Harms gemeinsam mit dem Beauftragten des Deutschen
Katholischen Missionsrat in Himmelspforten bei Würzburg für die Ökumene

verantwortlich. Unser Gedankenaustausch berührte nicht nur die Geschichte des Heiligen Landes.

Professor Frieder Gadesmann (1943–2014), Lehrbeauftragter für Theologische Didaktik, leistete mehrere Wochen seiner Reserveübung an der SanSLw in der Gruppe Fachlehrer ab.

Kurz vor der großen Bundeswehrübung „Schneller Wechsel" meldete sich mein früherer Kommodore Oberst Josten, nunmehr Stellvertreter des Div. Kdr. der 4. LwDiv. Vermutlich wollte sich der Oberst überzeugen, wie Führungs- und Ausbildungsprinzipien durch seinen ehemaligen Fliegerarzt an der SanSLw umgesetzt wurden.

Zu der anstehenden Herbstübung des Heeres nahm der evangelische Militärbischof Dr. Sigo Lehming (geb. 1927) mit 20 Pfarrern die Gelegenheit wahr, die 12. Pz-Div in Veitshöchheim zu besuchen. Dort wurde er entgegen der Zusage gebeten, für sich und für die Militärpfarrer eine andere als die für ihn eigentlich vorbereitete Unterkunft zu suchen. Die Unterkunft war statt dessen durch das Protokollreferat des BMVg für internationale Beobachter belegt. Der Militär-Generaldekan Reinhard Gramm (geb. 1929) war erleichtert, als ich ihm die Aufnahme der 20 Pfarrer anbieten konnte.

Wichtige Besucher des Sanitätsdienstes des BMVg waren der Personalreferent P. V 7, Oberstarzt Dr. Wilhelm Schober (1924–1998) und der Ausbildungsreferent Oberstarzt Dr. Heinrich Schlösser (1920–1996). Nach deren Besuch erhielt ich die Möglichkeit, den Lehrgang „Moderne Führungsverfahren (Management)" von Oktober bis November 1974 an der Führungs-Akademie der Bundeswehr (FüAk Bw) Hamburg zu besuchen.

Dort begegnete ich ein weiteres Mal meinem ehemaligen Marienberger Zugführer während der vierziger Jahre an der Heeres-Unteroffizier-Vorschule Oberst i.G. Oestmann. Dem von ihm geführten Generalstabslehrgang A. 74 für Nicht-Nato-Staaten stellte ich während des Besuches 1975 im Raum Würzburg alle Einrichtungen der SanSLw zur Verfügung.

Die exotischen Ehepaare aus Mittel- und Südamerika, Afrika und Asien mit den landesüblichen Festbekleidungen der Damen erregten während des „Lehrgang-Balles" an der SanSLw viel Aufmerksamkeit, und selbst die Presse nahm hiervon in einem längeren Artikel Notiz.

Die Erfolge in Lehre und Ausbildung führten zum Besuch einiger Lehroffiziere der Sanitätsakademie München und des Inspizienten für die Offizier- und Unteroffizierausbildung der Schulen, Oberst Horst Stein, Heeresamt Köln.

Besuch von Oberst Josten,
links Oberfeldapotheker Rainer
Schmahl, rechts Horst Hennig

Durch einen Besuch würdigte der stellvertretende Inspekteur des Sanitäts- und Gesundheitswesens Bw, Generalstabsarzt Prof. Dr. E. Rebentisch (1920–2013), die Ausbildungserfolge der Schule. Während der Olympiade 1972 in München verantwortete jener die gesundheitliche Betreuung aller internationalen Teilnehmer. Prof. Dr. Rebentisch verfasste die Geschichte der 23. Pz-Div des Zweiten Weltkrieges. Anlässlich seiner Berufung zum Inspekteur des Sanitäts- und Gesundheitswesens der Bundeswehr vereinbarten wir ein wissenschaftliches Symposium an der SanSLw mit Information für die Presse, deren Journalisten durch den Offizier für Öffentlichkeitsarbeit des Lw Amtes angesprochen werden sollten. Das in Aussicht genommene Symposium beruhte auf Forschungen, die mit dem Namen Emil von Behring (1854–1917) eng verbunden sind.

Im Gespräch mit
Generaloberstabsarzt
Prof. Dr. E. Rebentisch

Die SanSLw trug den Namen „Emil von Behring-Kaserne". Emil Behring wurde in einem kleinen Ort in Ostpreußen geboren. Sein Lehrer meldete ihn als ausgezeichneten Schüler einem befreundeten Beamten nach Berlin. Dieser stellte 1874 die Aufnahme zum Studium an der Pépinière, dem Friedrich-Wilhelm-Institut für Sanitätsoffiziere, sicher. Als Assistenz- und Stabsarzt wurde er zu Robert Koch abkommandiert. Als erster Arzt erhielt Emil Behring 1901 den Nobelpreis für Medizin. Seit der Herstellung des Diphterie-Serums galt er als Heiler vieler Kinder und mit seinem Durchbruch in der Wundstarrkrampfforschung als Retter der Soldaten. Emil Behring wurde geadelt und gründete die Behring-Werke in Marburg/Lahn.

Mein Interesse galt der Geschichte der Medizin. So stellte ich 1974 fest, dass die Verleihung dieses Nobelpreises sich 1976 zum fünfundsiebzigsten

Male jährte. Angesichts der Anfrage, welche Gedenkveranstaltung 1976 von den Behring-Werken in Aussicht genommen werden würde, fiel das Management des Mutterkonzerns Hoechst aus allen Wolken – sie hatten bisher nicht daran gedacht.

Nach wenigen Wochen stellte sich mir der Sprecher des Konzerns Dr. phil. Dietmar Nedde (1930–2003) vor, der mit allen Vollmachten für eine Festveranstaltung mit wissenschaftlichem Symposium und reichlich bemessenen Mitteln ausgestattet war. Wir vereinbarten einen weiteren Termin, um den organisatorischen Umfang festzulegen. In Distanz der SanSLw zur Pharmaindustrie trat die „Vereinigung Deutscher Sanitätsoffiziere" (VdSO), die heutige „Deutsche Gesellschaft für Wehrmedizin und Wehrpharmazie" (DGWMP), als Träger auf. Im September 2014 begingen die Sanitätsoffiziere der Bw mit einem Festakt die 1864 erfolgte Gründung „Berliner Militärärztliche Gesellschaft" vor 150 Jahren in Berlin.

Zum vereinbarten Termin erschien Dr. Nedde 10.00 Uhr vormittags. Seine Bemerkung: „Sicherlich sind wir abends mit den anstehenden Fragen fertig". In aufgelockerter Runde saßen wir im Casino. Nach meiner kurzen Einführung „hakten" wir die Probleme in der Reihe der Führungsgrundgebiete S1 bis S4 ab. Für die Journalisten installierte die Deutsche Bundespost mehrere Sonderleitungen. Zum Mittagessen um 12.00 Uhr waren die wesentlichen Punkte festgelegt. Der Kommentar von Nedde dazu: „Einen so schnellen Entscheidungsablauf habe ich im zivilen Bereich noch nie erlebt, da wird mehr geredet und weniger geführt."

Die Referenten der wissenschaftlichen Tagung „Infektion, Immunität, Identität" unter der Leitung des namhaften Professors Ernst-Ludwig Winnacker (geb. 1941), Institut für Biochemie der Universität München, wurden von Dr. Nedde eingeladen. Ende September 1976 war die SanSLw Mittelpunkt der Sanitätsdienste dieser internationalen Tagung aus zwölf Ländern, die Universität Würzburg eingeschlossen.

Der Sanitätssoldat der SanSLw Philipp Graf von Schönborn stellte Unikate mittelalterlicher Heilkundebücher zur Verfügung, die nach der Säkularisierung von den Bischofssitzen Mainz, Würzburg und Bamberg dem Schloß Wiesentheid zugeführt worden sind. Der mir freundlich verbundene Pater Jonas fungierte im Schloß als kundiger Archivar. Der Generalarzt der Luftwaffe Griechenlands, Dr. Nikolaos Christopoulos (geb. 1926), hielt zu Ehren Emil von Behrings den Festvortrag „Der Eid des Hippokrates und das ärztliche Wirken".

Der Generalarzt
der Luftwaffe
Griechenlands
Dr. N. Christopoulos
mit Tochter an der
SanSLw in
Giebelstadt 1976

Etwa 50 Journalisten flogen im Rahmen der Öffentlichkeitsarbeit unter dem Kommando des Lw-Amtes von Porz-Wahn im Bw-Transportflugzeug zum nächst gelegenen Flugplatz. Sie waren Gäste des Symposiums und Berichterstatter während einer Pressekonferenz, die der Inspekteur des Sanitäts- und Gesundheitswesens Generaloberstabsarzt Prof. Dr. Ernst Rebentisch gab.

Einige Tage zuvor verabschiedete GA Dr. E. Ebeling den vormaligen Inspekteur Admiraloberstabsarzt Dr. Hans-Georg Stemann (1916–2011) vom Sanitätsdienst der Teilstreitkraft Luftwaffe in Klingholz. Das Résumé des Admirals: „In der Wehrmacht und in der Bundeswehr habe ich bisher solch eine perfekte Organisation nicht erlebt." Das fürstliche Tafelsilber und die Tischdekoration dieses Abends stammten aus dem Schloß Giebelstadt des Olt. der Reserve Freiherr von Zobel, die Speisenfolge zelebrierte der Sternekoch Herr Bayer, Inhaber des damaligen Restaurants „Zum Bären" in Ochsenfurt. Die Sanitätssoldaten stellten sich freiwillig als Ordonanzen zur Verfügung, um die älteren Sanitätsoffiziere in Augenschein nehmen zu können.

Als erste Ausbildungseinheit des Sanitätsdienstes forcierten wir im Lehrbetrieb mit den vorhandenen technischen Möglichkeiten 1974 das „Programmierte Lernen". Lehroffiziere der Sanitätsakademie der Bw München entwickelten unsere Ansätze fort. Zur Assistenz entsandten wir einen erfahrenen Lehroffizier.

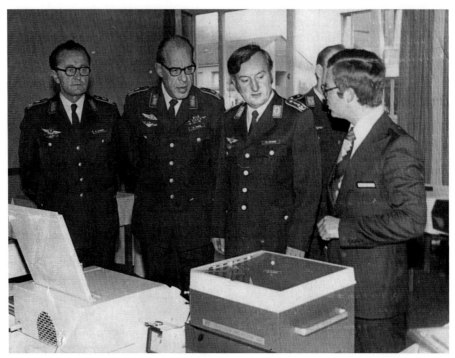

Qualifizierung der Weiterbildung 1975 an der SanSLw: Ausstellung moderner Technik. Beim Rundgang – von links – Generalarzt Dr. Grunhofer, Generalarzt Dr. Ebeling, Oberstarzt Dr. Hennig

Um mögliche Defizite der Ausbildung zu vermeiden, organisierte ich für das Lehrpersonal den Besuch anderer Einheiten. Mit einer Abordnung aus dem US-Militärhospital Würzburg starteten 84 Soldaten in einer Transportmaschine der Lw zum Fliegerhorst Oldenburg. Der Chef Lw San Staffel und der Einsatzstabsoffizier des Geschwaders, der ärztliche Leiter der Musterungsdienststelle Dr. Scheel, trugen über die dienstlichen Erfordernisse vor.

Nach Weiterflug zur Marineschule Westerland auf Sylt begrüßte uns der Bürgermeister, der früher selbst in der Bundeswehr gedient hatte. Die Lehroffiziere der Marineschule unterrichteten uns über ihre Curricula. Einen Höhepunkt bildete der Besuch des JG 71 „R" in Wittmund, der mit einem Vortrag des Einsatzstabsoffiziers, der Besichtigung des Geschwadermuseums und einem Besuch der LwSanSt verbunden war. Das Museum informierte über den Ersten und Zweiten Weltkrieg, dabei ausführlich über den legendären Erich Hartmann.

Die erfolgten Truppenbesuche bereicherten die Ausbilder der SanSLw, dabei insbesondere die Krankenpflegeschule des räumlich zwischen Wittmund und Oldenburg gelegenen Bundeswehrkrankenhauses Bad Zwischenahn.

Das Frankenland um Würzburg zeigte sich mir in jenen Jahren in seiner ganzen geschichtlichen Vielfalt. Bekannte Wissenschaftler – es sei an den ersten Nobelpreisträger für Physik 1901 Conrad Röntgen (1845–1923) erinnert – waren dort beheimatet.

In dem alten Institut präsentierte mir der Lehrstuhlinhaber für Physik die Röntgenröhre, mit der jener die ersten Aufnahmen angefertigt hatte. Bei einem Umzug in ein neues Universitätsgebäude zersplitterte diese aus Unachtsamkeit.

Nach der im März 1848 erfolgten Revolution gegen Friedrich Wilhelm IV in Berlin kündigte die Universitätsverwaltung dem Prosektor der Anatomie Rudolf Virchow (1821–1902) den Arbeitsvertrag und die Dienstwohnung. Er hatte seine demokratische Gesinnung nicht widerrufen. Jahrzehnte vor Emil Behring absolvierte Virchow die Pépinière, das Friedrich-Wilhelm-Institut für Sanitätsoffiziere. Rudolf Virchow nahm 1849 die Berufung nach Würzburg an, begründete die Zellularpathologie und lehrte dort Pathologische Anatomie. 1856 folgte er dem Ruf an die Universität Berlin und übernahm das neu geschaffene Ordinariat für Pathologie sowie seine alte Stellung als Prosektor an der Charité. Das Gebäude des „Anatomischen Theaters" der Universität in Würzburg, das Virchow zur Verfügung gestanden hatte, nutzte Jahrzehnte später das Weingut des Juliusspitals. Die Unterkellerungen boten im Zweiten Weltkrieg Kranken und Verwundeten Schutz vor den Bombenangriffen.

Jeweils am Ende militärärztlicher Tagungen an der SanSLw schlossen die Lehrgänge in dem ehrwürdigen „Anatomischen Theater" ab. Die Tagungsteilnehmer mit etwa 100 Sanitätsoffizieren waren dann zur Weinprobe des Kellermeisters Kraft geladen.

Falls die Tagungsteilnehmer im Laufe der Zeit sich nicht mehr an die Fachvorträge erinnern sollten, so vielleicht doch an die Einrichtungen der geschichtsträchtigen Umgebung des ehemaligen Universitätshospitals mit seiner sehenswerten mittelalterlichen Apotheke.

Nach drei Jahren Verantwortung als Kommandeur verfügte die Personalabteilung meine Versetzung nach Bonn. Von der Kommando-Übergabe nahm die örtliche Presse Notiz. Dabei hieß es unter der Überschrift „Kommando-

Am Tag der Kommandoübergabe: Oberfeldarzt Dr. C. Borkowski, Generalarzt Dr. E. Ebeling, Oberstarzt Dr. H. Hennig

stab wechselte in neue Hände – Oberstarzt Dr. Hennig verlässt Luftwaffenschule in Klingholz – Festakt": „Zu einer Demonstration der Verbundenheit mit der Bevölkerung wurde die Kommandoübergabe in der Sanitätsschule der Luftwaffe." Vor zahlreichen zivilen und militärischen Ehrengästen sowie den angetretenen Soldaten übertrug Generalarzt Dr. Ernst Ebeling die Führung über die Schule von Oberstarzt Dr. Horst Hennig an Oberfeldarzt Dr. Conrad B. Borkowski (1929–2014). „Über die fachlichen Qualitäten des scheidenden Kommandeurs ließen die Redner keine Zweifel. Immer wieder waren sachkundige Besucher und Tagungsteilnehmer der Klingholzer Kaserne beeindruckt von der wissenschaftlichen Arbeit, die hier geleistet wird. Hennig, so Generalarzt Ebeling, habe an dieser positiven Entwicklung entscheidend Anteil. Er verdiene deswegen Anerkennung für die überzeugende Erfüllung seines Auftrages."

Versetzung in das Bundesministerium der Verteidigung – Bonn

Die Truppe funktionierte nach anderen Gesichtspunkten als die Ministerien in Bonn. Die „Gemeinsame Geschäftsordnung" (GGO) legte die Aufgaben und Zuständigkeiten eines Referenten fest. Zusätzlich war die Planstellenbeschreibung, die weitere Pflichten umfasste, auf der Dienststelle einsehbar.

Als Referent II 1 wurden mir Führung, Planung und Einsatz des Sanitätsdienstes der Bundeswehr ab dem 1. Oktober 1976 übertragen. Die vorzüglich gebildeten Sanitätsoffiziere des Referates und ein Generalstabsoffizier wurden mit Aufträgen und Problemen überschwemmt, gegebenenfalls wurde die Arbeitszeit verlängert. Die Schwerpunkte bezogen sich 1976 auf das Sanitätsmodell 1, die Heeresreform 4, die Stabsrahmenübungen wie Wintex und Regelungen im Geschäftsbereich des Ministeriums.

Die Mitarbeiter des Referates pflegten die Kontakte zu den NATO- und Nicht-NATO-Staaten. Als Gastgeber von alliierten Delegationen boten wir im Anschluss an die fachlichen Zusammenkünfte Informationen durch die medizinrelevante Industrie und den Besuch kultureller Sehenswürdigkeiten an.

Etwa 1977 wurden die ersten Computer vernetzt. Meine Frage an den verantwortlichen Sanitätsoffizier: „Welche Aufgaben stehen denn im Vordergrund?" Antwort: „Die Wirtschaftlichkeit aller medizinischen Einrichtungen der Bundeswehr!" Das Kosten- Nutzenverhältnis in den zivilen medizinischen Bereichen zwingt noch heute die Verantwortlichen zur jährlichen Korrekturen in den Systemen der Krankenhäuser und Versicherungen. Die medizinische Betreuung kann nicht durch den geldwerten Zugewinn erfolgen. Das ärztliche Gewissen folgt der Humanität und befindet sich zunehmend im Konflikt mit der politisch gelenkten Administration.

Die zahlenmäßig unterlegene Kampftruppe der NATO-Streitkräfte war auf Verteidigung der Grenzen ausgerichtet. Die festgelegten Angriffs-Korridore der Nationalen Volksarmee unter dem Oberkommando sowjetischer Streitkräfte können im Militärarchiv Freiburg/Br. eingesehen werden.

Oberstarzt Dr. K. H. Schott,
Lw-Unterstützungskommando
Porz-Wahn (links)

Oberst i. G. Dr. phil.
Manfred Kehrig (rechts)

Auf welches Kriegsbild sollten wir uns angesichts der ABC-Waffen einstellen? Der britische General Sir John Hackett, Verfasser des Buches „Der Dritte Weltkrieg", gab dem Szenario unseres Referates einen theoretischen Anhalt. Ein moderner Krieg hinterlässt eine zuvor unkalkulierbare Anzahl von verwundeten Soldaten und Zivilisten einschließlich erkrankter Frauen und Kinder. Trotz der Berechnungsmethoden eines namhaften teilstaatlichen Instituts standen wir vor Problemen, die sich letztlich jeglicher Voraussagen entziehen. Diese Folgerung gilt für alle Nationen, unabhängig ob Freund oder Feind. Die Medien in den USA berichteten öffentlich, dass nach einem Einsatz nuklearer Waffen die Erde weitestgehend unbewohnbar sein würde.

Zu Beginn meiner Referententätigkeit 1976 in Bonn informierte ich mich über die ab 1956 jährlich verfassten sanitätsdienstlichen Zustandsberichte, die die Friedensversorgung und die Möglichkeiten im Verteidigungsfall beschreiben. Nach drei Jahren wurde ich am 1. Oktober 1979 als Leitender Sanitätsoffizier (LSO) in das Luftwaffenamt Porz-Wahn versetzt. Die disziplinare Unterstellung erfolgte unter dem Amtschef des LwAmt Dipl.-Ing. Generalleutnant Richard Frodel (1921-2002), die fachliche Unterstellung unter den GA Lw war wie drei Jahre zuvor in meiner damaligen Dienststellung in Klingholz.

Das Luftwaffenamt unterstand mit der Luftflotte und dem Lw-Unterstützungskommando (Oberstarzt Dr. K. H. Schott) dem Inspekteur der Luftwaffe mit dessen Führungsstab der Luftwaffe (FüL). In diesen Dienststellen berieten die Leitenden Sanitätsoffiziere ihre Vorgesetzten.

GenLt Frodel billigte den Vorschlag, die unterstellten Einheiten sanitätsdienstlich vordringlich auf ihre Leistungs- und Überlebensfähigkeit zu überprüfen. Meine Inspektionsberichte umfassten eineinhalb Seiten, in denen die Mängel und Vorschläge zu ihrer Abstellung vermerkt waren und damit in die finanziellen Haushaltsforderungen Eingang finden konnten.

Während dieser Zeit erreichte mich im Mai 1980 die Kommandierung zur FüAkBw in Hamburg zur Teilnahme am „Sonderlehrgang Gesamtverteidigung". Die Teilnehmer rekrutierten sich aus den höheren Kommandobehörden. Dort traf ich auf den Leiter des Bundesarchiv/Militärarchivs Freiburg/Br., den Historiker Oberst i.G. Dr. phil. Manfred Kehrig (geb. 1939), mit dem mich die geschichtliche Materie und eine langjährige Kameradschaft verbinden. Dr. Kehrig überprüfte vor dieser Zeit gutachterlich die „Hitler-Tagebücher", die er als gefälscht erkannte. In den Veröffentlichungen durch die Medien spielten vermutlich finanzielle Interessen eine Rolle, bis die Fälschung eindeutig bewiesen wurde.

Der Lehrgang an der Führungsakademie in Hamburg befasste sich mit verteidigungspolitischen Themen. Der „Gesamtverteidigungs-Lehrgang" sollte in seiner Konzeption nicht nur den militärischen Entscheidungsträgern in hoher Verwendung dienen; gleichermaßen sollten zivile Führungskräfte aus Wirtschaft und Politik ihre Sichtweise erweitern. Gastredner anderer Ministerien trugen ihre Planungen hinsichtlich der staatspolitischen Ziele der Bundesrepublik vor. Aus zum Teil akademischer Selbstüberschätzung oder Bequemlichkeit nahmen hohe zivile Entscheidungsträger an dieser Veranstaltung selten teil. Vergleichbare westliche Länder setzen diese übergeordneten Informationen für Personen in den höchsten politischen Verwendungen voraus, denn Wissensdefizite kann sich kein Verantwortlicher leisten.

Eine Informationsreise führte uns Ende Mai 1980 in das „Zentrum für höhere militärische Studien" (CHEM) nach Paris. Die Studien dieses Instituts berücksichtigte der Präsident Frankreichs in seinen politischen Entscheidungen. Eine unserer Aufgaben bestand darin, in Arbeitsgruppen die Prioritäten der deutschen Politik festzulegen. Zur Verwunderung unserer Gastgeber betrachteten wir die im Grundgesetz der Bundesrepublik Deutschland verankerte Präambel, die Vereinigung Deutschlands, als Priorität.

1. Oktober 1980 –
Beförderung Horst Hennigs
zum Generalarzt

Zum 1. Oktober 1980 führte mich die Versetzung als Unterabteilungsleiter (UAL II) an meine frühere Dienststelle, in das Bundesministerium der Verteidigung nach Bonn, zurück. Diese Verantwortung war mit der Beförderung zum Generalarzt verbunden.

Wenige Tage später erreichte mich die Aufforderung des Leiters Organisationsstab (OrgStab) zur Besprechung der Neuorganisation im Ministerium. Zur Begründung hieß es, der Bundesminister der Verteidigung habe das Unternehmen „Untersuchungs- und Strategieberatung McKinsey" mit der Überprüfung der Organisation und des Personalbedarfs der Bundeswehr beauftragt. Mit Erfolg verteidigten wir Zuständigkeiten und Planstellen, um auf dem Höhepunkt des „Kalten Krieges" die Bundeswehr als ernsthafte Armee einsatzfähig zu erhalten.

Die Probleme aus meiner Referententätigkeit von 1976 bis 1979 glichen denen, die mich in der neuen Verantwortung erwarteten. Diese umfassten sechs mir unterstellte Referate. In den Haushaltsverhandlungen ergaben sich fast immer Missverhältnisse zwischen den aus politischen Gründen erteilten Aufträgen und den dazu freigegebenen Mitteln. Als späteres Beispiel hierfür wurden die Ausrüstungsmängel unserer Soldaten in Afghanistan durch die Kritik der Wehrbeauftragten in der Öffentlichkeit bekannt.

Nach Weisung des Inspekteurs des Sanitäts- und Gesundheitswesens nahm ich zeitweise an den Abteilungsleiter-Konferenzen teil. In den Besprechungen lernte ich die Bundesverteidigungsminister Georg Leber (1920–2012), Hans Apel (1932–2011) und Manfred Wörner (1934–1994) kennen.

Aufenthalt in den
USA 1983. Horst Hennig
im Gespräch mit General-
leutnant Mittelmeyer
und Generalmajor Becker
im Pentagon

Aushändigung der
Abschiedsurkunde
durch Staatssekretär
Hiehle 1983

Im Verlaufe des zweiten Halbjahres 1982 machten sich die Folgen einer Erkrankung bemerkbar, die ich mir im Zwangsarbeitslager Workuta zugezogen
hatte. Gesundheitliche Einschränkungen führten schließlich zum Ruhestand
1983. Bis Ende März wurden von mir die laufenden Dienstgeschäfte noch
halbtags wahrgenommen, die ich dazu nutzte, um Oberstapotheker Dr. Win-
fried Berger (geb. 1938) und Oberstarzt Dr. Hans Sautter (1931–2012) den
führenden sanitätsdienstlichen Einrichtungen von Heer und Luftwaffe in San
Antonio, Texas, vorzustellen.

Nach dieser langen Dienstzeit schied ich als Soldat nicht einfach aus. Ich
fühle mich weiterhin mit meinem früheren Aufgabenbereich verbunden.

„Die Kießling-Wörner Staatsaffäre"

Während des Zweiten Weltkrieges und in der unmittelbaren Nachkriegszeit ging der Kontakt zu meinem früheren Kameraden der Heeres-Unteroffizier-Vorschule Günter Kießling zunächst verloren. Jeder von uns schloss ein Studium vor Eintritt in die Bundeswehr ab. Mein Kp-Chef des Zweiten Weltkrieges, Hptm. Günther Münzing (1918–1981), nunmehr in der Personalabteilung des BMVg, BG, UAL II, führte uns wieder zusammen. Fortan folgte ich den Ein-ladungen von Günter Kießling, bis zu seinem Tode war er häufig unser Gast in Köln.

In der zweiten September-Hälfte 1983 informierte er mich, „er habe einen Termin beim Bundesverteidigungsminister Dr. Wörner wahrzunehmen". Während ich den Kaffee zubereitete, unterrichtete mich Dr. Kießling über den vermutlichen Gesprächsgegenstand: angeblich sei er im Schwulenlokal „Tom Tom" in Köln gesehen worden.

General Dr. Günter Kießling –
ranghöchster deutscher Soldat der NATO,
1982 bis 1984 Stellvertretender
NATO-Oberbefehlshaber

Während des Gesprächs mit Dr. Wörner gab er dem Minister sein Ehrenwort, weder mit der Schwulenszene noch mit dem Lokal „Tom Tom", das er nicht einmal kenne, Kontakt gehabt zu haben. Die gegen ihn erhobenen Vorwürfe würden jeder Grundlage entbehren.

Günter Kießling verließ sich auf das beidseitige jahrelange Vertrauensverhältnis zu Dr. Wörner. Bei jenem war er häufig privat zu Gast gewesen, ihm lange Zeit verbunden und hatte ihn zudem in dessen früherer Funktion als Mitglied des Verteidigungsausschusses des Deutschen Bundestages beraten. Dr. Kießling erwartete, dass der gegen ihn erhobene Verdacht durch die anlaufenden Ermittlungen entkräftet würde, da er vermutete, dass es sich um eine Desinformationskampagne eines gegnerischen Geheimdienstes handelte. Der gläubige Christ Kießling erhoffte umfassende Aufklärung, besaß selbst kein schlechtes Gewissen, führte seit seiner Schulzeit Tagebuch über die Kriegs- und Bundeswehrzeit und unterlag den Sicherheitsüberprüfungen.

Als um die Jahreswende 1983/84 die Medien den „Fall Kießling" an die Öffentlichkeit brachten, ermunterte ihn Franz Joseph Strauß (1915–1988) zum Widerspruch. Dies gelang Dr. Kießling überzeugend in freier Rede während mehrerer TV-Nachrichtensendungen – zu Ungunsten der politisch Verantwortlichen in Bonn.

Sein Vorgänger als Stellvertretender Supreme Allied Commander Europe (SACEUR) in der NATO, General a. D. Gerd Schmückle (1917–2013), äußerte sich in einem TV-Interview sinngemäß, wenn das der politische Stil der nachfolgenden Generation (er spielte auf deren Beurteilung der Sache Kießling an) ist, habe er Bedenken für die gesellschaftspolitische Zukunft.

In Beweisnot ließ Dr. Wörner einen angeblichen Zeugen, den Schweizer Alexander Ziegler, einfliegen, der freilich zur Sache nichts beizutragen hatte. BM Dr. Wörner wies dem Kdr MAD-Sondergruppe Bonn, Oberst Rolf Peter (geb. 1925), an, die Reisekosten für den Schweizer A. Ziegler zu erstatten. Oberst Peter widersprach BM Wörner mit der Begründung, der Etat sei dafür

Oberst Rolf Peter

1984: Verabschiedung Günter
Kießlings mit dem Großen
Zapfenstreich, rechts: Bundes-
minister Manfred Wörner

nicht vorgesehen. Um den Skandal im politischen Umfeld zu untersuchen, konstituierte sich der Verteidigungsausschuss im Deutschen Bundestag zum Untersuchungsausschuss.

In dessen Abschlußbericht stellte der Vorsitzende des Verteidigungsausschusses Dr. Alfred Biehle (1926–2014) fest: „Der Fall Dr. Kießling begann mit Gerüchten und Unterstellungen." Den ersten, dabei aber gravierenden Höhepunkt bildete eine Falschmeldung des MAD „mit grober Täuschung" der politischen und militärischen Leitung: „Die Untersuchungen vermittelten ein fragwürdiges Persönlichkeitsbild einzelner Beteiligter. An Peinlichkeiten war oftmals nichts mehr zu überbieten."[17]

Aus Italien verbreitete sich die Nachricht, die Bezeichnung „Bananen-Republik" gelte nun auch für Deutschland. Denn vor allem zwei Namen deutscher Generäle waren im Ausland präsent und populär: Rommel und Kießling.

Der in seiner Persönlichkeit beschädigte General Dr. Kießling lief Gefahr, sich Anfang 1984 zu erschießen. Wenige Kameraden halfen ihm, die schwerste Zeit seines Lebens zu überstehen. Wir haben Günter Kießling als einen jederzeit gewissenhaften, religiösen, stets seiner Verantwortung bewussten Menschen kennen gelernt.

Mir war es vergönnt, seine Rede vor den Alliierten in Mons/Belgien zum Deutschen Verfassungstag am 23. Mai 1983 zu hören, die er der Präambel des Grundgesetzes mit dem Ziel einer „Vereinigung Deutschlands" widmete.

---

17 Diskussionen und Feststellungen des Deutschen Bundestages in Sachen Kießling, Zur Sache 1984, S. 8

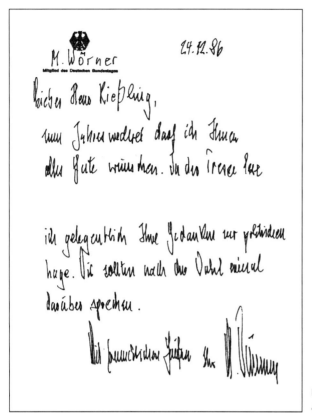

Brief von Manfred Wörner
an Günter Kießling

Seine Rede anlässlich der Einweihung der Gedenkstätte des Volksbundes Deutscher Kriegsgräberfürsorge in Workuta und weitere zahlreiche von ihm frei gehaltene Reden an der Offizierschule des Heeres (OSH) in Dresden im Beisein des BM der Verteidigung Volker Rühe (geb. 1942) und Prof. Dr. Kurt Biedenkopf (geb. 1930) waren druckreif. Gleichermaßen zeugen seine Bücher von Geschichtskenntnis, Intellektualität und von dem Bemühen um jene Wahrhaftigkeit, die auch seinen Lebensweg auszeichnete.

Bereits zwei Jahre später, am 24. Dezember 1986, wandte sich Dr. Wörner mit dem Wunsch nach einem Gespräch brieflich an Günter Kießling. Jener reagierte nicht darauf. Dem erneut vorgetragenem Wunsch nach einem Gespräch kam Dr. Kießling 1994 nach, als Dr. Wörner bereits schwer erkrankt war. Dr. Kießling willigte erst nach längerem Zögern in ein Treffen mit dem damaligen Generalinspekteur ein. Im Beisein des KdrFüAK und des BG a.D. Dr. Wilhelm Wörmann (geb. 1919) nahm Dr. Kießling an einem Gespräch in Hamburg teil, über das ein Protokoll geführt wurde.

Nach Aufnahme der Regierungsgeschäfte des Deutschen Bundestages in Berlin blieben die im Bundeskanzleramt befindlichen Dokumente – so die Auskunft auf Rückfrage Dr. Kießlings – angeblich unauffindbar.

Am dreißigsten Jahrestag der „Kießling-Wörner-Affäre" erinnerte der „Kölner Stadtanzeiger" in der letzten Märzwoche 2014 mit einem Hinweis auf den Beitrag des Militärhistorikers Major Dr. Klaus Storkmann.[18] Der „Kölner Express" klärte 1984 in einem Szenelokal in Köln die Verwechselung einer anderen Person mit Dr. Kießling auf. Nach abschließender Feststellung des Untersuchungsausschusses des Deutschen Bundestages wurde dem MAD schuldhaftes Verhalten attestiert.

Zu Besuch an der Martin-Luther-Universität Halle: Dr. G. Kießling, Dr. E. Demuth und Dr. H. Hennig vor dem „Löwen-Gebäude"

---

18 Klaus Storkmann: „Ein widerwärtiges Schmierenstück". Die Wörner-Kießling-Affäre, in: Militärgeschichte 4/2013, S. 18-21.

Rückerinnerungen – Politische Veränderungen in Moskau

Während meiner Schul- und Studienzeit, im Krieg und in der Gefangenschaft sowie während der Zeit meiner Berufstätigkeit war es mir nicht vergönnt, meinen privaten Interessen wunschgemäß nachzukommen. Obwohl ich in der Schulzeit unzählige aus den umliegenden Bibliotheken entliehene Bücher gelesen habe – auch die aus dem reichen großväterlichen Bestand – waren mir das Lesen wie auch das Reisen letztlich erst im Ruhestand möglich.

Nach Besuchen bekannter Urlaubsregionen Deutschlands, seinen erhabenen Kulturschätzen in Klöstern, Burgen und Schlössern, wandten meine ärztliche Lebenspartnerin und ich uns Holland, Österreich, Südfrankreich, der Schweiz, Italien, Spanien, Portugal, Kanada und den USA zu.

Die Schilderung des Arztes Axel Munthe im „Buch von San Michele" faszinierte mich schon im Alter von 12 Jahren. Nach 70 Jahren besuchten wir in einem Frühjahr vor Ansturm der Touristen die von Axel Munthe errichtete Villa mit der Sammlung von Kulturgegenständen. Der Schulunterricht über Kaiser Augustus und Tiberius – letzter regierte zeitweise von Capri aus Rom – kam in Erinnerung. Ein zerfallenes Kloster, die renovierungsbedürftige Krupp-Villa und eine nicht übersehbare Gedenkplatte einer deutschen adligen Dame, die im KZ ihren Tod fand, erregten unsere Aufmerksamkeit. Andere geschichtsrelevante Sehenswürdigkeiten, deren Entstehung etwa 2000 Jahre zurück liegt, boten Jerusalem und die Klöster der Insel Patmos sowie die archäologischen Ausgrabungen auf der Insel Zypern, in der Türkei, Griechenland, auf Sizilien und Sardinien, die wir während mehrerer Ausflüge vom Schiff aus besuchten. Der befreundete pensionierte Sprachmittler des Bundessprachenamtes Heinrich Simon (1933–2012) wünschte von uns, dass wir an einer Schiffsreise der „Royal Caribean of the Seas" 2002 Richtung Hawai teilnehmen sollten.

Wiederum, wie in großen Speisesälen möglich, eine zwanglose Platznahme an einem runden Frühstückstisch. Mit einer akzentfreien deutschsprachigen Begrüßung setzte sich ein rüstiger älterer Herr zu uns. In der Unterhaltung erfahren wir von dem kanadischen Bürger, dass er als Jude vor dem Krieg Deutschland zwangsweise habe verlassen müssen und mittellos mit Familie, ohne nennenswerte Hilfe auf kanadischem Boden eintraf. Er habe in jenem

Augenblick nicht gewusst, wie er seine Familie ernähren könne. Nach einigen Monaten fiel ihm auf, dass die Einwohner in Kanada Gurken, wie sie seine Mutter früher im Spreewald, in Deutschland, konserviert hatte, nicht kannten. Er testete die kanadischen Verbraucher mit verschiedenen Geschmacksvarianten und stieg mit der Vermarktung von eingemachten Gurken zum mehrfachen Millionär auf.

Unsere Kabinen lagen auf der Ebene des „Kapitänsdecks". Das hatte den Vorteil, mit einer Kabinenkarte jederzeit eine separate Bar betreten zu können. Dort kam ein Hamburger Geschäftsmann mit mir ins Gespräch, der mit einer jüngeren Chinesin verheiratet war. Nach wenigen Tagen bildeten politische Themen den Gesprächsgegenstand. Das exzellente Deutsch der chinesischen Dame war bewundernswert. Ich stellte ihr, einer Angestellten des chinesischen Generalkonsulats in Hamburg, die Frage, für welche Seite die chinesische Volksrepublik Partei ergreifen würde, falls es zu einem Konflikt zwischen der Russischen Föderation und den USA käme. Ihre Antwort: „Auf die der Russischen Föderation!" Das hervorragende Sprachverständnis fand abrupt seine Grenzen, als wir uns über Kindermärchen Hänsel und Gretel und den Klapperstorch unterhielten – das kannte sie nicht.

Fünf Jahre nach Dienstende entschloss ich mich, Verwandte in der DDR zu besuchen. Nach Erteilung der Einreisegenehmigung hatte ich mich dort in das in jedem Haus vorhandene Besucherbuch einzutragen und bei der Polizeibehörde melden müssen. Dessen ungeachtet besuchte ich mehrere Familien an verschiedenen Orten „schwarz" und versorgte diese mit Kaffee, Schokolade usw.

Im März 1983 verkündete der amerikanische Präsident Ronald Reagan (1911–2004) den Aufbruch zur „Strategic Defense Initiative" (SDI), die mit einer Raketenabwehr verbunden war. Die Sowjetunion sah sich diesem Rüstungswettlauf nicht gewachsen. Gleichzeitig stärkte der Papst Johannes Paul II. (1920–2005) den Widerstand in Polen gegen den Kommunismus. Der Friedensnobelpreis wurde an den polnischen Gewerkschaftsführer Lech Walesa (geb. 1943) aus den gleichen politischen Gründen vergeben.

Der 1985 ernannte Generalsekretär des Zentralkomitees der KPdSU Michael Gorbatschow (geb. 1931) führte mit Ronald Reagan im November 1985 erste Abrüstungsgespräche. Gorbatschow musste 1986 die Tschernobyl-Katastrophe eingestehen, was trotz der Erfolge im Weltraum einen technischen Rückschlag mit Prestigeverlust für die Sowjetunion bedeutete. Ein peinlicher Zwischenfall mit beträchtlichem Ansehensverlust der UdSSR zu jener Zeit war das Versagen der sowjetischen Luftabwehr, als der Sportflieger Mathias Rust (geb. 1968) am 28. Mai 1987 spektakulär auf dem Roten Platz in Moskau landete. Im Verlauf des XXVII. Parteitages der KPdSU 1986 kritisierte Gorbatschow das sowjetische System in noch nie dagewesener Schärfe. Mit der Veröffentlichung seiner Schriften 1987 stellt er die Schlagworte „Glasnost" und „Perestroika" (Öffentlichkeit und Veränderung) in den Mittelpunkt und öffnete den „Ostblock-Staaten" faktisch den Weg in eine eigene wirtschaftliche und politische Verantwortung.

Der sowjetische Botschafter übergab in ihrer Bonner Landesvertretung mit einführender Rede das soeben erschienene Buch des Generalsekretärs „Perestroika. Die zweite russische Revolution. Eine neue Politik für Europa und die Welt" der Öffentlichkeit. Mich drängte es, dem anwesenden langjährigen Berater Willy Brandts, Prof. Dr. Richard Löwenthal (1908–1991), die Frage zu stellen, ob er sich nach der Gesprächsannäherung der Sowjetunion an die westlichen Staaten eine Vereinigung beider Teile Deutschlands vorstellen könne. Ein Fotograf hielt diese Szene zufällig fest; nach etwa 30 Sekunden des Nachdenkens antwortete mir Prof. Löwenthal: „Nein!". Auch namhafte Persönlichkeiten können irren – niemand befindet sich im Besitz der alleinigen „Wahrheit" und niemand kann die Zukunft verlässlich voraussagen.

Von 1985 an trugen in der Friedrich-Ebert-Stiftung getrennt die Botschafter der USA, Großbritanniens und Frankreichs im zeitlichen Abstand ihre politische Absicht vor, beide Teile Deutschlands zu vereinigen. Selbst die Sowjetunion bezeichnete ihre Streitkräfte bis 1989 als Gruppe der Sowjetischen Streitkräfte in Deutschland (GSSD). Mit der Aufhebung der Zwangsmaßnahmen gegen den Friedensnobelpreisträger (1975) und späteren Gründer von Memorial (1989) Andrej Sacharow (1921–1989), womit eine Aufarbeitung der staatlichen GULag-Verbrechen in verdienstvoller Weise zunächst eingeleitet werden konnte, erregte Gorbatschow im Dezember 1986 erneut außergewöhnliches Aufsehen.

1987 trafen sich die Staatsoberhäupter der USA und der Sowjetunion in London zu Gesprächen, die einer weltweiten Reduzierung von atomaren Mittelstreckenraketen galten. Die Kontrahenten waren sich bewusst, dass bei einem Einsatz von Atomwaffen jegliches Leben großflächig vernichtet würde.

Im Rheinhotel Dreesen, Bad Godesberg, kritisierte der in die Bundesrepublik übergesiedelte ehemalige Chef des Presseamtes der DDR, Prof. Dr. Hermann von Berg (geb. 1933), das sowjetische und das DDR-System mit der zentralen Aussage: „Das kommunistische System ist nicht reformierbar." 1987 erhielt von Berg einen Lehrauftrag an der Universität Würzburg und nach der Friedlichen Revolution an der Humboldt-Universität zu Berlin.

Am 2. Juli 1988 lud die Alte Rostocker Burschenschaft „Obotritia" sowjetische Botschaftssekretäre in das Bonner Hotel „Bristol" zu einem Seminar „175 Jahre Freiheitskriege 1813–1988" ein, bei dem General a. D. Dr. Kießling über „Abrüstung und die Deutsche Frage" vortrug. In der Diskussion stellte ein Korrespondent der Zeitung „Die Welt" sinngemäß die Frage: „Warum toleriert die UdSSR die Eigenmächtigkeiten der DDR mit den Todesschüssen an der Mauer?" Der Attaché wandte sich nach einer Denkpause an das Auditorium: „Dafür trägt die DDR die Verantwortung!". Diese richtungsweisende Veränderung sowjetischer Politik nahmen die westlichen Medien kaum zur Kenntnis.

Während der Kaffeepause bat ich den Attaché im Beisein von Dr. Kießling an unseren Tisch. Einer Zeitungsnotiz nach betrug der damalige jährliche Exportüberschuss der Bundesrepublik eine beachtliche Summe. In der aufgeschlossenen Atmosphäre schlug ich vor, der Attaché möge doch angesichts der wirtschaftlichen Gegebenheiten in der UdSSR und der DDR zu Protokoll nehmen, „eine bestimmte Summe für die DDR sei doch ein gutes Angebot, und die Sowjetunion wäre ihre Schwierigkeiten mit dem Generalsekretär Honecker los". Im Verlauf des Seminars referierten zwei weitere Attachés sowie Prof. Dr. Theodor Schweisfurth (geb. 1937) vom Max-Planck-Institut Heidelberg.

In freundschaftlicher Verbundenheit räumte mir Oberst a. D. Rolf Peter die Möglichkeit ein, in einem Münchner Verlagshaus an einem Vortrag zu dem Buch des „Champagnerspions" Wolfgang Lotz (1921–1993) teilzunehmen. Mit der Legende eines SS-Offiziers und reichlich mit finanziellen Mitteln versehen, setzte der israelische Geheimdienst Lotz als Spion ein. Diesem gelang es, die kommandierenden Generäle Ägyptens zu korrumpieren und wesentliche militärische Geheimnisse, die zum überraschend schnellen Sieg des Krieges 1967 beitrugen, zu beschaffen. Lotz und Gemahlin wurden 1968 gegen mehrere hundert in Gefangenschaft geratene ägyptische Offiziere und Unteroffiziere ausgetauscht.

Im März 1988 ließ Ungarn nichtkommunistische Parteien zu, im März 1989 fanden in der Sowjetunion „freie Wahlen" statt. Im Juni 1989 schlugen chinesische Streitkräfte einen Studentenaufstand auf dem Platz des Himmlischen Friedens nieder.

General a. D. Dr. Kießling pflegte Kontakte zu den Medien und zu bekannten Persönlichkeiten. Anfang 1989 begleitete ich ihn zu einem Besuch des MdB Prof. Dr. Bernhard Friedmann (geb. 1932), dem späteren Präsidenten des Europäischen Rechnungshofes, in das Bundestagshochhaus. Dr. Friedmann erregte mit der Publikation „Einheit statt Raketen" Aufmerksamkeit. Während unserer Anwesenheit erreichte ihn der Korrespondent einer renommierten Washingtoner Zeitung und befragte ihn in einem Telefoninterview zur aktuellen politischen Lage mit Blick auf die Wiedervereinigung. Den einige Monate zurückliegenden Gorbatschow-Goebbels-Vergleich von Helmut Kohl empfand Friedmann für die Bundesrepublik nicht als hilfreich, umsomehr, als Gorbatschow zu jener Zeit intensiv politische Kontakte im Westen suchte. Am 12. Juni 1989 wurde Michael Gorbatschow in der Bundesrepublik freundlichst empfangen.

Die westlichen Staaten wurden vom Mauerfall am 9. November 1989 überrascht. Im Februar 1990 stimmte Gorbatschow unter strategischer Hilfestellung des US-Präsidenten G. Bush der deutschen Einheit zu. In bewundernswertem Arbeitsaufwand über Wochen und Monate hinweg gelang es Helmut Kohl mit seinem Berater Horst Teltschik (geb. 1940) und insbesondere seinem Außenminister Hans-Dietrich Genscher (1927–2016) mit den Beamten des Auswärtigen Amtes, die Zustimmung zur Vereinigung in den Zwei-plus-Vier-Verhandlungen zu erlangen.

Der Mauerfall im November 1989 mündete in eine Entwicklung, als deren nächste Kulminationspunkte im März 1990 abgehaltene freie Wahlen in der DDR gelten können, im Juli ihre Einbeziehung in ein gesamtdeutsches Währungsgebiet und am 3. Oktober 1990 der Beitritt der DDR zur Bundesrepublik Deutschland. Die NVA-Streitkräfte holten die Staatsfahne ein und hissten in den Kasernen die Flagge der Bundesrepublik Deutschland. Zum gleichen Zeitpunkt wechselten sie die Uniform.

Zuvor, im September 1989, folgten Dr. Kießling, Frau Dr. Demuth und ich mit dem ehemaligen Regieassistenten Hans Lehmann (geb. 1922) der persönlichen Einladung des Intendanten der Semperoper Dresden Prof. Dr. Gerd Schönfelder (geb. 1936), in dessen Loge wir mehreren Aufführungen folgten.

Hans Lehmann – der Reisebegleiter im Herbst 1989 nach Dresden – hier auf einer Fotographie, die ihn in Workuta als Häftling im Lager 10, Schacht 29, zeigt.

Auf der Rückfahrt mit dem Pkw verließen wir die Autobahn zu einem privaten Mittagessen. Die DDR-Kontrolle verlor uns aus den Augen, was uns eine genaue „Filzung" und Vernehmung am Grenzübergang Hirschberg-Rudolphstein durch einen Oberleutnant des „Felix Dserschinski"-Regiments einbrachte.

Zwei Monate vor den Massenprotesten zur friedlichen Vereinigung strotzen die Programmhefte der Semperoper von politisch aufmüpfigen Freiheitssignalen an den DDR-Staat: „Sire, geben Sie Gedankenfreiheit" waren noch die zurückhaltenden Aufforderungen, die sich bis zu massiven Freiheitsaufforderungen, wie man sie aus der klassischen Literatur kannte, steigerten.

Anschließend galt unser gemeinsamer Besuch Budapest und seiner Umgebung sowie dem dortigen Militärhistoriker Dr. Joseph Borusch (1926– 2006).

Regelmäßig erreichten mich im Ruhestand die Einladungen des Militärgeschichtlichen Forschungsamtes (MGFA) in Freiburg. Im Herbst 1991 traf ich bei einem Symposium auf die russische Delegation, geführt von Oberst Igor N. Venkov, dem Leiter des militärischen Zentralarchivs Podolsk/Moskau, in dem etwa tausend Mitarbeiter tätig waren. Im Gespräch ließ ich auch bewußt salopp verlauten: „Euch Brüder besuche ich gelegentlich auch noch einmal." Frage: „Warum?" Antwort: „Ich möchte wissen, aus welchen Gründen die mit mir verhafteten Studenten der Universität Halle 1950 von einem sowjetischen Militärtribunal (SMT) verurteilt worden sind." Stunden später hielt ich die von Major Oleg Starkov überreichte Einladung in den Händen, der sich General a.D. Dr. Günter Kießling und Brigadegeneral a.D. Wolfgang Gerhardt (1925–2011) spontan anschlossen.

Empfang in der Lubjanka Moskau im August 1992

Brigadegeneral Wolfgang Gerhardt schildert unseren gemeinsamen Besuch wie folgt: „Vor Jahrzehnten gehörte es als Chef eines Stabes in der Bundeswehr zu meinen Aufgaben, Ziele für die Wintex-Stabsrahmenübung innerhalb der Bundeswehr festzulegen. Für das Sanitäts- und Gesundheitswesen der Bundeswehr erarbeitete ich diese Zielstellung gemeinsam mit Generalarzt Dr. Horst Hennig. Diese Begegnungen mit ihm sollten der Beginn einer Kameradschaft mit gegenseitiger Wertschätzung sein. Nicht nur Kriegserfahrungen verbanden uns, vielmehr glichen wir unsere Standpunkte zu geopolitischen Gegebenheiten ab, die aus der zentralen Lage der Bundesrepublik zum Warschauer Pakt abzuleiten waren.

General Wolfgang Gerhardt

Imponierend auf mich wirkten die Erkenntnisse Hennigs über die sowjetische Besatzungsmacht, die er aus der Gruppenverhaftung von Studenten 1950 an der Universität zu Halle durch die Sowjetische Administration, der brutalen Verhöre des KGB-Untersuchungsführers und letztlich bis zur Rückkehr aus dem Zwangsarbeitslager Workuta in fast sechs langen Jahren gewonnen hatte. Wir erinnerten uns an die Verhandlungen des Jahres 1955 des Bundeskanzlers Dr. Adenauer in Moskau, die den letzten Kriegsgefangenen und politischen Inhaftierten die Rückkehr nach Deutschland ermöglichten. Hennigs realistische Beurteilungen stammten außerdem aus seinen Kriegserfahrungen und trafen die zu beurteilende Lage in der Bundeswehr. Generalarzt Hennig verwies in diesem Zusammenhang auf die Menschen im Ostblock, die sich in ihrer Mehrzahl nicht mit den kommunistischen Regimen Lenins und Stalins identifizierten. Er betonte den Unterschied zwischen den einfachen Menschen und andrerseits den zum Teil verbrecherischen diktatorischen Staatsführungen und deren Propaganda.

Einige Jahre später, 1992, wurde mir als Zeitzeuge in Moskau in der zentralen Stelle des innerrussischen Geheimdienstes, der Lubjanka, die Gelegenheit geboten, die direkte, aber zugleich verbindliche diplomatische Art Hennigs im Dialog mit hohen FSB-Offizieren sowie der sowjetischen Administration zu erleben.

Diese Geschichte begann mit einem internationalen Zusammentreffen von Militärhistorikern und Archivaren in Freiburg im Breisgau. Generalarzt Dr. Hennig erhielt anlässlich solcher Tagungen Einladungen, an denen er außerdienstlich aus geschichtlichem Interesse teilnahm. Im Laufe der Vorträge wandte sich Horst Hennig an die Militärdelegation der Russischen Föderation, die in Begleitung eines Dolmetschers des Militärgeschichtlichen Forschungsamtes, Kurt Arlt, anwesend war. In freimütigem Ton eröffnete er das Gespräch mit dem Satz: „Euch besuche ich in Moskau auch noch mal" und weiter: „Ich möchte die Gerichtsakten des Militärtribunals der im Jahre 1950 in Halle verhafteten und verurteilten Studenten einsehen." Erklärend fügte er hinzu, dass die Militärtribunale zu jeweils 25 Jahren Zwangsarbeit verurteilt hatten. Die Sprachlosigkeit der Delegation löste sich, als der Delegationsleiter Oberst Igor N. Venkov, Direktor des Militärarchivs Podolsk, antwortete: „Das kann möglich sein". Etwas später präsentierte er Hennig in russischer Sprache die schriftliche Einladung, die von dem ihn begleitenden Major Oleg Starkov in akzentfreiem Deutsch herzlich und freundlich kommentiert wurde.

Generalarzt Hennig unterrichtete daraufhin den ehemaligen Schulkameraden General a. D. Dr. Kießling von dem Vorhaben, Moskau zu besuchen. Diesem Vorhaben schloss ich mich sehr gern an. Daraufhin organisierte Dr. Hennig den Besuch in Moskau mithilfe des Dolmetschers Kurt Arlt. Nach Rückfrage bei unserem früheren Dienstherrn meldete das Auswärtige Amt Bonn der russischen Administration in Moskau unseren Besuch an.

Im August 1992 wurden wir auf dem Flughafen Moskau von dem oben genannten Major Starkov und Oberst Muchin, dem damaligen Leiter des Militärarchivwesens im Generalstab der sowjetischen Armee, empfangen und in einem Militärhotel untergebracht. Unsere Ankunft war der Deutsch-Russischen Gesellschaft bekannt, der von einer deutschen Sektion in Hürth bei Köln einige private Briefe ausgehändigt werden sollten. Als Briefempfänger stellte sich u. a. ein Oberleutnant a. D. Patrunow vor, der uns spontan zum

Horst Hennig und Oberst Muchin

Geburtstag in seine Privatwohnung einlud. Patrunow befand sich einige Jahre mit seiner Frau als Bergbauingenieur im Ausland und verschaffte uns um „zwei dunkle Ecken" eine Einladung in die Lubjanka, in deren NKWD-Archiv Horst Hennig die Gerichtsakten seiner 1950 an der Universität Halle verhafteten Studentengruppe vermutete. General a. D. Dr. Kießling zeigte ebenfalls Interesse, das Wissen der russischen Dienste um die „Wörner-Kießling-Affäre" auszuloten.

Major Starkov setzte uns vor dem Haupteingang der Lubjanka ab und verabschiedete sich betont eilig bis auf einen späteren Zeitpunkt. Vor Beginn der Gespräche einigten wir uns, die Gesprächsführung Generalarzt Dr. Hennig zu überlassen. Punkt 11 Uhr, wie vereinbart, öffneten sich massive Türen, Ehrenbezeugungen der Wachhabenden sowie formale Ausweiskontrollen erfolgten, ein kurzer Wortwechsel mit dem uns begleitenden Patrunow schloss sich an und schließlich befanden wir uns im großen Besprechungsraum von Feliks Edmundowitsch Dzierzynski, dem ersten Vorsitzenden von Lenins sowjetischem Geheimdienst. Dieser große Besprechungsraum, mit Platz für über 20 Personen, war mit schwerem Mobiliar ausgestattet. Minuten später betrat ein Oberst,

241

der Monate später zum General befördert worden ist und sich mit Namen Kondaurov vorstellte, den Raum. Nach freundlicher Begrüßung auf Russisch ließ er erkennen, dass er beauftragt sei, unsere Fragen, Wünsche und Vorhaben in Moskau zu gewährleisten und zu unterstützen. Offensichtlich wurden wir auf übergeordnete politische Weisung bevorzugt behandelt. Alle Vorhaben der Besuchergruppe wurden unterstützt. Der formelle Gesprächsverlauf nahm freundliche Formen an und wir haben uns von Anfang an dem Gesprächspartner gegenüber frei und ungezwungen verhalten.

Generalarzt a.D. Dr. Hennig legte ein vorbereitetes Gesuch vor, die Gerichtsakten einsehen zu können. Ich erinnere mich an einen bemerkenswerten Gesprächsverlauf. Kondaurov: „Nach unseren Gesetzen müssen Sie den Antrag auf Rehabilitation stellen. Falls diese erfolgt, wäre es möglich, die Akten einzusehen." Hennig: „Ich kenne keinen Bürger jüdischen Glaubens, der einen solchen Antrag nach 1945 bei der SS in Deutschland gestellt hätte." Kondaurov erwiderte: „Das ist bei uns Gesetz, dass Sie nur nach Antrag auf Rehabilitation die über Sie erstellten Akten einsehen dürfen." Dr. Hennig schlussfolgerte beim Blick Kondaurovs auf das Deutsch abgefasste Schreiben, dass dieser die deutsche Sprache beherrschen musste. Bisher wurde indes durch Kurt Arlt gedolmetscht. Hennig wandte sich auf Deutsch an Kondaurov: „Herr Oberst, wo haben Sie so gut Deutsch gelernt?". Dieser erwiderte: „Bei einem längeren Aufenthalt in Deutschland." Außerdem bemerkte der Oberst, die Rehabilitierung ausländischer politischer Opfer werde mit dem innerrussischen Gesetz vom 18. Oktober 1991 und in den gegenwärtig stattfindenden Verhandlung mit der Bundesrepublik Deutschland erweitert.

Für den ehemaligen Medizinstudenten Hennig und der mit ihm verhafteten Studentengruppe erfolgte schließlich am 16. Oktober 1992 durch die Militärhauptstaatsanwaltschaft Moskau die Rehabilitation der Gruppe. Mit dieser Wendung des Gesprächs wurde eine Situation erzeugt, die mich an die preußisch-russischen Vereinbarungen der Konvention von Tauroggen 1812 denken ließen, bei der es sich freilich um einen gänzlich anderen Gegenstand handelte, der aber die spontan ergriffene Initiative der handelnden Akteure vor Ort ohne jeglichen institutionellen Formalismus ähnlich war. Die Gespräche umfassten außerhalb des diplomatischen Umgangs die politische Zukunft der Russischen Föderation im Verhältnis zu Europa und anderen Großmächten. Dr. Hennigs Anliegen, Moskauer Archive und das Strafgebiet Workuta mit einer Besuchergruppe Ende Juli bis Anfang August 1993, also 40 Jahre nach dem Zwangsarbeiterstreik mit 62 Toten, 123 Verletzten aus verschiedenen Staaten zu besuchen, sagte Kondaurov Unterstützung und Sicherheit durch seine Dienststelle zu. Wir luden unsere Gesprächspartner anschließend zu einem gemeinsamen Essen im Militärhotel ein.

Eine langjährige Zusammenarbeit zwischen dem Archivwesen, der Staatsanwaltschaft der Russischen Föderation und den politischen Häftlingsgruppen war damit eingeleitet; hinzu trat, dass verschiedene Universitäten und Historiker in Moskau einen erleichterten Archivzugang fanden. Eines der langjährigen Ergebnisse bestand in der Einladung des Leiters der Rehabilitierungsabteilung für Ausländer der Militärhauptstaatsanwaltschaft Moskau zu Vorträgen in verschiedenen Institutionen der Bundesrepublik Deutschland. An dieser Stelle soll daran erinnert werden, dass General a.D. Dr. Günter Kießling im Auftrag der Deutschen Kriegsgräberfürsorge und im Namen des Deutschen Bundeswehrverbandes e.V. 1995 eine Gedenktafel für alle in Workuta Verstorbenen einweihte. Diesem Gedenken wohnten Delegationen zahlreicher Nationen bei, die Gedenkanlage wurde von der Bevölkerung in Workuta angenommen und wird bis heute gepflegt."[19]

Der Bericht des BG W. Gerhardt sollte von mir ergänzt werden: Nach 42 Jahren führte mich, den ehemaligen Medizinstudenten aus Halle, den aufgrund seiner politischen Vorbehalte zu 25 Jahren verurteilten Arbeitssklaven mit der Gefangenennummer I – Y – 63, der Weg nunmehr direkt in das „Allerheiligste", in die Lubjanka in Moskau. Im Besprechungsraum des Gründers der Tscheka Felix Edmundowitsch Dserschinski (1877–1926), wurde über Tod oder Zwangsarbeit von Millionen von Menschen entschieden. Der Korrespondent des Magazins „Der Spiegel" in Moskau Christian Neef erhielt Kenntnis von der Besuchergruppe der drei Generale in der Lubjanka. Unter der Überschrift „Alles erfunden"[20] berichtete er hier über die willkürliche Verurteilung durch sowjetische Militärtribunale von Tausenden von Kriegsgefangenen und missliebigen Zivilisten aus der SBZ/DDR und der Bundesrepublik. Herr Neef nahm Bezug auf meinen Antrag, die Gerichtsakten der 1950 verhafteten Studentengruppe der Universität Halle einzusehen. Mit dem damali-

---

19 Zitiert nach: Gerald Wiemers: Erinnern als Verpflichtung. Generalarzt a. D. Dr. med. Horst Hennig zum 85. Geburtstag, Leipzig 2011, S. 67-71.
20 Der Spiegel 45/1992, S. 226-233.

gen Untersuchungsführer im Zuchthaus Halle, Oberleutnant des MGB Kolja Dedov, hatte ich seinerzeit aggressive politische Streitgespräche geführt, die mir fast die Todesstrafe eingebracht hätten. Jetzt unterbreitete ich den Vorschlag, K. Dedov in die Bundesrepublik Deutschland einzuladen, um ihn im Nachhinein von der Richtigkeit einer freiheitlichen Gesellschaft in der Bundesrepublik zu überzeugen. Herr Neef führte dies in seinen Artikel ein.

Der gesprächsführende Offizier für Öffentlichkeitsarbeit, der damalige Oberst und wenige Wochen später zum General beförderte Kondaurov stellte mir frei, die Kellerzelle in Augenschein zu nehmen, in der ich im November/ Dezember 1950 mehrere Tage inhaftiert war. Ich lehnte mit den Worten ab: „Nein danke, ich verbrachte mein Leben in verschiedenen Zellen der Sowjetunion." Von unserem Besprechungsraum aus zeigte er auf ein gegenüberliegendes Fenster, dort „habe der U2-Pilot Powers eingesessen".

Über die Botschaft der Russischen Föderation erreichte mich die Rehabilitation der Militärhauptstaatsanwaltschaft Moskau vom 16. Oktober 1992 in Köln.

Anlässlich des Besuchs in der Russischen Föderation vom 14. bis 16. Dezember 1992 vereinbarte Bundeskanzler Dr. Kohl mit dem russischen Präsidenten Boris N. Jelzin (1931–2007) eine gemeinsame Erklärung über die Rehabilitierung unschuldig verfolgter Deutscher. Nach dem Tode Stalins 1953 war die Rehabilitierung russischer Staatsbürger in wenigen Intervallen nur spärlich durchgeführt worden. In der russischen Generalhauptstaatsanwaltschaft wurde jetzt eine Abteilung für Ausländer mit dem Abteilungsleiter Oberst der Justiz Leonid P. Kopalin (geb. 1948) und 18 Staatsanwälten eingerichtet, die im Juli 1993 ihre Arbeit aufnahm.

Meinem Hauptanliegen, im kommenden Jahr – bevorzugt zum 1. August 1993 – mit einer Häftlingsgruppe erneut die Lubjanka und erstmalig die Gräber der Toten in Workuta zu besuchen, wurde durch den Oberst Kondaurov spontan zugestimmt. Mit Sicht auf das damals noch unsichere Zwangsarbeitergebiet Workuta kam er meiner Bitte nach, für Sicherheit zu garantieren und einen KGB-Offizier für unsere Begleitung abzustellen. Das weitere Programm sah den Besuch eines Militärmuseums vor. Dort wurden wir von einem Oberst empfangen. Im Verlaufe seines Vortrages stellte er die Frage: „Möchten Sie den Unterkiefer von Adolf Hitler sehen?" Wir zeigten als Gäste höfliches Interesse. Als er sich anschickte, eine Archivkammer im Keller aufzusuchen, winkte ich ab, was offensichtlich seiner Bequemlichkeit zugutekam – der zahnprothetische Vergleich mit Röntgenunterlagen des Hitler behandelnden Zahnarztes Jahre vorher in München ergab eine unverwechselbare Übereinstimmung. Deshalb verzichteten wir auf Vorführung der „erbeuteten Trophäe".

Major Starkov und Horst Hennig in Krasnogorsk

Einen Tag später besuchten wir unter Führung von Major Oleg Starkov das rund 50 Kilometer entfernte NKFD-Museum in Krasnogorsk, in dem sich während des Kriegs auch die zentrale Antifa-Schule befunden hatte. Sorgfältig ausgewählte Kriegsgefangene hörten in diesem Schulungszentrum von russischen Polit-Offizieren und deutschen Emigranten (unter anderem von Walter Ulbricht und Wilhelm Pieck) gehaltene politische Vorlesungen. Mit der neuen Ideologie vertraut, wurden die geschulten deutschen Kriegsgefangenen als Assistenten der Lageraktivs in den Kriegsgefangenenlagern und später als Funktionäre in der SBZ verpflichtet. Sie wurden als Leiter von Verwaltungsbehörden, zum Aufbau der NVA, der Polizei, zur Vorläuferorganisation K5 der „Stasi" und als Vertrauensleute der SED- und Blockparteien eingesetzt.

245

Mit den „Tulpanow-Offizieren" im August 1992 in Gosen/Berlin

Zurückgekehrt vom Besuch der Lubjanka 1992 erreichte mich eine Einladung von Prof. Dr. Manfred Heinemann (geb. 1943), Universität Hannover, nach Gosen bei Berlin. Die Volkswagen-Stiftung richtete dort ein Symposium zur Zusammenführung ehemaliger Tulpanow-Offiziere aus. Einer von diesen Offizieren kam mir bekannt vor. Ich hatte sein Porträt – als „Held der Sowjetunion" in mit weißem Pelzkragen besetzter vornehmer Uniform – im Antifa-Museum in Krasnogorsk gesehen und erinnerte mich sofort daran. Er bestätigte mir, nicht nur Antifa-Lehrer gewesen zu sein; auch war er im Krieg mit ausgewählten deutschen Kriegsgefangenen als Kommandotruppe in deutscher Uniform hinter der Front mit dem Fallschirm abgesprungen und so am Partisanenkrieg beteiligt. Sein Kommando vernichtete dabei einige deutsche Befehls- und Kommandostellen.

Außer diesen „Helden der Sowjetunion" versammelten sich unter der Leitung von Prof. M. Heinemann fast alle ehemaligen sowjetischen Hochschuloffiziere der SMAD in der SBZ/DDR mit Zeitzeugen. Hierzu zählte auch der frühere Minister für Volksbildung und Jugend der DDR Paul Wandel (1905–1996), der von 1931 an einige Jahre in der Sowjetunion als Lehrer an der Lenin-Schule in Moskau, als persönlicher Sekretär von Wilhelm Pieck (1876–1960) und ab 1943 als Mitglied des Auslandsbüros der KPD in Moskau tätig war.

Im Beisein von Kurt Arlt sprach ich Herrn Wandel an und stellte mich als früherer Student der Universität Halle vor, der bei seinem Moskauer Genossen Bernhard Koenen Dialektischen und Historischen Materialismus als Pflichtvorlesungen an der Universität Halle belegt hatte. Im Gesprächsverlauf fragte ich: „Wie beurteilen Sie heute die politische Situation nach der Veröffentlichung der Bücher des Generalsekretärs Gorbatschow über Glasnost; kann die kommunistische Weltanschauung weiter unbeschadet existieren?" Seine Antwort hierauf: „Solange es einen Kapitalismus gibt, gibt es einen Faschismus. Und solange es einen Faschismus gibt, wird es einen Sozialismus geben!"

Die Ergebnisse des Symposiums veröffentlichte Prof. Heinemann in Buchform im Jahr 2000.[21]

Nach Kenntnis nicht weniger Schicksale von Hochschulangehörigen im GULag festigte sich meine Vermutung über die direkte Zusammenarbeit zwischen den sowjetischen Hochschuloffizieren und dem KGB. Dieser Eindruck, verstärkt durch meinen eben absolvierten ersten Moskau-Besuch, veranlasste mich, den Ablauf der Verhaftung bis zum Zwangsarbeitslager und das System in freier Rede realistisch darzustellen. Nach Aufforderung durch Prof. Heinemann vertrat ich die durch den Krieg gezeichnete Studentengeneration der Nachkriegssemester. Nach Schilderung meines fast sechsjährigen Sklavendaseins reagierten die früher hoch gestellten russisch-sowjetischen Zuhörer verbindlich.

---

21 Manfred Heinemann (Hg.): Hochschuloffiziere und Wiederaufbau des Hochschulwesens in Deutschland (SBZ) 1945–1949, Akademie Verlag, Berlin 2000.

Häftlingsreise vom 27. Juli bis 4. August 1993 nach Moskau und Workuta

Der erste Besuch in Moskau mit General a. D. Dr. Kießling und Brigadegeneral Gerhardt im Jahre 1992 ließ, obwohl über das Protokoll des Auswärtigen Amtes vorbereitet, mancherlei bürokratische Hemmnisse für einen normalen Besucher der Russischen Föderation erwarten. Trotz der 1992 mit General Kondaurov getroffenen Absprache mussten vor dem Besuch Visa-Anträge bei der Russischen Botschaft in Bad Godesberg gestellt werden. Auf die dort verzeichneten Fragen mit entsprechenden Antworten wie „Letzter Aufenthalt: Workuta Zwangsarbeitslager 1950–1955" hätten sich Schwierigkeiten ergeben können.

Mit Oberst a. D. Müller-Hellwig, ehemals Militärattaché in Pakistan und Finnland, überreichten wir in der Botschaft der Russischen Föderation die Visaanträge unserer Gruppe. Im Empfangsraum der Botschaft servierte eine attraktive Dame Tee und Gebäck. Nach etwa zehn Minuten erschien ein Botschaftssekretär der Politischen Abteilung, der die Anträge der Gruppe entgegennahm. Plötzlich stellte er mir sinngemäß die Frage, was ich gegen die Unzulänglichkeiten der russischen Gesellschaft habe? Offensichtlich war dem Sekretär „um drei Ecken" bekannt, dass ich sehr wohl zwischen einer Demokratie, dem sowjetischen Regime, den Unzulänglichkeiten einer Diktatur und dem einfachen russischen Bürger zu unterscheiden wusste. Ich antwortete ihm, er wüsste doch selbst, dass die Sowjetunion 1945 als die stärkere Macht den Krieg gewonnen habe, es gäbe daher keinen Anlass, eine Unzulänglichkeit zu vermuten.

Unseren Anträgen stand nichts mehr im Wege, als ich dem Sekretär das Schreiben des Generals Kondaurov vom 1. Juli 1993, das die Regelung unseres Besuches in Moskau anbetraf, präsentierte. Zusätzlich boten mir Major O. Starkov, Olt a. D. Patrunow (dessen Vater 1937 während einer politischen Säuberung erschossen worden war) und der Leiter der Militärarchive im Generalstab der Russischen Föderation, Oberst V. Muchin, ihre Bereitschaft an, uns am Flughafen zu empfangen. Dank meiner langjährigen Kontakte zum Präsidenten des Volksbundes Deutscher Kriegsgräberfürsorge in Kassel stand ab 1995 Uwe Sauer von der Außenstelle der Kriegsgräberfürsorge in Moskau mit einem VW-Bus zur Abholung in dem Militärhotel bereit. Zur Reisegruppe stießen nachträglich der als Student verhaftete Min Dir. i. R. Roland Bude (geb. 1926) und Kurt Arlt, der gut informierte Dolmetscher des Potsdamer MGFA, hinzu.

Wir wurden im Moskauer Militärhotel „Auf den Leninbergen" untergebracht. Der Reisegruppe hatten sich der Hauptredakteur „Außenpolitik" des ZDF Dr. Peter Berg und zwei Kameramänner angeschlossen. In der Lubjanka empfing uns am 28. Juli 1993 der Stellvertretende Innenminister Generalleutnant Wladimir Bondarenko.

Zwei Wochen später, am 12. August 1993, titelte die „Business World Moskau" zu unserem Besuch: „Sie sind heute in ein völlig verändertes Land gekommen". Berichtet wurde: „Im Gebäude des ehemaligen KGB treffen die Leiter des russischen Justizministeriums und eine Gruppe von deutschen Bürgern, und zwar ehemalige Häftlinge des GULag, zusammen. Anfang der fünfziger Jahre wurden sie von einem Kriegsgericht ‚wegen Spionage und subversiver Tätigkeit' zu 25 Jahren Haft verurteilt, in die UdSSR gebracht und in die Bergwerke von Workuta überführt. Nur wenige überlebten die furchtbare Häftlingsrevolte beim Kohlenschacht 29 in Workuta und konnten jetzt ihre Rehabilitation erleben. Jetzt machen sie sich mit den ‚gefälschten' Akten vertraut, die vor vielen Jahren für sie zusammengeschustert worden waren."

Generalleutnant Wladimir Bondarenko reagierte verbindlich mit folgenden Worten – wie um die furchtbaren Jahre der Haft um Entschuldigung zu bitten: „Zum Glück gehören die bösen Jahre für immer der Vergangenheit an. Sie sind heute in ein völlig verändertes Land gekommen."[22]

Ich erwiderte darauf: „Herr General Bondarenko, ich danke Ihnen für die Übergabe der kopierten Dokumente aus der Akte des damaligen sowjetischen Militärgerichtes auch im Namen der 1950 mit mir verhafteten Studenten in Halle. Dank auch für die freundlichen Worte des Empfangs hier in der Lubjanka, im Besprechungsraum des damaligen Generals Andropow.

Wir verfolgen in Deutschland aufmerksam das von Ihnen vorhin dargestellte ‚neue Denken' und die Entwicklung in der Russischen Föderation. Wir Deutsche wünschen uns, trotz aller anderen russischen Verpflichtungen, eine

---

22 Business World, 12.08.1993.

Entwicklung, die ihr Land an die Seite der demokratischen europäischen Völker führt. Das wäre auch im russisch-deutschen Interesse und würde der Zukunft dienlich sein.

Nun zum Grund unserer Reise: Wir danken Ihnen und insbesondere der Abteilung für Öffentlichkeitsarbeit, Herrn General Kondaurov, den ich zu grüßen bitte, dass Sie unserem Wunsch, Workuta zu besuchen, stattgegeben haben und ihn unterstützen. Wir haben einen Zeitpunkt gewählt, der mit der vierzigsten Wiederkehr der Niederschlagung des Streiks am 1. August 1953 im Lager Nr. 10 des Schachtes 29, mit 64 Toten und über 140 Verletzten, zusammenfällt. Das war auf dem Höhepunkt des Stalinismus.

Wir fühlen uns nach 40 Jahren den Opfern der Repression, wie Sie sagten, und der Geschichte verpflichtet, die nach 1945 auch russisch-deutsche Geschichte ist. Wir empfehlen eine gemeinsame Forschung, z.B. mit deutschen Universitätsinstituten, wie jenem von Prof. Alexander Fischer in Bonn, die auch Hilfe personeller und materieller Art leisten könnten. Das setzt die Öffnung der Archive voraus, insbesondere, da noch Zeitzeugen leben. Ich bitte hier um ihre Unterstützung.

So wären wir aus historischen Gründen an dem Abschlussbericht des Generalstaatsanwalts Rudenko über den Streik in Workuta interessiert sowie an dem Memorandum, welches dem Armeegeneral und Kandidaten des ZK der KPdSU Maslennikow Ende Juli 1953 im Schacht 7 und 29 übergeben worden ist.

Nochmals meinen herzlichen Dank für die kopierten Dokumente des Urteils und dessen Aufhebung, was auch die mit mir verhafteten Studenten der Universität Halle betrifft. Ich danke auch in deren Namen."

Nach diesem außerordentlich freundlich verlaufenen Zusammentreffen bat die Administration unsere Gruppe, das neu eingerichtete KGB-Museum zu besuchen. Hier sind Spionageutensilien für den Einsatz in westlichen Ländern, einschließlich der Atomspionage der Sowjets der vergangenen Jahrzehnte, ausgestellt. Dieses Museum wurde für den internen Dienstbetrieb unter dem damaligen Sicherheitsminister des KGB und späteren Generalsekretär der UdSSR, Juri W. Andropow (1914–1984), eingerichtet, um der jüngeren KGB-Generation als Lehrmaterial zur Verfügung zu stehen. Zu dem ZDF-Team gesellten sich das russische Fernsehen und weitere Korrespondenten, die davon Kenntnis nahmen, wie die uns vorgelegten persönlichen Akten (Vernehmungsprotokolle, Anklage, Gerichtsurteil etc.) durchgesehen wurden.

„Unabhängige Zeitung" (Moskau) – Bericht vom 29. Juli 1993

Unter der Überschrift „Ich möchte meinen Untersuchungsrichter nach Deutschland einladen" berichtete die Moskauer „Unabhängige Zeitung" am 29. Juli 1993: „Die SEKI (Kürzel für Sakljutschonnije, das sind die Häftlinge von Workuta – H.H.) der Fünfziger in den Neunzigern erneut in der Lubjanka.

Gestern fand im Ministerium für Sicherheit der Russischen Föderation ein weiteres Treffen zu Rehabilitierungsfragen statt. Diesmal machten sich Bürger der BRD mit ihren Akten vertraut, des Landes, zu dem eine Achse der Partnerschaft geschaffen werden soll; eine Achse der Partnerschaft, die von höchster Stelle oft gefordert wird. Mit diesen Bürgern traf sich eine Gruppe von Generalen mit dem Chef der Verwaltung des Ministeriums für Sicherheit, Generalleutnant Wladimir Bondarenko. Im Übrigen hat die deutsche Seite hinsichtlich der Sterne auf den Schulterstücken kaum weniger aufzuweisen als die russische. Ein Generalmajor des medizinischen Dienstes, ein Brigadegeneral, ein Oberst, ein Oberkommissar der Kriminalpolizei.

Aber nicht darum geht es. Horst Schüler, der auf keinen militärischen Dienstgrad verweisen kann, hat in Workuta nicht weniger gelitten als seine Kollegen. Aber das macht auch nicht den Unterschied aus. Alle fünf, Horst Hennig, Heini Fritsche, Günter Müller-Hellwig, Dietrich Hartwig und der schon genannte Horst Schüler wurden zu Beginn der Fünfziger von den „Organen" gegriffen. Weiter handelt es sich um eine ganz triviale Geschichte. § 58 ... soundso, 25 Jahre, dann auf den weiten Weg nach Workuta. Lager Nr. 10, Schacht 29.

Ein Vierteljahrhundert hätte nach eigenen Aussagen niemand dort durchstehen wollen. Aber es kam das Jahr 55, und Chruschtschow brauchte bessere Beziehungen zur BRD. Ein Teil des Preises dafür war die Rettung ihres Lebens. Keiner von ihnen war ein Idiot, und deshalb kehrte nicht einer von ihnen in den ersten Arbeiter- und Bauernstaat auf deutschem Boden zurück. Direkt also in die BRD, und weiter ging jeder seinen Weg. Sie durchblättern ihre Akten, lächeln, machen Scherze. Sie halten sich mit Vorwürfen zurück, obwohl die Fernsehkameras des ZDF auf sie gerichtet sind, das einen Film über ihre Reise in die damalige „Heimat" dreht. Heute fahren sie weiter nach Workuta.

Es wäre schade, wenn sich herausstellen würde, dass sich seit dieser Zeit dort nichts verändert hat. Und dennoch, diese Leute ziehen Bilanz ihres eigenen Lebens, eines Teils der Geschichte, von der man sagen kann, dass es erlaubt war, Bürger im eigenen Land durch Fremde zu rauben, in einem Land, das sich als souveräner Staat bezeichnete. Dennoch wirft keiner mit Steinen, im Gegenteil, sie sprechen von Solidarität; damaliger in der „verbotenen Zone", und der heutigen in der Freiheit.

Horst Paul Hennig machte sogar eine Anmerkung in seinem Rehabilitierungsantrag, der an den Generalstaatsanwalt der Russischen Föderation gerichtet war: ‚Ich möchte meinen Untersuchungsführer Nikolaj Djedov nach Deutschland einladen.' Zu Details, die das gestrige Treffen in den Lubjanka bewirkten, möchte die UNABHÄNGIGE ZEITUNG noch einmal zurückkehren."

(Übersetzung von Kurt Arlt)[23]

Wir, die Gäste, der Dolmetscher Kurt Arlt (geb. 1943, MGFA Potsdam), Heini Fritsche (geb. 1929, 1. Kriminalhauptkommisar a.D. Bonn), Dr. Dietrich Hartwig (geb. 1931, Dipl. Ing.), Dr. Horst Hennig (geb. 1926), Mike Müller-Hellwig (geb. 1930, Oberst a.D.) und der Journalist Horst Schüler (geb. 1924) wurden interviewt. Der neben mir sitzende Korrespondent stellte mir vorwurfsvoll die provozierende Frage: „Herr Generalarzt, warum sind Sie zur Bundeswehr gegangen?" Antwort: „Die Bundeswehr ist Teil der NATO in einem Verteidigungsbündnis. Was haben Sie dagegen? Wir haben bisher keinen Krieg geführt, während die Sowjetarmee von 1979 bis 1989 in Afghanistan kriegerisch tätig war!" Dann wurde ich vor einer russischen Fernsehkamera mit der Frage konfrontiert: „Sie müssen doch heute böse gegen jeden Russen sein, unter deren Regime Sie im Zwangsarbeitslager gelitten haben?"

Ich korrigierte auch diese provozierende Frage, indem ich antwortete: „Die verurteilten russischen Staatsbürger in unserem Lager waren unsere ‚Towarischi', also unsere Kameraden, wir haben uns täglich untereinander geholfen und uns gegenseitig unterstützt und vor Kriminellen geschützt."

Nach dem Empfang durch General Bondarenko besichtigten wir am 28. Juli 1993 die Kellerräume des überdimensionierten KGB-Archivs unter Führung eines Offiziers. Das ZDF-Team ließ sich diese Aufnahmemöglichkeit nicht entgehen. Erwartungsvoll nahmen wir die Gelegenheit wahr, den Abtei-

---

23 Unabhängige Zeitung, Moskau, 29. Juli 1993.

In bewährter Partnerschaft seit Jahren verbunden: Horst Hennig und Leonid Kopalin

lungsleiter der Militärhauptstaatsanwaltschaft Oberst der Justiz Kopalin (geb. 1948) mit den zahlreichen Staatsanwälten zu besuchen. Die Hausherren hielten ein reichhaltiges Buffet mit Wodka bereit.

Die gut informierten Militärjuristen kannten uns nach Aktenlage besser als wir uns selbst. Die Begegnung beider Gruppen führte zur Erkenntnis, „normale Menschen" vor sich zu haben. Bald ergaben sich freundliche Gespräche. Herr Kopalin und der ehemalige Zwangsarbeiter Heini Fritsche, 1. Kriminalhauptkommissar a. D. aus Bonn, begegneten sich außerordentlich herzlich. Im Gespräch mit dem führenden General dieser Dienststelle erwirkte ich die Besuchserlaubnis für Oberst Kopalin im Februar 1994 zu einem Vortrag im ehemaligen sowjetischen Zuchthaus in Halle. Zum Abschluss unseres Besuches luden wir die Gesprächspartner des Tages zu einem Abendessen in das Militärhotel ein. Sämtliche Kosten der Einladungen, Bahnfahrt usw. rechnete für alle Reiseteilnehmer zentral Dr. Hartwig ab.

In Begleitung unseres für die Fahrt von Moskau nach Workuta beigeordneten Sicherheitsoffiziers Hauptmann Andrej W. Portnich und von W. Patrunow bestiegen wir den Polarexpress (Sapolarije) am Jaroslawskij-Bahnhof für die

44-stündige Bahnfahrt nach Workuta. Unsere Helfer reservierten 1. Klasse Schlafwagenabteile, die für vier Personen gedacht waren, von uns jedoch nur mit zwei Personen belegt wurden. Mit Horst Schüler bezog ich ein Abteil. Die Erinnerungen führten uns 42 Jahre zurück, in die Zeit, als die Reise in den überfüllten Gefängniswaggons „Stolypin" bei Salzfisch und Wasser zur Qual wurde. Auf der heutigen Fahrt bereitete eine freundliche Schlafwagenschaffnerin auf Wunsch den Fahrgästen einen grusinischen schwarzen Tee zu. Der zivile Zugbegleiter, ein Kämpfertyp zwischen Rambo und Boxweltmeister Klitschko, erheischte mit seinem glattrasierten Schädel und beträchtlichen Muskelpaketen Achtung und Aufmerksamkeit zwielichtiger Elemente.

Auf den Bahnsteigen der zahlreichen Haltestellen absolvierte er ein auffälliges Trainingsprogramm zur Einschüchterung der Kriminellen. An den Bahnstationen des Polarexpress zeigten sich verhärmte ältere Frauen mit Lebensmitteln wie Blinis, gekochten Kartoffeln und eingelegten Gurken, die sie den Reisenden zum Kauf anboten. In meiner Reisetasche befand sich ein Notvorrat an Lebensmitteln für alle Fälle.

Während der Fahrt übersetzte Kurt Arlt den Artikel „Rot Front Workuta! ..." der russischen Gewerkschaftszeitung „Trud" vom 29. Juli 1993, wo es unter anderem hieß: „Wer hätte sich das vorstellen können? Aber es ist tatsächlich so, eine Gruppe von ehemaligen Häftlingen des GULag im Arbeitszimmer des ehemaligen KGB-Chefs Andropow! Ja, und dann noch dazu ausländische Bürger; Bürger, die sich mit ihren Strafakten vertraut machen, die in den Standardkartons verpackt sind, den Kartons mit den vier bekannten Buchstaben NKWD. Ja, wir waren Zeuge dieses Treffens.

Nach Moskau kam aus Deutschland eine Gruppe von Bürgern, an der Spitze mit dem Generalmajor des medizinischen Dienstes im Ruhestand, dem 67-jährigen Horst Hennig. Jener General, damals Student der Medizinischen Fakultät der Universität Halle, wurde zu Beginn des Jahres 1950 von sowjetischen Militärorganen verhaftet, der Spionage, der antisowjetischen und der subversiven Tätigkeit beschuldigt und durch ein Militärgericht zu 25 Jahren Zwangsarbeit verurteilt. Ebenso ist auch das Schicksal seiner Gefährten, des ehemaligen Polizisten aus einer Vorstadt von Berlin, Heini Fritsche, des damals noch in den fernen fünfziger Jahren jungen Journalisten der Zeitung TÄGLICHE RUNDSCHAU, Günter Müller-Hellwig, und der anderen. Sie alle wurden auf das Territorium der UdSSR in die von Eis und Frost umgebe-

Workuta-Express 1993

nen Kohlenschächte von Workuta gebracht. Frei kamen diese unglücklichen Menschen erst nach dem Tod Stalins und der Erschießung Berijas Mitte der fünfziger Jahre. Und die Rehabilitierung erlebten sie erst in unseren Tagen. Und jetzt befinden sie sich im Gebäude des ehemaligen KGB und machen sich mit dem damals absolut Geheimen, ihren Akten, vertraut.

Die Gäste begrüßte herzlich der Chef der Administration des Ministeriums für Sicherheit der Russischen Föderation, Generalleutnant Wladimir Bondarenko, der Leiter des Archivdienstes des Ministeriums, General Anatolij Krajuschkin, deren engste Mitarbeiter sowie Mitarbeiter des Zentrums für Öffentlichkeitsarbeit. Bondarenko entschuldigt sich „für die Verbrechen des NKWD der vergangenen Jahre" und sagt: ‚Selbstverständlich, es ist schwer, sich vorzustellen, wie furchtbar das Leiden und die Schrecken waren, die Sie ertragen mussten. Dieses Leiden hat auch unser Volk nicht verschont. Zum Glück ist diese furchtbare Vergangenheit vorbei, für immer. Sie sind in ein anderes Land gekommen.'

Ich sehe mir die schon nicht mehr jungen, aber noch gesunden, lebensfrohen Augen der Gäste des neuen Russlands an. Es gibt bei ihnen keinerlei Hinweise auf Boshaftigkeit oder Kränkung. Sie hätten sehen sollen, mit welcher Freude und mit welchen Scherzen sie ihre Jugendfotografien betrachteten, die Briefe und Aufzeichnungen, die diesen Menschen bei der Verhaftung abgenommen wurden. Lebhaft erzählen sie von ihren Freunden, Russen, Weißrussen, Ukrainern, mit denen sie damals in den Lagern waren. Allerdings wird es stiller, als irgendeiner an die enge dunkle Gefängniszelle erinnert, an die vollgestopften und vergitterten Güterwagen, an die scharfen, ständig jaulenden und bellenden Wachhunde. Und da gibt es noch eine furchtbare Episode und Bewegung, der Aufstand der Häftlinge in dem berühmten und berüchtigten 29. Schacht, wo einige ihrer Freunde des GULag-Lagers umkamen. Eine Episode, die die Seele und das Herz auch nach Jahrzehnten noch anspricht.“

Dazu eine Erklärung: Bereits im Jahrzehnt nach dem Ersten Weltkrieg zog es zahlreiche deutsche Kommunisten zum Aufbau des „Paradieses der Arbeiter und Bauern“ in die Sowjetunion. Lenin soll sinngemäß gesagt haben, die Weltrevolution kann nur mit Hilfe des deutschen Arbeiters zum Erfolg führen, denn

a) der deutsche Arbeiter besuche die Volksschule und könne lesen und schreiben,
b) nach Lehr- und Gesellenausbildung besäße er einen Beruf und
c) als Gewerkschaftsmitglied entrichte er einen finanziellen Beitrag.

Die gut geschulten KPD-Mitglieder begrüßten sich zur Verwunderung der Russen zu jeder Zeit mit dem Gruß „Rot Front“ – selbst im Todeskampf auf dem Krankenlager als widerrechtlich wegen Spionage Verurteilte im GULag und sogar vor der Hinrichtung durch die Sowjets. Erschütternd sind die Kurzbiographien in dem Buch „In den Fängen des NKWD – deutsche Opfer des stalinistischen Terrors in der UdSSR“[24]. Einige von den unglücklichen Menschen, unter anderem auch die Mutter von Wolfgang Leonhard (1921–2014) und Margarethe Buber-Neumann (1901–1989), legten ihre Erlebnisse in Buchform vor. Frau Buber-Neumann und andere deutsche Kommunisten in

---

24 Dietz Berlin 1991

der Sowjetunion wurden zur Zeit des Hitler-Stalin-Paktes an die Nationalsozialisten des Deutschen Reiches ausgeliefert und in deutsche Konzentrationslager verbracht.

Am Samstag, den 31. Juli 1993, erreichte der Polarexpress kurz vor 10.00 Uhr die Stadt Inta. Bis Ende der vierziger Jahre bauten Zwangsarbeiter, insbesondere polnische Gefangene der sowjetischen Streitkräfte im Krieg 1939 gegen Polen, bei Hunger und Kälte den Streckenabschnitt der Petschora-Eisenbahn bis Workuta aus. Die Zwangsarbeiter lebten nicht lange. Bis zum heutigen Tage besteht der Vorwurf, unter jeder Eisenbahnschwelle liege ein Toter. Gegen 15.00 Uhr erreichte der Express Workuta. Erinnerungen aus den ersten Januartagen 1951 wurden in mir wach, als wir entkräftet aus dem Stolypin-Waggon fielen und in ein Sammellager getrieben wurden.

Das MWD, das Ministerium für Innere Angelegenheiten in Moskau, wies sicherlich seinen Residenten im Distrikt Workuta an, uns auf allen Ebenen zu unterstützen. Mit einem Vortrag orientierte uns OTL Larukow über die Sicherheitslage und andere Besonderheiten. Etwa 50.000 Einwohner seien am Anfang der neunziger Jahre nach Süden abgewandert. Die Einwohnerzahl der Stadt Workuta sei auf knapp 200.000 gesunken. Von den ehemals betriebenen Dutzenden Kohlegruben seien noch zehn in Betrieb.

Mit einem bereitgestellten Bus, eskortiert von der Miliz, durchfuhren wir die breiten Straßen der Stadt und erreichten unsere Unterkunft, ein Hotel mit Sanatoriumscharakter. Diese Einrichtung namens „Sapolarje" steht

Oberstleutnant Larukow beim Vortrag zur Situation in Workuta 1993

den Schachtarbeitern zur örtlichen Kur zur Verfügung. Die städtische Bebauung ließ unterschiedliche Bauabschnitte erkennen – von Holzbaracken, Holzhäusern und Häusern aus Stein, die sich vielfach verwohnt zeigten und dringender Erneuerung bzw. Reparatur bedurften. Uns begegneten nur freundliche Menschen.

Die Unterkunft mit Verpflegung ließ für die Verhältnisse jenseits des Polarkreises keine Wünsche offen. Der ärztliche Leiter des Sanatoriums hieß uns mit einem kurzen Vortrag willkommen. Er kritisierte die Umweltschäden, die Kontamination von Wasser und Luft eingeschlossen. Extremes Klima, familiäre Belastungen durch Wohnbedingungen, Alkohol und Nikotin führten bei fast 50 Prozent der Neugeborenen zu Fehlbildungen. Unter der Einwirkung vieler gesundheitsschädigender Einflüsse, der widrigen Arbeitsbedingungen, des Klimas und des Alkohols erreichten die Männer im Durchschnitt nur das 55. Lebensjahr.

Im Zentrum dieser ersten Workuta-Reise stand die Gedenkveranstaltung anlässlich der Niederschlagung des Aufstandes von 15.000 Häftlingen des Jahres 1953. Die historische Sicht auf dieses Ereignis lässt den unangemessenen Waffengebrauch in das Zentrum treten. Am 1. August 1953 wurden im Lager Nr. 10 des Schachtes 29 nach Feuereröffnung durch die bewaffneten Kräfte über 60 Gefangene erschossen und mehr als 120 verwundet.

Wir befestigten die aus Deutschland mitgebrachten Kranzschleifen an die in Workuta üblichen Kränze (ein Drahtgeflecht mit Kunstblumen) und legten diese an den Gräbern nieder. Angehörige anderer Nationen, Einwohner der Stadt Workuta und eine Schulklasse aus den USA mit ihrer Lehrerin gedachten mit uns der Toten. Eine Gruppe Ukrainer stimmte mit ihrem Pater einen feierlichen Trauergesang an. Nach dem Bürgermeister hielt ich in Deutsch eine kurze Ansprache, die von Herrn Arlt übersetzt wurde: „Wir ehemaligen politischen Gefangenen gedenken heute der Menschen verschiedener Nationen, die am 1. August 1953 zu Tode kamen. Die Zwangsarbeiter in der damaligen Sowjetunion waren die Opfer einer unrechtmäßigen Gewalt, einer fragwürdigen Ideologie. Viele Menschen fragten schon vor 70 Jahren: Ist dieser politische Glaube nicht ein politischer Irrtum? Anlässlich dieses Gedenkens appellieren wir an alle Völker, friedlich miteinander umzugehen, die Menschenrechte unbedingt zu respektieren und das Leben nicht durch Gewaltanwendung zu gefährden. Wir hoffen vom ganzen Herzen, dass sich in Rußland eine vertrauensvolle und demokratische Entwicklung zum Wohle aller Bürger vollziehen möge. Das wünschen wir an diesem Gedenktag allen Menschen der russischen Länder."

Das Grab eines deutschen Kommunisten aus dem Jahr 1938 mit der Inschrift: „Ruhe sanft in dieser fremden Erde"

Kranzschleife für die am 1. August 1953 erschossenen 64 politischen Häftlinge im Schacht 29, Lager 10

In Gedenken an den Aufstand vom 1. August 1953

Grabkreuz für Karl Schmid   Horst Hennig auf Spurensuche in der Tundra

Wir identifizierten die Gräber der erschossenen Wolfgang Jeschke, Hans-Gerd Kirsche und meines österreichischen Arbeitskameraden Karl Schmid. Der anwesende Heini Fritsche verdankte das Überleben mit seiner sehr schweren Verwundung einer sofortigen Operation mit beschränkten Mitteln im Massenanfall der Verwundeten. Die verurteilten Ärzte unter Leitung des Moskauer Professors für Chirurgie Polanski retteten Fritsches Leben. Der ukrainische Häftling Jakob Goldscheid – ebenso wie Dr. Polanski jüdischen Glaubens – half den zu früh von der Lageradministration entlassenen verwundeten und nicht arbeitsfähigen Heini Fritsche und Bernhard Schulz mit heimlich überlassenen Nahrungsmitteln.

Von den Russland-Deutschen erfuhren wir, dass es einen in den dreißiger Jahren angelegten Friedhof mit den Gräbern der im GULag verstorbenen deutschen Kommunisten und späteren Kriegsgefangenen der Zwangsarbeitslager gibt. Dieser wäre unter dem Namen „Berlin II" bekannt. Nachdem wir die durch die Witterungsverhältnisse verkommene Anlage nahe einer einsamen Kreuzung im feuchten Tundragebiet mit ihren einzelnen Metallkreuzen und der Inschrift „Ruhe sanft in dieser fremden Erde" entdeckt haben, schlug ich vor, nunmehr „Berlin I" zu besuchen. Zu meiner Verblüffung erklärten unsere Begleiter, „Berlin II" sollte an Deutschland erinnern, denn „Berlin I" wären die Friedhöfe in Berlin selbst.

Montag, 2. August 1993

Erstaunlich war, dass es in Workuta eine örtliche „MEMORIAL-Gesellschaft" gab, die von älteren Frauen, die den GULag überlebt hatten, ehrenamtlich betrieben wurde. Die Einrichtung und Beratung führten sie ohne Unterstützung der städtischen Administration. Ein Herr Troschin, der Stadtarchitekt Workutas, war nominell der Vorsitzende. Er wurde als Außenseiter betrachtet und ging eigenen Interessen nach. Die Frauen berichteten von ihrem schweren Schicksal, von Zwangsarbeit im Kohleschacht und Gleisbau an der Oberfläche und von der besonders schweren Schufterei beim Ziegelbrennen im „Kirpitschnaja-Sawot" mit 50 Grad plus vor den Brennöfen – einige Schritte zurück waren es minus 30 Grad und mehr. Die Männer starben schnell, die Frauen überlebten diese unmenschliche Tortur.

Horst Hennig
bei Memorial,
Workuta 1993

Die örtliche Administration führte die Gruppe zunächst in ein Schachtmuseum und dann in eine Sammlung von Bildern der Lager (Porträts und Landschaften) von beachtlichem künstlerischen Wert. Das eigentliche „Gefangenenmuseum" zeigte persönliche und sonstige Gegenstände, die die Häftlinge selbst angefertigt hatten, Barackenteile und ein großflächiges Lagermodell. Der Museumsleiterin überließ ich einige Workuta-Bücher des Leipziger Universitätsverlages und einen Satz Kranzschleifen zur Erinnerung. An einer hinteren Wand hing ein unübersehbar großes Gruppenbild von Staatsschauspielern der Städte Moskau und Leningrad, die in die Fänge des KGB geraten waren. Diese inhaftierten Künstler traten in der Stadt Workuta zur Erbauung der Funktionäre auf.

Nach dem Tode Stalins und Berijas 1953 fand im Lager Nr. 10, daran erinnerte mich das Bild, eine klassische Theateraufführung statt. Mir war es ohne viele Umstände gelungen, eine ältere Schauspielerin zu einem Gespräch zu gewinnen. Im perfekten Deutsch ließ sie einen sehr hohen Bildungsstand erkennen – Stalin vernichtete die eigenen Eliten.

Der Bürgermeister lud uns in sein Büro ein. Dort hatten wir Kontakt zum Kommandeur der örtlichen Miliz und zu dem Oberbrandmeister der Feuerwehr. Nach Erkundungen in der Stadt über die Versorgungsmöglichkeiten der Bevölkerung luden wir die uns bekannten Russland-Deutschen und offiziellen Vertreter zu einem gemeinsamen Abendessen ein.

Dienstag, 3. August 1993

Nach Besuch einer mehrstöckigen Siedlung, etwa einen Kilometer vom Lager Nr. 10 entfernt, erinnerte ich mich, dass ich zeitweise an den dortigen Fundamenten in einer Baubrigade gearbeitet habe und wegen Nichterfüllung der Norm in eine Schlägerei verwickelt wurde. Auf dem naheliegenden Lagergebiet erkannte ich das in der Tundra liegende geschwungene tragende Dachgebälk der Speisehalle, die Fundamente der Ambulanz und Krankenstation mit verrosteten Bettgestellen. Dr. Hartwig grub einen Waschkessel der Suppenküche und einiges Blechgeschirr (Miski) aus. Gleichfalls erinnerte ich mich an einen russlanddeutschen Kunstmaler, der 1952 auf der Lagerstraße stehend großformatige Ölgemälde für den Lagerkommandanten malte. Dieser besorgte ihm die Malutensilien, verkaufte dessen Bilder, der Künstler selbst erhielt dafür ein Stück Brot und wurde von der gefährlichen unfallträchtigen Schachtarbeit freigestellt.

Von dem redegewandten und höflichen Vertreter der Sicherheit OTL Larukow erhielten wir die Genehmigung, das örtliche Archiv zu besuchen. Die Direktorin Frau Kopitsch empfing uns freundlich, dabei in vorsichtiger Distanz. Jeder Häftling, der jemals das Zwangsarbeitergebiet Workutas erreichte, wurde mit Daten auf einer Karteikarte registriert. Frau Kopitsch verfügte angeblich über 450.000 solcher Karten. Zunächst offerierte sie mir eine Karte, die ich mit den Worten zurückwies, ich sei nicht dieser Hennig – ein französischer Spion aus Halle – gewesen. Die richtige Karteikarte trug meine Daten,

Spuren in der Tundra – Horst Hennig auf den Resten der ehemaligen Dachkonstruktion des Speisesaals

Wohnhäuser in Workuta, einst von Gefangenen erbaut

Verrottete Bettgestelle

Verrotteter Küchenkessel in der Tundra,
Lager Nr. 10 – von links: Horst Hennig,
Roland Bude, Bernhard Schulz

die ich, wie auch die von Heini Fritsche sowie die Akten der getöteten Hans-Gerd Kirsche und Wolfgang Jeschke ablichtete. Auch die Lagerakten der Toten, so von meinem österreichischen Arbeitskameraden Karl Schmid, waren vorhanden.

Mittwoch, 4. August 1993

Wir versammelten uns in der spartanisch wirkenden Abfertigungsbaracke des Flughafens Workuta für den Rückflug zum Inlandflughafen Domodedowo bei Moskau, um anschließend mit dem Bus Scheremetjewo zu erreichen.

Die Passagierabfertigung verlief nicht ohne Komplikationen. Neben dem umfangreichen Reisegepäck der überzähligen Passagiere wurden unserer Gruppe die Sitzplätze zugeteilt. Nachdem die regulären Sitzplätze eingenommen waren, wurden von der Besatzung die illegalen Passagiere (die „Hasen") ohne Flugticket gegen ein Handgeld auf den Boden des Mittelganges, geschichtet wie in einer Sardinenbüchse, verteilt. Wir gaben uns der vagen Hoffnung hin, dass die Jet-Piloten trotz Alkoholfahne das Ziel Moskau erreichen werden. Der Weiterflug Moskau-Berlin-Köln verlief unproblematisch.

Zweite Informationsreise Juli/August 1995 –
Moskau – Workuta

Der ersten Reise nach Moskau und Workuta 1993 folgten Informationssendungen des ZDF, der ARD und des TV-Senders Arte. Neben dem Spiegel-Artikel Dr. Christian Neefs und anderen Berichten gewann der Beitrag von Prof. Dr. Wolfgang Schuller, Universität Konstanz, „Sie waren politische Gefangene" in der FAZ besonderes Gewicht. Sie bereiteten gleichsam den Boden für eine zweite Reise im Jahr 1995. Zu jener Zeit kontaktierte mich auch die Heimkehrerstiftung – Stiftung für ehemalige Kriegsgefangene – in der Person Günther Wagenlehners.

Die Organisation des abermaligen Besuchs nahm im April 1995 in der Stadthalle Bad Godesberg ihren Ausgangspunkt. Auf Empfehlung von Günther Wagenlehners nahm ich den Historiker Prof. Dr. Stefan Karner, Gründer und Leiter des Ludwig Boltzmann-Instituts für Kriegsfolgen-Forschung in Graz, in die Reisegruppe auf. Diese umfasste nunmehr 25 Personen; Zeitzeugen, Historiker und Journalisten. Folgende Personen erhielten von der Botschaft der Russischen Föderation die Einreiseerlaubnis:

1. General a.D. Dr. Günter Kießling
   Delegationsleiter, im Auftrag Volksbund Deutsche Kriegsgräberfürsorge e.V., Kassel
2. Generalarzt a.D., Dr. Horst Hennig
   Zeitzeuge, Schacht 29, Lager 10
3. Oberst a.D. Günter Müller-Hellwig
   Zeitzeuge, Schacht 40, 5. Lager-Abteilung
4. Bernhard Schulz
   Zeitzeuge, Schacht 29, Lager 10
5. Horst Maltzahn
   Zeitzeuge, Schacht 29, Lager 10
6. Erwin Jöris
   Zeitzeuge, 1933 im KZ, 1938 Moskau/Butyrka, 1950 Workuta, Schacht 9/10

7. Roland Bude, Min Dir. i. R.
   Zeitzeuge, Schacht 40, 5. Lager-Abteilung
8. Heini Fritsche, 1. Krim. Hpt-Kommissar a.D.
   Zeitzeuge, Schacht 29, Lager 10
9. Dr. Dietrich Hartwig
   Zeitzeuge, Schacht 29, Lager 10
10. Horst Schüler
    Zeitzeuge, Schacht 29, Lager 10, Journalist, Hamburger Abendblatt
11. Hans-Werner Bode, Hauptmann a.D.
    Bundesvorstandsmitglied des Deutschen Bundeswehr-Verbandes e.V.
12. Reinhard Gramm
    Militär-Generaldekan a.D.
13. Dr. Aleksandr Haritonow
    Historiker, Universität Hannover
14. Dr. phil. Klaus-Dieter Müller
    Historiker des Hannah-Arendt-Instituts, Dresden
15. Prof. Dr. Karl-Heinz Schlarp
    Technische Universität Dresden, Lehrstuhl für Osteuropäische
    Geschichte
16. Prof. Dr. Wolfgang Schuller
    Universität Konstanz, Philosophische Fakultät, Ordinarius der
    Alten Geschichte
17. Dr. Wilfriede Otto
    Historikerin
18. Prof. Dr. Stefan Karner
    Universität Graz, Leiter des Instituts für Kriegsfolgen-Forschung
19. Tanja Bendel
    Technische Universität Dresden, Assistentin am Institut für
    Zeitgeschichte Europas
20. Dozent Dr. Friedhelm Boll
    Mitarbeiter der Friedrich-Ebert-Stiftung, Bonn
21. Erni Bernhardt
    Referentin beim SPD-Parteivorstand, Bonn
22. Gisela Arndt
    Parlaments-Redaktion in Bonn für Kölner Stadtanzeiger und
    Mitteldeutsche Zeitung, Halle

23. Sabine Rühle-Brandt
    Journalistin im Auftrag der Frankfurter Allgemeinen Zeitung
24. Dr. Maren Köster-Hetzendorf
    Leiterin der DRK-Pressestelle, Bonn
25. Arthur Werner
    Journalist

Helmut Geucken, Mitarbeiter der Deutschen Botschaft in Moskau, wurde für diese Reise abkommandiert. Oberst der Justiz Leonid P. Kopalin, Militärhauptstaatsanwaltschaft Moskau, Hauptmann im Sicherheitsdienst Andrej W. Portnich und Dozent Dr. Wladimir G. Patrunow, „Moskauer Deutsche Gesellschaft", begleiteten die Reisegruppe von Moskau nach Workuta und zurück. Nach Empfang der Visaunterlagen versammelten wir uns am Mittwoch, den 26. Juli 1995, auf dem Flughafen Köln-Bonn zum Flug über Berlin-Tegel nach Moskau.

Wie 1993 wurden wir von Oberst Muchin im Gästehaus des Verteidigungsministeriums einquartiert. Am späten Nachmittag hielt der Beamte Zagorskij der Planungsabteilung des russischen Außenministeriums einen Vortrag über die künftige Politik der Russischen Föderation, über Ziele der Innenpolitik sprach Herr Orlow. Ich nahm neben dem mir bekannten Professor Michail I. Semiryaga (1922–2000) Platz, dem ich im „Deutschlandarchiv" einen Beitrag zur Publikation zu seiner Tätigkeit als SMAD-Offizier vermittelt hatte.

Donnerstag, 27. Juli 1995

Als ersten Termin nahmen wir am Vormittag den Besuch in der Lubjanka wahr. In Sichtweite des Eingangs versammelten wir uns um den „Solowezki Stein", dem Denkmal für die Opfer der sowjetischen Repression. Nach der bolschewistischen Revolution 1917 wurde das um die Jahre 1420 erbaute „Kloster der Verklärung Christi" auf der Insel Solowezki geschlossen und 1923 in das „Solowezki-Lager zur besonderen Verwendung" integriert. Es wurde zum Prototyp des sowjetischen Straflagersystems, zum ersten GULag, umfunktioniert. In den folgenden fünfzehn Jahren fanden hier tausende Menschen den Tod. Als eines der geschichtlich bedeutsamsten Klöster Russlands und eine der ersten russischen Bauwerke, die in das Weltkulturerbe der UNESCO aufgenommen wurden, ziert das Solowezki-Kloster heute die Rückseite des russischen Fünfhundert-Rubel-Scheins.

Am „Solowezki Stein" vor der Lubjanka in Moskau 1995 – von links: Reinhard Gramm, Horst Hennig, Erwin Jöris, Heini Fritsche

Um 11.00 Uhr wurden wir im Besprechungszimmer des ehemaligen Ministers für Sicherheit Andropow von dem Offizier für Öffentlichkeitsarbeit General Michailow empfangen und begrüßt. Nach einem längeren Frage- und Antwortspiel über die Innen- und Außenpolitik der Russischen Föderation führte der Leiter des Archivs Krajuschkin unsere Besuchergruppe in das Allerheiligste, in das KGB-Museum im angrenzenden Nebengebäude. Der dort zuständige Historiker unterrichtete uns, dieses Museum sei im Auftrag des Generalsekretärs Jurij W. Andropow (1914–1984) Anfang der achtziger Jahre errichtet worden. Diese Einrichtung ließ in der historischen Entwicklung die Spionageerfolge der Sowjets und auch der westlichen Länder erkennen, einschließlich der Atomgeschichte mit den Personen Klaus Fuchs und Robert Oppenheimer und später des britischen Überläufers Kim Philby.

Der Besuch dieses Museums, zugleich ein Zeugnis des unendlichen Erfindungsreichtums, allein wäre schon eine Moskau-Reise wert. Für unsere Gesprächspartner des Tages war ein Empfang mit Abendessen in der Deutschen Botschaft vorgesehen. Der Gesandte Schmidt begrüßte insbesondere die russischen Teilnehmer, darunter den Marschall der Sowjetunion Viktor G. Kulikow (1921–2013), der für die Soldatengedenkstätten teilnahm. Im Namen der deutschen Teilnehmer dankte General a.D. Dr. Kießling für die Einladung:

„Meine Damen und Herren!
Sehr geehrter Herr Gesandter!
Lassen Sie mich den Dank aller Mitglieder dieser Delegation für diesen freundlichen Empfang vorausschicken; mehr noch für die vielfältige Unterstützung, die uns seitens der Botschaft in Bezug auf Vorbereitung und Organisation unserer Reise zuteil wurde. Diese Hilfsbereitschaft verdient eine Würdigung umso mehr, als es sich bei uns um eine private Initiative handelt, vornehmlich um eine solche ehemaliger Häftlinge. Aber das ist es ja wohl, was eine freiheitliche Ordnung ausmachen sollte – dass die Bürger dieses Staates von sich aus handeln und nicht auf Weisungen von oben warten. Umso besser, wenn ihr Handeln der großen Linie verantwortlicher Politik entspricht.

Gerade in einer derart sensiblen Frage wie der russisch-deutschen Versöhnung, also von Völkern, die sich vor einem halben Jahrhundert in einer blutigen Auseinandersetzung bekämpft haben, die ihresgleichen in der Geschichte sucht, kann man es nicht hoch genug schätzen, wenn der Wille zur Versöhnung von den Menschen ausgeht. Noch mehr, wenn diese Initiative zur Versöhnung gar von Menschen ausgeht, die am meisten und unmittelbar unter den Auswirkungen der damaligen Schreckensherrschaft auf beiden Seiten gelitten haben. Das trifft für die ehemaligen Häftlinge in unserer Delegation zu, die zu leiten ich die Ehre habe. Es verdient schon mehr als Beachtung, dass diese Häftlinge im Alter an die Stätten zurückkehren, die zum Inbegriff ihrer einstigen Leidenszeit geworden sind. Dass sie gerade dort von Russen mit offenen Armen aufgenommen werden, das darf uns hoffnungsvoll stimmen. Denn nichts ist notwendiger für eine wirkliche Versöhnung als die Bereitschaft zur Wahrhaftigkeit.

Zur Wahrhaftigkeit gehört, dass die Opfer und Leiden auf beiden Seiten, dass die Verantwortung beider Seiten dafür nicht verschwiegen wird. Wenn wir in wenigen Tagen in Workuta unserer toten Kameraden gedenken werden, die dort begraben oder verscharrt sind, dann sind wir uns bewusst, dass es unzählige andere Stätten gibt – in Deutschland wie in den Weiten Russlands, an denen Russen ein gleiches Schicksal beschieden war wie den Deutschen in Workuta – und dies als Folge einer unseligen deutschen Machtpolitik.

Da mag schon bei manchem der heute so gern gehegte Verdacht aufkommen, hier werde aufgerechnet. Diejenigen, die solche heute nicht mehr vorstellbare Leiden am eigenen Leibe erfahren haben, wissen wohl am besten, dass so etwas gar nicht aufgerechnet werden kann, weil es einfach nicht quantifizierbar ist. Und Rechnen kann man nur in Quantitäten. Aber dieses törichte Verbot des Aufrechnens darf nicht dazu führen, dass irgendwelche Leiden oder irgendwelche Verbrechen unter den Teppich gekehrt werden. Denn da bleiben sie eben nicht, sondern sie kommen wieder hervor; und sicher dann, wenn wir sie gar nicht mehr gebrauchen können. Versöhnung setzt immer voraus, die Dinge beim Namen zu nennen. Wir sind gut beraten, uns da ganz im Sinne des Vaterunser zu verhalten: Um Vergebung unserer Schuld zu bitten – wie wir vergeben unseren Schuldigern.

Wir sind zuversichtlich, dass unsere Initiative dazu beitragen wird, eine neue Epoche deutsch-russischer Geschichte einzuleiten, nicht nur der Versöhnung, sondern der Zusammenarbeit, vielleicht gar der Freundschaft."

Freitag, 28. Juli 1995

Am Vormittag besuchten wir die Militärhauptstaatsanwaltschaft, in der vertragsgemäß seit 1993 von bis zu 18 Militärstaatsanwälten die Rehabilitationen von Einzelnen oder in Gruppen verurteilten deutschen Staatsbürger bearbeitet wurden. Der General der Justiz Kupetz (geb. 1943) begrüßte uns. Links und rechts von ihm saßen die Oberste der Justiz Kopalin und Wolin (geb. 1946), letzteren hatte ich 1995 während eines Bautzen-Forums kennengelernt.

In einem ersten Überblick resümierte General Kupetz einleitend den Arbeitsumfang der Prüfung der Akten von rund 30.000 verurteilten deutschen Kriegsgefangenen und etwa 35.000 zivilen Verurteilten aus der SBZ/DDR und der BRD. Davon wurden fast 95 Prozent rehabilitiert, hätten die größtenteils durch Folter, Erfindung und Erpressung erzwungenen Geständnisse der Häftlinge juristisch keinen wirklichen Wert bei der Wahrheitsfindung. Als besonderen Ausdruck der persönlichen Achtung schenkte General Kupetz schließlich General Dr. Kießling seine Offiziersmütze.

Der Reisegruppe gehörte auch der vor 1933 aktive KPD-Jugendsekretär Erwin Jöris (1912–2013) an. Jöris emigrierte nach der Freilassung aus einer KZ-Inhaftierung nach Moskau. Hier wurde er schon bald verhaftet, später verurteilt und während des Hitler-Stalin-Paktes der Gestapo ausgeliefert. Erwin Jöris wurde das Privileg zugestanden, die über ihn angelegte Straf- und

Kaderakte mit seinem Foto aus dem Jahr 1936 einzusehen.

Unter der Obhut von Oberst Muchin er- reichte der Bus unserer Reisegruppe das Zentralarchiv des Ministeriums der Russi- schen Föderation in Podolsk bei Moskau. In dem riesigen Archiv mit etwa eintausend Mitarbeitern lagern gleichfalls 20.000 er- beutete deutsche Militärakten sowie Feld- postbriefe, die ihre Adressaten nie erreicht hatten. Im Lesesaal stellte uns Oberst Muchin den Vortragenden Viktor Swetigo vor, der während der Sowjetzeit der letzte Sprecher „Radio Wolgas" Potsdam war. Dieser umriss in einem Vortrag den Auftrag dieses Archivs.

Erwin Jöris

Ohne den Vortragenden zu stören, legte mir Oberst Muchin das 650 Seiten umfassende Kriegstagebuch der Heeresgruppe Nord, Original-Textband 2, vor und schlug die Seiten des Juli 1944 auf. Nach Einsichtnahme reichte ich das Kriegstagebuch an Dr. Kießling und Prof. Schuller weiter.

Mit Datum 20. Juli 1944 ware hier die Alarmmaßnahme „Walküre" fest- gehalten, es folgten Fernschreiben von Gen. Oberst Fromm, Reichsminister Himmler und Gen. d. Inf. Frießner. Für Dr. Kießling und mich war dies ein historischer Verweis auf unseren früheren Inspizienten des Erziehungs- und Bildungswesens des Heeres, dem auch die 1940 gegründeten Heeres-Unter- offizier-Vorschulen unterstanden. Als General Frießner 1941 in „meiner" Schulklasse 1b in Marienberg stand, examinierte mein Klassenlehrer mich im Beisein von diesem. Dr. Kießling befand sich mit General Frießner 1951 in einem Briefkontakt, der Schriftwechsel liegt heute in meinem Privatarchiv.

Heinrich Himmler als neuer Befehlshaber des Ersatzheeres hatte am 21. Juli 1944 die Alarmmaßnahme „Walküre" aufgehoben; ich erinnerte mich jetzt daran, dass in unserer Einheit der 4. schweren Kompanie daraufhin der Befehl ergangen war, die Kampfausrüstung abzugeben.

Nach Verlassen des Lesesaales in Podolsk fand im Speiseraum eines Ne- bengebäudes ein von Oberst Muchin organisiertes Bankett mit traditionellen russischen Vorspeisen und Wodka bei diversen Trinksprüchen statt. Die russischen Offiziellen und die deutschen Besucher leerten dabei eine größere Anzahl von Wodka-Flaschen.

Am späten Nachmittag erreichten wir nach einer längeren Busfahrt den Jaroslawskij-Bahnhof in Moskau. Nach Belegung der reservierten Schlafwagenabteile fuhr der Zug pünktlich 21.25 Uhr ab. Für Horst Schüler und mich bereitete die Zugbegleiterin die Schlafstätte vor und versorgte uns gegen ein Trinkgeld mit Tee. Wie 1993 standen an den Haltestellen der Bahnhöfe ältere Frauen, die selbst hergestellte Lebensmittel verkauften. Die Ehefrau des in Moskau zugestiegenen Helmut Geuken versah die Reisegruppe reichlich mit belegten Broten und Mineralwasser.

Samstag, der 29. Juli 1995

Die Reisezeit des Polar-Express von Moskau nach Workuta betrug diesmal 44 Stunden. Der Bewuchs entlang der Schienenwege im flachen einsehbaren Gelände Richtung Norden veränderte sich, was uns 1950 im Gefangenenwaggon verborgen war. Die Bäume wurden kleiner und seltener, die Taiga wechselte und ging in die Tundra über. Die Reste verschiedener Zwangsarbeitslager entlang der Bahnstrecke ließen uns still und nachdenklich werden.

Sonntag, 30. Juli 1995

Weithin erblickten wir aus unserem Zugfenster verfallene Baracken und Postentürme. Gegen Mittag überquerte der Express den nördlichen Polarkreis des 67. Breitengrades. Relativ pünktlich erreichte der Zug 15.00 Uhr Workuta. In der Ferne erkannten die Neuankömmlinge die Ausläufer des Urals. Das lang gestreckte Bahnhofsgebäude gab es Anfang der fünfziger Jahre noch nicht.

Wie schon 1993 erreichte unsere Reisegruppe mit einem Bus das „Kurhotel für Schachtarbeiter". Nach der Begrüßung durch den Kurarzt und dem Abendessen gingen kleinere Gruppen auf Erkundungen in das Zentrum der Stadt. Horst Schüler und ich bezogen unsere Einzelzimmer und erfrischten uns nach der langen Reise.

Montag, 31. Juli 1995

An diesem Tag brachen wir zu einer größeren Orientierungsfahrt auf. Die Schächte Workutas sind an einer über zwölf Kilometer oval von Nord nach Süd verlaufenden Ringstraße gruppiert. Die Straße selbst ist nicht immer befestigt, das vor uns fahrende Fahrzeug der Miliz mit Blaulicht wich mal nach rechts, mal nach links aus, um nicht durch Schlaglöcher beschädigt zu werden. Nachdem Roland Bude und Mike Müller-Hellwig an „ihrem" ehemaligen Schacht 40 „zum Besuch" ausgestiegen waren, hielten wir vor dem Schacht 29 an, der seinen Betrieb schon eingestellt hatte.

Die Ringeisenbahn um Workuta 1995

Im kurzen Sommer in der Tundra

Am ehemaligen Holzplatz, an dem Sigurd Binski jahrelang mit tonnenschweren vereisten Baumstämmen unter Lebensgefahr gearbeitet hatte, schoss ich einige Fotoaufnahmen. Unter Lebensgefahr kletterte ich, mich an dem Eisengerüst festhaltend, zu „meinem" früheren Arbeitsplatz, der Kohlensortierungsanlage, hoch, wo auch mein österreichischer Kamerad Karl Schmid, der am 1. August 1953 neben mir erschossen wurde, gearbeitet hatte.

Anschließend führte uns der Ausflug zum bereits 1993 aufgesuchten, sich im erbarmungswürdigen Zustand befindlichen Tundra-Friedhof „Berlin II", auf dem auch zahlreiche deutsche Marxisten-Leninisten zu Grabe getragen worden waren. Wilfriede Otto (1933–2015), ehemalige SED-Historikerin, trauerte hier mit großer Nachdenklichkeit um die so grausam um ihre Ideale betrogenen Menschen. An ihren Gräbern befestigten wir einige der in Workuta erstandenen Kränze.

In einem Hauptgebäude der Stadt begrüßte uns zunächst der Bürgermeister, später der Chef der Miliz Eduard Gerwik, dessen Name auf eine deutsche Abstammung schließen ließ. Er sprach über eine auch in Workuta zunehmende Kriminalität, die selbst Morde einschließe.

Dienstag, 1. August 1995

Gegenüber der Hauptstraße auf Höhe der Zuführung zum Schacht 29 liegen in der Tundra die Gräber der Erschossenen. Zahlreiche Bürger der Stadt Workuta versammelten sich am geschichtsträchtigen 1. August 1995 an diesem besonderen Ort.

Schon bald nach unserer Reise 1993 hatte Wladimir Patrunow mit der Moskauer Architektin Frau Liebermann und mir die Finanzierung und den Bau einer würdigen Gedenkstätte mit Hilfe und Unterstützung des Volksbundes Deutscher Kriegsgräberfürsorge beraten. Übergabe und Einweihung, so war es stets vorgesehen, sollten an jenem Tag stattfinden. Dieser Plan gelang dank der Mithilfe vieler Beteiligter.

General Dr. Kießling leitete die Gedenkstunde der Einweihung des Denkmals mit geschichtlichem Bezug auf die uns im 20. Jahrhundert aufgebürdete Tragik der Diktaturen ein. Die damals schwer verwundeten Heini Fritsche und Bernhard Schulz postierten sich hinter dem Generaldekan Reinhard Gramm und enthüllten den schwarzen Granitstein mit der zeitlosen Inschrift in russischer und deutscher Sprache:

Gedenkstein, eingeweiht am 1. August 1995

Den Opfern des Krieges und der Gewaltherrschaft
Berlin – Workuta 1. August 1995

Dann hielt Generaldekan Reinhard Gramm eine einfühlsame auf menschliche Schicksale bezogene ökumenische Feldpredigt unter dem Leitgedanken „Wenn Steine sprechen könnten".

An diesen herumliegenden leblosen Gesteinen sind tatsächlich Generationen von Häftlingen unter unmenschlichen Bedingungen zu Tode gekommen. Viele Familien blieben ohne Väter, ohne Söhne. In Feindschaft gegen die eigene russische Klasse der Intellektuellen vernichteten Lenin und Stalin ihre Eliten. Unzählige einfache ukrainische Bauern wurden Kettensträflinge, den deutschen Kommunisten folgten deutsche Kriegsgefangene und Tausende von Zwangsarbeitern aus den Volksdemokratien, darunter Oppositionelle aus der SBZ/DDR.

Während der Predigt erinnerte ich mich an einige hundert Personen, deren Schicksale ich zwischen 1950 und 1955 in Zuchthäusern und Lagern kennengelernt hatte. Wir erlebten die Hölle auf Erden. Das Ende der Predigt war das Lied, das die Entlassenen 1955 auch in Friedland gesungen haben: „Nun danket alle Gott"; es riss mich aus meinen Gedanken.

Gedenken am 1. August 1995, Feldpredigt
von Reinhard Gramm

Horst Hennig mit einem Regierungsvertreter
aus dem Baltikum

Von links: Dr. Hennig, Dr. Hartwig, B. Schulz, H. Maltzahn, H. Fritsche, E. Jöris, R. Bude,
M. Müller-Hellwig

Hinter unserem Rücken bauten Helfer einen meterlangen Tisch auf, der ganz in russischer Tradition nach dem feierlichen Totengedenken ein reichhaltiges Buffet mit Wodka bietet. Als Prophylaxe gegen das scharfe Getränk griff ich zu einigen schmalen Stücken Schweinespeck. Auch das bei uns nicht übliche Rentierfleisch und andere Köstlichkeiten, dazu frisch gebackenes Brot, wurden den Gästen angeboten.

Nach diesem Gedenken erreichten wir den von der Tundra überwucherten etwa 1,5 Kilometer entfernten zerfallenen Barackenlagerplatz Nr. 10. Noch 1993 herumliegende Holzbalken waren jetzt nicht mehr vorhanden, vermutlich dienten diese den Einwohnern als Brennholz oder Baumaterial.

Den Abend verbrachten wir mit den Russlanddeutschen im Kurhotel. Der anwesende Bürgermeister beklagte insbesondere die abnehmende Einwohnerzahl, die auf zuletzt 175.000 gesunken sei.

Mittwoch, 2. August 1995

Gegen 7 Uhr morgens fanden wir uns auf dem Flugfeld ein und bestiegen die Aeroflot-Maschine nach Moskau. Von hier aus erreichten wir Berlin, und gegen 19.00 Uhr Köln-Bonn. Den Abend verbrachte Herr Professor Schuller mit Frau Dr. Demuth und mir, wir tauschten dabei unsere Reiseeindrücke aus.

Reise zur Gedenkveranstaltung

Anlässlich der fünfzigsten Wiederkehr der Streikbewegung mit 15.000 Häftlingen in Workuta wurde ein Sonderflug dorthin angestrebt, der wegen unzureichender finanzieller Mittel letzlich entfiel. Im Vorgriff auf dieses Ereignis plante ich mit André Gursky, eine Woche vor dem Termin in Workuta einzutreffen, um hier den organisatorischen Ablauf mit der Stadtverwaltung abzusprechen.

Dr. Gursky und ich entschieden uns trotz der Absage der Häftlingsorganisation, bei der 50-Jahr-Feier in Workuta anwesend zu sein, die verschiedene internationale Höhepunkte aufweisen würde. Auf meine Bitte begleitete uns der frühere Leiter der Deutschen Kriegsfürsorge in Moskau Oberst a.D. Karl-Heinz Müller.

Von Berlin startete die Maschine der Aeroflot am 27. Juli 2003 mit Landeziel Moskau, wo ein Zusammentreffen mit dem Abteilungsleiter der Militärhauptstaatsanwaltschaft Oberst Kopalin vorgesehen war, begleitet von Oberst a.D. Viktor Muchin (Kriegsgräberfürsorge), der uns an beiden Tagen in Moskau nahezu rund um die Uhr äußerst aufmerksam und sehr hilfreich betreute, auch während des Gespräches im Auslandsstudio der ARD in der Nähe des Roten Platzes.

Korrespondent und Filmteam planten, mit dem gleichen Flug wie wir die Reise von Moskau nach Workuta am Mittwoch, dem 30. Juli 2003, zu unternehmen, um aus den Weiten der Tundraebene über das Leben der dortigen Bewohner für die ARD zu berichten. Es bot sich an, dabei auch die Gedenkveranstaltung für eine mögliche Reportage festzuhalten. Flugzeuge von Syktywkar nach Workuta fliegen allerdings nur zweimal wöchentlich. Es gab mithin nur einen möglichen Rückflugtermin: Sonntag, den 3. August 2003.

Am 29. Juli 2003 landeten Oberst Müller, André Gursky und ich in Workuta und bezogen hier die für uns reservierte Unterkunft. Wir folgten einen Tag später einer Einladung zum vom Bürgermeister I. L. Schpektor ausgerichteten Empfang in der Stadtverwaltung. In der Zwischenzeit trafen Delegationen aus mehreren Ländern ein, die am Nachmittag an der Stadtrundfahrt teilnahmen.

Im Abbau befind-
liche Schacht-
anlage Nr. 29,
Workuta 2003

Am 31. Juli waren Besuche von Museen, des Lehrschachtes und der Berg- und Wirtschaftshochschule vorgesehen.

Der 1. August mit einem Gedenken um 10.30 Uhr bildete den Höhepunkt unserer Fahrt zu den Gräbern der Erschossenen. Zu diesem Zeitpunkt versammelten sich die Einwohner Workutas und nahezu alle dort wohnenden Russlanddeutschen im Gedenken an die Getöteten.

Die Delegationsleiter gedachten ihrer Landsleute. Als Sprecher der deutschen Delegation erinnerte ich als Zeitzeuge in einer kurzen Ansprache an die Toten aller Nationen des 1. August 1953 und übermittelte die Verbundenheit

Die einzelnen
Nationen, hier die
Ukrainer, beim
Totengedenken in
Workuta am
1. August 2003

279

**Horst Hennig im Gespräch mit
ehemaligen Zwangsarbeiterinnen
2003 in Workuta**

des „Volksbundes Deutscher Kriegsgräberfürsorge", des „Verbandes der
Heimkehrer Deutschlands" und der deutschen Lagergemeinschaft Workutas.
Eine Schachtrundfahrt und ein gemeinsames Essen beschlossen diesen Tag des
Gedenkens an die Ereignisse des Jahres 1953 und an die unzähligen anderen
in der Tundra verscharrten Opfer.

In den Zwischenzeiten führte ich André Gursky zu den mir bekannten
Arealen des fast nicht mehr sichtbaren Lagers in der Tundra und der – mit
Hilfe von Geldern der Europäischen Gemeinschaft – nahezu abgetragenen
Schachtanlage Nr. 29. In diesen Tagen erschien ein Interview mit meinem Bild,
welches von einem Journalisten der örtlichen Zeitung aufgenommen wurde.
Bürgermeister Schpektor beeindruckte die verschiedenen Delegationen mit
einer Schiffsfahrt auf der Ussa einige Kilometer außerhalb Workutas. An einer
Anlegestelle wurde das von einem deutschen Ingenieur neu errichtete Wasserwerk besichtigt. Der Bürgermeister kam mehrfach auf die Verdienste der Deutschen in seiner Region zu sprechen, denn ohne dieses Wasserwerk, das Workuta mit Trinkwasser versorgt, würde die Stadt nicht mehr bestehen können.

Gedenkveranstaltung im Berliner Abgeordnetenhaus – 15./16. September 2003

Die Lagergemeinschaft Workuta legte gemeinsam mit dem Präsidenten des Volksbundes Deutsche Kriegsgräberfürsorge die Referenten- und Gästeliste für eine Veranstaltung am 15. und 16. September 2003 fest.

Mit dem Archivar des Volksbundes Thomas Gliem präsentierten Horst Schüler und ich eine bildreiche Workuta-Ausstellung, die während der Tagung in Berlin gezeigt wurde. Über die Anwesenheit der Zeitzeugen Jakob Goldscheid aus Israel und Joseph Ripetzki aus der Ukraine waren die Teilnehmer besonders erfreut. Die Tagung fand unter der Schirmherrschaft des Präsidenten des Berliner Abgeordnetenhauses Walter Momper (geb. 1945) statt, der auch die Ausstellung der Deutschen Kriegsgräberfürsorge eröffnete.

Die Mitveranstalter waren:
Volksbund Deutsche Kriegsgräberfürsorge e.V.,
> Präsident Reinhard Führer

Institut für Zeitgeschichte München,
> Direktor des Instituts für Zeitgeschichte und Vorsitzender der Deutsch-Russischen Historikerkommission Prof. Horst Möller

Union der Opferverbände kommunistischer Gewaltherrschaft e. V. (UOKG),
> Roland Bude

Stiftung Sächsische Gedenkstätten Dresden,
> Norbert Haase

Lagergemeinschaft Workuta/GULag Sowjetunion,
> Horst Schüler

Stiftung Aufarbeitung der SED-Diktatur Berlin,
> Annette Kaminsky

Gegen Vergessen – für Demokratie e. V. Berlin,
> Tobias Wunschik

Gedenkstätte Hohenschönhausen Berlin,
> Hubertus Knabe

Blick in den Veranstaltungssaal, in der zweiten Reihe von links: Erwin Jöris, Dietrich Hartwig, Jakob Goldstein, Horst Hennig

Die Tagung in Berlin erinnerte zum ersten Mal in Deutschland umfassend an den Aufstand in Workuta. Sie wollte der Opfer gedenken, seine Geschichte in die größeren Zusammenhänge einordnen und dem öffentlichen Bewusstsein einprägen. Die Besonderheit dieser Tagung bestand darin, dass sie Zeitzeugen zu Wort kommen lässt und dazu russische und deutsche Historiker zusammenführt, so dass sie den heute erreichten Forschungsstand widerspiegeln kann.

Den Einführungsvortrag hielt Prof. Wolfgang Schuller, Konstanz. Er sprach zu „Leiden und Sterben in Workuta – ein Symbol des vergangenen Jahrhunderts". Ende Juli 2003 hatte ich Teilnahme und Vortrag des Workutaer Stadtarchitekten Vitalij Troschin ankündigen können. Weiter berichtete Irina Scherbakowa (MEMORIAL Moskau) über das sowjetische Lagersystem im Spiegel der Dokumente, Prof. Andreas Hilger trug zu den deutschen Kriegsgefangenen in GUPVI und GULag vor. Konstantin Metscherekow (Workuta) analysierte die Besonderheit der sogenannten „Arbeitsbesserungslager", Hermann Wentker, Jan Foitzik, beide Institut für Zeitgeschichte Berlin, und Klaus-Dieter Müller, Stiftung Sächsische Gedenkstätten Dresden, berichteten über ihre jüngsten Forschungen zum hier im Zentrum stehenden Gegenstand.

Informationen aus Riga

2011 erreichte mich die Anfrage des in Riga lebenden finnischen Journalisten Jukka Rislakki: „Sind Sie der Mitautor des Buches ‚Schwarze Pyramiden – Rote Sklaven'? Können Sie mir Auskunft erteilen über die Finnen ihres Lagers?" Ich berichtete über den vier Wochen nach seiner Verwundung verstorbenen Eino Pryka (1919–1953) und über den am 1. August 1953 über mir liegend verbluteten lettischen Pfarrers Janis Mendriks (1904–1953).

Auf meine Frage nach seinen Archivrecherchen versprach Herr Rislakki mir Auszüge aus dem russischen Internet zu übersenden. In diesen entdeckte ich die Aufzeichnungen Boris Kudrjavzevs (1923–2004), meines Brigadiers im Lager Nr. 10. Sein bei Swerdlowsk lebender Sohn übersandte mir schriftliche Aufzeichnungen seines Vaters, darin fand ich mancherlei Bekanntes aus dessen persönlichen Erzählungen im Lager.

Seine Biographie, die Gerald Wiemers im Buch „Der Aufstand" veröffentlichte, würde für einen Film ein glänzendes Drehbuch abgeben. Ich revanchierte mich im August 2014 mit einem mehrtägigen Besuch in Riga und wurde auf Veranlassung von Herrn Rislakki in Print- und TV-Medien interviewt. Dabei übergab ich dem Leiter des Okkupationsmuseums in Riga, Gunnar Nagel, mehrere Workuta-Bücher des Leipziger Universitätsverlages.

Lebendige Geschichte in Luxemburg 2014

Unmittelbar vor den Weihnachtsfeiertagen 1944 – ich erinnere mich an unser Vorrücken entlang einer Straße von Diekirch in nördlicher Richtung nach Erpeldange. Links von uns begrenzte eine halbhohe längere Mauer den Sommersitz des damaligen Großherzogs Jean, der während des Krieges in Großbritannien Schutz fand. Einige US-Soldaten zogen sich in diesen Sommersitz zurück, um der Gefangenschaft zu entgehen. Unser Einheitsführer überraschte uns mit der Weisung, diese Uniformierten seien Gäste des Großherzogs. Der Sommersitz werde von Kampfhandlungen ausgespart.

Trotz Tod und Vernichtung auf beiden Seiten der Front wird der Beschuss kurzzeitig unterbrochen, um gemeinsam Tote und Verwundete unter der Rot-Kreuz-Flagge zu bergen. Im Truppenhauptverbandplatz, im Keller des Café Schumanns-Eck in Wiltz, versorgte der damalige Assistenzarzt und spätere Professor Dr. Maurer (Bonn) neben den deutschen Verletzten die US-Verwundeten mit.

Wie glaubhaft belegt, treffen zwei oder drei Soldaten während des Weihnachtsfestes 1944, um der Kälte zu entgehen, bei einer luxemburgischen Bauersfrau auf ihre Gegner. Die Soldaten folgen der Aufforderung der Frau, die Waffen in die Ecke zu stellen, gemeinsam zu essen und Weihnachtslieder zu singen. Später verschwinden die Gegner jeweils zu ihrer Truppe.

Anlässlich eines Besuches des Leitenden Sanitätsoffiziers des Luxemburgischen Militärs 1982 im Bundesverteidigungsministerium in Bonn wurde ich gebeten, als Zeitzeuge den Aufbau des Nationalen Militärmuseums zu unterstützen. Daraufhin stellten auf meine Bitte hin die wenigen Überlebenden des Regiments 914 vom Dezember 1944 ihre Berichte, Bilder und Urkunden zur Verfügung. Der Museumsleiter Roland Gaul (geb. 1955) bemühte sich um eine ausgewogene geschichtliche Darstellung.

Bereits 1987 traf ich auf zwei uns 1944 gegenüber liegende Frontoffiziere, den späteren Brigadegeneral Robert Conner und den Captain Harry Gray. Die damaligen Geschehnisse im ehemaligen Kampfgebiet zwischen Ettelbrück, Diekirch und Vianden bildeten reichlich Unterhaltungsstoff. Einen beson-

16. Dezember 2014 – Empfang Residenz Luxemburg. Großherzog Henry in einem längeren Gespräch mit Horst Hennig während eines Zusammentreffens mit Veteranen der US-Armee.

Colonel (ret.) Douglas C. Dillard mit Dr. Hennig vor der gemeinsamen Kranz-Niederlegung für alle Gefallenen des Zweiten Weltkrieges

deren geschichtlichen Höhepunkt nach 70 Jahren beging die Bevölkerung Luxemburgs mit Erinnerung an die deutsche Offensive am 16. Dezember 1944, die innerhalb weniger Wochen zur Befreiung Luxemburgs durch die US-Armee führte. Den Bemühungen zur Zusammenarbeit folgend nahm ich die Einladung zu einem Empfang in der Residenz des Großherzogs Henry mit US-Veteranen an.

Nach der mir zuteil werdenden persönlichen Begrüßung nahm der Großherzog demonstrativ neben mir Platz und führte ein längeres Gespräch. Den emotionalen Höhepunkt der Gedenktage bildete die gemeinsame Kranzniederlegung für alle Gefallenen unter militärischem Zeremoniell durch den ehemaligen Infanterieoberst D. C. Dillard und mich. Eine Umarmung schloss die Begegnung ab.

Anhang

IM PRIVATARCHIV HORST HENNIG

Vorbemerkung

Horst Hennig verfügt über ein wohlgeordnetes Privatarchiv. Diese Tatsache allein wäre nicht erwähnenswert, denn die Bewältigung der alltäglichen Bürokratie verlangt von praktisch jedermann, einen Bestand an persönlichen Dokumenten griffbereit zur Hand zu haben.

In seinem Falle liegen die Dinge aber anders. Denn Horst Hennig bewahrt nicht nur penibel eine Fülle von Dokumenten zur eigenen Vita und der seiner Familie auf, sondern hat mit einem weit gefaßten Horizont Materialien und Zeugnisse zusammengetragen, die einerseits mit seinen vielfältigen Arbeiten und diversen Tätigkeiten im direkten Zusammenhang stehen, die man also vorrangig als Quellen klassifizieren könnte, sowie andererseits systematisch gesammelt, was der gedanklichen Durchdringung all dessen gilt, was ihn beschäftigt. Es ist hier nicht der Ort, eine Zusammenschau dieses schier unerschöpflich scheinenden Reservoirs zu versuchen, doch scheint gewinnbringend, mit einigen exemplarischen Belegen einen Blick in diesen Fundus zu werfen.

Eröffnet wird dieser kleine Exkurs mit Literaturbelegstellen, die Horst Hennig für immer wieder be- und durchdenkenswert hält (siehe hierzu die Textstellen Hartmann, Margolin, Schnell und Semprun) und die er daher gern in seine Überlegungen einflicht. Dabei liegt ihm unter anderem am Herzen, dass dokumentarische und literarische Formen der Auseinandersetzung mit der Vergangenheit (etwa in Form der Zeugnisse von Bienek und Jöris, deren Lebenswege mit seinem eng verflochten sind) nicht vernachlässigt werden. Zudem ist er ein wacher Beobachter der wissenschaftlichen Beschäftigung mit der Historie des 20. Jahrhunderts und registriert aufmerksam deren zuweilen an nicht leicht zu findender Stelle erschienenen Zeugnisse (hier kann die konzise Studie Hedelers als Beispiel gelten).

Daneben wäre auf einen reichen Fundus an Dokumenten zu verweisen, die Horst Hennig selbst als Akteur zeigen (exemplarisch hierzu etwa das Interview im „Sanitätsdienst") oder beglaubigen, welche Anerkennung seine vielfältigen Arbeiten genießen.

Es ist keine Übertreibung, wenn man feststellt, dass das Privatarchiv Horst Hennig eine kostbare, in ihrem Wert dabei unschätzbare Sammlung zur Zeitgeschichte ist, von der aus unterschiedlichsten Blickwinkeln noch sehr lange profitiert werden wird.

ANNE HARTMANN

Notiz zum Vortrag **Der Stalin-Versteher Lion Feuchtwanger in Moskau 1937**
im Literaturhaus Berlin: Von Dezember 1936 bis Anfang Februar 1937 verbrachte Lion Feuchtwanger gut zwei Monate in der Sowjetunion. Er wurde
von Stalin empfangen und war Augenzeuge des zweiten Moskauer Schau-
prozesses. In seinem Reisebericht Moskau 1937 zeigt er sich von der Schuld
der Angeklagten überzeugt und zeichnet ein rundweg positives Bild der
Sowjetunion, in der gerade das Jahr des Großen Terrors begonnen hatte. Bis
heute wird Feuchtwanger deswegen der Dummheit, Blindheit, Ignoranz und
Arroganz bezichtigt. Erklären lässt sich das Lob für den Diktator und sein
Staatswesen nur damit, dass es dem Schriftsteller nicht um die konkrete sow-
jetische Wirklichkeit ging, sondern um seine weltgeschichtliche Vision von der
„Allmacht der Vernunft". Dafür war Feuchtwanger sogar zu weitreichender
Selbstzensur bereit.

JULIUS MARGOLIN

Resümee des Aufsatzes **Zwei Formen eines totalitären Regimes** in der Zeitschrift „osteuropa": Kann man Hitlersche und sowjetische Lager vergleichen?
Die Hitlerschen und die sowjetischen Lager kann man nicht nur vergleichen,
sondern sollte sie vergleichen. Der Vergleich ist eine Methode der Erkenntnis.
In beiden Fällen haben wir es mit Haftanstalten zu tun, in denen Millionen
Menschen ums Lebens kamen. Man kann sie nicht gleichsetzen, aber man
muss ihre Gemeinsamkeiten und die Unterschiede benennen. Die Methoden
und die Geschwindigkeit des Tötens in Hitlers Todeslagern und in den sowjetischen Lagern waren nicht dieselben, doch sie weisen verblüffende Ähnlichkeiten auf.

FELIX SCHNELL

Im Anschluß an den Aufsatz Margolin unter dem Titel **Aufschrei gegen das Vergessen:**
1946 verfasste Julius Margolin seine Reise in das Land der Lager. Das Buch gehört zu den frühen autobiographischen Zeugnissen über den GULag. 1950 befasste er sich mit der Vergleichbarkeit des Nationalsozialismus und des Stalinismus und verglich Form und Zweck des Lagers. Margolin entwickelte hier Ansätze einer Totalitarismustheorie avant la lettre. Als Erkenntnismethode bleibt der Vergleich unverzichtbar. Die Lager in der Sowjetunion waren ein funktionaler und integraler Bestandteil des politischen und wirtschaftlichen Systems; die NS-Lager, insbesondere die Vernichtungslager, folgten einer eigenen Rationalität, wirtschaftlich und politisch waren sie für die NS-Herrschaft streng genommen dysfunktional. GULag und NS-Lager sind Fratzen der Inhumanität, der Millionen Menschen zum Opfer fielen.

JORGE SEMPRÚN

Während der Kriegszeit im KZ Buchenwald in Haft, äußert er sich über die totalitären Züge des Kommunismus: „Um Ähnlichkeiten und Unterschiede zwischen den beiden totalitären Gesellschaftssystemen historisch unbestreitbar darzulegen, müssen Nationalsozialismus und Kommunismus miteinander verglichen werden. In der Tat sind die Archipele der nationalsozialistischen Lager und des stalinistischen GULag ähnlich und unterscheiden sich doch (...) Mir scheint, dass der objektive, auf Dokumente gestützte Vergleich zwischen den beiden totalitären Systemen die letzte noch zu überwindende Etappe darstellt, damit die westliche Fehleinschätzung des sowjetischen GULag endgültig ein Ende findet."

In Stalins und Hitlers Zuchthaus- und Lagerwelten

ERWIN JÖRIS

Vor 1933 kommunistischer Jugendsekretär in Berlin-Lichtenberg, 1933 in KZ-Haft, 1934 Kommandierung durch die illegale KPD nach Moskau, dort 1937 Verhaftung durch den NKWD. Nach dem Krieg 1949 erneute Verhaftung durch den NKWD in Berlin und Verurteilung zu 25 Jahren Zwangsarbeit in Workuta. Er folgerte als ehemaliger Zeitzeuge im KZ und GULag: „Die sowjetischen Regime- und Zwangsarbeitslager sind KZs, aber ohne Verbrennungsanlagen."

Erwin Jöris beschreibt sein Leben als Verfolgter unter Hitler und Stalin: „Ohne unser Zutun werden wir in die unterschiedlichsten geschichtlichen Ereignisse hineingeboren. So auch in den Jahren des 20. Jahrhunderts in zwei gewalttätige Diktaturen, das kommunistische und das nationalsozialistische Regime. Beiden gemeinsam war die zielgerichtete Vernichtung von Menschen; zum einen Ausdruck des „Klassenkampfes", zum anderen Ausdruck eines „Rassenkampfes". Die einen kämpften um ihr Überleben in den Konzentrationslagern der Nazis, die anderen kämpften als eine internationale Opfergruppe um ihr Überleben im GULag der Sowjetunion.

Für nicht wenige Leidensgenossen aber hielt das Schicksal die Verhaftung und Verurteilung in beiden Diktaturen bereit. Mehrere Hundert diese „Doppelopfer" waren mir persönlich bekannt, viele von ihnen starben unter unmenschlichsten Bedingungen. Die Ursachen für ihren vorzeitigen Tod, resp. Erkrankungen der Gefangenen, gründen sich im grausamen Zuchthaus-Regime, insbesondere während der Verhöre bei körperlicher Gewaltanwendung, psychischer Folter, Kälte-, Wasser-, Licht- und Dunkelhaftanwendungen, einhergehend mit Nahrungsmittelentzug. Die Straf- und Lagerhaftpraxis der „roten" und „braunen" Diktaturen kennt wesentliche gemeinsame Eigenheiten, die sich – je nach Vorstellung ihrer Aufseher – beliebig erweitern lassen.

Als kommunistischer Jugendfunktionär wurde ich im März 1933 in Berlin-Lichtenberg verhaftet, zunächst in ein Polizeigefängnis überstellt und schließlich in das KZ Sonnenburg eingeliefert. 1934 wurde ich unter Polizeiaufsicht entlassen. Auf Weisung der illegalen KPD emigrierte ich umgehend in die Sowjetunion.

Während meiner KZ-Zeit 1933 in Deutschland und später in den Zuchthäusern und Zwangsarbeitslagern „unter besonderem Regime" der Sowjetunion, während meiner „kommunistischen Weiterbildung" in Moskau und beim Industriepraktikum in Swerdlowsk hatte ich Gelegenheit, einigen international bekannten Persönlichkeiten zu begegnen. Im Polizeigefängnis Alexanderplatz und im KZ Sonnenburg führte ich Gespräche mit Carl von Ossietzky, Ludwig Renn, Manes Sperber, Erich Mühsam, Hermann Duncker und anderen. In Moskau traf ich mit Funktionären des Exekutivkomitees der Internationale um Georgi Dimitroff zusammen; so mit Wilhelm Pieck, Walter Ulbricht und Kurt Funk aus dem kleinen ZK der KPD. Während eines Industriepraktikums in Swerdlowsk erfolgte mein Rückruf nach Moskau.

1937 dann die Verhaftung durch den NKWD und 1938 meine Auslieferung und Übergabe an die Gestapo nach Berlin. 1940 wurde ich als Wehrpflichtiger zur Wehrmacht eingezogen, geriet 1945 in sowjetische Gefangenschaft und wurde 1946 nach Berlin entlassen.

Diese knappe Schilderung mag genügen, um meine Kompetenz im Hinblick auf die Zuchthaus- und Lagerverhältnisse der roten und der braunen Diktatur zu beurteilen. Den Klassikern der Diktatur-Beschreibungen wie etwa Arthur Koestler (Sonnenfinsternis), Eugen Kogon (Der SS-Staat), Susanne Leonhard (Gestohlenes Leben), Margarethe Buber-Neumann (Als Gefangene bei Stalin und Hitler), Horst Bienek (Die Zelle), den Büchern von Solschenizyn und Jorge Semprun braucht eigentlich nichts mehr hinzugefügt werden.

Allen diesen Werken gemeinsam ist jedoch, dass die gedanklichen, sachlich-schriftlichen oder bildlichen Darstellungen nicht ausreichen, um einem zivilen Bürger die Schrecken der Überlebenden, deren körperliche und psychische Beschädigungen, deren Vernichtungsängste, begreiflich zu machen. Dem in einer Demokratie aufgewachsenen Bürger muss es zwangsläufig an einer diesbezüglichen Vorstellungskraft mangeln. Wer immer satt war, weiß nicht, was Hunger ist. Wer immer in Freiheit lebte, weiß nicht, was Unfreiheit bedeutet.

1949 sollte ich wieder, jetzt zum dritten Mal, verhaftet werden, diesmal wegen „Spionage" und „Verrat am Proletariat" – das Urteil lautete: 25 Jahre Lagerhaft in Workuta.

Die Tortur der Verhöre, des Transports und des Zwangsarbeitslagers grenzten an Folter ebenso wie die Geschehnisse am 1. August 1953, als es zum internationalen Aufstand von 15.000 Zwangsarbeiter-Häftlingen kam. Bei der Niederschlagung dieses Aufstandes wurden 64 unschuldige Häftlinge erschossen und 124 durch Schußwaffen schwer verletzt.

Durch das diplomatische Geschick des Bundeskanzlers Dr. Konrad Adenauer wurden etwa 3.000 zu Unrecht verurteilte deutsche politische Gefangene 1955 entlassen.

Obwohl fast jedem deutschen Staatsbürger das Schicksal der KZ-Häftlinge in Auschwitz bekannt sein dürfte, herrscht über das millionenfache Schicksal der Sowjetvölker und ihrer sonstigen Sklaven unter dem Kommunismus von 1917 bis 1956 eine Unkenntnis, die die Opfer nicht verdient haben.

Die Erfahrung zeigt, dass sich Hitlers und Stalins Lagerwelten weitgehend glichen, dass die Verfolgung Andersdenkender beider Diktaturen eine gemeinsame war. Das GULag-System erstreckte sich von Magdeburg bis Magadan, von Buchenwald/Weimar bis Workuta. Den kommunistischen wie den nationalsozialistischen Opfern sollten unsere Fürsorge und unser Gedenken gleichermaßen gelten. Wer hier glaubt, unterscheiden zu müssen, der beschädigt die Würde aller Opfer, der des Nationalsozialismus wie der des Stalinismus/Kommunismus. Als Zeitzeuge konstatiere ich: Die GULag Stalins mit über 15 Millionen Opfern waren Konzentrationslager ohne Verbrennungsöfen!

„Ich verlange meine Rehabilitierung"
Offener Brief an den Generalsekretär der KPdSU
Michail Gorbatschow

HORST BIENEK

Am Abend des 7. November 1951 wurde der Schriftsteller Horst Bienek (1930–1990) verhaftet: Es war der Revolutionsfeiertag. Wegen „antisowjetischer Hetze" und angeblicher Spionage für die USA wurde Horst Bienek, ein Meisterschüler Bertolt Brechts, zu 25 Jahren Zwangsarbeit im Arbeitslager Workuta verurteilt, wo er unter Tage im Kohlebergbau arbeitete. Er kam erst nach vier Jahren im Zuge einer Amnestie frei. Voller Hoffnung auf die vom damaligen KPdSU-Generalsekretär eingeleiteten Reformen wandte er sich in der Wochenzeitung „Die Zeit" am 7. November 1987 in einem offenen Brief an Michail Gorbatschow:

Sehr geehrter Herr Generalsekretär,
in Ihrer dreistündigen Rede vor dem Obersten Sowjet am 2. November 1987, in der Sie ein künftiges Bild der sowjetischen Gesellschaft entworfen haben, gehen Sie auch auf die Vergangenheit ein, insbesondere auf die Stalin-Ära, und erwähnen die Vergehen und Verbrechen (prestuplenie), die in dieser Zeit gegen unschuldige Menschen verübt wurden, und dass die Opfer jetzt offiziell rehabilitiert werden sollen. Herr Generalsekretär, ich bin ein Opfer des Stalinismus, und ich verlange von Ihnen, rehabilitiert zu werden.

Sie sprachen von Tausenden und Zehntausenden von Opfern – ich nehme an: aus Vorsicht. Denn Sie wissen es genau, dass es Millionen und Abermillionen Opfer waren. Die Zahlen kommen nicht vom „Klassenfeind", sondern sind das Ergebnis jener 19 Historiker-Kommissionen, die unter Chruschtschow eingesetzt und auch noch unter ihm aufgelöst wurden, als er nämlich die ersten furchtbaren, alle Erwartungen auf das schrecklichste übertreffenden Berichte erhielt. Ödipus in Moskau. Der Historiker Anton Antonow-Owssejenko, Sohn des legendären Bolschewik, der mit einem kleinen Fähnlein das Winterpalais erstürmte (in der Stalin-Ära dann allerdings umgebracht wurde) schreibt darüber in seiner Stalin-Biographie, die bisher nur im Westen erschienen ist. Anton Antonow-Owssejenko lebt unbehelligt, fast erblindet, in Moskau.

Die Opfer sollen rehabilitiert werden, haben Sie versprochen. Aber die meisten Opfer sind tot. Darunter, Sie wissen es, die Blüte der Revolution. Darunter, Sie wissen es, große Künstler, die das Land als Lehrer und Vorbilder nötig gehabt hätte, Schriftsteller, Maler, Bildhauer, Komponisten, Schauspieler. Nur wenige leben noch.

Ich war blutjung, als ich ein Opfer des Stalinismus wurde, im Jahre 1951, in Potsdam, DDR. Ich war gerade 21 Jahre alt. Und ich gehörte dann vier Jahre lang zu jenem namenlosen Millionenheer, das im Archipel GULag Sklavendienste leistete. Die Industrialisierung in den dreißiger und vierziger Jahren wurde nämlich hauptsächlich von den sieben Millionen Zwangsarbeitern vorangetrieben (Weißmeer-Kanal, Donezk-Kohlebecken, Dnjepropretowsk).

Nun werden Sie sagen, wie kommt ein junger Deutscher in den Archipel GULag, und dann noch in eines der unwirtlichsten Gebiete der Sowjetunion, in die Tundra von Workuta, in der Nähe des Eismeers. Ich mache es kurz. Es geht nicht um Anklage, es geht um Information. Im Lauf der letzten Kriegsmonate besetzte die Rote Armee Ost- und Mitteleuropa bis an die Elbe. Ihr folgte die Geheimpolizei des MGB, die wie mit einem geheimen Netz die besetzten Länder überzog. Und dort auch noch blieb, als es bereits souveräne Regierungen gab. Das MGB hat damals gewiss ein paar hundert Naziverbrecher aufgespürt, zu Recht abgeurteilt und in Gefängnisse gebracht. Sie hat aber daneben ein paar zehntausende, vielleicht sogar hunderttausende Menschen unter irgendwelchen Vorwänden verhaftet, verurteilt und als Sklaven in die Sowjetunion deportiert.

Im Gebiet von Workuta gab es 1952 etwa dreißig Arbeitslager zu je 3000 Zwangsarbeitern, die meisten zu 25 Jahren verurteilt (norma, wie wir sagten). Sie kamen aus allen Teilen der Sowjetunion, meist waren es Ukrainer, Balten, Aserbeidschaner, denen vorgeworfen wurde, mit den Deutschen kollaboriert zu haben, es waren russische Kriegsgefangene, die dem Hungertod in deutschen Lagern entkommen waren, und es waren Menschen aus Polen, Ungarn, Rumänien, der ČSSR, der DDR. Natürlich hätten diese Häftlinge aus den sogenannten Ostblockländern gar nicht in die SU deportiert werden dürfen, denn sie waren Bürger souveräner Staaten. Doch die Organe, wie die Geheimpolizei in der Sowjetunion einfach genannt wird, waren nichts anderes als eine Organisation zur Beschaffung von Arbeitssklaven für die mächtige Sowjetunion. Und es gibt kein Beispiel, dass irgendeine Ostblock-Regierung verhindert hätte, die Menschen auszuliefern.

Ich wohnte Ende der vierziger Jahre in Potsdam, lebte aber im Grunde in beiden Berlin, Ost wie West. Ich las das Neue Deutschland wie den Tagesspiegel, ich besuchte die Bibliotheken der Humboldt-Universität wie das „Maison de France", ich klatschte begeistert Helene Weigel in „Die Mutter" von Gorki zu und weinte beim großen Monolog der Hermine Körner in Lorcas „Bluthochzeit" im Schlosspark-Theater. Ich lernte beim 1. Schriftsteller-Lehrgang der DDR in Bad Saarow, wie später in der Theater-Klasse Bertolt Brechts im „Berliner Ensemble". Ich nahm am Deutschlandtreffen der FDJ im Sommer 1951 teil. Ich war beim „Kongress für kulturelle Freiheit" in West-Berlin und schmuggelte die Protokolle der Reden von Koestler und Silone, unterm Hemd versteckt, nach Potsdam. Ich begeisterte mich für Sartres Existentialismus wie für die sozialistischen Lieder des Ernst Busch. Nach den Jahren des Faschismus, die wir als Kinder unschuldig-schuldig miterlebt hatten, waren wir egoistisch genug, uns aus beiden Systemen das Beste zu holen. Ich war allerdings kein Marxist, das ist wahr. Die neuen Verbote gefielen mir nicht, das Moskauer Kunstdiktat Shdanows, das plötzlich in allen Ostblockländern gelten sollte, erst recht nicht. Nein, das gefiel uns allen nicht, die wir jung, enthusiastisch und aufmüpfig waren.

Und plötzlich, eines Abends, wurde ich verhaftet. Es war Revolutionsfeiertag. Der 7. November 1951. Alles hätte ich erwartet, aber nicht das. Ich war vorher bei meinem Freund Günter Kunert gewesen. Ich hatte mir in der Staatsbibliothek den „Isenheimer Altar" in Tafeln ausgeliehen, ausklappbar, das faszinierte mich. Und da klingelte es. Es war halb acht. Ein Mann stand vor der Tür und sagte: „Wir haben einen Eilbrief für Horst B.", als ich aus meinem Zimmer heraustrat und sagte, ja, das bin ich, da sprang aus dem Dunkel ein anderer auf mich zu, riss mir die Arme nach hinten und legte mir, blitzschnell, Handschellen an.

Ich wurde von zwei Staatssicherheitsdienst-Leuten verhaftet, kam aber gleich ins NKWD-Gefängnis in Potsdam. Von da ab war ich wie verschollen. Die erste Karte konnte ich erst zweieinhalb Jahre später aus Workuta schreiben. Meine Schwester, die von meiner Verhaftung gehört hatte, fuhr mit der Bahn von Zwickau nach Potsdam und ging dort zum Gefängnis. Sie sagte: „Ist das hier die Gestapo? Ich möchte zu meinem Bruder, den sie verhaftet haben, ich habe eine Zahnbürste für ihn und etwas Kuchen." Und da sagte ihr einer von der Staatssicherheit: „Wenn Sie noch einmal Gestapo sagen, dann behalten wir Sie auch gleich hier."

Dann begannen die Verhöre. Immer des Nachts, nach ein oder zwei Uhr, im Scheinwerferlicht. Nein, nein, ich wurde nicht gefoltert, Herr Gorbatschow, aber man hat mir die Zähne ausgeschlagen. Nach fünf Monaten Verhör wurde mir der Prozess gemacht. Er dauerte nicht länger als eine halbe Stunde. Einen Verteidiger bekam ich nicht. Ich wurde vom Militärtribunal der SMA (Sowjetische Militär Administration), Sitz Karlshorst, zu 25 Jahren Zwangsarbeit verurteilt. Dann mit dem Blauen Express (der letzte Wagen, auf dem Mjasso-Fleisch geschrieben stand, war immer ein Gefängniswagen) nach Moskau in die Butyrka gebracht. Von dort ging es zusammen mit politischen Häftlingen aus dem ganzen sowjetischen Reich und den Ostblockländern in einem vollbesetzten strengbewachten Güterzug nach Workuta, Komi-Republik, wo ich im Kohleschacht 29 vier Jahre lang gearbeitet habe, darunter eineinhalb Jahre unter Tage.

Ich möchte rehabilitiert werden, weil die Anklage ebenso falsch wie erfunden war, die Strafe willkürlich. Ich mach's kurz, aber genau: § 58.6 (Spionage) des Strafgesetzbuches der RSFSR. Ich wurde beschuldigt, ein Telefonbuch der Stadt Potsdam nach West-Berlin gebracht zu haben. Der Ankläger forderte dafür zwanzig Jahre. § 58.10 (Antisowjethetze) des Strafgesetzbuches der RSFSR. Ich wurde beschuldigt, antisowjetische Literatur in Besitz gehabt zu haben, Hefte des Spiegel, des Stern, der ZEIT. Insbesondere war erschwerend eine Karikatur in der ZEIT. Stalin setzte eine Ölkanne an den Mund, auf der MOSSADEGH geschrieben stand (der persische Ministerpräsident hatte damals das Öl verstaatlicht), darunter stand geschrieben: „Und Stalin trinkt das Öl". Das sei eine Beleidigung des „Obersten Leiters der Sowjetunion" und damit schwere Antisowjethetze. (Erst bei Solschenizyn habe ich gelesen, dass in den Büros des MGB der Name Stalin nicht genannt werden durfte). Der Ankläger forderte dafür zehn Jahre. § 58.11 Bandenbildung. Ich wurde beschuldigt, mit einer Gruppe gegen die Sowjet-Union gearbeitet zu haben. Aber ich war in keiner Gruppe, in keiner Bande. Das erkannte der Richter an und setzte § 58.11 aus. Für § 58.6 erhielt ich zwanzig Jahre. Für § 58.10 zehn Jahre, zusammengezogen auf 25 Jahre Zwangsarbeit.

Mein Urteil, wie alle diese Urteile jener Jahre, wurde im Namen des damaligen Justizministers Lawrentij Berija ausgesprochen. Sein Bild hing in allen Verhörräumen des MGB. Ich musste es mir tage-, wochenlang ansehen. Ich werde es nicht vergessen. Berija wurde nach Stalins Tod verhaftet und wegen „Verstoßes gegen die sozialistische Gesetzlichkeit" im Dezember 1953 hingerichtet. Alle Urteile aus politischen Gründen hätten demnach kassiert, also aufgehoben werden müssen.

Das geschah aber nicht. Der Oblag (Lager) zum Schacht 29 in Workuta trat deshalb im Juli 1953 in Streik, dem sich weitere Lager in der Umgebung anschlossen. Nach elf Tagen wurde der Streik gebrochen, als am 1. August unter dem Stellvertretenden Oberjustizrat M. D. Samochin des Generalmajors Rudenko unter General A. Derewjanko von MGB-Soldaten mit Maschinenpistolen in die streikende Menge geschossen wurde. Drei Salven, fünfzig Menschen waren tot, etwa zweihundert verletzt. Solschenizyn hat übrigens darüber im dritten Band des „Archipel GULag" berichtet.

Ende September 1955 wurden die deutschen politischen Häftlinge, zusammen mit verurteilten deutschen Kriegsgefangenen, nach den Adenauer/Chruschtschow-Verhandlungen amnestiert und entlassen. Seit dem 8. Oktober lebe ich in der Bundesrepublik, heute als Schriftsteller in München.

Auf der Strafakte ist ein Stempel: chranitj wjetschno, Aufbewahren für alle Zeit. Nein, ein solches Willkür-Urteil, das unter Missachtung der russischen Gesetze („der sozialistischen Gesetzlichkeit") gefällt wurde, sollte nicht aufbewahrt werden für alle Zeit. Ich bitte, sehr geehrter Herr Generalsekretär, um eine offizielle Kassation des Urteils. Ich bitte um Rehabilitierung.

Ottobrunn, am 7. November 1987

Vom Konzentrationslager zum Besserungsarbeitslager.
Zur Geschichte des Lagersystems in der Sowjetunion 1919–1960

WLADISLAW HEDELER

Die Vorgeschichte des sowjetischen Gulagsystems hatte am 17. Mai 1919 mit dem Beschluss des Gesamtrussischen Zentralexekutivkomitees über die Zwangsarbeitslager begonnen. Sie endete nach einer Weisung Stalins mit dem vom Rat der Volkskommissare am 11. Juli 1929 zum Gesetz erhobenen Politbürobeschluss vom 16. Mai 1929 „Über die Nutzung der Arbeit krimineller Häftlinge". Bis dahin dienten die Haftorte in erster Linie der Isolation und erst in zweiter der Umerziehung der Häftlinge.

Mit dem ersten Fünfjahrplan 1929 änderte sich die Situation von Grund auf. Von nun an sollten die Gefangenen als Arbeitssklaven auf den „Großbaustellen des Kommunismus" schuften. Am 5. April 1930 beriet das Politbüro über den Arbeitseinsatz des verfügbaren „Kontingentes". Zwei Tage später bestätigte der Rat der Volkskommissare die „Richtlinien für Besserungsarbeitslager". Die offizielle Umbenennung der Haftorte von „Konzentrations-" zu „Besserungsarbeitslagern" verdeutlichte unmissverständlich die gewandelte Strafpraxis, die nunmehr „Besserung durch Arbeit" lautete. 1933 erschien ein Gesetz, das die Zwangsarbeit regelte und das bisher geltende vom 16. Oktober 1924 ablöste.

Im 1961 geschriebenen *Wischera*-Text unterscheidet Warlam Schalamow zwischen der Lagerhaft *vor* und *nach* der so genannten „Perekowka". Dieser Begriff steht für das „Umschmieden" der Häftlinge und für den Beginn der Allmacht der Planwirtschaft im Gulag. Diese neue Lagererfahrung prägt das literarische Schaffen von Schalamow. Mitte bis Ende der zwanziger Jahre regierte in den Lagern der Zufall, alle Häftlinge waren gleich, die Gefängnisration heilig und unantastbar, es existierte eine Art patriarchalisch geprägte Gemeinschaft. Der Begriff *Sek* (sakljutschonny) war noch nicht im Umlauf.

Schalamow hat in seinen zwanzig Häftlingsjahren genug Erfahrungen sammeln können, um das „Umschmieden durch Arbeit" als eine Lüge zu entlarven. Arbeit macht *nicht* frei, hob er immer wieder hervor. Denn an die Stelle der freiwilligen Arbeit trat die Zwangsarbeit, deren vorgegebene Ziele nur mit Betrug erreichbar waren. Es war die Geburtsstunde der Tufta, einer der drei tragenden Säulen des Gulag: *Blat, Mat* und *Tufta. (Beziehungen, Flüche* und *Normbetrug.*) Alle Beteiligten, von der Administration bis zu den Häftlingen, lebten, bei Strafe des Untergangs, nach diesem ungeschriebenen Gesetz. Jeder konnte vom Moloch erfasst und zermalmt werden. Egal, ob Mitarbeiter der Administration oder der Häftling, der eine Nummer, ein Sklave, war.

Jetzt waren plötzlich nicht mehr alle Häftlinge gleich. Die Kriminellen begriffen das als erste. Die Administration bediente sich ihrer als „Volksfreunde", um die „Volksfeinde" zu schikanieren. Hierarchische Strukturen bildeten sich heraus, eine Art Häftlingsgesellschaft, die an die Stelle der bis dahin dominierenden Leidensgemeinschaft trat. Von nun an galt die Zwangsarbeit als produktiver und damit „besser" als freie, freiwillig geleistete Arbeit mit niedriger Produktivität. Auf jedes Nachlassen der Arbeitsleistung des „Kontingentes" reagierte die Administration mit einer Verschärfung des Haftregimes. Mit der Arbeitsnorm wurde ein System der Leistungsentlohnung eingeführt. Die Entfremdung von der Arbeit beschreibt Schalamow als das Leitmotiv der neuen Ordnung.

Bei den 1919 geschaffenen Lagern hatte es sich sowohl um Konzentrations- als auch um Internierungslager gehandelt. Zu den bekanntesten gehörte das von Mai 1920 bis 1923 existierende Kriegsgefangenenlager auf dem Solowetzker Archipel im Weißmeer.

Anfangs schloss der zu Zwangsarbeit im Lager verurteilte Personenkreis nicht nur Häftlinge ein. Es konnten auch Gefängnisinsassen oder Freie sein, die sich im Lager zum Arbeitsdienst, der offiziell acht Stunden dauerte, einfinden mussten. Von Fall zu Fall war eine kasernierte Unterbringung möglich. Darüber hinaus wurden Vorformen der Arbeitsarmee bzw. der Strafbataillone getestet. Es handelte sich um paramilitärisch organisierte Einheiten, die zeitweilig in Lagern untergebracht wurden. In dieser Zeit waren auch die Freien Häftlingen gleichgestellt. Für Frauen und Minderjährige gab es spezielle Lager. Später wurden Männer und Frauen in unterschiedlichen Abteilungen oder Baracken eines Lagers untergebracht.

Einem Bericht der OGPU von 1920 ist zu entnehmen, dass die Idee, ein Lagersystem zu schaffen, auf den Bürgerkrieg 1918 zurückgeht. Die sozial schädlichen, weißgardistischen und konterrevolutionären Elemente, hierzu zählten auch Geistliche, sollten in Lagern, die in allen Gouvernementzentren einzurichten waren, isoliert werden.

Ein Beschluss des Rates der Volkskommissare vom 7. Dezember 1929 legte fest, dass die Lager ihre Ausgaben durch eigene Einnahmen decken müssen. Dies hatte zur Folge, dass die Lager nach und nach zu eigenständigen Wirtschaftsunternehmen wurden. Man suchte einerseits nach Methoden, die Arbeitsproduktivität zu steigern, setzte andererseits auf eine Vergrößerung der Häftlingszahl. Neue Haftorte sollten in Sibirien, Fernost, in Kasachstan und in Mittelasien entstehen. Am 5. April 1930 stand die Ausnutzung der Arbeitskraft der Häftlinge erneut auf der Tagesordnung des Politbüros. Zwei Tage später fasste die Regierung der UdSSR den Beschluss „Über die Bestätigung der Richtlinien für Besserungsarbeitslager". Diese Lager sollten der Isolierung für die Gesellschaft gefährlicher Rechtsverletzer und ihrer „Umerziehung durch Gewöhnung an gesellschaftlich nützliche Arbeit" dienen.

Das Lager von Krasnowischersk, genannt Wischlag, zu dessen Häftlingen Schalamow von 1929 bis 1931 gehörte, ging aus dem Solowetzker Lager „zur besonderen Verwendung" hervor. Anfangs handelte es sich um ein Forstwirtschaftslager, das für den Bau und später auch die Produktion des Papierkombinats Holz zu liefern hatte. Die Häftlinge wurden aber auch beim Straßen- und Fabrikbau eingesetzt. Von den 57.325 Häftlingen waren 10.843 wegen konterrevolutionärer Vergehen verurteilt. Hinzu kamen: Spionage, Bandenbildung, Falschmünzerei, Eigentumsdelikte, Militärvergehen, Mord, Amtsmissbrauch sowie „sozial schädliche" und „sozial gefährliche Elemente".

Von 1930 bis 1935 existierten in der UdSSR 15 Gulags, in denen jeweils ca. 25.000 Häftlinge inhaftiert waren. Während die Zahl der in der Sowjetunion von 1932 bis 1936 bestehenden Lager konstant blieb, stieg sie während des Großen Terrors 1937/38 auf 48 an.

Der Startschuss für den „Großen Terror" gegen die sowjetische Bevölkerung fiel am 2. Juli 1937: Das Politbüro der Kommunistischen Partei der Sowjetunion (Bolschewiki) fasste einen Beschluss „Über die antisowjetischen Elemente". Er wurde den Sekretären der Kreis- und Gebietskomitees sowie den Zentralkomitees der nationalen Kommunistischen Parteien per Telegramm zugestellt. „Ein Großteil der aus der Verbannung zurückkehrenden Kulaken und Schwerverbrecher", hieß es dort, sind nach ihrer Ankunft als „Initiatoren von antisowjetischen Aktionen und Diversionshandlungen" in Erscheinung getreten. Um dies in Zukunft zu unterbinden, sind innerhalb von fünf Tagen

Listen der zu erschießenden und der zu verbannenden „feindlichen Elemente"
dem ZK vorzulegen. Bereits am nächsten Tag, am 3. Juli 1937, erteilte das ZK
die Weisung, wie mit den Frauen, Kindern und Eltern der Repressierten, d. h.
den Angehörigen der zum Tode bzw. zu Zwangsarbeit verurteilten Männer,
umzugehen sei. Geschaffen wurden Regelungen – angefangen von der statisti-
schen Erfassung der Familienangehörigen bis hin zur Einrichtung zusätzlicher
Sonderlager, in die die Verhafteten für mindestens fünf bis acht Jahre zu ver-
bringen waren. Am 5. Juli 1937 stimmte das Politbüro dem Vorschlag des
NKWD zu, neue Sonderlager in Sibirien und in Kasachstan einzurichten.

In einer ersten Hochrechnung war von maximal 7000 zu verhaftenden
Ehefrauen von „Volksfeinden" die Rede. Sie sollten auf drei „Besserungsarbeitslager" verteilt werden. Zunächst entstand ein Sonderlager innerhalb
des Temnikower Lagers, dann folgte ein Lager in der Nähe von Tomsk. In
Kasachstan war ein Lager für ca. 3000 „Ehefrauen von Vaterlandsverrätern"
geplant.

Stalin, auf dessen Initiative hin das Prinzip der Sippenhaft in der UdSSR
durchgesetzt wurde, ging von der Kollektivschuld der Verhafteten und ihrer
Angehörigen aus. „Wir werden jeden dieser Feinde vernichten, sei er auch ein
alter Bolschewik, wir werden seine Sippe, seine Familie komplett vernichten",
hob der Generalsekretär in einem Toast während der Feier zum 20. Jahrestag
der Oktoberrevolution hervor. Damit knüpfte er an die Tradition der „Neu-
tralisierung potentieller feindlicher Aktivitäten" an, die seit 1922 Teil der sowjetischen Repressionspolitik war. Am 20. Juli 1934 wurde der Artikel 58 des
Strafgesetzbuches der RSFSR um einen Passus bezüglich der Bestrafung von
„Familienmitgliedern von Volksfeinden" erweitert.

Die nach dem Ende des Zweiten Weltkriegs einsetzende Wendung zur Frie-
denswirtschaft ging mit einer Rückbesinnung auf die Zwangsarbeit einher.
Die Zahl der Lager stieg von 79 im Jahr 1948 auf 166 im Jahr 1953. Die Arbeitsproduktivität war hier halb so groß wie in den Betrieben des zivilen Sektors. Die Bestandsdauer der Lager, in denen fast zehn Millionen Häftlinge
Zwangsarbeit leisteten, korrespondierte nicht nur mit der Dauer der Baumaß-
nahmen auf den Baustellen des Landes, sondern auch mit dem am meisten verbreiteten Strafmaß. Von 1953 bis 1956 wurden in der UdSSR fast zwei Drittel
der Angeklagten zu Haftstrafen bis zehn Jahren verurteilt. Für 1953 wird die
Zahl der Häftlinge mit 1.360.303 angegeben. Die bis zu dreißig Jahre be-

stehenden Lagerkomplexe, von denen es 13 gab, stellten nicht nur Lebensmittel, Kohle und Nutzholz, sondern vor allem die erforderlichen Arbeitskräfte für die Baustellen zur Verfügung.

Bei den 1948 an der Kolyma, im Hohen Norden, in der Komi ASSR und im Gebiet um Karaganda neu eingerichteten Lagern für ca. 100.000 Häftlinge handelte es sich um sogenannte Sonderlager mit verschärftem Haftregime. In den zuerst neun, dann zwölf Einrichtungen sollten vor allem jene schwere körperliche Arbeit leisten, die als Konterrevolutionäre oder Mitglieder antisowjetischer Organisationen und Gruppen verurteilt worden waren. 1949 belief sich ihre Zahl auf 160.000, Ende 1950 wurde sie auf 250.000 erhöht. Ein diesbezüglicher Beschluss des Ministerrates der UdSSR sah vor, dass sie nach Verbüßung ihrer Strafe zu Verbannung in entlegene Gebiete zu verurteilen waren.

Zu den Besonderheiten von Workuta gehört, dass es hier seit 1948 „Lager mit verschärftem Haftregime für besonders gefährliche Staatsverbrecher" gab, d. h. Lager für politische Gefangene, die als „Trotzkisten", „Rechtsabweichler", „Anarchisten", „Terroristen", „Spione", „Diversanten", „Menschewiki", „Sozialrevolutionäre", „Nationalisten", „Weißemigranten" oder Angehörige von „Verrätern an der Heimat" verhaftet worden waren. Außerdem wurden „Kollaborateure", d. h. Sowjetbürger aus den ehemals von der Wehrmacht besetzten Gebieten, in diese Lager verbracht.

Es gab Lagerabteilungen für Russlanddeutsche, Lagerabteilungen für in deutsche Gefangenschaft geratene Rotarmisten und seit 1951 „Sonderlager für Kriegsverbrecher". Letztere kamen auch aus Bautzen, aus Waldheim und aus den Gefängnissen des NKWD in der DDR.

Die Versorgung und Unterbringung „des Kontingentes", wie die Häftlinge in der Amtssprache der Geheimdienste genannt wurden, war hier schlechter als in „gewöhnlichen" Gulags, die Arbeitsbedingungen waren härter. Als besonders belastend empfanden die Häftlinge ihre völlige Isolierung von der Außenwelt.

Im Krieg und danach kamen neue Häftlingsgruppen in die Lager. Unter ihnen waren Soldaten und Offiziere der Roten Armee, die als Kollaborateure eingestuft waren. In einem Punkt unterschieden sich die Neuzugänge von den in den Jahren des „Großen Terrors" verhafteten „konterrevolutionären Verbrechern". Sie hatten in der Regel in der Armee gedient und wussten um die Vorzüge von militärischer Organisation und Disziplin.

Im Unterschied zu den schon im Lager befindlichen politischen Häftlingen waren sie anders sozialisiert und – was das Entscheidende ist – organisiert. Sie stellten die Rechtmäßigkeit ihrer Verurteilung generell in Frage und forderten – zunächst unter Hinweis auf die Absetzung des Innenministers Lawrenti Berija 1953 – ihre Entlassung. Einen besseren Beweis ihrer Unschuld als die Verhaftung und darauf folgende Verurteilung des „feindlichen Agenten" Berija konnte es ihrer Meinung nach nicht geben. Im Unterschied zu den zu kurzen Haftstrafen verurteilten Häftlingen erwarteten sie nichts von der für den Sommer 1953 einberufenen Sitzung des Obersten Sowjets. Sie hofften nicht auf Zugeständnisse, sondern erwarteten eine grundlegende Änderung der Verhältnisse.

1953, als Offiziere und Soldaten der Roten Armee, die in deutsche Kriegsgefangenschaft geraten waren, sowie Kämpfer nationaler Unabhängigkeitsbewegungen aus der Ukraine und dem Baltikum das Gros der „Staatsverbrecher" dieser Lager ausmachten, kam es in Workuta, Norilsk und Kingir zu Widerstandsaktionen.

Die Parteiführung befahl die brutale Niederschlagung der zu „Aufständen" erklärten Streiks. 1954 versuchte sie der Lage Herr zu werden, indem sie die Sonderlager in die Gulags eingliedern ließ. Doch das in Auflösung befindliche Gulagsystem ließ sich nicht mehr reformieren. Den Anfang vom Ende des verhassten Lagersystems hatten die Häftlinge unwiderruflich eingeläutet.

Drei Wochen nach Stalins Tod im März 1953 verabschiedete das Präsidium des Obersten Sowjets der UdSSR einen Beschluss. Er sah vor, eine Million der über zweieinhalb Millionen Häftlinge aus den Besserungsarbeitslagern zu entlassen. Als „Konterrevolutionäre" verurteilte Gefangene fielen nicht unter diese Amnestie. Als sich jedoch tausende Häftlinge und ihre Angehörigen selbst an die Justizorgane und Parteiinstanzen wandten, sah man sich genötigt, zu handeln. Am 4. Mai 1954 beschloss das Präsidium des ZK die Einsetzung einer Kommission zur Revision der Fälle der wegen „Konterrevolution" Verurteilten. Der diesbezügliche Befehl des Generalstaatsanwaltes, des Justizministers und des KGB-Vorsitzenden wurde zwei Wochen später veröffentlicht. Am 19. September 1955 folgte ein Erlass des Präsidiums des Obersten Sowjets, der alle Bürgerinnen und Bürger amnestierte, die in den Kriegsjahren mit den deutschen Okkupanten „kollaboriert" hatten. Wegen der Teilnahme an den nationalen Unabhängigkeitsbewegungen in der Ukraine oder dem Baltikum verurteilte politische Häftlinge blieben zunächst weiter in Haft.

Die Entlassung Tausender von Häftlingen führte zwangsläufig zur größten und über Jahre anhaltenden Umstrukturierung, an dessen Ende die Auflösung des Lagersystems stehen sollte. Doch dass es soweit kommen würde, ahnten 1953 weder die Gefangenen noch das Lagerpersonal. Die Entscheidung der sowjetischen Führung unter Nikita Chruschtschow, den Gulag als komplexes Lagersystem schrittweise aufzulösen, fiel am 31. Januar 1956.

Die anstehende Umorganisation des Lagers mündete erstmals nicht in eine Expansion, sondern in eine drastische Reduzierung der Häftlingszahl und des Lagergebietes. Bei der Auflösung der einzelnen Lagerabteilungen fielen die Territorien und Einrichtungen gewöhnlich an die zuständigen Ministerien, denen die umliegenden Staatsgüter, Kohlegruben und Industriebetriebe unterstanden. Die meisten Zivilangestellten verblieben in ihrer Funktion; Militärangehörige hingegen entließ oder versetzte man.*

---

* Erstabdruck in: Wilfried F. Schoeller: Leben oder Schreiben. Der Erzähler war Warlam Schalamow, Matthes & Seitz, Berlin 2013. Übernahme der geringfügig bearbeiteten ursprünglichen Fassung mit freundlicher Zustimmung des Autors.

Im Gespräch mit...

Generalarzt a.D. Dr. Horst Hennig gehört noch zu den wenigen Zeitzeugen des zweiten Weltkrieges. Nach einer vergleichsweise kurzen Kriegsgefangenschaft begann Hennig 1948 in Halle/Saale sein Medizinstudium. 1950 verhaftete die sowjetische Geheimpolizei NKWD den Studenten. Was nun folgte, war für den heute knapp 88-jährigen die härteste Zeit seines Lebens: Durch ein sowjetisches Militärtribunal wurde er zu 25 Jahren Zwangsarbeit verurteilt. Fünf Jahre und neun Monate kämpfte er im berüchtigten Lager Workuta am Eismeer täglich ums Überleben. 1955 kam Hennig wieder nach Deutschland. In Köln setzte der fast 30-jährige Mann sein Medizinstudium fort. 1962 trat Hennig als Stabsarzt bei der Bundeswehr ein. Eine abwechslungsreiche militärische Karriere führte ihn schließlich bis zum Generalarzt.

Herr Generalarzt, was treibt Sie mit knapp 88 Jahren noch an?

Es ist die Suche nach der Wahrheit – der ich übrigens schon sehr nahe bin (*lächelt*). Aber ich denke, die Lebenszeit reicht nicht aus, um die Wahrheit zu ergründen. Nein, es geht mir um die wirkliche Darstellung der Zeitgeschichte. Ich bin noch einer der wenigen lebenden Zeitzeugen des II. Weltkrieges und der Nachkriegszeit. Ich halte meine Erinnerungen in Veröffentlichungen wach. Derzeit schreibe ich auf Wunsch eines Historikers an meiner Lebensgeschichte. Aber auch Schulen, Museen, Ausstellungen und Institutionen der Zeitgeschichte wollen an meinen Erfahrungen als Zeitzeuge teilhaben.

Sie und einige Mitkommilitonen sind 1950 von der sowjetischen Geheimpolizei verhaftet wurden. Warum?

Es war unser Eintreten für demokratische Grundrechte. Wir haben die Kultur des freien Denkens und der Meinungsäußerung gepflegt. Spitzel unter den Studenten haben die Gesprächsinhalte an die Führung der sowjetischen Besatzungszone weitergegeben. Auslöser für die Verhaftung waren die Studentenratswahlen. Diese hatten mit einer demokratischen Wahl nichts gemein. Wir riefen zum Boykott auf. Im März 1950 erfolgte die Verhaftung. In der Untersuchungshaft wurde ich wochen-

„Wenn man weiß, wie der Gegner denkt, kann das von Vorteil sein"

lang unter Schlaf- und Essensentzug, Erpressung und körperlicher Gewalt verhört.

Im Zwangsarbeitslager Workuta ging es für Sie täglich ums Überleben: der Kampf gegen die Mangelernährung, das extreme Wetter, die harten Arbeitsbedingungen. Wie steht man das so lange durch? Was hat Ihnen Halt gegeben?

In solcher Zeit wird der Überlebenswille wach. Sie entwickeln Gegenkräfte. Ich habe mich verhalten wie ein Langstreckenläufer ohne Ziel, mit der instinktiven Hoffnung, irgendwann frei zukommen. Halt hat mir meine Erziehung und ein zufällig gelesenes Buch mit dem Titel „Studenten, Liebe, Tscheka und der Tod" gegeben. Dieses Buch handelte von dem sowjetischen Regime nach 1917. Wenn man weiß, wie der Gegenüber denkt, kann das von Vorteil sein. Aber auch meine militärische Ausbildung, meine psychischen und physischen Voraussetzungen halfen mir. Ich war fit und habe selbst zwischen den Verhören durch die sowjetische Geheimpolizei Gymnastik in der Zelle durchgeführt.

Erlebten Sie in dem Lager so etwas wie Kameradschaft, oder hat jeder für sich gekämpft?

(*lacht*) Nein, nur begrenzt. Man war Einzelkämpfer, und als der war ich ausgebildet. Das hat mir im Krieg geholfen und auch dort. Es gab sicher eine internationale Kameradschaft der politischen Gefangenen, aber kämpfen musste jeder für sich alleine. Jeder Tag war ein Kampf ums Überleben. Im Lager waren 3.000 Ausländer aus über 20 Ländern, davon lediglich 150 Deutsche in meinem Lager. Mit fünf Deutschen konnte ich offen sprechen. Neben den politischen Häftlingen gab es auch Kriminelle. Ich hatte wenigstens das Glück, immer in dem gleichen Lager bleiben zu können. Es herrschte ein System von Denunziation, Willkür, Unterdrückung und ein ständiger Wechsel der Lagerinsassen.

Generalarzt a.D. Dr. Horst Hennig im Gespräch

1953 kam es dann zu einer gemeinsamen Aktion der Gefangenen. Bei dem Streik im Lager wurden 62 Inhaftierte erschossen und 123 schwerverletzt. Wie kam es zu dem Streik, und wie haben Sie ihn erlebt?

Das ist nicht einfach in wenigen Sätzen zu erklären. Ich denke, es ist wie bei freilebenden Tieren, die eingesperrt sind. Sehen diese eine Chance für die Freiheit, werden sie diese ergreifen. Bei uns wuchs die Hoffnung durch den Tod Josef Stalins und den folgenden Sturz des mächtigen sowjetischen Geheimdienstchefs Lawrentij Berija. Keiner in der so-

„Ich habe nichts zu bereuen und ein erlebnisreiches Leben haben dürfen"

wjetischen Administration wusste, wie es weitergeht. Diese Unsicherheit wollten wir nutzen und forderten die Überprüfung der Unrechtsurteile. Wir dachten, jetzt oder nie – Freiheit oder Tod. Die Situation im Lager spitzte sich zu, und am 1. August 1953 schlug die Lagerleitung dann den Streik blutig nieder. Mir gelang es, mit einem Sprung in eine Bodenmulde den Kugeln zu entgehen.

Sind Sie trotz oder gerade wegen Ihrer Erfahrungen aus dem II. Weltkrieg und den folgenden Jahren bis 1955 zur Bundeswehr gegangen? Was waren damals Ihre Beweggründe?

Es waren die Kriegs- und Nachkriegserfahrungen, das Miterleben von zwei totalitären Systemen, dem Zwangsaufenthalt in der Sowjetunion, die meinen Wunsch nach Recht, Freiheit und Demokratie verstärkten. Durch meine extrem negativen Erfahrungen in der DDR und mit der sowjetischen Administration, sah ich die zwingende Notwendigkeit zum Aufbau der Bundeswehr. Ich wollte meine persönlichen Erfahrungen einbringen und an die nächste Generation weitergeben.

Gibt es eine Zeit oder Etappe während Ihrer aktiven Zeit, auf die Sie besonders gerne zurückblicken?

Ich denke, besonders prägend war meine Zeit als Chef der Sanitätsstaffel und später als Fliegerarzt im Jagdgeschwader 71 „Richthofen" in Wittmund. Ich habe mich mit dem Auftrag dieser Einheit identifiziert. Eine weitere wichtige Etappe war auch meine flugmedizinische Ausbildung an der „School of Aerospace Medicine" in den USA 1965 und

1971, gleichfalls die Zeit als Kommandeur der Sanitätsschule der Luftwaffe in Giebelstadt.

Wie sehen Sie die Bundeswehr, insbesondere den Sanitätsdienst, heute?

Jede Generation hat ihre Herausforderung. Meine aktive Zeit liegt zu lange zurück, um mir ein Urteil über die aktuellen Aufgaben erlauben zu können.

Haben Sie die Entscheidung, Medizin zu studieren, je bereut, und was können Sie den jungen Ärzten mitgeben?

Ich habe nichts zu bereuen und ein erlebnisreiches Leben haben dürfen. Den jungen Ärzten kann ich nur empfehlen, ihrer Berufung und ihren wohlbegründeten Entscheidungen zu folgen.

Das gesamte Interview lesen sie unter: http://intranet. zsan

Das Gespräch führte Stabsfeldwebel Uwe Henning

Fotos: Stabsfeldwebel Uwe Henning

Im Gespräch mit...

11

LEONID P. KOPALIN
Gratulation zum 90. Geburtstag von Generalarzt a.D. Dr. med. Horst Hennig

Hochverehrter Horst Pawlowitsch, lieber Freund!
Liebe Frau Evelyn Demuth!
Sehr geehrte Gäste!
Meine Damen und Herren!

Gestatten Sie mir zunächst, mich in meinem Namen und in dem meiner Frau Ljudmila von ganzem Herzen und in aller Aufrichtigkeit für die Einladung zur Feier dieses Geburtstagsjubiläums von Horst Hennig zu bedanken.

90 Jahre! Wie prächtig und schön das klingt, wie es uns für sich einnimmt, wie es uns bezaubert. Ein mühsames und schweres, aber zugleich ruhmvolles und langes Leben, das Gott nur Auserwählten schenkt, ist vor uns ausgebreitet. Es ist in der Tat ein großer Festtag für alle, die den Jubilar kennen.

Meiner Meinung nach ist Horst Pawlowitsch eine unikale Persönlichkeit. Allen Menschen, mit denen er verbunden war und die er unterstützte, bescherte er Güte und Glück. Was auch immer dieser talentierte und weise Mensch tat, er erzielte stets maximale Ergebnisse.

Horst Hennig lernte ich im August 1993 in der Hauptmilitärstaatsanwaltschaft Russlands kennen. Er leitete die erste deutsche Delegation, die wir in Sachen Rehabilitierung deutscher Bürger empfingen. Seither und mittlerweile über viele Jahre hinweg arbeiteten wir lang, eng und erfolgreich im Interesse der Bürger Deutschlands und Russlands zusammen. Es genügt darauf hinzuweisen, dass die Hauptmilitärstaatsanwaltschaft Russlands 20.000 Anträge deutscher Staatsbürger prüfte und 13.580 Deutsche rehabilitierte, denen auf diese Weise historische und juristische Gerechtigkeit widerfuhr. Schicksale vieler Menschen konnten ermittelt und das Andenken an die unschuldig ums Leben Gekommenen verewigt werden.

Für den gewichtigen Beitrag und das generalsmäßige organisatorische Talent von Horst Pawlowitsch danken wir ihm von ganzem Herzen und verneigen uns vor ihm! Meine Verehrung gegenüber dem Jubilar als einem Menschen, der es vermag, Zeiten zu verbinden, ist grenzenlos. Er hat in der Tat die höchste Anerkennung seiner Gleichgesinnten und Kollegen im Kampf um die Ideale der Gerechtigkeit – nicht nur der Bürger Deutschlands, sondern ebenso der Bürger Russlands – verdient.

Ich wünsche unserem lieben Freund Horst Pawlowitsch, dass es ihm seine Gesundheit gestattet, sich noch lange Jahre mit den ihn interessierenden Dingen zu beschäftigen. Ich wünsche ihm, dass seine Lieben und Angehörigen, Freunde und Gefährten ihn mit Aufmerksamkeit und Fürsorge erfreuen und er selbst uns noch lange als Beispiel und Orientierung dient!

Meinen Toast auf die Gesundheit des Jubilars möchte ich mit den Worten des Dichters Ovid einleiten: „Unnötig die Jahre zu zählen, Menschen leben auch länger. Der Kern liegt nicht in den Jahren, sondern in den Taten; ja, diese sollte man zählen." Denn Horst Hennig hat in seinem Leben viel mehr vollbracht, als man aufzählen kann! Ich erhebe mein Glas auf die Taten und die Gesundheit dieses wunderbaren und edelmütigen Menschen und Bürgers!

Ehrenmitglied der Staatsanwaltschaft Rußlands   28. Mai 2016
Oberst der Justiz a.D. Leonid P. Kopalin

HOMMAGE
Zum 90. Geburtstag von Generalarzt a.D.
Dr. med. Horst Hennig

Vorbemerkung

Horst Hennig war und ist eine große Persönlichkeit. Das ist nichts aufgesetzt oder gekünstelt. Seine Natürlichkeit ist bestechend, sein Wort hat Gewicht, seine Meinung ist gefragt. Freundschaften werden nicht leichtfertig geknüpft; sie haben lebenslangen Bestand, Kameradschaft erfüllt er mit Leben und Verlässlichkeit. Sein medizinischer Sachverstand wird von seinen Freunden auch heute noch häufig genutzt.

Horst Hennigs engere Heimat in Klostermansfeld, das Elternhaus, die Schule, die Heeresunteroffiziervorschule in Marienberg, der Kriegseinsatz, die Nachkriegsjahre, das kurze Studium in Halle haben ihn geformt. Sein Demokratieverständnis endet letztlich in der zweiten deutschen Diktatur im sowjetrussischen GULag. Hennig erleidet in Workuta sechs lange Jahre in einem der schlimmsten sowjetischen Straflager. Seine menschliche Würde hat er sich bewahrt. Die Jahre mit Gleichgesinnten stärkten sein Urteilsvermögen und prägten seinen Sinn für wahre Menschlichkeit.

Sein zweites Leben beginnt Mitte der 50er Jahre. Er setzt sein Medizinstudium in Köln fort und schließt es mit gutem Erfolg ab. Im Sanitätsdienst der Bundeswehr steigt er innerhalb von 20 Jahren zum Generalarzt auf.

Weggefährten und Freunde haben zu seinem 90. Geburtstag am 28. Mai 2016 Episoden und Erlebnisse zusammengetragen, die seine Erinnerungen abschließen.

Gerald Wiemers

EDDA AHRBERG

Aufarbeitung

Wenn es um die Aufarbeitung der Folgen kommunistischer Gewaltherrschaft in Sachsen-Anhalt geht, ist Horst Hennig eine der maßgeblichen Persönlichkeiten. Ich kenne ihn seit Mitte der 1990er Jahre als einen Menschen, der flott, zielgerichtet und ergebnisorientiert unterwegs ist, wenn es um die Vermittlung von Informationen über die Straflagerregion Workuta, die Rehabilitierung ehemaliger Häftlinge oder die Beschaffung von Aktenkopien aus russischen Beständen geht. Wann ich zum ersten Mal von ihm gehört habe, kann ich heute nicht mehr genau sagen. Vermutlich war das 1995, als ich als Landesbeauftragte für die Unterlagen des Staatssicherheitsdienstes in Sachsen-Anhalt am Halle-Forum teilnahm. Dabei handelte es sich um ein Treffen ehemaliger SMT-Verurteilter in der Justizvollzugsanstalt Halle (Saale), früher „Roter Ochse" genannt, das maßgeblich durch Horst Hennig initiiert worden war. Während meiner zehnjährigen Amtszeit bin ich ihm dann oft begegnet. Immer wieder wies er mich auf die Schicksale von Menschen aus unserem Bundesland hin, die durch sowjetische und DDR-Behörden aus politischen Gründen verfolgt wurden. Sie und ihre Geschichte(n) sollten nicht vergessen werden. Ohne große Worte half er, wenn Hilfe gebraucht wurde. Das betraf sowohl einzelne Personen als auch ganze Themenbereiche. Besonders wichtig waren ihm die Informationen über die damaligen Haftbedingungen und die schwierige ärztliche Versorgung der Gefangenen in den Gefängnissen und Arbeitslagern sowie die aus der Haft resultierenden Folgekrankheiten.

Horst Hennig ist es mit zu verdanken, dass heute die SMT-Verurteilten in der Erinnerungskultur Sachsen-Anhalts wahrgenommen werden und das Zuchthaus „Roter Ochse" in Halle (Saale) als zentrale Haftanstalt der sowjetischen Besatzungsmacht für die Zeit zwischen 1945 und Anfang der 1950er Jahre als Gedenkstätte stärker in den Blickpunkt rückte. Als jene und die Landesbeauftragte Ende der 1990er, Anfang der 2000er Jahre für Interessierte die gemeinsame Faltblattreihe „Inhaftiert im Roten Ochsen" ins Leben riefen, stellte Horst Hennig seine Verfolgungsgeschichte als eines der Beispiele sofort zur Verfügung. Für ihn selbstverständlich, vermittelte er als Zeitzeuge seine Erfahrungen nachkommenden Generationen bei zahlreichen Gelegenheiten.

Seit Jahren vertritt Horst Hennig die Lagergemeinschaft Workuta/GULag Sowjetunion im Gedenkstättenbeirat für die Gedenk- und Erinnerungsarbeit für die Zeiten der sowjetischen Besatzung und der SED-Diktatur – so der umständlich formulierte offizielle Titel – in Sachsen-Anhalt. Hier arbeiten wir eng zusammen.

Es gab in den letzten 20 Jahren viele Begegnungen mit Horst Hennig auf Tagungen, wie dem Halle-Forum oder den Jahrestreffen der Lagergemeinschaft, und ungezählte Gespräche. Mein eindrücklichstes Erlebnis mit ihm ist jedoch eine Fahrt über die Autobahn von Köln nach Meckenheim, als er mich in seinem Wagen 2010 oder 2011 in einem sehr rasanten Tempo von einer Projektbesprechung bei sich zu Hause zu einem meiner Verwandten brachte. Die Überholmanöver haben sich mir unauslöschlich eingeprägt.

Wenn heute sonntags am späten Vormittag das Telefon klingelt, dann weiß ich: Horst Hennig hat die Frankfurter Allgemeine Sonntagszeitung gelesen und will mich auf einen wichtigen Artikel hinweisen. Dieser trudelt dann ein paar Tage später oft als Kopie per Post bei mir im abgeschiedenen Cobbel ein. Für die vielfältige Unterstützung in den vergangenen Jahren bei den verschiedensten Aufarbeitungsvorhaben und für die ausgezeichneten Anregungen, die er unermüdlich zu geben bereit war, bin ich Horst Hennig sehr, sehr dankbar. Ich wünsche ihm, dass sein 90. Geburtstag für ihn ein wunderschöner Tag wird.

GERALD DIESENER

Verlagsgeflüster

Die weitverbreitete Meinung, Verlagsmenschen würden der Kultiviertheit wegen am Tage vor allem in einem Ohrensessel sitzen und beim Lesen bevorzugt Rotwein trinken, ist eine zählebige Legende. Wenn sie denn tatsächlich in einem solchen Möbel lesend sitzen, dann tun sie das vor allem, um zu vergessen – zu vergessen, welch erbärmlich schlecht bezahlter und insgesamt undankbarer Tätigkeit sie eigentlich nachgehen.

Warum aber gründen Menschen dann Verlage? Die Antwort ist hier ganz einfach: Sie lieben Bücher. Denn als Ort der Generierung von Profit ist ein Verlag ebenso ungeeignet wie lediglich zur Überbrückung freier Zeit oder der Befriedigung ästhetischer Bedürfnisse. Und das Prüfen von unverlangt zugesandten Manuskripten, die nicht selten von Menschen stammen, die der Sprache offensichtlich feindlich gesonnen sind, ist eine eher unerquickliche Angelegenheit.

Aber halt – es gibt da einen wichtigen Punkt, der keinesfalls unerwähnt bleiben darf, und der viel vom genannten Ungemach aufwiegt. Denn direkt spannend am Verlegerdasein ist die Tatsache, dass man es im Laufe der Jahre mit vielen hundert Herausgebern und Autoren zu tun hat. Der aufmerksame Geist vermag diese Akteure schon bald zu klassifizieren und typologisch einzuordnen: Da gibt es den selbstbewußten Typ, den vorsichtigen Typ, den ängstlichen Typ, den sensiblen Typ, den unbelehrbaren Typ, den arroganten Typ, den machtbesessenen Typ, ...

Die jeweiligen Charaktere detailliert zu entfalten, ist hier nicht der Platz. Aber natürlich ahnt der Leser, dass ich nun eine Bemerkung zu Horst Hennig als Herausgeber und Autor anschließen möchte, die sich auf unsere eineinhalb Jahrzehnte während Zusammenarbeit bei rund zehn Büchern gründet.

Horst Hennig ist für einen Verleger in mehrerer Hinsicht ein Glücksfall. Denn er hat vom Publikationsprojekt, das ihn jeweils beschäftigt, stets eine klare Vorstellung, ohne den Versuch zu unternehmen, die mit der Gestehung seines Buches verbundenen Schritte selbst lenken zu wollen. Vielmehr ist er angenehm ungeduldig, zuweilen direkt antreibend, kooperativ und konstruktiv im Gespräch. Sind Einwände zu bedenken, ist er nicht beratungsresistent oder gar uneinsichtig.

Es genügt ihm, nach einem einmal gefaßten Plan über den Fortschritt der Dinge jederzeit informiert zu sein. Informationen dazu sind knapp gehalten und exakt formuliert willkommen. Sein unverkennbar an der Praxis militärischer Abläufe geschulte Fähigkeit, strukturiert, klar und ergebnisorientiert zu denken und so sofort zum Kern einer Sache vorzustoßen, bewahrt ihn vor der so häufig zu beobachtenden Redundanz, die nach zuweilen endlos scheinenden Erwägungen im Vorfeld einer Drucklegung allzuoft bis in die Texte von Autoren reicht.

Horst Hennig weiß, dass Zeit zu unseren kostbarsten Gütern zählt, die deshalb nicht unnütz vergeudet werden sollte. Ist ihm freilich an der Sache gelegen, kennt er keine Gründe, die ihn hindern würden, auch weite Wege zurückzulegen – dem Gelingen des Projektes wird alles andere untergeordnet.

Liegt sein Buch vor, ist das noch längst nicht der Moment seiner Trennung vom Verlag. Denn so intensiv wie er kümmern sich nur wenige Persönlichkeiten auch um die Verbreitung ihrer Publikationen, der Begriff des „Netzwerkers" dürfte selten mehr zutreffen als für ihn hierbei.

Muß noch mehr zum Lob des Jubilars gesagt werden? Wohl nicht. Oder doch: Ich bin überaus dankbar, dass uns einst ein Buchprojekt – die „Begegnungen in Workuta" – zusammengeführt hat und sich seither ein praktisch wohl freundschaftliches Verhältnis entfalten konnte, in dem ich auch von noch vielen weiteren Momenten profitieren konnte, die andere Autoren hier hervorheben. Danke, Horst Hennig! Und um auf den Anfang zurückzukommen: Gäbe es nicht solche Herausgeber und Autoren wie ihn, nämlich den im Wortsinn liebenswürdigen Typ, es gäbe längst keine Verleger mehr ...

KARL WILHELM FRICKE

Zeuge seiner Zeit

Zu seinem 90. Geburtstag wiederhole ich, was ich zum 85. Geburtstag von Horst Hennig schon bekundet habe: „Ich reklamiere für ihn, diesen aufrechten Mann, dem ich mich freundschaftlich verbunden fühlen darf, Vorbildlichkeit."

Wer den Jubilar und seinen Lebensweg kennt, zollt ihm Respekt und Hochachtung und nicht selten Verehrung. Zeugnisse dafür sind in der seinerzeit zum 85. Geburtstag gedruckten Festschrift voller biografischer Skizzen, Sympathieerklärungen und Laudationes versammelt. Ihnen ist ein Jahrfünft danach nur hinzuzufügen, dass gültig bleibt, was damals zu Papier gebracht worden ist. Ein für alle Mal. Noch immer wird die Festschrift für Horst Hennig als lesenswert geschätzt.

Worin liegt das Charisma seiner Persönlichkeit begründet? Wie erklärt sich seine Beliebtheit bei Freunden, Kameraden, Bekannten und Kollegen? Im Zweifel läuft die Antwort auf die Erkenntnis hinaus, dass bei Horst Hennig Wort und Tat niemals zueinander in Gegensatz gestanden haben. Nein, sie haben übereingestimmt. In der heutigen Zeit eine seltene Tugend.

In der erwähnten Festschrift stellte ich das publizistische Wirken, sein zeithistorisches Anliegen, das Horst Hennig seit Jahrzehnten inspiriert und befördert hat, unter das Motto „Erinnern als Verpflichtung". Nun, da er seine Memoiren vorgelegt hat, Rechenschaft und Lebensbilanz aus neunzig Jahren, wähle ich das Motto „Memoiren und Memento". Denn das ist die Quintessenz seiner Erinnerungen: Vergesst und vernachlässigt nicht die Lehren aus den Erfahrungen und Erlebnissen in zwei Diktaturen. Hennigs Memoiren sind unausgesprochen eine Mahnung an die Generation der Jüngeren. Aus dieser Perspektive stellen sie einen zeithistorisch relevanten Beitrag zur Erinnerungskultur der Gegenwart dar. Ihr Verfasser, das macht sie so authentisch, ist durch seinen Lebensweg mit seinen ungewöhnlichen Höhen und Tiefen dazu legitimiert – politisch und moralisch.

Ein Jahrhundertzeuge, der sich nie beirren ließ: nicht als oppositioneller Student an der Martin-Luther-Universität, nicht als politischer Strafgefangener im Reich des Roten Zaren, nicht als Militärarzt im Generalsrang, nicht als Chronist seiner Jahre.

Die Erinnerung ist das einzige Paradies, aus welchem wir nicht vertrieben werden können. Das viel bemühte Bonmot von Jean Paul gerät da zur bitteren Trivialität, wo die Erinnerung keine Paradiesische ist – sondern eine Höllische ... Wie die Erinnerung an Workuta, die in den Memoiren von Horst Hennig auch zur Sprache gebracht wird. Mit Recht. Weil es Erinnerungen zur Mahnung sind.

Rückblicke, Tagebücher, Autobiografien, die geschrieben werden, geraten häufig zur eitlen Selbstbespiegelung. Die Erinnerungen von Horst Hennig taugen nicht dazu. Sie sind Zeitzeugenschaft aus dem Jahrhundert der Diktaturen, die Deutschland im 20. Jahrhundert heimgesucht.

ROLAND GAUL

Eine Odyssee mit Horst Hennig,
oder ein Kriegsveteran und Mensch im Dienste des Friedens

Durch einen Zufall lernte ich als junger Begründer des Museums über die Ardennenschlacht in Diekirch, Luxemburg, vor mehr als 30 Jahren den deutschen Kriegsveteranen Generalarzt a.D. Dr. Horst Hennig kennen. Von seinem damaligen luxemburgischen Berufskollegen im NATO-Militärmedizingremium erfuhr ich bereits vor einem ersten Treffen mit Dr. Hennig, dass der damals 18 Jahre junge Soldat und Angehörige des Grenadierregiments 914 der 352. Volksgrenadierdivision bei den schweren und für beide Seiten verlustreichen Kämpfen um meine Heimatstadt Diekirch im bitterkalten Winter 1944/45 im Einsatz war.

Die Zielsetzung unseres Museums besteht in der ausgewogenen und unparteiischen Darstellung der damaligen tragischen Ereignisse, dies oft basierend auf Erlebnisberichten von Zeitzeugen. Aus diesem Grund war Horst Hennig eine willkommene Informationsquelle, zumal es damals eher selten möglich war, mit deutschen Veteranen in Kontakt zu treten und mit ihnen zu sprechen, da die Wunden, die der Zweite Weltkrieg in Luxemburg hinterlassen hatte, noch nicht verheilt waren!

Nach regem Briefwechsel und ersten persönlichen Treffen stand für mich fest, dass der Mensch Horst Hennig viel tiefgründiger über das Selbsterlebte dachte und immer wieder über Intoleranz, Konflikte, Eskalation der Gewalt, Kriege, Leid und Tod philosophierte und nicht nur – dank seines enormen Erinnerungsvermögens – über seine Erlebnisse detailliert erzählte. Erst später erfuhr ich von ihm, dass er einige Jahre nach seiner kurzen alliierten Gefangenschaft in England als Medizinstudent an der Universität Halle für sein Engagement zugunsten einer wirklichen Demokratie eine viel schlimmere und nicht zu vergleichende Gefangenschaft in den Klauen der damaligen sowjetischen Besatzungsmacht ertragen musste. Er wurde im GULag in Workuta am Eismeer interniert, und er überlebte nur mit Glück. Workuta ließ ihn nicht mehr los – sein Schicksal während jener Gefangenschaft, geprägt von Verhören, Folter, Hunger, Kälte, Brutalität, täglich den Tod vor Augen, ist in diesen vorliegenden Memoiren ausführlich beschrieben. Gekennzeichnet an Leib und Seele von dieser grausamen Erfahrung (viele der ihm bekannten Lagerinsassen, Mitstudenten – sowohl Männer als auch Frauen – haben diese Hölle nicht überlebt) gab er sich nach seiner Rückkehr nach Deutschland nicht auf. Sein ungebrochener Wille ließ ihn das unterbrochene Studium weiterführen und promovieren. Er trat als junger Arzt in die Bundeswehr ein, die er als Generalarzt zwei Jahrzehnte später verließ.

Seit seiner Pensionierung besucht mich Horst Hennig regelmäßig in Luxemburg. Zusammen haben wir schon manche Route nachverfolgt, die er zusammen mit seinem damaligen Freund und Kameraden Ulrich Jonath aus der Heeresunteroffiziervorschule Marienberg während der Ardennenoffensive unter lebensgefährlichen Umständen beschritten hatte und er erzählte, erzählte, erzählte …

Ich bin fasziniert von diesem Mann. Beständig gedenkt er seiner gefallenen Kameraden, kennt ihre Schicksale, schildert ausführlich all das Leid, das er miterleben musste. In den Vordergrund stellt er immer wieder die Gefühle eines jeden Soldaten auf dem Schlachtfeld, egal ob Freund oder Feind: Angst, Hunger, Kälte, Unsicherheit. In Bezug auf die damaligen amerikanischen Kriegsgegner sagt er immer wieder: „Das waren genauso arme Schweine wie wir, die zu überleben versuchten!"

Mehrmals schon nahm Horst Hennig an Treffen in Diekirch von ehemaligen Kriegsgegnern teil – er wurde bald zum hochgeschätzten „German Veteran" bei zahlreichen vormaligen US-Kämpfern, mit denen er sich austauschte. Seine Einfühlsamkeit, sein kritischer Geist, seine Ausgewogenheit und sein Eintreten für den Frieden und als Stimme der Gefallenen machten ihn überall in Veteranenkreisen zum Freund.

Als Mitglied des Volksbundes Deutscher Kriegsgräberfürsorge e.V., also im Dienste all jener, die nicht überlebten, nahm Horst Hennig – sogar auf offizielle Einladungen der Luxemburger Autoritäten – an manchen nationalen Erinnerungsfeierlichkeiten teil, um die deutsche Seite der gebrandmarkten Überlebenden des Zweiten Weltkrieges zu vertreten. Dies wurde durch seine Person und seine Präsenz mit der Zeit allgemein akzeptiert und begrüßt. Er setzte also ein starkes Zeichen zur Aussöhnung, zur Auseinandersetzung mit gemeinsamen Erinnerungen und zur Bewältigung des Zweiten Weltkrieges in Luxemburg.

Horst Hennig hat somit viel zur Völkerfreundschaft und guten Nachbarschaft sowie zum Dialog zwischen ehemaligen Kriegsgegnern beigetragen. Nicht nur als großer Freund und Förderer des mittlerweile „Nationalen

Museums für Militärgeschichte" in Diekirch – das er zum Teil indirekt mit aufgebaut hat und wo er auch verewigt wurde – ist er in Luxemburg ein gern gesehener und hochgeschätzter Gast, der an Erinnerungsfeierlichkeiten teilnimmt, zu Studenten und US-Veteranen spricht, Vorträge in Schulen hält und dabei jedes Mal seiner gefallenen Kameraden und aller Kriegstoten gedenkt.

Seine Vitalität, sein enormes Wissen, vor allem aber sein Engagement für den Frieden sind unumstritten! Selten bin ich einem solch wertvollen Menschen begegnet; er fasziniert, reißt mit und wirkt dabei immer ausgeglichen, ist auch manchmal ironisch. Vor allem aber ist Horst Hennig seit Jahrzehnten ein wahrer Freund, den ich achte und schätze. Hinter jedem großen Mann steht eine starke Frau. Ich möchte in unsere lange Freundschaft auch seine Lebenspartnerin Dr. Evelyn Demuth miteinbeziehen, die ihm stets diskret und liebenswürdig zur Seite steht!

Anlässlich seines 90. Geburtstages möchte ich dem rüstigen Jubilar im Namen aller seiner luxemburgischen Freunde und Bekannten, speziell aber ganz persönlich herzlich gratulieren. Horst, ich verdanke Dir viel – Du hast mich geprägt und ich freue mich schon heute auf unsere weiteren zukünftigen Treffen. Ad multos annos!

SYBILLE GERSTENGARBE

Engagement für Aufarbeitung

Eigentlich weiß ich nicht, wie Horst Hennig darauf gekommen ist, dass ich die Richtige sei, um mit ihm ein dunkles Kapitel der Geschichte der Martin-Luther-Universität aufzuarbeiten – die Verfolgung und Verhaftung von politisch missliebigen Studenten und Mitarbeitern in den fünfziger Jahren des 20. Jahrhunderts. Es war ihm im Interesse der Betroffenen und auch der Universität wichtig, dass die Archivquellen studiert und die Hintergründe analysiert wurden. Eines Tages nahm er bei einer wissenschaftlichen Tagung in den Räumen der Leopoldina Kontakt zu mir auf. Als sich eine Lücke in meiner wissenschaftshistorischen Arbeit für die Leopoldina ergab, nutzten wir gemeinsam diese Zeit, um das Buchprojekt voranzutreiben. Während ich die Quellen in den verschiedenen Archiven studierte, sichtete er seine Unterlagen zum Thema, nahm Kontakt zu weiteren Zeitzeugen auf, und er machte mir Mut.

Das Thema hat viele bedrückende Seiten, die auch in den Archivquellen sehr deutlich werden. Horst Hennig rief mich fast täglich an und wir besprachen meine „Funde". Dies war für mich sehr hilfreich, denn das Leid und das Elend der Verfolgten und Eingekerkerten lässt einen nicht mehr los. Für mich ist das gemeinsame Buch mit Horst Hennig eines der wichtigsten Ergebnisse meines Arbeitslebens.

Im Jahre 2009 erschien es unter dem Titel „Opposition – Widerstand – Verfolgung an der Martin-Luther-Universität zu Halle-Wittenberg von 1945 – 1961. Eine Dokumentation" im Leipziger Universitätsverlag, sorgfältig betreut von Gerald Diesener, mit Unterstützung der Bundesstiftung Aufarbeitung und des Landesbeauftragten von Sachsen-Anhalt für die Unterlagen des Staatssicherheitsdienstes der ehemaligen DDR. Der frühere Bundesaußenminister Hans-Dietrich Genscher und der ehemalige Leopoldina-Präsident Benno Parthier schrieben ein Geleitwort.

Im Rahmen der Martin-Luther-Universität, im Zeitgeschichtlichen Forum in Leipzig, im Stadtmuseum in Halle und bei einem Treffen der ehemaligen Workuta-Häftlinge wurden die im Buch festgehaltenen Ergebnisse unserer Forschungen in Vorträgen von mir vorgestellt, immer unterstützt von Horst Hennig.

Nachdem das Buchprojekt abgeschlossen war, initiierte Horst Hennig eine Gedenkveranstaltung für die politisch verfolgten Studenten und Mitarbeiter der Martin-Luther-Universität aus der Zeit der SBZ und der frühen DDR. Er schlug der Universitätsleitung ein Vortragsprogramm vor, das sehr ausgewogen und vielseitig war und legte einen Vorschlag zur Finanzierung der Veranstaltung vor. Die Verantwortlichen der Universität entschieden sich für eine Begrüßung durch den Rektor Wulf Diepenbrock und für drei Vorträge:

- Joachim Gauck: Erinnerung als Aufgabe
- Sybille Gerstengarbe: Die politische Verfolgung von Studenten und Mitarbeitern der Martin-Luther-Universität in den Jahren 1945–1961
- Dieter Müller: Am Anfang stand ein Hallenser Student: Die erfolgreiche Zusammenarbeit bei der Aufarbeitung von (universitären) Nachkriegsschicksalen mit der Russischen Föderation.

Die Gedenkveranstaltung, die am 26. April 2010 in der Aula der Universität stattfand, wurde in sehr einfühlsamer und würdiger Weise von Studierenden und Lehrenden des Instituts für Musik der Universität umrahmt. Die im

Zusammenhang mit unserer Arbeit aufgefundenen Verfolgten, deren Adressen bekannt waren, wurden eingeladen und ihre Reise und Unterkunft wurden finanziert. Die sehr gelungene Gedenkfeier wäre ohne Horst Hennigs Initiative und Beharrlichkeit und sein großes Organisationstalent nicht zustande gekommen. Ein späterer Zeitpunkt wäre für manchen Betroffenen zweifellos zu spät gewesen.

Alles Gute zum Geburtstag für Sie, lieber Herr Dr. Hennig, wünschen Sybille und Hans-Christian Gerstengarbe, in Verbundenheit mit Ihnen und Frau Dr. Evelyn Demuth.

WERNER GUMPEL

Ein Medizinstudent in Workuta

Horst Hennig hatte das Medizinstudium schon begonnen, als er nach Workuta verbracht wurde, ausgestattet mit dem Urteil 25 Jahre Zwangsarbeit. Im NKWD-Gefängnis in Halle hatte er die ersten Erfahrungen in Hinblick auf die Hygiene in sowjetischen Strafanstalten sammeln können und erlebt, wie mit in die Haft gebrachte oder dort erworbene Krankheiten ignoriert wurden. Trotz Stress, den die meist nächtlichen Verhöre, die Zustände in der Zelle und die karge Ernährung brachten, nahm er dies alles mit dem Interesse des Mediziners zur Kenntnis. Doch was war dies im Vergleich mit dem, was er in den russischen Durchgangsgefängnissen auf dem Weg nach Workuta und in Workuta selbst beobachtete.

Was als erstes auffiel waren die sanitären Verhältnisse, insbesondere die Latrinen, meist runde Löcher, nebeneinander in aneinander liegende Bretter geschnitten, über denen der Gefangene seine Notdurft verrichten musste. Dass dabei viel „daneben" ging, und dort auch tagelang verblieb, sagte ihm: Diese Verhältnisse sind der ideale Nährboden für die verschiedensten Formen von Infektionskrankheiten.

Im Lager, in dem die Verhältnisse nicht besser waren, fand er dann die Bestätigung für seine Annahme: Mit Durchfällen verbundene Darmerkrankungen waren an der Tagesordnung. Viel schlimmer jedoch war die Verbreitung der Hepatitis. Sie nahm epidemische Ausmaße an, nicht zuletzt wegen der

Enge der Schlafplätze, auf denen die Gefangenen dicht gedrängt nebeneinander lagen. Er sah, wie in der Krankenbaracke die an Hepatitis Erkrankten mit anderen Kranken denselben Raum teilen mussten, und natürlich auch den „Abtritt", der sich von den neben den Baracken errichteten Verschlägen nicht unterschied.

Unter den gegebenen Umständen verwunderte es ihn nicht, dass auch die Tuberkulose im Lager grassierte. Da, ebenso wie bei der Hepatitis, praktisch keine Behandlung der Patienten erfolgte (verabreichte Spritzen hatten faktisch nur symbolischen Wert) war die Sterblichkeit bei diesen Krankheiten hoch.

Trotz des anstrengenden Arbeitstags versuchte er immer wieder zu ermitteln, welche Krankheiten häufig vorkamen. Unter dem vernichtenden Klima des Hohen Nordens und den atmosphärischen Druckgegebenheiten war dies beispielsweise Hypertonie. Auf hohen Blutdruck wurde aber keine Rücksicht genommen. Selbst schwerste körperliche Arbeit musste weiter verrichtet werden, mit oft dramatischen Folgen.

Nicht zu übersehen war die Unterernährung der Gefangenen, die wohl erheblich zu der verbreiteten Tuberkulose beigetragen hat. Eine große Anzahl von Gefangenen war dystroph. Das betraf insbesondere die deutschen Gefangenen, die ja keinerlei Verbindung zur Heimat hatten, und daher auch nicht Pakete von ihren Angehörigen bekommen konnten, wie das bei vielen Ukrainern und Balten der Fall war. Angesichts der in diesen Ländern herrschenden Not enthielten allerdings viele dieser Pakete nur getrocknetes Brot und nicht den ersehnten Speck.

Beeindruckt war Horst Hennig wohl auch von den Berichten von Mitgefangenen, die sich einer Operation unterziehen mussten. Das geschah häufig ohne Narkose oder andere Formen der Betäubung. Äther ersetzte für manchen Arzt den Alkohol und war deswegen zu wertvoll, um nur die zu Operierenden vor Schmerzen zu bewahren.

Als Student lernte er in der „Schule des Lebens", wie der GULag von den Einheimischen gerne genannt wurde, vieles, was ihm eine deutsche Universität nie hätte vermitteln können, besonders, dass viele Menschen praktisch nur durch ihren starken Willen und ihre Leidensfähigkeit geheilt wurden. In seinem späteren Leben, dem „zweiten Leben", das ihm nach der Heimkehr nach Deutschland gegeben war, hat ihm dies sicher genutzt, Kranke und Krankheiten mit einem anderen Blick zu sehen und zu erkennen, als dies der „gewöhnliche Arzt", der keine Workuta-Erfahrung hatte, tun konnte. Es bestimmte auch sein Verständnis für die Soldaten der Bundeswehr, als er als Generalarzt für ihr gesundheitliches Wohl Verantwortung getragen hat. So bedeutete der erzwungene Aufenthalt in den Lagern des GULag nicht nur einen tiefgreifenden Einschnitt in sein Leben, es gab ihm auch Impulse für seinen Beruf als Arzt, den er nach Beendigung des Studiums mit großem Engagement ausgeübt hat.

ANDRÉ GURSKY

Reise nach Workuta

Im Juli 2003: Kurzfristig erhalte ich über die freundliche Vermittlung eines russischen Reisebüros in Berlin binnen fünf Tagen ein Visum für die Einreise nach Russland. Der Flug von Berlin-Schönefeld nach Moskau und weiter über Syktywkar, Hauptstadt der Republik Komi, nach Workuta war bereits seit längerer Zeit von Horst Hennig und Oberst a.D. Karl-Heinz Müller (Berlin) vorbereitet worden. Anlass für den beabsichtigten Aufenthalt in den Weiten Nordrusslands – wenige hundert Kilometer entfernt von der Halbinsel Nowaja Semlja, dem früheren Forschungsgelände für sowjetische Atomwaffen – war die Teilnahme an dem Gedenken der Ereignisse vom 1. August 1953, an den seinerzeit blutig niedergeschlagenen Häftlingsaufstand.

Horst Hennig, selbst Teilnehmer des Aufstandes vor 50 Jahren, folgte zusammen mit Oberst Müller, ehemals Volksbund Deutsche Kriegsgräberfürsorge in Kassel, der Einladung des Bürgermeisters der Stadt Workuta, Herrn Schpektor, zur zentralen Gedenkveranstaltung in die Stadt 120 Kilometer jenseits des nördlichen Polarkreises. Gemeinsam mit den beiden pensionierten Militärs bot sich für mich die Möglichkeit, mir am Originalschauplatz einer jahrzehntelangen unmenschlichen Lagergeschichte wesentliche Eckpunkte des berüchtigten sowjetischen GULag-Systems zu vergegenwärtigen und nachzuzeichnen.

Wie würde die Begegnung im Komplex der baulich-historischen Hinterlassenschaften mit den heute dort Zuständigen verlaufen; wie wird Erinnerung in Workuta buchstabiert? Und vor allem die Zeitzeugen verschiedener Nationalität, die zur Gedenkveranstaltung am 1. August 2003 auf dem Gräberfeld eigens aus diesem Grunde anreisten: Was hatte die Letten, Ukrainer oder Russen dazu bewogen, die Strapazen der langen Reise auf sich zu nehmen? War die Erinnerung letztlich gleicher Art?

Solche Fragen gab es schon lange vor dem Abflug aus Berlin-Schönefeld, doch zunächst sollte ein ganz praktisches Anliegen geklärt werden, nämlich die Mitnahme eines Gefangenenkoffers aus Berlin nach Workuta. Manche ehemalige Inhaftierte hatten kurz vor der Entlassung 1955 in den Lagerwerkstätten Holzkoffer angefertigt, mit denen sie Workuta oder andere Strafarbeitslager in Richtung Deutschland verlassen hatten. Einen solchen Koffer galt es jetzt mitzunehmen und dem Gefangenenmuseum der Stadt Workuta als Exponat zu übergeben. Glückliche Umstände führten dazu, dass ein solcher Koffer inzwischen als Dauerleihgabe von einem ehemaligen deutschen GULag-Deportierten auch der Gedenkstätte „Roter Ochse" in Halle überlassen wurde.

In Berlin startete die Maschine der Aeroflot am 27. Juli 2003 mit Ziel Moskau, wo ein Zusammentreffen mit dem Abteilungsleiter der Militärhauptstaatsanwaltschaft, Oberst Kopalin, vorgesehen war, begleitet von Oberst a.D. Viktor Muchin (Kriegsgräberfürsorge), der uns an beiden Tagen in Moskau nahezu rund um die Uhr äußerst aufmerksam und sehr hilfreich betreute, auch während des Gesprächs im ARD-Studio in der Nähe des Roten Platzes. Korrespondent und Filmteam planten, am selben Tag wie wir von Moskau aus nach Workuta zu fliegen, um in den Tiefen der Tundra über das Leben der dortigen Ureinwohner für die ARD zu berichten. Es bot sich an, gleichzeitig die Gedenkveranstaltung für eine mögliche Reportage festzuhalten.

Mittwoch, den 30. Juli 2003 um Mitternacht: Landung auf dem Flughafen von Workuta. Auch hier, im Norden Russlands, war die Betreuung durchgängig organisiert. Abgeholt wurden wir vom Mitarbeiter des Bürgermeisters für Kultur und vom Chefarchitekten der Stadt, darüber hinaus erwartete uns der dort zuständige Militärstaatsanwalt.

Im Vorfeld der Gedenkveranstaltung war eine Reihe von Gesprächen und Besichtigungen vorgesehen, die wir gemeinsam mit den Teilnehmern anderer Delegationen durchführten. Während eines offiziellen Empfangs beim Bürgermeister der Stadt Workuta, über den auch Presse, Rundfunk und Fernsehen berichteten, erhielten die angereisten Gäste zahlreiche Informationen zur Stadtgeschichte und zum heutigen Leben in Workuta. Neben dem Gefangenenkoffer, den ich nun offiziell dem Bürgermeister übergab, bekam die Stadt noch weitere Geschenke aus Deutschland: zwei komplette Laptops.

Noch vor dem Tag des Gedenkens unternahmen Horst Hennig, Oberst a.D. Müller und ich gemeinsam mit dem Chefarchitekten von Workuta eine Exkursion in die Tundra entlang der zerfallenen Reste der einstigen Kohleschachtanlagen bis hin zur Siedlung nahe dem Lagerkomplex, die von Gefangenen in den beginnenden fünfziger Jahren erbaut worden war, weiter über die Bahngleise der Workuta-Eisenbahn bis in den ehemaligen Lagerkomplex. Unter jeder Schwelle liegen die Gebeine von drei Toten – so sagt man. Die Exkursion in die einstige Stätte des Grauens ließ bei allen Beteiligten mehr als ein ungutes Gefühl aufkommen – es war eine Fahrt über die Gebeine ungezählter Toter. Unter uns lag ein kilometerweit sich erstreckendes Gräberfeld, eingeebnet und kaum rekonstruierbar. Mit dem PKW fuhren wir über einen der größten Naturfriedhöfe, die es wohl überhaupt gibt. Für Horst Hennig, dem einstigen Medizinstudenten aus Halle (Saale), verdichteten sich zunehmend detailliert die erlebten Geschehnisse.

In Workuta gedenkt man am 1. August der Toten des Aufstandes aus dem Jahre 1953. Auch im 50. Jahr nach den Ereignissen in der unwirtlichen Tundra kamen am 1. August 2003 zahlreiche Menschen zu den noch erhaltenen Gräberfeldern. In seiner Ansprache sagte Horst Hennig: „Wir ehemaligen Häftlinge gedenken hier in Workuta der während des Lageraufstandes erschossenen Menschen aller Nationen. Die aus politischen Gründen verurteilten Zwangsarbeiter in der damaligen Sowjetunion waren Opfer einer unrechtmäßigen Gewalt, einer fragwürdigen Ideologie. Nachdenkliche Menschen fragten bereits 1917: ‚Ist dieser Glaube nicht ein Irrtum?‘ Wir ehemaligen Häftlinge appellieren an alle Nationen, unter Respektierung der Menschenrechte Andersdenkende zu achten. Wir hoffen von ganzem Herzen, dass sich in der Russischen Föderation eine demokratische Entwicklung zum Wohle aller Bürger vollziehen möge!"

Der Jubilar wirkte in diesem Sinne des Gedenkens und Erinnerns nicht erst seit Eröffnung der Gedenkstätte „Roter Ochse" in Halle/Saale auf die ihm eigene einprägsame Weise, die viele Menschen orientierte – ja, auch begeisterte. Sowohl die Reise nach Workuta, die er ohne große bürokratische Hindernisse seinerzeit auch für mich ermöglichte, als auch die vielen Impulse und Aktivitäten gemeinsamer Arbeit seit den beginnenden neunziger Jahren prägten mich und damit nicht zuletzt auch die Gedenkkultur im „Roten Ochsen" der vergangenen 20 Jahre sehr nachhaltig. Persönlich danke ich dem Jubilar für eine überaus fruchtbringende jahrelange Freundschaft, die auf unsere erste Begegnung im Mansfelder Land – unserer gemeinsamen Heimat – zurückgeht.

WLADISLAW HEDELER

Erinnerung statt Verdrängung

„Anlässlich des Gedenkens appellieren wir an alle Völker, friedlich miteinander umzugehen, die Menschenrechte unbedingt zu respektieren und das Leben nicht durch Gewaltanwendung zu gefährden."

Dieser Satz ist einer kurzen Ansprache entnommen, die Horst Hennig am 1. August 1993, 40 Jahre nach der Niederschlagung des Aufstandes in Workuta, an den Gräbern vor dem Schacht 29 hielt. Der Hallenser Medizinstudent war im März 1950 zusammen mit Kommilitonen verhaftet und vom sowjetischen Militärtribunal zu 25 Jahren Zwangsarbeit verurteilt worden. Im Dezember 1955 war die Haftzeit für ihn zu Ende. Seit der 1992 erfolgten Rehabilitierung beteiligte er sich an der Organisation mehrerer Reisen ehemaliger Häftlinge nach Workuta. Wilfriede Otto hatte sich dieser Gruppe auf einer der Reisen in die Polarregion angeschlossen. Die während der Fahrt und des Aufenthaltes am Ort des Geschehens geführten Gespräche und Begegnungen bewegten sie noch lange nach der Rückkehr nach Berlin.

Aus ihrer Tätigkeit in der von Ende 1989 bis 1992 bestehenden „Forschungs- und Konsultationsstelle Opfer des Stalinismus" am Institut für Geschichte der Arbeiterbewegung waren ihr vergleichbare Schicksale vertraut. Die Erzählungen von Angehörigen und Zeitzeugen öffneten eine neue Sicht auf die Biografien langjähriger und verdienstvoller Mitglieder der KPD.

Die Besucher der Konsultationsstelle im Gebäude des Instituts für Marxismus-Leninismus in Berlin, die bis 1989 über das ihnen angetane Leid schweigen mussten, äußerten oft den Wunsch, dass ihre Erinnerungen niedergeschrieben, bewahrt und in geeigneter Form an die Öffentlichkeit gebracht werden. Sehr bald dehnte die Historikerin ihre Forschungen auf jenen Personenkreis aus, der nach 1945 in Deutschland in die Fänge des NKWD geriet.

Im Jubiläumsjahr 2006 wurde an zahlreiche historische Ereignisse erinnert, die das Forschungsfeld der Historiker unmittelbar tangierten. Der Nürnberger Hauptkriegsverbrecher-Prozess 1946, die Gründung der SED 1946 sowie der XX. Parteitag der KPdSU im Februar 1956 gehörten dazu. Chruschtschow rechnete mit den Verbrechen seines Vorgängers Stalin ab und begründete, dass der Personenkult mit einer brutalen Verletzung der innerparteilichen Demokratie und der Sowjetdemokratie sowie mit einem Massenterror gegen die Parteikader verbunden war. Unerwähnt blieb das GULag-System, ein wesentliches Strukturelement stalinistischer Gewaltpolitik, das sich ebenso im Lagersystem in Workuta, dessen 75. Jahrestag auf den Mai dieses Jahres fällt, widerspiegelte.

„Dieses, verglichen mit den anderen Jubiläen, kaum beachtete Ereignis", hob Wilfriede Otto hervor, „steht für Verdrängung oder Erinnerung an Verbündete aus der Vergangenheit, für die Konfiguration von Macht mit Gewalt oder über Demokratie. Erinnern an das Lagersystem ist bis in unsere Tage lebendig geblieben. Es beeinflusst Geschichts- und Weltbilder, lässt Konsens und Dissens aufkommen. Leidvolle Erinnerungen dringen aus der Anonymität der Geschichte in die Gegenwart. Workuta ist Synonym für die Lagerwelt in der Sowjetunion, in der Menschen ihres Rechts und ihrer Würde beraubt und zur Zwangsarbeit gezwungen wurden. Rosa Luxemburgs Manuskript über die russische Revolution mit der Kritik an der Beseitigung der demokratischen Grundlagen des politischen Lebens kommt einem in den Sinn."

Diese Sicht auf die Dinge erklärt auch, warum sie im Mai 2006 den Vorschlag unterbreitete, Horst Hennig und Erwin Jöris zu einem Vortrag im Berliner Bildungsverein „Helle Panke" einzuladen. Zur Veranstaltung anlässlich der Wiederkehr der Gründung des Lagers Workuta vor 75 Jahren lag in der Schriftenreihe des Vereins ein von ihr verfasstes Heft über die „Zwangsarbeit in Workuta. Deutsche Häftlinge über Stalinismus und Repression" vor.

Ein Jahr zuvor war in Russland eine mehrbändige Edition zur Geschichte des GULag-Systems erschienen. Ich hatte sie während meiner Studien über das Karagandinsker und das Sibirische „Besserungsarbeitslager" mit Interesse gelesen. So kamen wir schnell über die Gestaltung des Abends ins Gespräch.

Da die Geschichte des Lagersystems in dieser Edition ausschließlich aus der Sicht der Administration beschrieben wurde, bot es sich an, die Veranstaltung zu nutzen, um die Zeitzeugen zu befragen und die Häftlingsperspektive auf das Geschehen in Workuta festzuhalten. Während des anschließenden Gesprächs mit Horst Hennig wurde die Idee zur Dokumentation des Aufstandes geboren. Dank seinen Kontakten konnten in kurzer Zeit mehrere Interviews mit ehemaligen Häftlingen des Lagers Workuta und Augenzeugen der blutigen Niederschlagung des Häftlingsprotestes in Berlin, Köln, Moskau und Wien geführt werden. Sie sind in das gemeinsam mit Horst Hennig herausgegebene Buch „Schwarze Pyramiden, rote Sklaven. Der Streik in Workuta im Sommer 1953" eingeflossen.

Hier sei – stellvertretend für die aufschlussreichen Gespräche – an die Begegnung mit Josef Ripetzki, dem Sekretär des Streikkomitees in der 10. Lagerabteilung, die in Horst Hennigs Haus in Köln stattfand, erinnert.

Das Buch, das auch in das Programm der Bundeszentrale für politische Bildung Aufnahme fand, erschien, zur rechten Zeit. Das belegen nicht zuletzt die vom Sprecher der Historischen Kommission beim Parteivorstand der Partei DIE LINKE angesprochenen „heftigen Kontroversen um die Erinnerung an die Opfer stalinistischer Repressionen", die in erheblichem Umfang auch die 5. Tagung des 10. Landesparteitages der Berliner PDS im März 2007 prägten. Es ging hierbei um mehr als nur um den im Dezember 2006 eingeweihten Gedenkstein für die Opfer des Stalinismus in Friedrichsfelde. „Dem Landesvorstand wurde von einigen Delegierten ‚Würdelosigkeit‘ im Umgang mit Geschichte, ‚Kotau vor der veröffentlichten Meinung‘ und ‚Mitwirkung an Geschichtsklitterung‘ vorgeworfen." Die Mehrheit der Delegierten folgte diesen Anwürfen nicht. Der unterschwellige Appell, die kritische Rückschau auf die Geschichte des Sozialismus zugunsten einer Betonung sozialistischer Errungenschaften einzudämmen, zielte auf eine Neuausrichtung der Geschichtsdebatte. Darüber hinaus waren Stimmen aufgetaucht, die die Stalinismuskritik als Opportunismus bzw. Revisionismus diskreditierten.

Dieses Vorgehen wiederholte sich im Verlauf der Diskussionen um das Anbringen einer Gedenktafel „Ehrendes Gedenken an Tausende deutsche Kommunistinnen und Kommunisten, Antifaschistinnen und Antifaschisten, die in der Sowjetunion zwischen den 1930er und 1950er Jahren willkürlich verfolgt, entrechtet, in Straflager deportiert, auf Jahrzehnte verbannt und ermordet wurden" am Karl-Liebknecht-Haus in Berlin am 13. Dezember 2013. Erneut war von „überschäumenden Wellen des ‚Antistalinismus‘", einem undifferenzierten Umgang mit der Geschichte seitens einiger Funktionäre der Nachfolgepartei der SED und der „heute üblichen pauschalen Delegitimierung des Sozialismus" die Rede.

Das engagierte Auftreten von Wilfriede Otto und Horst Hennig sowie ihre Publikationen und Initiativen haben zur Versachlichung der Debatten über eine geeignete Form der Erinnerung beigetragen. Sicherlich wird dieses Thema auch in nächster Zeit strittig bleiben. Unstrittig sollte jedoch das Anliegen selbst sein. Den Frauen und Männern, die unter konstruierten Beschuldigungen in die Maschinerie stalinistischer Verfolgung gerieten und dies mit langen Haftstrafen und oft mit dem Leben bezahlten, gebührt ein fester Platz in unserer Erinnerungskultur.

SIEGFRIED JENKNER

Späte Begegnung

Erst spät haben wir uns persönlich kennengelernt, aber wir teilten schon in jungen Jahren das gleiche Schicksal. Wir studierten an verschiedenen Universitäten, er Medizin in Halle, ich Gesellschaftswissenschaften in Leipzig. An beiden Orten engagierten wir uns im studentischen Widerstand gegen die beginnende sozialistische Umgestaltung der ostdeutschen Hochschulen. 1950 wurden wir entdeckt und verhaftet, von sowjetischen Militärtribunalen zu 25 Jahren Zwangsarbeit verurteilt und zur Strafverbüßung in die Sowjetunion nach Workuta deportiert. Auch dort trafen wir nicht aufeinander, weil wir in verschiedenen Schächten arbeiteten. Nach der Amnestierung und Heimkehr 1955 und dem nachgeholten Studium schlug Horst Hennig die militärische, ich die akademische Laufbahn ein. Erst in den neunziger Jahren lernten wir uns in der Lagergemeinschaft Workuta und bei unseren neuen Engagements als „Zeitzeugen" zur Aufarbeitung der kommunistischen Vergangenheit kennen und schätzen.

Horst Hennig fand durch seinen hohen militärischen Rang eines Generalarztes leichter Zugang zu den russischen Militärbehörden und zu den sowjetischen Archiven. Die dort aufgespürten Dokumente bereicherten nicht nur seine Publikationen, sondern auch die GULag-Forschung allgemein. Ich habe von seinen Kenntnissen profitiert und bin für seine Hinweise und Hilfen sehr dankbar.

In der Öffentlichkeit ist Horst Hennig vor allem durch zwei Buchpublikationen bekannt geworden. 2003 hat er mit Jan Foitzik den Sammelband „Begegnungen in Workuta" herausgegeben, in dem er Lagerkameraden aus Deutschland, der Sowjetunion und anderen Ländern vorstellt. Der Band enthält außerdem im Text- und Dokumententeil Angaben über den Streik in Workuta im Sommer 1953. 2007 folgte der zusammen mit Wladislaw Hedeler herausgegebene Band „Schwarze Pyramiden, rote Sklaven". Er ist ganz dem Streik 1953 gewidmet, enthält eine detailgetreue Chronik der Ereignisse und ist wieder mit Dokumenten aus sowjetischen Archiven unterfüttert. Zusammen mit Häftlingsberichten entsteht ein beeindruckendes Bild vom ungebrochenen Freiheitswillen der politischen Häftlinge. Trotz des blutigen Endes war das Aufbegehren der Gefangenen nicht vergebens, wie die bald einsetzenden Erleichterungen im Arbeits- und Lagerregime und die Ende 1953 beginnenden Amnestien zeigen. In ihrem Gefolge konnten 1955 auch die letzten Deutschen heimkehren.

Hervorzuheben ist auch die in den neunziger Jahren von Horst Hennig zusammen mit Horst Schüler, dem Vorsitzenden der Lagergemeinschaft Workuta/GULag Sowjetunion, konzipierte, gestaltete und betreute Wanderausstellung „Workuta – zur Geschichte eines sowjetischen Straflagers". Auf Text- und Bildtafeln wurden Entstehung und Entwicklung des Kohlereviers vorgestellt, die harten Arbeits- und Lebensbedingungen der Häftlinge in den Schächten und Lagern gezeigt sowie einzelne Häftlinge porträtiert.

Später hat der Volksbund Deutscher Kriegsgräberfürsorge die Ausstellung übernommen, durch Schicksale verurteilter Kriegsgefangener erweitert und über seine Landes- und Regionalverbände in Schulen, Hochschulen, politischen Bildungsstätten sowie in Einrichtungen der Erwachsenenbildung und Bundeswehr gezeigt. Jede Ausstellung wurde mit einem Einführungsvortrag von Horst Hennig oder Horst Schüler, aber auch von anderen ehemaligen Workuta-Häftlingen eröffnet. Ich selbst habe zwischen 2005 und 2010 neun Eröffnungsvorträge in Ost-, Nord-, West- und Südwestdeutschland gehalten, die ich jeweils nach Veranstaltungsort und Teilnehmerkreis variiert habe. Die Ausstellung ist auch auf CD-ROM gespeichert.

Zum 85. Geburtstag 2011 wurde Horst Hennig mit einer von Gerald Wiemers herausgegebenen Festschrift „Erinnern als Verpflichtung" geehrt, die Beiträge zu allen Phasen des ereignisreichen Lebens von Horst Hennig enthält. Jetzt folgt mit der Autobiografie der eigene Rückblick und damit auch eine vorläufige Bilanz des Engagements als „Zeitzeuge". Horst Hennig könnte sich zufrieden und entspannt zurücklehnen und mehr den Ruhestand mit seiner Frau genießen. Das wünsche ich ihm in alter freundschaftlicher Verbundenheit.

ALBRECHT KÄSTNER

Landsleute

Der Sommer 1990 war nicht nur heiß, sondern hatte auch politisch eine Menge an Brisanz zu bieten. Es war vorauszusehen, dass die DDR nicht mehr lange bestehen würde. Die „Altherrenriege" des Politbüros der SED hatte bereits 1989 ausgedient. Die neuen Herren konnten oder wollten das sinkende Schiff wohl nicht mehr retten.

Für die Idee von „Abrüstungsminister" Eppelmann, dass nach Beitritt der DDR zur Bundesrepublik für längere Zeit in Deutschland die Bundeswehr und die Nationale Volksarmee nebeneinander bestehen würden, hatte wohl niemand ernsthaft Verständnis. Das Militärarchiv der DDR war soeben in Militärarchiv Potsdam umbenannt worden.

Der Chef der Verwaltung Militärwissenschaft Generalmajor Werner Siegmund, ein typischer Vertreter der alten Nomenklatura, war als Vorgesetzter des Archivs offensichtlich überfordert. Sein Credo lautete: „Wir (gemeint war die DDR – A.K.) haben eine Schlacht verloren, aber nicht den Krieg." Für die jetzt außerordentlich wichtigen Tätigkeiten des Archivs sowie gegen die unkontrollierten und ungesetzlichen Aktenvernichtungen bekam das Archiv von ihm keinerlei Unterstützung. Im Gegenteil. Es wurde in seinen Rechten beschnitten und als Historisches Archiv sozusagen auf ein totes Gleis gestellt. Allerdings wollte er seinem „wissenschaftlichen" Gehilfen, Herrn K., noch manche Pfründe retten. Jener hatte nichts Besseres zu tun, als dem Leiter des Bundesarchivs-Militärarchivs Freiburg, Herrn Leitenden Archivdirektor Dr. Manfred Kehrig, anlässlich einer Dienstreise nach Freiburg eine Dserschinski-Medaille zu überreichen und in seinem Dienstreisebericht zu fordern, die Mitarbeiter des Militärarchivs von weiteren Dienstreisen wegen Inkompetenz auszuschließen. Instinktloser hätte es wohl nicht sein können oder war es doch eine gezielte Provokation?

Glücklicherweise hatten sich die dienstlichen und auch zwischenmenschlichen Beziehungen zwischen beiden Archiven seit 1988 immer weiter verbessert, so dass im Hochsommer 1990 die Weichen für die Zukunft gestellt werden konnten. Herr Dr. Kehrig hatte sich kurzfristig zu einer dienstlichen Visite in Potsdam angesagt. Zu unserer Überraschung hatte er einen älteren Herrn an seiner Seite, der sich als Dr. Hennig vorstellte. Im lockeren Gruppendiskurs sagte Dr. Hennig – nachdem eine unserer Kolleginnen sich als Hallenserin outete – dass er seit langem in Köln lebe, aber auch aus der Gegend westlich von Halle stamme. Auf meine Frage, ob er diese Gegend näher lokalisieren könne, meinte er: „Das ist das Mansfelder Land". Ich wollte das nun noch etwas genauer wissen und fragte: „Würden Sie uns auch den Ort nennen?" „Klostermansfeld", war die trockene Antwort. Nun blieb nur noch die Frage nach Straße und Hausnummer. Auch das war mit der Auskunft – Siebigeröderstraße 9 – schnell geschehen. Ich konnte nur noch entgegnen, dass ich in der gleichen Straße mit der Hausnummer 11 geboren und aufgewachsen bin. Nun musste ich noch meinen Namen nennen. Das Erstaunen des Herrn Generalarztes dauerte nicht lange.

Als Heeresunteroffizierschüler hatte er offensichtlich bei einem Heimaturlaub von seiner Schwester Inge erfahren, dass sie den kleinen Nachbarssohn Albrecht Kästner im Puppenwagen spazieren gefahren hatte, weil die Katze partout nicht mehr in den Wagen wollte.

So hatten sich nach vielen Jahren in Potsdam Landsleute gefunden. Die väterlich-freundschaftliche Verbindung besteht heute noch und sollte noch lange Bestand haben.

MANFRED KEHRIG

Drei Skizzen als Annäherung

Generalarzt Dr. Horst Hennig habe ich im Frühjahr 1980 kennengelernt, als wir beide zum Lehrgang Fortbildungsstufe D an der Führungsakademie der Bundeswehr kommandiert waren, der Obristen und hoffnungsvolle Oberstleutnante auf Führungspositionen in den Streitkräften vorbereiten sollte. Ein Vierteljahr lang saßen wir zusammen, lernten, diskutierten und stritten gemeinsam, fanden Gefallen an den Interessen, Lebenserfahrungen und Ansichten des anderen und legten mit der Zeit den Schutzmantel des distanzierten Umgangs ab. Unsere Verbindung brach auch nach dem Ende des Lehrgangs nicht ab und mit den Jahren wurde unser Umgang miteinander sogar ein vertrauter und freundschaftlich zu nennender, der durch gegenseitige Besuche und Unternehmungen gefördert wurde. Vor diesem Hintergrund möchte ich drei Skizzen von Eigenschaften zeichnen, die dem Staatsbürger, dem Soldaten und dem Menschen Horst Hennig Kontur verleihen.

Der Lehrgang Gesamtverteidigung, an dem Horst Hennig und ich 1980 teilnahmen, besuchte im Mai des Jahres in Paris den in der ehrwürdigen Ecole Militaire domizilierten CHEM, das Centre des Hautes Etudes Militaires, an dem die französischen Streitkräften zwei Jahre lang ihre für hohe Führungsaufgaben ausgezeichneten Obristen und Kapitäne z.S. ausbilden. Zwar waren CHEM und Fortbildungsstufe nach Dauer und Intensität der Ausbildung im Grunde nicht miteinander vergleichbar, doch das tangierte uns als Teilnehmer wenig. Eine Woche lang diskutierten Deutsche und Franzosen Lösungen der Frage, wie zukünftig eine Europäische Sicherheitsarchitektur beschaffen sein könnte. Dazu wurden fünf gemischte Arbeitsgruppen eingerichtet, die von jeweils einem deutschen bzw. französischem Offizier geleitet wurden. Der Gruppe, welcher ich angehörte, wurde von einem französischen Offizier geleitet und sehr bald schälte sich bei den Mitgliedern als *opinio communis* heraus, daß man die deutsche Teilung als *ad calendas graecas* fortwährend unterstellte, bis ich vorsichtig darauf hinwies, daß eine Europäische Sicherheitsarchitektur ohne eine Lösung der deutschen Teilung auf der Grundlage der Präambel des Grundgesetzes, nach der das gesamte Handeln der Deutschen auf die Wiederherstellung einer deutschen staatlichen Einheit gerichtet sein müsse, nicht gedacht werden dürfe. Dieser Einwurf rief zunächst Sprachlosigkeit, auch unter den deutschen Teilnehmern, dann aber eine hoch interessante Diskussion hervor, bis der Gruppenleiter die Erörterung weiterer Grundbedingungen einer Sicherheitsarchitektur anmahnte. Dieser war, als am zweiten Tag die Arbeitsergebnisse der Gruppen im Plenum vorgestellt wurden, von einer höflichen Unbefangenheit und wies mit Nachdruck auf mein Votum hin, was unter allen Teilnehmern eine lebhafte Aussprache auslöste, die z.T. auf französischer Seite recht emotional geführt wurde und in der Feststellung Ausdruck fand: Wenn die Deutschen ihre Wiedervereinigung wollten, könne es keine europäische Sicherheitsarchitektur geben. Die vom französischen Lehr-

gangsleiter, einem Generalmajor, souverän geleitete Aussprache im Plenum er-
brachte Zustimmung zu meiner Feststellung u.a. von drei deutschen Offizieren im Oberstrang, die alle politisch tätig waren und meine Auffassung als in
vollem Umfang mit dem deutschen Grundgesetz befindlich erklärten. Dann erhielt Horst Hennig das Wort und gab folgende Stellungnahme ab: Nicht nur
der Hinweis auf die Präambel des Grundgesetzes der BRD sei Erkenntnis lei-
tend für das politische Handeln aller Deutschen, sondern nicht minder der in
ihr enthaltene Hinweis, daß die Väter des Grundgesetzes und damit unserer
Verfassung ausdrücklich festgestellt hätten, sie handelten auch für all jene
Deutschen denen an der Verfassung mitzuwirken im Augenblick verwehrt sei,
das hieße, auch für die Deutschen in der Sowjetisch Besetzten Zone und für
die in den Ostprovinzen lebenden Landsleute, die durch die vier Siegermächte
völkerrechtlich unter polnische Verwaltung geraten seien und deren Willen, in
einem wiedervereinigten Staatswesen zu leben, wir nicht einfach ignorieren
dürften; das dürften nicht einmal die Verbündeten Deutschlands, und damit
auch nicht die Franzosen, deren Staatschefs und Außenminister auf allen großen internationalen Konferenzen das Selbstbestimmungsrecht der Deutschen
einforderten. Zwar wisse auch er, daß solche diplomatischen Bekenntnisse
nicht immer zum Nennwert genommen werden dürften und daß man die nor-
mative Kraft des Faktischen angesichts der veränderten politischen Landschaft Europas seit 1945 nicht ignorieren dürfe, auch sei er mitnichten ein
Revanchist, aber alle Bürger hätten sich an den Pflichten zu orientieren, die
das Grundgesetz und damit auch seine Präambel ihnen auferlegten. Dies gelte
in besonderem Maße für alle deutschen Staatsdiener und unter ihnen ganz
besonders für den Soldaten, der geschworen habe, „so wahr ihm Gott helfe",
das Recht und die Freiheit des Deutschen Volkes tapfer zu verteidigen, damit
auch jener Deutschen, denen es z.Zt. versagt sei, in Freiheit ihren politischen
Willen zu bekunden. Er selbst sehe sich in besonderer Weise gefordert, für die
Pflichten des Grundgesetzes einzutreten, denn er habe als Medizinstudent im
sowjetisch besetzten Teil seines Vaterlandes, wie zigtausend andere Landsleute
auch, Widerstand gegen das totalitäre System in der Sowjetzone geleistet und
sei dafür verhaftet und bis Ende 1955 nach Workuta deportiert worden. Für
ihn könne es eine fest gefügte Europäische Sicherheitsarchitektur nur unter
Einschluß einer Lösung der Deutschen Frage in Freiheit geben. Diese Stellungnahme hinterließ bei allen eine tiefe Wirkung, nicht zuletzt beim Kommandeur des CHEM, einem Generalleutnant, der bei der großen Abschlußbe-

sprechung am Ende der Woche in seinem Resüme festhielt: Am meisten habe die französischen Teilnehmer überrascht, daß die Deutschen offensichtlich an ihrem Wunsch nach Wiedervereinigung festhielten. Die Eindrücke und Erfahrungen, die wir aus den Gesprächen namentlich mit den französischen Offizieren hatten gewinnen können, haben bei Horst Hennig und mir auf abendlichen Spaziergängen in Paris und später wieder in Hamburg immer wieder die Frage aufkommen lassen, warum die Bevölkerung der Bundesrepublik Deutschland dem Staat und damit auch der Frage der Wiederherstellung der deutschen Einheit in Freiheit nur noch ein schwächer werdendes Interesse entgegen bringe. Hennigs *ceterum censeo* lautete stets: Nur wer Unfreiheit habe erleiden müssen, wisse, was Freiheit bedeute; das könne man gut beobachten an der Preußischen Niederlage 1806, die dem Land ein fürchterliches Maß an Unfreiheit gebracht habe, aber gerade diese Erfahrung habe die Reform der Staatsverwaltung, von Militär und Wissenschaft erst möglich und Preußen wieder zu einem geachteten Staat gemacht. So sei das auch bei den Generationen gewesen, die den totalitären Nationalsozialismus, den Zweiten Weltkrieg, die Not und Vertreibung bei Kriegsende erlebt hätten. Diese Menschen hätten die wiedergewonnene Freiheit als Chance erlebt, das eigene Schicksal selbst in die Hand zu nehmen und frei zu entscheiden; das habe ungeheure seelische Kräfte freigesetzt und den schnellen Wiederaufbau möglich gemacht; diese Generationen seien aber auch noch von der festgefügten Verantwortung nicht nur für sich selbst durchdrungen, ja geprägt gewesen, sondern auch für ihre Landsleute in der sowjetisch besetzten Zone; mit der Zeit seien diese Menschen verstorben oder hätten heute weder Stimme noch Einfluß. Angesichts des wirtschaftlichen Wohlstandes habe sich ein materieller Eigennutz breit gemacht und zu einer Überlagerung jener Pflichten geführt, die den Bürgern aus der gelebten Verfassung zuflößen; so seien dann schließlich namentlich die Pflichten in Vergessenheit geraten, die sich für uns alle in Freiheit lebenden Deutschen aus der Präambel des Grundgesetzes ergäben. Das alles seien Auswirkungen nicht nur eines nachlassenden Interesses von Bund, Ländern und Gemeinden an der staatlichen Einheit Deutschlands, sondern offenbare wohl auch gravierende Defizite in unserem Bildungs- und Unterrichtswesen. Und damit bin ich bei der zweiten Skizze.

Es muß im Jahre 1988 gewesen sein, als Bundeskanzler Kohl seine Rede vor der Großen Kommandeur-Tagung der Bundeswehr mit der Aufforderung schloß: Ich fordere Sie auf, meine Herren, sich in den Dienst dieses Landes zu stellen, denn es ist unser Vaterland! In der anschließenden Aussprache meldete sich ganz zum Schluß ein Oberst mittleren Alters und fragte den Bundeskanzler: Was denn des Deutschen Vaterland sei? Ob das die BRD oder die DDR oder beide zusammen seien? Oder Deutschland in den Grenzen von 1937? Oder die BRD auf der Grundlage der Präambel des Grundgesetzes? Die Antwort des Kanzlers kann hier ohne Belang bleiben, wohl aber die Schlußbemerkung des fragenden Obersts: Die vornehmste Eigenschaft des Soldaten sei schließlich seine Vaterlandsliebe. Dieses Bekenntnis eines Kameraden bewegte mich zutiefst und bei wiederkehrenden Zusammentreffen mit Horst Hennig erörterten wir die Frage nach dem Vaterland und der soldatischen Liebe zu ihm. Für Hennig stand das Leben unter der Prämisse, daß alles zunächst erst einmal des historischen Verstehens bedürfe und Antworten sich aus der Aufschlüsselung der historischen Genese ergeben würden. Vaterlandsliebe wurzele vor allem im Stolz der Bürger auf ein geordnetes und leistungsfähiges Staatswesen, das jedem die freie Entfaltung seiner Fähigkeiten gewährleiste, das Künste und Wissenschaften und die Belange des täglichen Lebens befördere, Rechtsstaatlichkeit sowie Sicherheit nach innen und außen garantiere. Beim Soldaten finde die Vaterlandsliebe ihre spezielle Ausprägung im Stolz auf sein wohl organisiertes und schlagkräftiges Wehrwesen, auf dessen Erfolge im Kriege, auf die Tüchtigkeit seiner Heerführer. Seiner Generation, mehr noch jener seiner Väter und Großväter sei Vaterlandsliebe etwas Selbstverständliches gewesen, von der man noch etwas in den Anfangsjahren der Bundeswehr spüren könne. Nun aber seien, wie schon gesagt, jene Generationen verstorben oder ihre Stimme habe kein Gewicht mehr. Daß die Frage: Was sei des Deutschen Vaterland, überhaupt gestellt werden könne, offenbare ein riesiges Defizit an historischem Wissen und historischer Bildung, das nur habe entstehen können, weil im Schulwesen der Geschichtsunterricht verflacht sei keine historischen Entwicklungen mehr deutlich gemacht würden, an die Stelle der Nationalgeschichte ein merkwürdiges Konstrukt von europäischer Geschichte getreten wäre. Wenn schon im Unterricht die deutsche Nationalgeschichte nicht mehr im Zentrum stünde, so solle man doch wenigstens ein Fach „Deutsche Geschichte im Rahmen der Europäischen Geschichte" unter Einschluß der Entwicklungen auf den Gebieten der Kunst, der Literatur, der Wirtschaft, des Militärwesens, der Wissenschaften an die Stelle treten lassen. Wie wolle man im übrigen Europa bauen, wenn dessen Bürger wenig oder

nichts über die Geschichte der Nachbarn wüßten? Wenn man nicht die natio-
nalgeschichtliche Perspektive mit Bedacht und in einem weit gesteckten zeitlichen Rahmen in eine europäische transformieren könne, dann bliebe das
Projekt Europa wohl ein fragiles und man sollte besser die Finger davon lassen. In einer Zeit politischer Umbrüche infolge von westeuropäischen Integra-
tionsanstrengungen bei fortdauernder Teilung Deutschlands sei die Frage nach
des Deutschen Vaterland nur mit großer Anstrengung zu beantworten: Es sei
die Bundesrepublik Deutschland mit den in der Präambel des Grundgesetzes
stipulierten Pflichten. Diese Richtschnur bleibe für das Selbstverständnis eines
jeden Soldaten von existentieller Bedeutung. In all den Jahren unsrer Bekanntschaft habe ich Horst Hennig immer wieder als einen Soldaten kennengelernt,
der mit großem Ernst bemüht blieb, die Bedingungen unserer Zeit aus ihrer
historischen Genese zu verstehen und aus diesen Erkenntnissen die Gegenwart
zu gestalten; die Erforschung der Geschichte und die so gewonnenen Erkenntnisse für sich selbst und seine Kameraden nutzbar zu machen, ließen den
Umgang mit Horst Hennig immer zu einem anregenden und belehrenden Austausch werden. Damit bin ich beim Zeichnen der dritten Skizze, dem Menschen, angekommen.

Die Gastfreundschaft von Horst Hennig ist sprichwörtlich; wem immer er begegnet, wird mit aller Contenance behandelt, dabei auch unmerklich geprüft
auf Herkommen, Substanz und Absichten; verfestigt sich sein Eindruck, eine
Bekanntschaft würde sich lohnen, wird der Betreffende zu einer Mahlzeit oder
gar zum Bleiben in seinem Domicil eingeladen. Jüngere, die noch nicht im Ver-
dienst stehen, erfahren seine besondere Förderung; das Einzige, was er dann
freundlich einfordert, ist ein anregendes Gespräch, vertiefende Erörterung
von Themen, die ihn bewegen, selbst vorsichtig geführte Diskussionen über
heikle, persönliche Dinge, die auch den Tod berühren können. Solche Gespräche können, auch in der Form eines Symposions, bis tief in die Nacht geführt und am anderen Tag aus der Distanz fortgeführt werden. Gleichgültig,
ob die Eröterungen in Übereinstimmung oder auch im klar bezeichneten Dissens enden, immer zeigt er Spuren großer Dankbarkeit, die dann ihren bered-
ten Ausdruck in einer liebenswürdigen Hilfsbereitschaft findet. Unvergessen
bleibt seine Suche 1992 nach dem Lagerapotheker in Workuta, einem depor-
tierten Juden, der Hennig wohl dadurch das Leben gerettet hatte, daß er ihn
täglich unter der Hand zwei Löffel Lebertran verabreichte; als er ihn schließ-

lich gefunden hatte, eilte er zu ihm und unterstützte ihn, bis er starb. Seine ganze Fürsorge gilt seinen Lagerkameraden in Workuta und Mitgefangenen im „Roten Ochsen", um ihnen zu ihrem Recht und berechtigten Hilfen zu verhelfen. Welche Anstrengungen unternimmt er, um namentlich dem studentischen Widerstand in der sowjetisch besetzten Zone publizistisch und materiell ein Forum zu eröffnen und Anerkennung zu verschaffen. Das private und dienstliche Fortkommen seiner Freunde, zumal der jüngeren, begleitet er diskret mit Rat und Tat in väterlicher Weise. Seine Großzügigkeit, wo sie Früchte tragen kann, kann atemberaubend sein und wenn man leise darauf hinweist, er tue vielleicht des Guten zu viel, bleibt seine Maxime: Man muß von dem, was man übrig hat, abgeben! Gibt es ein schöneres Zeichen gelebter Menschlichkeit?

KLAUS-DIETER MÜLLER

Besuch im Roten Ochsen

Horst Hennig gehört zu den Menschen aus meinem beruflichen und privaten Umfeld, denen nicht nur ich vieles Entscheidendes zu verdanken habe, sondern auch die Wissenschaft und die Aufarbeitung historischer Diktaturen in der deutschen und russischen Geschichte.

Ich habe ihn Anfang der neunziger Jahre, als meine wissenschaftliche Berufslaufbahn noch am Anfang stand, im Rahmen eines Zeitzeugenprojektes zur Erforschung der ostdeutschen bzw. DDR-Hochschulen zwischen 1945 und 1961 kennengelernt. Daraus hat sich eine bis heute andauernde fruchtbare wissenschaftliche und auch persönliche Freundschaftsbeziehung entwickelt. Horst Hennig hat seitdem in mehreren Bereichen wichtige Anstöße für Forschungsarbeiten, für die Öffnung von Archiven und die Herstellung von stabilen Arbeitsbeziehungen zwischen Deutschland und der Russischen Föderation geleistet, die man dann weiter nutzen konnte. In zahllosen Begegnungen habe ich ihn dabei auch persönlich näher kennen- und schätzengelernt.

Zwei dieser Begegnungen, die, wie ich finde, geradezu typisch für ihn und seinen Umgang mit Menschen und Herausforderungen sind, sollen hier referiert werden, weil sie zeigen, mit welchen persönlichen Zügen und besonderen Methoden Horst Hennig es geschafft hat, Probleme zu lösen oder wichtige

Anstöße für die Aufarbeitung der Vergangenheit – auch seiner persönlichen – zu geben. Es geht dabei nicht um seinen kaum zu übertreffenden Charme gegenüber allen Frauen (auch meiner, zu deren Geburtstag er jedes Jahr anruft), der ihn so unvergesslich macht. Vielleicht sollte man dieses Thema einer Festschrift zum 100. Geburtstag überlassen.

Das Gefängnis in Halle, der „Rote Ochse", ist zweifellos einer der sein Leben am stärksten prägenden Orte. Er war dort als junger Student 1950 mehrere Monate inhaftiert und wurde mit einigen Kommilitonen in einer zweiten Verhandlung von einem sowjetischen Militärtribunal zu 25 Jahren GULag-Haft verurteilt; nach meiner Kenntnis von dem offenbar einzigen Gremium, das seinem Charme nicht erlag.

Bereits kurz nach der Friedlichen Revolution war es ihm gelungen, diesen Ort seiner Repression zu betreten und sich ein Bild vom aktuellen Zustand zu machen. Geholfen hat ihm hierbei, wie er mir geschildert hat, wahrscheinlich seine Herkunft aus dem Mansfelder Land, denn der damalige Direktor der Haftanstalt kam ebenfalls aus dieser Gegend. Daran anknüpfend war er, bevor ich zum ersten Mal den „Roten Ochsen" betrat, mehrfach Gast des Direktors gewesen.

1993 nun hatte sich Werner Münch, der damalige Ministerpräsident von Sachsen-Anhalt, mit mehreren Mitgliedern der Landesregierung und weiteren Mitarbeitern zu einem Besuch im „Roten Ochsen" angesagt – ob unter Beteiligung von Horst Hennig, ist mir nicht bekannt. Kurzum, er informierte mich, der ich damals noch an der Universität Hannover tätig war, von diesem Termin und schlug mir nicht nur vor, an dem Besuch teilzunehmen, sondern forderte dies ausdrücklich von mir. Ich reagierte, wie jeder vernünftige Mensch eigentlich reagieren würde: Ich wehrte ab und sagte, dass ich doch nicht ohne Einladung einem Besuch eines Ministerpräsidenten beiwohnen könne – eingedenk von Sicherheitsfragen, Überprüfung der Teilnehmer etc. Doch ich hatte Horst Hennigs Hartnäckigkeit unterschätzt. Er erklärte lapidar, dass das kein Problem sei. Wir beide würden vor dem anberaumten Besuch den Gefängnisdirektor besuchen und diesen dann, wenn der MP kommt, einfach begleiten, denn er würde als Hausherr natürlich den MP offiziell willkommen heißen.

Ich war immer noch skeptisch, ob sich das Protokoll so überlisten ließe, gab mich dann jedoch Horst Hennig geschlagen und plante die Reise mit dem Zug Hannover – Halle. Der Besuch beim Direktor der JVA fand statt, es gab

Kaffee und interessante Gespräche. Gegen 14.00 Uhr gingen wir drei – der JVA-Direktor, Horst Hennig und ich – in den Innenhof, wo die erste Begrüßung stattfand. Niemand fragte danach, wer die einzelnen Teilnehmer an dem Besuch waren, und so konnten Dr. Hennig und ich sowohl einen Rundgang durch die ehemalige Untersuchungshaftanstalt des MfS machen, die Teil der JVA war, und an der anschließenden etwa eineinhalbstündigen Diskussion verschiedener Fragen mit dem MP, seinem Justizminister Remmers sowie geladenen Zeitzeugen teilnehmen. Dabei erfuhren wir, dass die Landesregierung plane, hier eine Gedenkstätte einzurichten, jedoch noch keine rechte Vorstellung davon habe, wie das zu bewerkstelligen sei.

Horst Hennig hatte wieder einmal Recht gehabt. Es gibt zwei Möglichkeiten, an solchen Treffen teilzunehmen: Man wird entweder offiziell eingeladen, oder man begleitet Horst Hennig, der eigene Zugangsmöglichkeiten hat. Auf der Rückfahrt nach Magdeburg fuhr ich zufällig im selben Zug wie die an dem UHA-Besuch teilnehmende Pressesprecherin der Landesregierung Sachsen-Anhalt. Auf meine Frage, ob sie Interesse an einer Konzeption zur Einrichtung einer Gedenkstätte hätte, bejahte sie dies. Einige Tage später habe ich ein solches Papier an die Landesregierung geschickt, und es kam wie immer. Über Monate gab es keine Reaktion. 1994 schließlich erhielt ich einen Anruf aus Magdeburg, ob ich an einer Kommission für die Einrichtung einer Gedenkstätte im „Roten Ochsen" in Halle teilnehmen würde.

Man hatte sich offenbar meiner Konzeption erinnert. Als ich Horst Hennig davon berichtete, war er sehr erfreut und erklärte mir, nun müsse ich auch Chef (Vorsitzender) einer solchen Kommission werden. Wieder erwies ich mich als (fast) unbelehrbarer Skeptiker und fragte doch alles Ernstes nach, wie er das bewerkstelligen wolle (er war nicht als Mitglied der Kommission angefragt worden), doch er sagte, das werde er schon organisieren. Und tatsächlich, auf der ersten Sitzung der Kommission wurde ich als Vorsitzender vorgeschlagen und tatsächlich gewählt. Man sieht daran, dass demokratische Entscheidungen gut vorbereitet werden müssen. Eine gemeinsame Konzeption zur Errichtung der Gedenkstätte „Roter Ochse" wurde schließlich von der Kommission erarbeitet und bildet seitdem eine wichtige Basis der dortigen Arbeit. Niemand kann dem Charme und der Hartnäckigkeit Horst Hennigs widerstehen ...

Doch auch bei ganz persönlichen praktischen Problemen ist die Persönlichkeit Horst Hennigs unwiderstehlich. Es war etwa 2002/2003, jedenfalls nach meiner Erinnerung. Er und ich hatten uns an der Universität Halle verabredet und vereinbart, im damals noch existenten Gästehaus der Universität zu übernachten, wo wir Zimmer gebucht hatten. Beim Weg zum Gästehaus sagte mir Horst Hennig, er hätte inzwischen eine private Übernachtungsmöglichkeit und wolle nicht im Gästehaus schlafen. Auf meine Bemerkung, dass er dann ja wohl eine Entschädigung zu zahlen habe, lächelte er und meinte nur, man werde ja sehen.

Bei unserer Ankunft im Gästehaus eröffnete Herr Hennig das Gespräch mit dem schon älteren Portier mit einer für ihn typischen Frage, die ich so oft von ihm gehört habe: „Wo haben Sie gedient?" Der Portier, sichtlich überrascht, antwortete zögernd, er sei im letzten Krieg bei einer Luftwaffeneinheit gewesen (er nannte die genaue Einheit); und er fügte noch hinzu, er würde sich wünschen, einen bestimmten Kameraden von damals noch einmal zu treffen, aber er habe seit mehr als 40 Jahren den Kontakt zu jenem verloren. Zu meinem Erstaunen nahm Horst Hennig den Faden auf und fragte nach dem Namen des Kameraden. Als dieser genannt war, sagte er sehr ruhig, wie selbstverständlich: „Den kenne ich persönlich, der war einmal in einer meiner Einheiten bei der Bundeswehr." Er könne die heutige Adresse jederzeit beschaffen, wenn der Portier das wünsche. Was dieser selbstverständlich bekräftigte. Selbstverständlich war danach von einer Kompensation für das nicht genutzte Zimmer nicht mehr die Rede, als Horst Hennig seinerseits den Wunsch vorbrachte, das Zimmer abzubestellen. Als ich später noch einmal durch die Halle ging, konnte ich den Portier immer noch kopfschüttelnd stehen sehen ob dieses Zufalls.

Doch es war kein Zufall. Es gehörte zu seiner Philosophie, Probleme so anzugehen. Ich denke daher, dass diese beiden Episoden – die eine später so fruchtbar für eine erfolgreiche Einrichtung der Gedenkstätte „Roter Ochse" werdend, die andere eher peripher zur Lösung eines kleinen praktischen Problems beitragend – typisch für das ganze Wirken des Jubilars sind. Sie zeigen ihn in seiner charakteristischen Lebensart: ein Ziel hartnäckig zu verfolgen und dabei vor keinerlei Hindernis zu kapitulieren. Horst Hennig ist für mich bis heute eine sehr eindrückliche Persönlichkeit und ein väterlicher Freund geblieben. Ich gratuliere sehr herzlich zu seinem 90. Geburtstag.

KURT REINSCHKE

Das Telefonat

An einem Vormittag im Frühherbst 2008 klingelt mein Telefon in Dresden-Wachwitz, und ich nehme den Anruf an: „Herr Prof. Reinschke, hier spricht Hennig aus Köln. Danke für Ihren Aufsatz ‚Erinnerung an deutsche Akademiker, die zwischen 1945 und 1953 in der SBZ/DDR Opfer für die akademische Freiheit brachten‘, der im Heft 3/2008 der Zeitschrift des ‚Bundes Freiheit der Wissenschaft‘ erschien. Ich habe den Aufsatz gelesen und möchte Sie auf einen Fehler aufmerksam machen: Auf Seite …., Spalte …, Zeile … muss es heißen ‚Karl Heinz Schott‘, und nicht ‚Karl Heinz Scholz‘. Das ist gewiss nicht Ihr Verschulden, …“. „Entschuldigen Sie bitte: mit wem spreche ich?" „Hennig, Köln". „Sind Sie der Generalarzt Dr. Horst Hennig?" „Ja." Vermutlich hat der Anrufer aus Köln gespürt, wie ich unwillkürlich Haltung vor dem „General" annahm …

Ein paar Wochen später lud mich Generalarzt Hennig zu einer persönlichen Begegnung am 20. Oktober 2008 in die Offizierschule des Heeres in Dresden ein: Treffen um 14.00 Uhr am Haupteingang in der Marienallee. Dr. Hennig war damals aktiv an der Vorbereitung der „General-Kießling-Stiftung" zur Pflege bundeswehreigener Tradition beteiligt. Standort der Stiftung sollte die Offizierschule des Heeres in Dresden werden, wo die „militärische Wiege" des Viersterne-Generals a.D. Dr. Günter Kießling gestanden hatte.

Am Morgen des 20. Oktober ruft mich Dr. Hennig an: „Ich muss für heute umdisponieren. Können Sie es einrichten, schon um 10.00 Uhr hier zu sein?" „Ja, das lässt sich einrichten." „Gut, ich erwarte Sie im Offizierskasino, Marienallee, Gebäude vorn links." Den letzten Hinweis habe ich nicht mehr bewusst registriert, denn ich musste nun meinerseits auch einiges umorganisieren. Dann schätzte ich die vom Straßenverkehr abhängige Fahrtdauer falsch ein, erreichte kurz vor 10.00 Uhr den Haupteingang der Heeresoffizierschule, die mir unbekannt war, und fragte den Wachhabenden nach einem Generalarzt Hennig, der hier im Zusammenhang mit der „General-Kießling-Stiftung" zu tun hätte.

Nach telefonischen Rückrufen bei Vorgesetzten erklärte mir der Wachhabende freundlich, wo ich mein Auto parken solle, und dass er dann das Tor zum Eingang auf der anderen Straßenseite öffnen werde, wo sich – einige

Hundert Meter entfernt – das Offizierskasino befände. So gelangte ich ein paar Minuten nach 10.00 Uhr etwas abgehetzt zu dem Gebäude, vor dem ein Zivilist in straffer soldatischer Haltung auf und ab schritt. Ich fragte den Zivilisten, ob er Generalarzt Dr. Hennig sei, nannte meinen Namen und versuchte, meine Unpünktlichkeit zu erklären. Darauf er nur kurz: „Hatte ich nicht gesagt: Marienallee, Gebäude gleich vorn links?" Dann lud er mich freundlich in aller Form zum Gespräch in einen schönen Traditionsraum des Kasinos ein.

Zuerst wollte er wissen, was mich veranlasst habe, den Erinnerungsaufsatz zu schreiben und welche Informationsquellen ich genutzt hätte. Das gab mir die Gelegenheit, eine mir „heikel" erscheinende Angelegenheit zur Sprache zu bringen: Ich hatte in dem Aufsatz erwähnt, dass der 1950 verhaftete Medizinstudent Horst Hennig Mitglied der SED gewesen sei. Da ich selbst seit Ende der fünfziger Jahre immer wieder gedrängt worden war, in die SED einzutreten, hatte ich dazu einen unverrückbaren Standpunkt gewonnen: eine SED-Mitgliedschaft der Karriere wegen lag für mich – trotz aller Kompromisse, die man im Berufsleben gegenüber dem SED-Regime eingehen musste – außerhalb des Vertretbaren. Theoretisch war mir bewusst, dass die von mir durchlebte Zeit in der DDR sich in vielem von den ersten Nachkriegsjahren unterschied und sich die SED anfänglich noch nicht als bolschewistische „Partei neuen Typus" im Leninsche Sinne zu erkennen gab. Ein SED-Eintritt im Sommer 1946 durfte deshalb nicht ebenso gewertet werden wie ein SED-Eintritt in den Jahren 1956, 1966 oder 1976. Dennoch wollte ich die Sache nicht auf sich beruhen lassen und fragte den Generalarzt im Ruhestand unverblümt, ob er es mir verüble, dass in meinem Aufsatz geschrieben stand, er sei zum Zeitpunkt seiner Verhaftung Mitglied der SED gewesen. „Nein, weshalb denn? Das entspricht doch der Wahrheit."

Dann erzählte er mir, wie es dazu kam. Als Absolvent der Marienberger Heeresunteroffiziervorschule hatte er noch aktiven Frontdienst in der Wehrmacht geleistet und war einer der wenigen seiner Kameraden, die die „Ardennen-Offensive" überlebten. „Ich kam am 1. Juni 1946 mit einem Lazarettschiff von England aus amerikanischer Kriegsgefangenschaft nach Hamburg und hatte einen gelähmten rechten Arm ... Wir jungen Leute fühlten uns nach dieser großen, auch geistig-kulturellen Katastrophe in Deutschland zur Demokratie hingezogen. Man wollte persönlich seinen Teil beitragen zu einem neuen demokratischen Deutschland. Auch in Mitteldeutschland gingen die jungen Menschen in die sogenannten demokratischen Organisationen, zu denen ihren veröffentlichten Programmen nach auch die FDJ und die SED gehörten. ... Was mich betrifft: Es gab im Mansfeld'schen einen SED-Kreissekretär, der hieß Heinrich Bruhn. Dieser ebnete mir alle Wege. Der sagte: ‚Du bewirbst dich dort!', und ich kam hin, und dort wusste man schon wer ich war, und ich wurde also angenommen, um es kurz zu sagen. So gelangte ich noch im Juni 1946 in die FDJ und in die SED, wurde im November 1946 in die Vorstudienanstalt der MLU Halle aufgenommen, legte dort im März 1948 das Abitur ab und wurde im April 1948 an der Medizinischen Fakultät als regulärer Student immatrikuliert. Für die nachfolgenden Ereignisse an den mitteldeutschen Universitäten ist mein Schicksal nur ein Beispiel unter vielen. Das ist Ihnen ja schon recht gut bekannt, und ich bin gern bereit, Sie bei weiteren Nachforschungen zu unterstützen."

Dr. Hennig schenkte mir zwei seiner Bücher (über „Totalitäre Gewaltherrschaft und Haftfolgen" und über den „Streik von Workuta im Sommer 1953") und überließ mir Kopien von wertvollen Originaldokumenten, die ich zur Verbesserung des zweiten Teils meines „Erinnerungsaufsatzes", der noch nicht erschienen war, nutzen konnte. Unser Gespräch entwickelte sich zunehmend zu einem inhaltsreichen Lehrvortrag: Dr. Hennig erzählte, ich machte mir Notizen und stellte ab und an Zusatzfragen. Nach einer Dreiviertelstunde brach er ab und erklärte: „Für 11.00 Uhr habe ich einen Termin mit einem tüchtigen Oberstleutnant vereinbart. Den können Sie auch gleich noch kennenlernen. Er trägt jetzt Verantwortung in Marienberg, der Nachfolgeeinrichtung meiner ehemaligen Unteroffiziervorschule. Es ist jetzt 10.52 Uhr. Ich hole ihn herein; denn er ist bestimmt schon da. Jeder ordentliche deutsche Soldat ist zehn Minuten vor dem Termin zur Stelle."

Ich habe die an mich gerichtete Botschaft sehr wohl vernommen, und sie seither als geladener Besucher offizieller Anlässe der Heeresoffizierschule – der Generalarzt veranlasste freundlicherweise, dass ich seit 2009 auf der Liste der Einzuladenden stehe – streng beachtet, zum eigenen Vorteil, und ich habe dem Generalarzt in Gedanken wiederholt für die eindeutige, aber so wohlwollend dezent vermittelte Belehrung gedankt. Im Offizierskasino unterhielten wir uns noch eine Weile zu dritt, und ich erfuhr, dass der in Felduniform hinzugekommene Oberstleutnant der Bundeswehr vor 20 Jahren als Hauptmann in der NVA gedient hatte.

Seit dieser ersten Begegnung sind mehr als sieben Jahre vergangen. Wir haben viel miteinander kommuniziert. Die schriftliche Korrespondenz füllt in meiner Ablage zwei volle Leitz-Ordner. Gern sind meine Frau und ich den sehr generösen Einladungen Dr. Hennigs gefolgt, bei denen wir auch gute und interessante Gespräche mit Frau Dr. Evelyn Demuth führen durften. Bei den verschiedensten Anlässen lernte ich Dr. Hennig als lebenserfahrenen Menschen schätzen, der die Tugenden eines vorbildlichen Soldaten und eines Demokraten verkörpert, dem ideologische Voreingenommenheit und Parteilichkeit fremd sind. Auf der breiten und vielfältigen Basis des selbst Erfahrenen und Erlebten begleitet der Jubilar – ausgestattet mit einem hervorragenden Gedächtnis und mit bewundernswerter Gelassenheit abwägend – hellwach die neuen Entwicklungen im 21. Jahrhundert, frei von Vorwürfen und Verbitterung, aber durchaus kritisch. Einmal beklagte ich die Lügenpropaganda der Presse und des Geschichtsunterrichts in der DDR im Brustton ehrlichster Überzeugung: „Sie glauben gar nicht, wie wir belogen worden sind!" Da sah er mich ruhig an und ergänzte lakonisch: „… und noch werden."

Ein gewisses Problem im Gedankenaustausch mit Dr. Hennig bereitete mir anfangs seine außerordentliche Großzügigkeit, wenn sie über die Weitergabe von Wissen hinausging. Kaum hatte ich ihm mein besonderes Interesse an einer lesenswerten Neuerscheinung bekundet, so ließ er mir das Buch von seinem Kölner Buchhändler als Geschenk zusenden. Erst allmählich habe ich mich daran gewöhnt, dass man sich von Horst Hennig beschenken lassen darf, ohne schlechtes Gewissen und ohne den Zwang, sich revanchieren zu müssen. So bleibt mir nur, dem Jubilar, auch im Namen meiner Frau, von Herzen zu danken und ein aufrichtiges „Gott vergelt's!" hinzu zu wünschen.

HORST SCHÜLER

Freundschaft

Es war Anfang der fünfziger Jahre und die Welt hatte sich noch längst nicht vom Schrecken des großen Krieges erholt, als wir uns kennenlernten. Und das geschah an einem Ort, in dem zu leben man seinem größten Feind nicht wünscht: Workuta, Lager 10. Wir, ein paar Deutsche inmitten mehrerer tausend verzweifelter und hoffnungsloser Gulag-Häftlinge. In der „Zone“, wie man damals gemeinhin den östlichen Teil Deutschlands nannte, hatten wir uns nicht einverstanden erklärt mit den Praktiken der kommunistischen Herrscher, und die hatten reagiert, wie halt menschenverachtende Diktatoren immer reagieren – mit Verhaftung, Folter, Tribunalen, die alles sprachen, nur kein Recht, dafür mit Sklavenarbeit im Lager.

Ja, da lernten wir uns kennen, da wurden wir Freunde. Freundschaften, wirkliche Freundschaft entstehen oft dort, wo der Tod den Menschen näher steht als das Leben. Workuta war so ein Ort, Lager 10 besonders. Horst Hennig war in Halle verurteilt worden, ich in Potsdam, in Workuta lagen wir nicht in einer Baracke, arbeiteten in unterschiedlichen Brigaden, es gab eigentlich wenige Berührungspunkte, dennoch war er mir näher als viele andere. In meinen Erinnerungen sehe ich ihn noch heute, die Arme so eigenartig in der Wattejacke verschränkt, bei Diskussionen eher zuhörend als sprechend. Oder im Sommer 1953, als sie den Aufstand im Lager 10 zusammenschossen, wie er unter den Toten lag, sich aufraffte und versuchte, Verwundeten zu helfen. Und wie er klaren Kopf behielt, 1955, als wir aus dem Lager 10 von den anderen deutschen Häftlingen getrennt wurden, die einen in die späteren Entlassungslager kamen, wir aber ostwärts fuhren, wochenlang, bis an den Baikalsee, als die meisten glaubten, man wolle uns, die Zeugen des Blutbades 1953, verschwinden lassen.

Auch in den späteren Jahrzehnten, als wir zurückgekehrt waren aus der Hölle, blieb unsere Freundschaft bestehen, ja, sie wurde sogar enger, obgleich einige hundert Kilometer zwischen unseren Wohnorten liegen und wir uns eigentlich nur bei unseren Jahrestreffen sehen, dafür aber sehr oft telefonieren. Als aus den jeweiligen Lagergemeinschaften eine Organisation aller ehemaligen politischen Häftlinge aus den sowjetischen Gulag-Strafregionen – Frauen wie Männer – wurde, da war Horst einer meiner engsten Helfer. In der Beurteilung unserer gesellschaftlichen Zustände sind wir meist einer Meinung. Woran es liegt? Sicher in der gemeinsamen Erfahrung als Gegner einer terroristischen Ideologie, vielleicht aber auch daran, dass wir – er Jahrgang 1926, ich 1924 – das Grauen des Krieges noch als Soldaten an der Front erlebt haben.

Am 28. Mai 2016 wird Horst Hennig neunzig. Ich wünsche ihm (und mir), dass unsere Freundschaft noch lange lebendig bleibt.

WOLFGANG SCHULLER

Die helle Stimme

Anfang der neunziger Jahre hörte ich sie zum ersten Mal, am Telefon. Es ging um die bevorstehende Fahrt nach Workuta, und Horst Hennig fragte mich, ob ich wohl teilnehmen wolle. Ich war – und bin – sehr bewegt davon, dass er der Ansicht war, ich als Nachgeborener würde das rechte Verständnis für das aufbringen, was er und seine Kameraden durchgemacht hatten und wie sie mit dieser Vergangenheit umgingen.

Schon am Telefon hatte sich mir seine Stimme eingeprägt. Nicht nur wegen des Tonfalls seiner landsmannschaftlichen Herkunft, den ich so gerne höre, sondern wegen ihres Klanges und der Art, wie er die Sätze baute. Hell, klar, ohne Umschweife. Diese Stimme sollte ich dann bald die ganze unvergessliche Reise hindurch hören. Sei es in unseren Hotels zu Beginn der jeweiligen Vorhaben, sei es im Bus, wenn Horst Hennig, neben General Kießling vorne sitzend, aufstand und Ankündigungen machte, die deutlich sagten, was anstand und was wir zu beachten hätten.

Und in Workuta selbst. Auf dem Gelände des Lagers. Er erklärte mir die Topographie. Wo was stand. Ich habe ihn dabei fotografiert, das Bild ist natürlich stumm, aber an seiner aufgerichteten Haltung inmitten der Tundra zeigt sich klar der Charakter dessen, was er sagte. Ohne Sentimentalität und sehr deutlich.

Ähnlich dann seine helle Stimme auf dem 85. Geburtstag in Bad Neuenahr. Viele von uns Jüngeren leisteten es sich, gelegentlich ein wenig nachzulassen, er nicht. Schon beim Eintreffen war er als erster da, begrüßte die Ankommenden und teilte das weitere Verfahren mit. Und beim Zusammensitzen von uns anderen stand er unermüdlich auf, sprach zu uns, stellte die vielen Gäste vor, alles mit heller klarer Stimme. Kein Wunder, dass er von einigen Kameraden aus den deutschen Streitkräften respektvoll angeredet wurde: Herr General.

Und so auch, bildlich gesprochen, seine Arbeit nach dem Ausscheiden aus der Bundeswehr: klar, hell, zupackend. Die so erfolgreichen historischen Tagungen und Forschungsarbeiten sind alle geprägt von diesem energischen Zugriff auf das Material, die Sachverhalte, auf die Erinnerungen seiner selbst und der vielen anderen, die er dem Schicksal des Vergessenwerdens entrissen hat. Helligkeit war und ist um ihn, im Sprechen und im Handeln.

All das schließlich ist geprägt von einer Komponente, die konstitutiv zu ihm gehört, die man nicht wegdenken kann: von einem unkomplizierten, ja menschenfreundlichen Unterton. Sowohl in Horst Hennigs schriftlichen Arbeiten, als auch, und das erst recht, in dem, was er sagt, gibt es kaum einen Satz, so eindeutig und unmissverständlich er auch sei, in dem nicht – wenn es der Gegenstand erlaubt – etwas Humor, ja ein kleines Lächeln zu hören und natürlich auch zu sehen ist. Nicht nur über anderes und andere, sondern, am wichtigsten: auch über sich selbst.

Mögen wir Horst Hennigs klare, helle, der Welt trotz allem so zugeneigte Stimme noch lange hören.

GERALD WIEMERS

Zurück in die Vergangenheit

Am Abend des 21. Mai 2014 ist Horst Hennig von Köln nach Leipzig gereist. Noch vor 8.00 Uhr morgens am folgenden Tag bricht er in seine Heimat nach Klostermansfeld auf. Zuerst besucht er das Grab der Mutter und der Schwester, wirft einen Blick auf die alte Schule – ohne nachhaltige positive Erinnerungen. Dann begibt er sich in die Apotheke an der Hauptstraße. Die Besitzerin begrüßt ihn herzlich. Man kennt sich seit vielen Jahren. Gegenüber der Apotheke befindet sich das elterliche Haus. Man erkennt noch die Umrisse der väterlichen Drogerie. Auf der Rückseite, im ersten Stock mit Blick zum Garten, befand sich das Kinderzimmer von Horst Hennig.

Im nahen Café (mit Bäckerei) haben sich ein paar alte Bekannte versammelt, die Horst Hennig eingeladen hatte: der Schulkamerad Fritz Kelsch mit seiner Tochter sowie zwei ehemalige Lehrerinnen, die zur zweiten bzw. dritten Generation seiner ehemaligen Freunde gehören. Erinnerungen werden ausgetauscht. Ein wenig aufgeregt wird erzählt, dass heute eine Schulklasse mit dem Bus nach Leipzig fährt, um im Zeitgeschichtlichen Forum an der Diskussion mit Horst Hennig teilzunehmen.

Wie geplant erfolgt pünktlich um 11.00 Uhr die Rückfahrt über die A 38 nach Leipzig. Nach einem kurzen Imbiss vor der Stadt gönnt sich Horst Hennig im Hotel eine Verschnaufpause. Am zeitigen Nachmittag hat sich der Geschäftsführer des Universitätsverlags angesagt. Ein neues Buch-Projekt wird besprochen. Die Verlagsgeschäfte gehen nur schleppend, weil die Bibliotheken als Bücherkäufer von großen finanziellen Streichungen betroffen sind.

Dann rückt die Stunde näher: Horst Hennig ist nach Leipzig gekommen, um im Zeitgeschichtlichen Forum über den Alltag und das Überleben im GULag zu sprechen und Fragen zu beantworten. Prof. Dr. Rainer Eckert führt gewohnt souverän in die Thematik ein. Die Gesprächsleitung hat der Osteuropaforscher Prof. Dr. Jörg Ganzenmüller aus Jena inne. Die Veranstaltung findet ergänzend zur Ausstellung „GULag – Spuren und Zeugnisse 1929–1956" statt, organisiert von der Menschenrechtsorganisation „Memorial". Horst Hennig berichtet über die grauenvollen Erlebnisse im stalinistischen Straflager Workuta: Verlust der Menschenwürde, keine Verbindung zu seinen Angehörigen, kurz: Hoffnungslosigkeit. Das sind nur einige Punkte, die den Lebensalltag umreißen. Geschichte wird lebendig. Horst Hennig trägt konzentriert vor. Es war sein Alltag als politischer Gefangener in einem Lager unter verschärftem Regime.

Die überwiegend jungen Zuhörer staunen; die meisten sind zum ersten Mal mit dieser Schreckensherrschaft konfrontiert. Die Ausführungen gehen ihnen nahe. So etwas hatten sie noch nie gehört. Es ist Zeitgeschichte zum Anfassen. Der Vortragende, zu 25 Jahren Arbeitslager verurteilt, unterscheidet zwischen dem von Stalin praktizierten Regime und dem russischen Volk. Unter den Mitgefangenen befanden sich zahlreiche Russen, Ukrainer, viele Juden und andere Nationalitäten des sowjetischen Vielvölkerstaates. Horst Hennig zählte zahlreiche Mitgefangene zu seinen Freunden.

Der zweite Referent, der Verfasser des Romans „Schwarzes Eis" Dr. Sergej Lochthofen, erzählt aus dem Lebens seines Vaters Lorenz Lochthofen, der 1937, im Jahr des großen Terrors, als deutscher Emigrant im GULag verschwand und nach seiner Entlassung als sogenannter „Freier" mit seiner Familie zwangsweise in Workuta leben musste. 1953 wird Sergej geboren. Vater und russischer Großvater sind beide Opfer des GULags geworden. Erst 1958 konnte die Familie aus der Sowjetunion in die damalige DDR ausreisen. Ein Sohn des ehemaligen sächsischen Ministerpräsidenten Max Seydewitz, selbst Gefangener im GULag, hatte sich immer wieder für die Freilassung der Familie Lochthofen eingesetzt.

Sergej Lochthofen berichtet weiter über eine Vortragsreise im letzten Jahr durch Rußland und beklagt, dass die jüngste russische Geschichte von staatlicher Seite kaum aufgearbeitet wird. Das verbrecherische System Stalins mit

Millionen von unschuldigen Opfern bleibe ungesühnt. Allein die Menschenrechtsorganisation „Memorial" sei bemüht, Licht in das Dunkel der stalinistischen Verbrechen zu bringen, obwohl auch diese zur Zeit durch die Bürokratie massiv behindert wird.

Für die Töchter von Karl Fehlhaber, der gleichfalls als politischer Gefangener in Workuta lebte, war es indirekt eine Wiederbegegnung mit ihrem Vater, der vor 12 Jahren in Kempten gestorben ist.

Zwei Zeitzeugen berichten aus unterschiedlicher Perspektive über den sowjetischen Alltag im Lager und unmittelbar neben dem Lager. Sie erhellen ein Stück deutsch-sowjetischer Geschichte, das sich in ihrem Verlauf niemals wiederholen darf. Beide haben an diesem Tag nachhaltig auf die jungen Menschen gewirkt.

Horst Hennig hat sich mit dieser eindrucksvollen Präsentation zu seinem Geburtstag am 28. Mai das schönste Geschenkt selbst bereitet. Alles Gute! Ad multos annos.

DANKSAGUNG

Den nachfolgend genannten Institutionen bin ich für ihre Unterstützung bei der Entstehung dieses Buches zu Dank verpflichtet. Hinter jeder Einrichtung stehen und standen zudem Menschen, die mir sehr geholfen haben; zuweilen mehr, als erwartet werden durfte. Ihnen möchte ich ganz besonders danken.

Das gilt für gewährte Auskünfte ebenso wie für die Erfüllung von teilweise aufwendigen Recherchewünschen und nicht zuletzt für die Bereitstellung von Illustrationsmaterial sowie der dazu stets gern gewährten Abdruckgenehmigung. Die Einzelnachweise hierzu befinden sich in meinem Privatarchiv.

Eine Person darf ich herausheben, die in meiner unmittelbaren Nähe die Entstehung des Buches begleitet, unterstützt und befördert hat: Ich danke meiner Lebensgefährtin Dr. med. Evelyn Demuth für ihre große Geduld.

Archiv des Auswärtigen Amtes, Berlin
Archiv der Friedrich-Ebert-Stiftung, Bonn
Archiv Konrad-Adenauer-Stiftung, Berlin

Bundesarchiv-Militärarchiv, Freiburg/Br.
Bundesstiftung zur Aufarbeitung der SED-Diktatur, Berlin

Die Behörde des Bundesbeauftragten für die Stasi-Unterlagen (BStU),
    Außenstellen Berlin, Halle und Leipzig
Deutsche Rotes Kreuz, Bonn
Deutsch-Russisches Forum e.V., Moskau und Düsseldorf

Gefangenen-Archiv, Workuta 1993–2003

Helle Panke e.V., Berlin

Institut für Zeitgeschichte, München und Berlin

Kriegsgefangenenarchiv, Zentrales Militärarchiv, Podolsk 1992
und NKWD-Archiv

Landeshauptarchiv Sachsen-Anhalt, Abt. Merseburg
Leipziger Universitätsverlag GmbH, Leipzig

Memorial Deutschland e.V., Moskau und Workuta

Rosa-Luxemburg-Stiftung, Berlin

Stiftung Sächsische Gedenkstätten, Dresden
SED-Archiv, Bundesarchiv-SAPMO, Berlin
Staatsanwaltschaft Moskau, Moskau 1992–1999

Union der Opferverbände kommunistischer Gewaltherrschaft (UOKG)
Universitätsarchiv Halle/S.
Universitätsarchiv Leipzig

Vereinigung der Opfer des Stalinismus (VOS)
Volksbund deutscher Kriegsgräberfürsorge, Kassel

Wehrmachtsauskunftsstelle (WASt), Berlin

Zeitgeschichtliches Forum, Leipzig

PERSONENVERZEICHNIS

ABKÜRZUNGEN

zusammengestellt von Albrecht Kästner

AIRCENT	Allied Air Forces, Central Europe; Alliierte Luftstreitkräfte Europa-Mitte
BBC	British Broadcasting Corporation; britische Rundfunkanstalt
BG	siehe Brig. Gen.
BK	Bundeskanzler
BM	Bundesminister
BMVg	Bundesministerium der Verteidigung
Br.	Breisgau
Brig. Gen.	Brigadegeneral
Bw	Bundeswehr
BwB	Bundesamt für Wehrtechnik und Beschaffung Koblenz
Capt.	Captain (US); Hauptmann
Col	Colonel; Oberst
DGWMP	Deutsche Gesellschaft für Wehrmedizin und Wehrpharmazie
Div. Kdr.	Divisionskommandeur
DRK	Deutsches Rotes Kreuz
EK1	deutsche Kriegsauszeichnung
F 84F	einstrahliges Kampfflugzeug „Thunderstreak"
F-104 G	Starfighter Kampfflugzeug
FES	Friedrich-Ebert-Stiftung
FSB	Inlandsgeheimdienst der Russischen Föderation
FÜL	Führungsstab der Luftwaffe
FüAkBw	Führungsakademie der Bundeswehr
GA	Generalarzt
Gen. Oberst	Generaloberst
Gen. d. Inf.	General der Infanterie
GenLt	Generalleutnant
GenMaj/GM	Generalmajor
GGO	Gemeinsame Geschäftsordnung

GSSD	Gruppe der Sowjetischen Streitkräfte in Deutschland
GUPVI	Hauptabteilung für die Kriegsgefangenen- und Internierungslager
GvH	garnisonsverwendungsfähig Heimat
HAI	Hannah-Arendt-Institut
Hptm.	Hauptmann
HR	Heeresrektor
HUV	Heeresunteroffiziervorschule
HVA	Hauptverwaltung Aufklärung
HVPl	Hauptverbandsplatz
I.E.B./InEB	Inspekteur für Erziehung und Bildung im Heer
IR	Infanterieregiment
JG 71 „R"	Jagdgeschwader 71 „Richthofen"
Jgschtz	Jungschütze
K 5	Kriminalpolizei 5; Vorläufer des Staatssicherheitsdienstes der DDR
Kdr SanSLw	Kommandeur der Sanitätsschule der Luftwaffe
Kdr.	Kommandeur
KDrFüAk	Kommandeur der Führungsakademie der Bundeswehr
KGB	Komitee für Staatssicherheit beim Ministerrat der UdSSR
KgU	Kampfgruppe gegen Unmenschlichkeit
Kp.	Kompanie
Kp.Chef	Kompaniechef
KPD	Kommunistische Partei Deutschlands
KPdSU	Kommunistische Partei der Sowjetunion
Kv	kriegsverwendungsfähig
LMG	leichtes Maschinengewehr
LSO	Leitender Sanitätsoffizier
Lt.Colonel	Lieutnant Colonel; Oberstleutnant
Lw	Luftwaffe
LwSanSt	Luftwaffensanitätsstaffel
MAD	Militärischer Abschirmdienst
MC	Military Commitee; NATO-Militärausschuss
MdB	Mitglied des Bundestages
MdL	Mitglied des Landtages
Me 262	Messerschmitt 262; erstes deutsches Strahltriebflugzeug
MfS	Ministerium für Staatssicherheit der DDR

MGB	Ministerium für Staatssicherheit UdSSR; Vorgänger des KGB
MGFA	Militärgeschichtliches Forschungsamt
Min Dir	Ministerialdirektor
MWD	Ministerium für Innere Angelegenheiten UdSSR
NKWD	Volkskommissariat für Innere Angelegenheiten der UdSSR (ab 1946 MWD)
NSDAP	Nationalsozialistische Deutsche Arbeiterpartei
NVA	Nationale Volksarmee
Offz.	Offizier
OKH/O.K.H.	Oberkommando des Heeres
Olt	Oberleutnant
OSH	Offizierschule des Heeres
OSSO	Fernurteil ohne Gerichtsbeschluss durch eine „Troika"
OTL	Oberstleutnant
PEN-Zentrum	Schriftstellervereinigung (Poets, Essayists, Novellists), Moskau
PoW	Prisoner of War; Kriegsgefangener
Pz.-Armee	Panzerarmee
Pz.Div.	Panzerdivision
Pz.Gren.Ers.Btl.	Panzergrenadier-Ersatz-Bataillon
RAD	Reichsarbeitsdienst
Res. Laz.	Reservelazarett
RIAS	Rundfunk im amerikansichen Sektor
ROB	Reserveoffiziersbewerber
RSFSR	Russische Sozialistische Föderative Sowjetrepublik
RWTH	Rheinisch-Westfälische Technische Hochschule Aachen
S1	Personalwesen (Bw)
S4	Logistik, Versorgung (Bw)
S.M.S.	Seiner Majestät Schiff
Sabre F-86	amerikanisches Strahlflugzeug
SACEUR	Supreme Allied Commander Europe; Oberster Alliierter Befehlshaber Europa
SanSLw	Sanitätsschule der Luftwaffen
SBZ	Sowjetische Besatzungszone
SEKI	Sakljutschonnije; Häftlinge
SHAPE	Supreme Headquarters Allied Powers Europe; Oberstes Hauptquartier der Alliierten Streitkräfte Europa

SMAD/SMA	Sowjetische Militäradministration in Deutschlands
sMG	schweres Maschinengewehr
SMT	Sowjetisches Militärtribunal
SS	Schutzstaffel
Tbc	Tuberkulose
Tscheka	Außerordentliche Allrussische Kommission zur Bekämpfung von Konterrevolution, Spekulation und Sabotage; sowjetrussische Geheimpolizei
U-2	Spionageflugzeug, USA
UAL	Unterabteilungsleiter
Uffz.	Unteroffizier
UNESCO	Organisation der Vereinten Nationen für Erziehung, Wissenschaft und Kultur
US	Unteroffizierschule
USP	Unteroffzierschule Potsdam
VdS	Verband deutscher Studentenschaften
VdSO	Vereinigung Deutscher Sanitätsoffiziere
VFWD	Verein zur Förderung der Wiedervereinigung Deutschlands
VGD	Volksgrenadierdivision
VOS	Vereinigung der Opfer des Stalinismus
WAST	Wehrmachtauskunftsstelle
Zdv	Zentrale Dienstvorschrift

Sybille Gerstengarbe und Horst Hennig

Opposition, Widerstand und Verfolgung

an der Martin-Luther-Universität Halle-Wittenberg
1945–1961
Eine Dokumentation

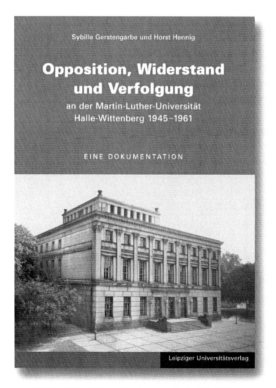

2010, 730 Seiten, Hardcover, Preis 39,00 Euro
ISBN 978-3-86583-262-7

Bestellungen in jeder Buchhandlung oder beim Verlag direkt über
info@univerlag-leipzig.de